U0906484

长城砖

Kaleidoscope of Social Life

The Texture of Everyday in Qing Era

清人社会生活

冯尔康 常建华——著

天津出版传媒集团
天津人民出版社

图书在版编目(CIP)数据

清人社会生活 / 冯尔康, 常建华著. -- 天津 : 天津人民出版社, 2024.5(2024.10重印)
(长城砖)
ISBN 978-7-201-19953-5

Ⅰ. ①清… Ⅱ. ①冯… ②常… Ⅲ. ①社会生活－中国－清代 Ⅳ. ①D691.9

中国国家版本馆CIP数据核字(2023)第233269号

清人社会生活
QINGREN SHEHUI SHENGHUO

出　　版	天津人民出版社
出 版 人	刘锦泉
地　　址	天津市和平区西康路35号康岳大厦
邮政编码	300051
邮购电话	(022)23332469
电子信箱	reader@tjrmcbs.com
总 策 划	沈海涛
策　　划	金晓芸　燕文青
责任编辑	燕文青
装帧设计	图文游击工作室 汤　磊
印　　刷	河北鹏润印刷有限公司
经　　销	新华书店
开　　本	880毫米×1230毫米　1/32
印　　张	17.25
字　　数	370千字
版次印次	2024年5月第1版　　2024年10月第2次印刷
定　　价	98.00元

前　言

在清史领域里，很有必要开展社会史的研究。清朝的灭亡距今不过一百一十余年，它的社会制度、风俗习惯、文化观念的影响，并没有在现实生活中消失殆尽。那时的社会结构、人们的生活方式和人口增长等社会问题，也是令今天的人们关心的事情。自从《红楼梦》的研究形成“红学”之后，人们在注意这部小说艺术性的同时，还想通过它了解清代的上层社会及其成员的生活方式。人们在观看《林则徐》《甲午风云》《懿贵妃》《垂帘听政》等影视片时，不仅要了解清代政治、军事、外交的历史，而且需要认识清人的社会生活。文学家、艺术家注意到这个问题，反映清人社团、服饰发型及社会生活的作品相继问世，这也给史学工作者提出了开展社会史研究的新课题。

从清史的研究状况来看，在中国断代史的研究中，清代因是最后一个封建王朝，前人的研索自然开始得晚。近年从事清史研究的学者很多，学术机构相继出现，取得了一些研究成果，但由于需要探讨的内容多，科学的清史学的建立和完善仍需努力，特别是还有一些研究空白急需填补，清代社会史所要研究的许多内容就在其中。因此，继续和发展清代社会史的研究具有必要性和迫切性。

清代社会史研究的内容相当广泛，凡是清人的家庭、宗族、社会组织生活，清代的社会结构和等级制度，清人的衣食住行、婚嫁丧葬、时令节日、文化娱乐、社会交往的生活方式和习俗，清代年龄层次、性别、生育，以及与人口增殖有关的移民、就业、社会救济等各种社会问题，都在研究的范围之内。这些研究内容与清代政治史、经济史、文化史、民族关系史、对外关系史的研究对象不同，但又有着密切的联系。

清代社会史的研究任务，是要说明社会生活自身的发展演变及其规律，说明社会生活与政治、经济、文化生活的关系，及其在总体生活中的地位与作用，即要厘清清代社会生活与历史发展的关系。

清代社会史的研究有着学术价值，对现实生活也很有意义。首先，它有助于科学的清代史的建立和完善，因为开展社会史研究，丰富清史内容，有利于史学研究者对全部清史做出综合分析，把政治、经济、文化现象和社会生活现象结合在一起进行考察，做出全面说明，才可能将清史以立体式的、形象化的原貌呈现给读者，唯其如此，科学的清史学始能真正建立起来。其次，有助于我国现代化建设中的移风易俗及清除封建残余。风俗有其传承性，今天的一些习俗，包含了清代甚至周秦以来的一些内容、形式和意识，清代社会史研究的丰富，能够帮助人们对中国传统生活方式、社会风俗产生正确的认识，端正生活态度和作风，抛弃肮脏陈旧的观念和习俗，有益于移风易俗，有益于科学的、文明的生活方式的建立。

在研究方法上，清代社会史的研讨，除了运用历史学的归纳法、演绎法、考据法，也同时利用社会学、民俗学、民族学、文化人类学、人口学的研究方法和成果。社会史与这些学科的研究对象有相通的地方，应该说有“血缘”关系，因此在研究方法上可以互相沟通。我们研讨清代社会史，就是从社会学、文化人类学的结构论、群体论、模式论、个案法的理论、方法中吸取了养料，来讨论清代的社会群体、社会结构等问题。

根据我们对清代社会史研究内容、任务的认识，本书将分为五个方面来说明：1.社会群体和社会结构；2.生活方式及其演变；3.人口社会；4.少数民族社会生活；5.社会生活在清代全部社会历史中的作用与地位。

我们不敢奢望在一本书中就将清代社会史写得很完满，但是相信可以在一定程度上描绘出清人的社会生活状态，正因为这样，本书取名为《清人社会生活》，而不题作《清代社会史》或《清人社会生活史》，以表达我们还将继续研究的愿望。

目　录

第一章
清人在等级中的社会生活

清人生活在各种有形的、无形的社会组织中，有小群体的家庭、宗族，次级群体的社团、会馆、宗教团体，不具备组织形式的等级、阶层、阶级，也即生活在这些有形的、无形的组织所构成的社会结构中。清人的社会群体、社会组织、社会结构是人与社会联系的中介，是人们活动的基地，也是社会存在的单位，其中的中小型组织是人们通过直接的社会联系和心理沟通而形成的，等级、阶层中的人们虽然缺乏直接的社会联系，但是群体观念是相同的。

清人社会结构呈现出一种等级阶梯的形态，人们生活在各自的等级中。各等级在社会总体结构中处于其特定的地位，并有固定性，成员身份世袭。等级的确定及其表现由多种社会因素导致。

等级与职业密不可分，在某些情形下简直是一回事，如做官的是特权等级，皂隶就是贱民等级，一般的农民、商人是平民等级。职业直接体现等级，与阶级不同。

职业是谋生手段，与生产关系有联系，但不是同一件事情。等级与生产关系有某种一致性，生产关系中处于主导地位的人的身份可能高，反之，次要地位的可能低。如有的佣工属于雇工人等级，但它又不像阶级由生产关系中的地位所决定，直接产生剥削阶级与被剥削阶级。

等级与经济状况有相当大的一致性，然而不一致的情况也很多。贵族官僚中一些成员远远赶不上平民中富有的大地主大商人富有，而贱民中的富裕者，又是平民中许多人所比不上的。在阶级划分里，财富的占有与阶级地位完全一致，与这种情形不同。

等级取决于法令的规定和社会上长期形成的、公认的习惯。如政府可以通过法令、政策宣布某一种人为贱民，同样也可以宣布其解放。但一经形成等级的习俗，当有人破坏时，就会有另一部分人自动地去纠正，以维持等级状况。法令和习惯要结合，只有习惯没有法令的认可不行，如豪强形成了习惯势力，但清朝政府不承认，它就不成为一个等级。

礼制是等级制的重要内容，也是它的标志，早在汉初贾谊就说："君臣上下父子兄弟非礼不定……礼者所以固国家，定社稷，使君无失其民也。"①礼规定了等级内容，特别为上层等级所需要。礼制又随着时代的变化而变化，所以叔孙通说："礼者，因时世人情为之节文者也。"②清代服饰、住宅、乘舆、乐制、婚制、丧制等都是反映该时期等级制度的礼制。

几乎所有的等级集团，在其内部也有法律地位和社会地位的差别，从中又可区分为不同的层次，这是研究等级社会不可不注

---

① ［汉］贾谊：《新书》卷6《礼》。

② ［汉］司马迁：《史记》卷99《叔孙通传》。本书所引二十四史和《清史稿》资料，皆出自中华书局标点本，不再注明。

意的。

一个社会等级可以产生，也可以消亡，即是说等级集团也是在不断变化的。历史上有不同的等级，清代也有它自身的等级结构。

等级是固定的，成员则不完全稳定。有的人离开了原来的等级而进入另一个等级，清代的科举制就是产生这种社会流动的一个因素。

第一节　特权等级

明末清初人张履祥在给儿子讲职业的选择时，谈到了职业的尊卑高下。他说："士为四民之首……工技役于人，近贱；医卜之类又下一等；下此益贱。"①按照他的分法，人们的地位次序是：士—农—工—商—医卜—僧尼。士包括官在内。这种分类法虽有一定道理，但并没有全面反映清代的实际情形。清代的等级，近年来经君健的研究，认为可分七种："皇帝—宗室贵族—官僚缙绅—绅衿—凡人—雇工人—贱民。"②我们认为它大体反映了清代的等级实况，因而参照其成果，作出我们的说明。

一、皇帝

古代的等第（级），是皇帝给民众制定的。身为天子者，当

---

① ［清］张履祥：《杨园张先生全集·训子语上》。

② 经君健：《试论清代等级制度》，载《明清史国际学术讨论会论文集》，天津人民出版社1982年版。

然不在等第之列。天子在当时观念上无等级，事实上则处于一个特定的等级之中，因为法律和习惯同样也造就了他的特殊的地位，而使皇帝等级区别于其他等级。

皇帝等级只有一个家庭，成员有皇帝、皇太后（如果在世的话）、后妃，未分府的皇子、未出嫁的皇女。皇帝以外的其他等级都是由许多的家庭构成，从这一点说，皇家作为一个等级确是特殊的。

雍正帝给寝宫养心殿写了“惟以一人治天下，岂为天下奉一人”①的对联，是对君权至上思想的高度概括。清朝皇帝任命黜陟官吏；亲自主持殿试，确定后备官员；制定和宣布法律、条例，又是臣民死刑的最后裁决人；决定战争与议和，以及对外条约的签订；亲自主持庶务，削弱相权，使得清廷皇权更加集中。

历代皇权受宰臣、台臣的一定限制，而清朝由于削弱和分散了相权，给事中升迁归都察院，几乎取消了六科封驳职能。而都察院从未对大事、要事进行监察，所以皇权受的限制更少。

在名义上，清朝皇帝是臣民及其财产的主人，不仅没收罪人财产，清初还以圈地的方式抢夺臣民土地。皇帝向人民征收苛捐杂税，动用国库钱财，还有私人的财产——内务府皇庄。皇庄有七百八十八所，一万三千多顷土地，每年贡粮近十万石，皇帝因而成为全国最大的地主。此外根据皇帝的需要，还设立种种名目的皇庄户，如苇户、茜户、棉靛户、蜜户、网户、鹰手、捕狐户、捕牲户、捕水獭户、鹳户、细鳞渔户、菜园户、瓜园户、果

① 《朱批谕旨·朱纲奏折》，雍正五年九月二十六日折。

园户等，从户的称谓上已表明其要贡纳的物品。皇庄还收附加地租，康熙中期规定畿辅粮庄每庄交纳：鹅十只、鸡十二只、鸭五十只、鹅蛋三十六个、鸭蛋一百四十三个、鸡蛋八百三十三个、跳大神猪（跳神用）二口、秫秸一千零三十三捆、草二千束、灯油七十斤、红花八两、扫帚二十、笤帚三十、瓢十九、芥子一斗、蓼牙芥子一斤。这些物品只是皇帝生活享受所有的一小部分，地方封疆大吏、边疆少数民族和外国使臣还有贡品。①

皇家有一大群奴仆，即服侍帝后起居的太监、宫女，杂役人员苏拉、拜唐阿，制作金玉器皿的匠人，犯罪罚入辛者库者及皇庄的各类户人。直接管理这些人的是内务府，该衙门由朝官主持，不同于前朝宦官经管，从而使皇帝免遭宦官干政的麻烦。

皇家处于第一等级，高高在上，与其他的所有等级都有冲突，往往成为矛盾的焦点，农民起义就是这种矛盾的集中反映。

二、贵族等级

清代贵族有三个类型，即宗室觉罗贵族、民爵贵族、衍圣公孔府世袭贵族。

清太祖努尔哈赤父亲显祖的子孙，即努尔哈赤及其兄弟的后裔称为宗室，成员系黄带子；努尔哈赤祖父景祖及以上先人的其他后裔称为觉罗，成员系红带子。两者都是贵族，成员有封爵。宗室爵秩有十四等，为和硕亲王、世子（亲王之子封爵）、多罗

① ［清］钟琦：《皇朝琐屑录》卷27《征粮及杂赋》；光绪《大清会典事例》卷1196、1197《内务府》；［清］吴振棫：《养吉斋丛录》卷24，北京古籍出版社1983年版，251页。

郡王、长子（郡王之子爵级）、多罗贝勒、固山贝子、镇国公、辅国公、不入八分镇国公、不入八分辅国公、镇国将军、辅国将军、奉国将军、奉恩将军。获爵者子孙世袭，但每袭一次降一等。十四等以外则为闲散宗室，相当于四品官。在亲王之中，清初的礼亲王、睿亲王、肃亲王、郑亲王、豫亲王、顺承郡王、克勤郡王等八家因建国有大功，世袭不降封（所谓“世袭罔替”），俗称为“铁帽子王”①。其后怡贤亲王、恭忠亲王、醇贤亲王也获得世袭罔替的殊荣，这是宗室贵族中的最高层次。

清代宗室贵族驻在京城，不出镇、不理民事，王号仅仅表示嘉美，与地区绝不发生关系。但是诸王有可能从政：主持中央政府事务，出任摄政王、议政王、军机大臣、总理事务大臣。清初还有以亲、郡王为主干的议政王大臣会议，在有大的战争时出任统帅。《清史稿》据此说宗室“内襄政本，外领师干”②。可见宗室对清代政治有很大影响。

宗室没有领地，却有庄田。顺治七年（1650）规定，国家给亲王庄园八所，郡王五所，贝勒四所，贝子三所，公二所，每所地一百八十亩，奉恩将军最少，为六十亩。清初宗室庄园三千余所，计田一万三千多顷。③宗室贵族还可自行添置田产，不过要同平民田主一样交纳赋税。

宗室贵族在法律上享有比各个特权阶层还要多的特权。“八议”中的“议亲”是为他们而设。他们如犯罪，则由司法官员查

① ［清］吴振棫:《养吉斋丛录》,1页。
② 《清史稿》卷215《诸王传》,8936页。
③ 《清通典》卷2《官庄》。

明案情，皇帝做出判决。平民对宗室犯罪，加重处罚。如殴打祖免以上亲，不成伤的也要处刑，杖六十徒一年，而这在平民之间是不判罪的。宗室的人命案件，不以死抵罪。嘉庆时《啸亭杂录》作者礼亲王昭梿打死庄头，凌辱大臣，夺爵圈禁，不到一年就解除了禁锢。但宗室在政治上出问题，特别是与皇权发生纠纷时，皇帝往往不执行议亲原则，而是削除宗籍，处以极刑。

宗室以外的世爵，清代称为民爵。清初有异姓王。三藩之乱后削除异姓王，民爵就以公爵为最高，等而次之的是侯、伯、子、男、轻车都尉、骑都尉、云骑尉、恩骑尉。公、侯、伯超品级，子爵相当于一品官，男爵相当于二品，这五个爵，每一种又分为一、二、三等。民爵多以功获得，行降袭法，应该五世而止，但实际传得很久，有的超过十世。清代还有外戚承恩公，乾隆时明定为三等公，小于民爵一、二等公；意思是重功绩，不过于推崇椒房戚属，所以清代没有外戚干政之事。

衍圣公是中国历史上唯一历经许多朝代而世袭的贵族。清朝皇帝由于尊崇孔子，封其五世先人为王，其后裔世袭为衍圣公。孔府内设执事官，管理公府事务，阙里所在地曲阜的知县在乾隆二十一年（1756）四月以前由孔氏后人担任。衍圣公进京陛见，皇帝给予优礼，延入内廷。衍圣公拥有六千顷土地，有佃户、洒扫户、庙户，向其交纳地租和服劳役。孔府可以通过曲阜县衙逮捕人，在府堂审讯，送县执行。这就拥有了不完全的司法权，为其他贵族所无。孔府大门对联云“与国咸休安富尊荣公府第；同天并老文章道德圣人家”，以世袭罔替而自豪，“与国咸休”反映了它对清朝的依赖关系。

从世袭罔替，拥有部分司法权，受到从皇帝直至贱民的尊重方面看，衍圣公应是贵族中的第一层次，但它不能理政，所能控制的地方不出曲阜的范围。而宗室中的铁帽子王爵位高，具有管理中央政府的权力，实际地位比衍圣公高，和衍圣公应属同一等第。

三、官僚等级

从中央的大学士、部院大臣到地方的县丞、主簿、巡检，以及八旗、绿营的官弁，是清朝政权文武衙门的管理人员，构成了清代的官僚等级。

官僚等级内部又分为三个层次，一至三品的大员构成第一等第，即大学士、尚书、侍郎、总督、巡抚、布政使、按察使、领侍卫内大臣、都统、提督、总兵，是中央主要部门的主、副官和省级的文武官员。这些大僚，至少从唐代以来，就具有不同于其他官员的特殊地位，清代依然如此。

四至七品官为第二等第，中央部院的郎中、员外郎、主事、御史、给事中、学士、中书、编修、检讨，地方的道员、知府、同知、知州、知县是它的主体。清朝皇帝称州县官为微员，本书将之纳入第二等第，原因在于：州县是地方主官，所享有的权利（如封赠）与五、六品多同，而与八、九品大异，归入第二等第较为合适。

布政司照磨、库大使、仓大使、按察司知事、司狱、府经历、州吏目、县丞、主簿、学正、教谕、训导、巡检等八、九品官组成第三等第。清朝官分九品，每品又分正、从，故为十八级。十八级之外的官员如县典史、驿丞，河泊所大使、闸官，府州县的医学、阴阳学、僧、道官员，他们是政府的职员，因无品级，称为“未入流”。考虑他们的官员地位，也归入第三等第。

官员由科举、捐纳、事功、恩荫等途径产生。清朝仍实行唐宋以来的科举制，汉人多由此步入官阶。通过卖官和卖学历的捐纳制度也产生一些官员。满族人也有通过科举走向官场的，但恩荫、事功是他们进入仕途和加官晋爵的坦途。

官员据其品级而享有以下特权：

其一，司法上的权利。官员涉讼，司法机关不得自行决定对他们拘留提审，须先报告皇帝，革职后始能拿问；拟出处分意见，皇帝复审后方许判决。①即使在籍州同、县丞小官和职员犯法应行革职审讯的，督抚在审讯的同时，也要报告中央。官员犯徒刑以下的罪，可以交纳银钱赎罪。

其二，优免权。官员有减免粮赋与徭役的权利，顺治五年（1648）定优免则例规定，在京官员，一品的免粮三十石、人三十丁，二品粮、丁各二十四，三品各二十，各级递减，直至九品为六石粮、六丁。京外官员减在京官员的一半。②

其三，恩荫权。官员子弟可以入国子监读书和出仕，清朝定例，在京文官四品，在外三品，武官二品以上，都可送一名子弟入国子监学习。荫生二十岁后可参加考试，交部引见，依其父祖官职加以录用。正一品之子用员外郎，从一品子用主事，三品子用通政司经历、光禄寺典簿。这些荫官都视为正途出身，即同科

---

①《大清律例增修统纂集成》卷4《名律例》。

②《清世祖实录》卷37，五年三月壬戌条。

举出身者一样，升官不受限制。高级官员享有恩荫权，也是我们所说官僚有层次差异的一个原因。

清朝定有一套职官礼法，包括服饰制度、婚丧仪制等，在以后的专章里将要说明，这里不赘。

官员有官职称号，还有依据品级高低而来的尊称。明代中央九卿、翰林、地方司道以上称“老爷”，其他官员只能称“爷”“老爷”。清朝乾隆以前，九卿司道以上改称“大老爷”，知府知县称“太老爷”。①到清后期，四品以上京官、外任加道衔的称为“大人”，知府知县及六品佐贰改称“大老爷”。②官员的尊称反映出其等第的不同。

清代也有吏治稍好的时候，但官吏贪污是封建官僚制度所决定的，贪赃枉法、鱼肉百姓是普遍的现象，不同的只是各个时期在程度上有差别。清人谣谚“三年清知府，十万雪花银”，是吏治败坏的形象说明。而具有讽刺意味的是，污吏们总要披个清官外衣遮羞。乾隆中广西西隆州（今隆林各族自治县）知州王庭筠说当时风气，一个地方官离任，地方上给送万民伞，在县衙前树立遗爱碑，多得像坟园中的墓碑，并非他们真有善政，而是书役“媚往邀新”的手段。③清代官员俸禄微薄，但通过贪污受贿，过着养尊处优的生活。

官员的生活受职官管理制度的影响，清朝有任用、黜陟、考核、休致等法规，以保证官吏行使职能和维持官僚队伍的新陈代

① ［清］王应奎：《柳南随笔》，中华书局1983年版，91页。

② ［清］陈康祺：《郎潜纪闻初笔 二笔 三笔》，中华书局1984年版，226页。

③ ［清］王庭筠：《粤西从宦略》，载《虞阳说苑乙编》。

谢。作为官僚的个人，在不停的升降流动之中，总是从下级官员走到高级官员的位置，这是官员队伍的特点。

四、绅衿等级

清代绅衿，指进士、举人、贡生、秀才和监生，前四种人经过科举考试获得功名（即学历或学衔）。捐纳监生不是考试所得，但也拥有考举人的资格。进士肯定可以做官，但在中进士后未做官前还不是官员。举人、贡生可以做官，但不做官的很多。所以这里说的绅衿是指未入仕而有功名的读书人。

除捐监以外，绅衿的功名来得并不容易。考秀才有定额，每个州县一次不过取八至十五人，而考生却数以百计。江南文风盛，与考者更多。常熟县多时与试童子达到一千人，少时也有三百人。[①]考举人三年一次，在省会举行。参加者往往有数千人，取中的机会比秀才更少。会试也是三年一科，有清一代举行了一百一十二次，每次取中二三百人，贡士考中共有二万六千人。各地文化程度不同，江浙人中甲科者多，其中苏州最盛。苏州府长洲、元和、吴县在清朝考中状元二十二人，占全部状元的五分之一，此外还有榜眼六人，探花十二人，进士约六百人。[②]

考试也并非全凭真本事，作弊的现象很多，以致闹出康熙己卯（1699）京闱案之类的事情。不经过考试的也有，康熙十七年（1678）有过捐纳秀才，而不断出现的是捐纳监生。交纳一二百两银子就可得监生的功名。其中胸无点墨而恣意行事的人很多。

---

① ［清］邓琳:《虞乡志略》。

② 民国《吴县志》卷13《选举表》。

绅衿同官僚一样有优免权。顺治间规定免征粮二石、徭役二丁。各地方政府在执行优免政策时遵照当地的习惯，还要放宽。例如在山东，凡缙绅贡监户皆免去杂差，带累平民承担。康熙二十九年鲁抚佛伦奏报这个问题的严重性，清朝政府经过讨论，改定章程，只免绅衿本身丁徭，其他税粮丁役不再优免。

绅衿在法律上也有特权。若他们涉讼，地方官员先要题参革退其功名，然后才能提审和用刑。嘉庆四年（1799），吴县生员吴三新被债主杨敦厚控告，知县甄辅廷未经申报革其功名，即行杖责，引起该县诸生的罢考，两江总督采取高压政策，囚禁和斥革生员多人，诸生更加不服，皇帝两次派钦差大臣查处，惩责知县才了事。①绅衿犯笞杖轻罪，可以交纳赎罪银钱代替服刑。

法定的特权之外，绅衿在家乡中还有一定的参政权，或叫清议权。地方官为取得好名声，同时要把公事办好，必须取得绅衿和在籍的、不在籍的官员之家的支持。因此要曲意同绅衿及地方实力派交好，诸种事务听取他们的主张。康熙时徐永言做无锡令，与留居县城的前任李继善、邑绅秦某交好，县里出了打官司的事，必须按照李、秦二人的意见处理，因此时人说这县有三个官。②这种情形是各地的通病，光绪时昆山、新阳两县合修县志，讲到当地风俗，说县里有大事，知县召集士大夫，“考询得失，定而后行”“巨室势重，意谕色授，令鲜专决之政”③，可见绅衿与官吏勾结干预地方行政的严重程度。

---

① 同治《苏州府志》卷149《杂记》。

② ［清］黄印:《锡金识小录》卷4《国朝邑令》。

③ 光绪《昆新两县续修合志》卷1《风俗》。

绅衿在地方所做不法之事，主要是强夺民财、包揽诉讼和揽纳钱粮三项。雍正四年（1726），河南项城监生胡虞义、监生胡大林叔侄争产互控，进士王辙命同族武生王甸极包揽其词，协议胡大林送银一百两，先交二十两，后来胡氏叔侄经亲友说合愿意息讼，不肯再给谢银，王辙带领家人抢夺胡大林家骡子，说是抵值三十两，并索要余下的五十两。①王辙是大绅，对生员如此欺凌，对平民如何也就可想而知了。还有小民因绅衿之势畏惧而投靠的。陕西、甘肃农民开垦荒地，害怕政府征徭太重，遂找绅衿做田主，而自居佃户，可是时间一长，绅衿竟以真正的地主身份夺田换佃，引起纠纷。乾隆七年（1742）为处理这类争端，特定条例，承认绅衿是业主，但不得随意撤佃。②绅衿的作恶，造成了平民的不满，双方处于对立状态。

绅衿为非作歹，时或受到政府制裁。绅衿想扩大其特权，为政府所不许；地方官贪赃枉法，也为一些绅衿所反对。因此绅衿和政府间时有冲突发生，抗粮、罢考、罢市就是他们对付政府的手段。乾隆时山东豪绅劣衿抗欠钱粮的很多。③浙江杭州、嘉兴、湖州诸府的监生揽纳钱粮，但是“抗不完纳”，被称作“讼户”，鉴于抗欠的严重，学政朱士彦于道光五年（1825）“奏禁讼户抗粮，以端士习”。④

抗粮领头人的地位表明，绅衿多有应交纳钱粮的田产，家庭

① ［清］田文镜:《抚豫宣化录》卷1《题为特参豪绅劣衿倚势嚼民以安良懦事》。

② 《清朝文献通考》卷4《田赋》。

③ 《清高宗实录》卷17,元年四月庚辰条。

④ 光绪《大清会典事例》卷400《礼部·风教》。

生活应较富裕，实际情形也是如此。但是在诸生的层次里，贫穷者不少。《儒林外史》所写范进中举前其家庭拮据情景是现实生活的反映。嘉道时浙江定海诸生李巽占家赤贫，在几里外的村庄教书，每天带着主人给的米饭回家，让母亲吃，自己吃家里的红薯，饭后再去教书。①在这个关于实行孝道的故事中，显露了其家中饮食的粗劣。

综观绅衿在清朝的情况，政府给予他们一定的特权，但限制他们的不法行为，而他们总在谋求法外权力，并与贪官污吏勾结，损害平民利益。

贵族、官僚、绅衿的共同特点是有政府颁布的爵禄功名、优免权、司法优待权等特权，所以他们都是特殊等级。但是他们拥有的特权有多寡差异，贵族官僚权力多，贵胄大吏还有荫子权，这就造成这些社会集团间的等级差别，即贵族高，官僚次之，绅衿是特权等级中特权最少者。

第二节　社会成分复杂的平民等级

清朝法律有所谓“良人”，特权等级当然是良人，不过他们还有政治特权，不是一般含义的良人。良人，也即凡人、平人、平民，系指无特权而又不是贱民的人，在清代就是地主、商人、自耕农、手工业者、佃农、一部分佣工、僧侣。

① ［清］张应昌编：《清诗铎》，中华书局1960年版，697页。

一、地主

从占有土地数量和经济状况看，清代地主有大中小型的区别，大地主占有数百亩甚至成千上万亩的土地，个别的可达到几千顷，据说和珅有田八千顷，嘉庆时协办大学士百龄有五千顷，像这样的官僚地主只是昙花一现，而平民地主若有几百顷土地，已是少见的了。太湖之滨的徐敬可有田四百亩，他的朋友张履祥就此发表议论："三吴之地，百亩之家，百人而不可得其一也。"[①]在南方，是否拥有四百亩耕地、二三十家佃户即为区别大、中地主的标志；北方由于地力和耕作的关系，大地主还要占有更多的土地。地主以中小型的居多。

地主之所以为地主，是因拥有耕地和出租权，清代地主土地所有制有其不同于以前历代的特点。很多地主出租土地，向佃农索要押金，佃农等于是"买佃"耕种，但因此而有"田面权"，可以继承、出卖，地主不能随意换佃，这表明地主土地所有权的不完整，丧失了对土地的任意支配权。

在经营方式方面，绝大多数地主仍像先辈一样采用租佃制，向佃农收取实物地租，征收货币地租的也有，但不普遍；少数地主雇工经营，但规模小，成本高，所获利益不比出租地主多，无法获得较大的发展。

大多数地主按照古老的生活方式居于乡下农庄，收租吃饭，需要购买的东西不多，生活较简单。另有一部分地主迁居城镇，

---

① ［清］张履祥：《杨园张先生全集·文集》卷8。

从而社交增多，购买增加，这种家庭往往出过官僚、绅衿。

地主在生产中指挥佃农、雇工，并对他们有一定的人身控制权，这是就实际情况而言，并非为法律所认可（详情见佃农、雇工部分）。

地主收租，同时向政府交税，这是对政府隶属关系的直接表现。

二、商人

清代商人的概念，与今天有很大的不同。那时商人分为三种类型：

第一种经营商品交易，即所谓“通有无”，通常所说的商人大体上是指这种人。

第二种是手工业商品生产的专业经营者或兼营者，此种情况复杂，需略作分析。

山西、陕西棉布商人，富有资本，到江南采买元白棉布，交给当地的染踹作坊加工，并发给工匠工钱，然后捆载贸易于四方。这个白布加工过程，实际是棉布生产的继续，所以山、陕大布商不是单纯进行贩卖，而是把贩卖与生产结合起来。

经营这种布业的组织叫“商号”。在江南经营绸缎业的商人店铺叫“账房”，它或者雇工直接生产，或者把原料交给机户，机户组织机工织挽，由账房计件向机工发放工钱，这种情形与棉布字号染踹加工相同，不过字号加工的还是成品，而账房加工的是原料，其组织生产对商品生产的作用更大。[①]

---

① 冯尔康：《十七世纪中叶至十八世纪中叶江南商品经济中的几个问题》，载《清史论丛》7辑，中华书局1986年版。

乾嘉中安徽芜湖有几十家钢铁作坊，工匠数百人。[①]嘉庆时汉口有铁行十三家，工匠五千余名。[②]这类作坊主，既是生产者又是经营者。

三是商人兼营土地，有的商人开始就有土地，有的做生意赚了钱购置田地，出租给佃农，成为商人兼地主。在句容县，“为士为贾者，必兼业农”[③]。在重本抑末的传统思想支配下，商人投资土地是必然产生的社会现象。在商品经济发达的地方，也有人改变了传统的本末观。嘉道时，无锡郑庭槐有良田五百亩，又善于经商，他说：“内以正心齐家，外以农商富国。”[④]他将农商并列，认为同是富国之道。不过这种思想不占主导地位，不能改变商人以末起家，以本守之的状况。

商人中有富逾王侯的大商人，被称为“百万”富翁，而更多的是小商小贩。富贾生活华靡，两淮盐商的奢华是最典型的，小商贩则朝不保夕，家无隔宿之粮。

三、自耕农

自耕农现象的存在，曾为研究者所忽视，以为农村是地主与佃农的世界，过高估计了清代土地集中程度，认为地主占有了绝大部分耕地。实际情形并非如此。康熙帝在蠲免钱粮时说过：“约计小民有恒业者，十之三四耳，余皆赁地出租。”[⑤]根据其他

---

① 嘉庆《芜湖县志》卷1《风俗》。
② ［清］包世臣：《安吴四种》卷34《齐民四术·筹楚边对》。
③ 光绪《句容县志》卷6《风俗物产》。
④ 民国《荥阳郑氏大统宗谱》卷3《子卿府君暨孙太夫人行述》。
⑤ 《清圣祖实录》卷215，四十三年正月辛酉条。

时期不同地区的资料记载，清代自耕农在农业人口中约占30%—40%，即三个人中有一个自耕农。

自耕农占有的耕地，从几亩到几十亩不等。如固原姚正奉有旱田十亩，嘉庆十五年（1810）天灾，逃荒外出。[①]这类人的土地仅够自家耕种，有的尚不足，需要租进一部分，是半自耕农。这种人家经济状况不好，生活不富裕。

自耕农常常被地主兼并耕地，破产为佃农，成为地主劳动力的补充。有的地主逃避赋役，把它转嫁到自耕农身上，引起双方矛盾，但在它们之间夹着政府，不是直接对立的。自耕农与地主虽有瓜葛，但不属于生产关系的内容，双方不在对立统一体中，因此不宜夸大自耕农与地主的矛盾。

自耕农与佃农有许多相似之处，他们都是农业生产劳动者，都处于被剥削地位（佃农受地主剥削，自耕农受政府剥削），生产规模都不大，均为一家一户的个体生产，经济上都不富裕。但二者间有根本的不同，自耕农有土地，佃农则靠租赁，由此产生各自的生产关系，所以他们不属于一个社会经济集团，不属于一个阶层。需要注意的是：农民不只是佃农的代名词，自耕农也包括其中。

自耕农与政府发生直接的关系，是政府的编户齐民，需要完纳赋役，不履行这种义务将构成犯罪，而繁重的赋役、官吏的横征暴敛尤其影响自耕农的正常生活，以致卖妻鬻子，出售耕地。同时，自耕农在土地、财产、人身方面也会受到国家法律的保护。

---

① 档案《内阁全宗·刑科题本·土地债务类》嘉庆二十年第55包。

双方形成一种对立统一的关系。自耕农与政府的关系，比诸与地主、佃农的要重要得多，这是考察自耕农情况时应特别注意的。

四、佃农

清代佃农人数众多，占人口的一半。几乎全无土地，靠租赁地主田地耕作，交纳地租，过着极其贫困的生活，他们作为国家的编户齐民、地主的佃户，与这两者发生密切关系。

佃农经济贫困，所佃种的土地很少。泾县县学和水西书院有佃户二十余家，每家所赁耕地，多则十七亩，少则两亩，大多是四五亩。[①]嘉道时学者包世臣认为，一家之中，每人得田六亩为上户，四亩为中户，两亩为下户，不及一亩为贫户，全无财产为穷户，过十亩为饶户，上万金为富户。[②]一家以五口计，从泾县佃农所租土地面积看，中户极少，多数为贫户。他们租地少，生产规模极小，交地租后不能温饱。嘉道间关心农民生活的章谦说佃农“得以暖不号寒，丰不啼饥，而可以卒岁者，十室之中无二三焉”[③]。佃农十家有七八家生活在饥饿线上。

佃农可以读书做官。雍正癸丑（1733）科探花沈文镐就是佃农出身，他的父亲沈世焕交不起租子，到地主家求情，文镐随去，地主家教师见其聪明伶俐，为之说情，免其地租，且允许文镐就读，沈文镐后来走了科举的道路。[④]考取功名是平民以上身份的人

① 乾隆《泾县县志》卷3下。

② ［清］包世臣：《安吴四种》卷26《庚辰杂著》。

③ ［清］章谦：《备荒通论》，载《清经世文编》卷39。

④ 光绪《崇明县志》卷17《杂志》。

的权利，沈文镐的成“正果”，表明清政府把佃农当作平民看待。

在法令上，政府在乡饮酒礼规范中讲到佃农与地主的关系：士农工商人等平等相见，幼者先向长者行礼，“如佃户见田主，不论齿叙，并行以少事长之礼；若亲属，不拘主佃，止行亲属礼”①，明确主佃行家人礼，不论年龄，地主为长，佃户为少，如果有亲属关系，各依本色行事，连少长礼也不遵行。雍正年间还规定：若官绅地主私刑责打佃户，革去功名，还要像平民间私刑拷打一样杖八十，若将佃户妻女占为婢妾，革去衣顶职衔，处以绞监候的刑罚。②表明在主佃关系中，清律以平等地位看待双方，佃农地位不低于地主。嘉庆二年（1797），阜阳地主刘洪道打死佃户申柳，清朝政府按照平人相斗的处理原则，拟判刘洪道绞监候，秋后执行。③

但是，法律上的规定并不都能实行，经济上不平等，必然造成政治生活中的实际不平等。乾隆时官员钱惟城说地主对佃农“役使如奴隶”④。佃农在交纳地租之外，往往要为地主服劳役，如抬轿子、舂米，在红白喜事中服役，等等。这种劳役是人身依附关系的残存形态。在一些地区，地主压迫佃农比较残酷，江西南部地主把佃农当作奴仆，不许佃农子孙参加科举，康熙中江西按察使司佥事提调学政邵延龄严行禁止，才予改变。⑤地主非法

① 光绪《大清会典事例》卷768《刑部·礼律仪制》。
② 光绪《大清会典事例》卷100《吏部·擅责佃户》、卷809《刑部·刑律斗殴》。
③ 档案《内阁全宗·刑科题本·土地债务类》嘉庆三年第54包。
④ ［清］钱惟城：《养民论》，载《清经世文编》卷11。
⑤ ［清］邵长蘅：《提调江西学政按察使司佥事加一级邵公延龄墓碑》，载《碑传集》卷80。

拷打佃户，以致为收租凌虐佃农致死的事也时有发生，有的政府做了处理，但佃农不能告发，含冤莫申者甚多。

佃农不堪地主的剥削，采取种种手段进行反抗。如以次等粮食交租（“谩官稻”）；反对大斗收租（“较斗”）；反对收两季租（“拒纳麦租”）；要求减租，特别是在清朝政府蠲免田赋时，乘机少交地租。双方斗争激烈时，佃农颗粒不交，并与商人联合罢市。有的地区佃农还进行反对地主增租撤佃的斗争。

在主佃矛盾中，清朝政府反对地主虐待佃户，但更反对佃农欠租抗租。除前述雍正年间关于主佃关系的法令，还规定：佃农拖欠地租、欺慢田主要严刑责打，追缴地租。各地方政府应地主的要求，树立了许多《严禁顽佃抗租告示》的碑石。政府的钱粮由田主交纳，而田主要先收地租才能完粮，共同的利益，使政府帮助田主催收地租，有的地方政府在开仓收粮以前，“先代业户催佃户交租”①。严刑催逼，“佃户不还米，捉将官里打欲死”②。

总之，佃农虽在实际上受到地主一定的人身控制，但从法律上及社会地位的主导方面看，他们是良人身份，与地主处于对等地位（唯“佃仆”除外）。

五、手工业者

小手工业者以制作为主，出售所得是其制作价值的体现。他们是劳动者，与以贩卖为生的小商人不同，所以不是商人，在清

---

① ［清］段光清：《镜湖自撰年谱》，中华书局1960年版，38页。

② ［清］张应昌编：《清诗铎》，57页。

朝政府的编户中称之为“匠户”，对政府有应差的义务。他们有少量的雇工和学徒，但自身都是生产能手，而且是小作坊的主要劳动力。还有一些手工工匠，并不在家制作产品，而是到雇主家工作，但他们是短期应雇，因而不同于一般的雇工。

清代手工业中出现了一些名产品和特种工艺品，制作者便成为有名的技艺人，享有社会声誉。如康熙时濮仲谦的雕竹，姜千里的螺钿，张鸣岐的嘉兴铜炉，时大彬的宜兴泥壶，吴十九的浮梁流霞盏，伊莘野、仰侍川的江宁扇，庄希叔的装潢书画。[①]流寓芜湖的汤鹏制铁画灯，“远客多购之”[②]，子孙世传其业。

手工业者为避免竞争，严行技术保密，特别是特种工艺和关键工序，只传子孙，不传徒弟，不传女儿、妻子、儿媳，因此技术创造少，绝技往往失传。

工匠不是侍候一个主人，总是服役于人，不及农民地位高。同治间上元、江宁两县修县志，说到该地有名特产及制作人，包括制扇的仰家在内，都称之“贱夫”[③]。太仓东门有一王姓皮匠，发家后盖了幢楼房，请名士吴伟业题额，吴写了“阑玻楼”三字，“阑”字拆开是“东门”，“玻”字是“王”“皮”二字的合字，意思是东门王皮匠的楼，虽然王家有钱了，人们还是揶揄他。[④]更有甚者，浙江建德县有个水泥匠的儿子，想考秀才，该县读书人联合不许他应考，理由是他家从无读书人，实际是嫌他

---

① ［清］王士禛：《池北偶谈》，中华书局1982年版，404页。

② 嘉庆《芜湖县志》卷15《方伎》。

③ 同治《上江两县志》卷7《食货》。

④ ［清］钱泳：《履园丛话》，中华书局1979年版，547页。

是匠役之子，考官段光清以水泥匠仍在四民之内、人家清白为由允许考试，才把歧视之风压下去。①

清初手工业者入匠籍，向政府服役和交纳代役银，雍正、乾隆间改革赋役制度，把代役银并入田亩征收，从而取消了作为力役制度的匠籍制。手工业者在法律上是平民，社会上的歧视，并没有影响他们的政治身份。

六、其他平民

上述以外，从事其他职业的平民还有很多，这里略述数种。

医生。清代凡有功名的人兼治岐黄术，被视为儒医，令人起敬，而职业医生被人视作方伎，社会地位低，这里即指这种人。医生看病收钱，本属正当，但也有少数人医德很高。如无锡医生谈采芝，家境贫寒，八口之家经常处于半饥半饱之中，却常用为富家治病所得酬金给穷人买药治病。同县蔡朝臣，出身医术世家，也是热心为穷人治病的医生。②

巫人。有男有女，以巫术治病“驱邪”，全国均有，南方尤其流行。屈大均到广东东莞，每夜听到驱鬼的事，人们吹牛角，作鬼声，巫师念咒书符。③北京、天津巫家所降之神有胡、黄、白、柳、灰五大家，即胡七姑姑——狐狸；黄少奶——鼬鼠；白老太太——刺猬；柳氏——蛇；灰氏——鼠。④北京陈五家人崇

① ［清］段光清：《镜湖自撰年谱》，14页。
② ［清］黄印：《锡金识小录》卷5。
③ ［清］屈大均：《广东新语》，216页。
④ 徐珂：《清稗类钞》10册，4560页。

信女巫，陈五非常讨厌，口含青李装病不食，家人请巫诊治，在女巫装神弄鬼时，吐出李子，以此破之。①巫术迷信色彩太重，不能医病，人们多看不起他们，有时地方官也对他们的活动加以禁止。

迷信职业者还有算命的、占卜的、测字的、相面的、看风水的，等等。他们有活动能量，上至达官贵人下至平民百姓均有信者。康熙间相面人张明德到京，皇子和王公争相请他看相，预测未来祸福。雍正间史瞎子被大学士史贻直推荐给皇帝，召到宫中言休咎。②

乞丐。贫穷或丧失劳动力，以乞讨为生者。在城市，政府设有丐头管理他们。做买卖的怕他们在店前起哄影响生意，小心应付他们，给丐头钱物，在富庶地方，丐头倒成了富人——“各拥厚赀，优游坐食，其温饱气象，反胜于士农工商之家”③。他们虽然乞讨低贱，但仍是平民身份。早在明代，人们就说：“若数着良贱二字，只说倡、优、隶、卒四般贱民，倒数不着那乞丐。看来乞丐只是没钱，身上却无疤瘢。”④清代也是这样。

地痞。清初朱泽沄说社会上闲人太多，十人中竟有六个闲人。⑤龚自珍则说乾隆末年以来，“不士、不农、不工、不商之人，十将五六”⑥。他们说的闲民是没有正当职业或虽有职业而

① 徐珂：《清稗类钞》10册，4567页。
② ［清］赵翼：《檐曝杂记》，中华书局1982年版，33页。
③ ［清］靳辅：《生财裕饷第一疏》，载《清经世文编》卷26。
④ ［明］冯梦龙：《全像古今小说》卷27《金玉奴棒打薄情郎》。
⑤ ［清］朱泽沄：《养民》，载《清经世文编》卷28。
⑥《龚自珍全集》1辑《西域置行省议》。

不正经干活的，其数量之大，实在惊人。顺治间，北京李应试绰号黄膘李三，勾结六部胥吏，包揽词讼。其侄儿杀人后，死者家属不敢告发，顺治帝派郑亲王审问，才将其叔侄行刑。在审问中，大学士宁完我、陈之遴等不敢发表意见，怕整不倒李三，会受其害，可见地痞势力的强大。[①]各地人都又害怕又厌恶他们，蔑视地呼之为“地痞”“青皮”“泼皮”“赖皮”“混混儿”“闯棍”“打溜”“打流”“烂崽”“野仙”“泥腿”“罗汉脚”等。[②]

七、平民等级的特征

国家法令上的平人、良人、凡人没有特权，受着清朝政府的控制和特权等级的欺凌，但是比贱民社会地位高。其中富有者和少数贫困者追求特权，遂求助于科举与捐纳，企图脱离平民地位，进入特权等级。其中乞丐、医卜、地痞及佃农、小手艺人是平民等级的下层，但并不因乞讨、赁耕等原因而被排斥在这个等级之外。

平民等级的成员，经济状况相差悬殊，所谓富者家财万贯，贫者无立锥之地。乞丐层次虽低，但有富人，自耕农虽在四民之前列，却不乏贫困者。所以平民是政治身份概念，与财富的占有关系不大。

平民是政府赋役的主要承担者。清朝政府财源有三大项，即土地税、商税、盐税。地主、自耕农、商人是主要纳税人，所以说平民经济是政府的经济基础。

---

① 《清世祖实录》卷70，九年十二月壬戌条、十年正月辛巳条。

② 徐珂：《清稗类钞》4册，1669页。

中国初期资产者在平民中出现，仍属平民等级。棉布字号、丝绸账房的商人投资于生产过程，是商业资本中出现的包买主，具有初期资产者的性质。他们在这个等级里，一开始就受政府和特权等级的束缚。

平民等级所包含的社会成员，比起其他等级，在成分上最为复杂，在数量上为最多，所以有其特殊性。

第三节　社会地位处于变化中的雇工与“雇工人”

清代在农业、商业、手工业中都有不少的佣工。他们被主人雇佣，但没有卖身，只按做工时间领工钱。他们均和雇主订有文字合同，或口头协议。雇工有两类：一是与平民身份相同的佣工，另一种是低于平民身份的雇工人。在芜湖，受雇于人的佣人称为“二汉子”，意为“贱男子”。还有一种侍候人的“厮役”，称为“底下人”，他们自称“小的”。[①]二汉子就是凡人佣工，底下人则包括雇工人和奴仆。佣工和雇工人同时存在，身份不同。

佣工除了行业不同，还有类型的不同，即“计岁而受值”的长工，“计时而受值”的季节工，“计日受值”的日工。

佣工来源多是赤贫家庭，丧失生产资料，只好靠出卖劳动力谋生，长工尤其如此。也有家庭多少有一点财产的，但不够维持生计，靠做工来补充。

佣工为了找到工作，往往远离家乡，如霍邱县“工商多远方

① 嘉庆《芜湖县志》卷1《方言》。

人”[①]。湖南巴陵几万人到湖北监利、沔阳、江陵、潜江去做土工、农工、染工、酒工。[②]在川、陕、鄂三省边界地区铁厂、木厂、纸厂做工者，皆为“流寓客民”[③]。

有一部分佣工与雇主是主客关系，佣工要努力干活，雇主要好好招待，佣工来去基本上自由，雇主不能控制他们的人身自由。这种佣工与平民地位相同，应是平民等级的成员。早在明万历十六年（1588）即有条例规定：“官民之家凡雇请工作之人，定有文券，议有年限者，以雇工人论。止是短雇月日，受值不多者，依凡论。”[④]已分别出雇工人与依凡论的雇工。清乾嘉间又多次作出补充规定，乾隆五十三年（1788）的条例原文是：“凡官民之家，除典当家人，隶身长随，仍照定律治罪外，如系车夫、厨役、水火夫、轿夫及一切打杂受雇服役人等，平日起居不敢与共，饮食不敢与同，并不敢尔我相称，素有主仆名分者，无论其有无文契、年限，俱以雇工人论。若农民佃户雇请耕种工作之人，并店铺小郎之类，平日共坐共食，彼此平等相称，不为使唤服役，素无主仆名分者，亦无论其有无文契、年限，俱依凡人科断。”[⑤]这条法律从五个方面区分雇工人与凡人佣工：

其一，从雇主分。依凡人论的佣工的雇主是农民佃户和店铺主人，即没有特权身份的地主、自耕农、佃农、商人、作坊主，都是平民等级中的人；雇工人的雇主是“官民之家”，即除平民

① 同治《霍邱县志》卷1《风俗》。
② 光绪《巴陵县志》卷52《杂识》。
③ ［清］严如熤：《三省边防备览》卷9《山货》。
④ 《明律集解附例》卷20《刑律斗殴·奴婢殴家长》，光绪三十四年刊本。
⑤ 光绪《大清会典事例》卷810《刑部·刑律斗殴》。

之外，也有贵族、官僚、绅衿特权阶层的成员。雇工身份与雇主身份关系极大，前者往往取决于后者。清朝刑部尚书薛允升就此律条议论说：“是有力之家有雇工人，而无力者即无雇工人矣。”[①]因此可以认为，有身份的人雇工多是雇工人，庶民的雇工多是凡人。

其二，从工作性质分。雇工人在家内从事挑水、做饭、抬轿、赶车等服务性劳动；凡人佣工从事农业、手工业生产或商业经营，是生产劳动性质。这两种劳动与主人身份有关，富贵者才需要并可能使用服侍性的雇工人，平民不一定使得起。

其三，从生活习俗分。凡人佣工与雇主同坐共食，尔我相称，生活礼仪上平等相待，而特权之家的佣工则不能，他们在人格上低一等，是为雇工人。

其四，以受雇时间分。凡人佣工受雇时间较短，或数月，或一二年，长时间的少；相对讲雇工人受雇时间长，至少一年，乾隆二十四年（1759）曾规定五年以上才算。时间长表示受雇主“恩养”久，地位应当低于雇主。

其五，从称谓上看。凡人佣工与雇工人对雇主有不同的称呼。如崇明佣工称雇主为“粮户”“先生”，把少东家称作“官”；雇工人与奴婢则叫主人“爷”。[②]对雇主尊称的程度，反映本身的地位，佣工不称雇主为“爷”，表明其地位不是卑贱人。

这五个方面有机地联系在一起，以第一项为关键，第三项为标志。

---

① ［清］薛允升：《读例存疑》卷36《刑律斗殴·奴婢殴家长》。

② 光绪《崇明县志》卷4《风俗》。

这条法令使许多佣工获得凡人的身份地位。嘉庆十八年（1813）四川双流人黄述受雇于温江人翰锦照，议定每年工钱五千文，次年翰将田出租，辞退黄，在算工钱时发生争执，黄杀死雇主，清朝政府因双方“同坐共食，并无主仆名分”①，遂按凡人相斗律，对黄述判处绞监候，秋后处决。嘉庆十六年三月商丘人李刚到阜阳受雇于李宗思家，言明一年为满，工钱三千六百文，至六月李刚要求预支工钱，被雇主打死，清朝政府也以“无主仆名分”为由，判李宗思绞监候刑。②佣工无论是打死雇主或被雇主打死，均以凡人论断，这样的佣工属于凡人范畴，具有凡人的身份地位。

雇工人的情况与凡人佣工不同。雇工人受雇于主家，按当时的观念，即由主家养活，所以要服役，要处于主人的子孙的卑幼地位，连雇主的家属也是他的主人，清朝的法律就反映了这种观念。雇工人殴打家长（雇主）、家长的父母亲和外祖父母，未成伤的杖一百、徒三年，成伤的杖一百、流三千里；若有齿落骨折之伤，绞监候；若造成死亡，是家长，斩立决，是期亲、外祖父母，斩监候；若系故杀，则凌迟处死；如果是过失造成伤亡，各减本杀伤罪二等，即殴打家长缌麻亲杖八十，小功杖九十，大功杖一百，成重伤的缌麻小功加凡人罪一等，大功加二等，死亡的，斩监候。③而平人之间的斗殴死亡，只判绞监候，没有斩立决和凌迟处死的，而子孙打死高曾祖父母、父母的才判凌迟死

① 档案《内阁全宗·刑科题本·土地债务类》嘉庆二十年第58包。
② 档案《内阁全宗·刑科题本·土地债务类》嘉庆十七年第56包。
③《大清律例案语》卷59《刑律斗殴·奴婢殴家长》。

刑。雇工人处于子孙的地位，在法律上是雇主的附庸。

家长及其期亲、外祖父母对雇工人犯罪的律条是：殴打雇工人，不管有理无理，只要不成伤，政府即不治罪；若有折伤的，减凡人罪三等论处；致死的，杖一百、徒三年，仅同于雇工人打家长而未成伤的刑罚；故意杀死的，绞监候。如果雇工人违犯家长及其期亲的“教令”，家长加以处罚，在臀部、腿部杖责，造成意外死亡，不负法律责任，因为管教雇工人是家长的权力。

由此可知，雇工人身份低于平民，是雇主的附庸，而不管其雇主是平民等级还是特权阶层中的人。他们与平民佣工虽然同是受雇工人，同拿工钱，但因有主仆名分的束缚，而在身份上不能同列。

不过，雇工人与奴婢还有区别。第一，前述法律规定家长致死雇工人杖一百、徒三年，但是家长杀奴婢，杖一百，不再判徒刑；若家长打死无罪奴婢，杖六十、徒一年，也比害死雇工人轻得多。从雇主对雇工人、奴婢犯罪处刑的差别，可知雇工人、奴婢法律地位不同，前者比后者地位高。第二，雇工人没有卖身，只是在主家服役期间是雇工人，辞工之后就是平民身份，即“留之则是主仆，去之则无名分”①。而奴婢即使被主家放出，也要四世之后才完全具有平民的法律地位。第三，雇工人的法律身份基本上只适用于家长及其家族范围内，在整个社会领域里，他们还是平人，在这一方面也不同于奴婢。

---

①《审办雇工殴伤旧家长议》，载《清经世文编》卷92。

总体来看，雇工人既非平民，也非贱民，是介于两者之间的一个等级。由于它依附于主人，奴婢性质要重于良人性质，可以视作准良人，是奴婢向良人转化过程中的过渡性等级。

清代关于雇工人与平民佣工的律例，来自明律，二者基本精神相同，但是根据社会的复杂现象，作了补充和改定。家长和雇工人间的犯罪问刑，明清虽然完全一致，但有些情况作了区别：家长故意杀害雇工人，明律绞刑，未区分是立决还是监候，清律也是绞刑，但明确是监候执行。变化比较明显的是在确定平民佣工与雇工人的标准上，要看雇主身份，明律只是笼统地说官民之家雇工如何如何，清律区分出农民佃户的雇主与其他身份的雇主，以主仆名分来定佣工的身份。

因此，我们研究雇工人的问题，形成两点认识：一是清代社会继明代之后，有一个雇工人等级，二是佣工中有相当一部分人从雇工人等级中分离出去，进入平民等级，这就是我们说的雇工人是过渡型等级的一个原因。这是一种社会进步现象，使雇佣劳动者有可能脱离附庸地位，也反映了社会上存在着大量的受雇者去留自愿的现实。造成这种状况的原因，是平民等级中的地主、商人、自耕农以及小手工业者、佃农雇用工人的增多，基于他们本身的平民地位，无力把被雇用者役使为贱民、半贱民。而清朝政府鉴于佣工现象的普遍和数量的增大，也不允许平民雇主把大量的佣工置于贱民、半贱民地位。

清代佣工的社会身份处在变化之中，在法律上不再是一个整体，比明代更加区别出平人佣工和半贱民的雇工人两个类型，是社会等级的较大变化。

第四节　贱民及其部分解放

何为贱民？《清史稿》根据清朝的规定说：“四民为良，奴仆及倡优为贱。凡衙属应役之皂隶、马快、步快、小马、禁卒、门子、弓兵、仵作、粮差及巡捕营番役，皆为贱役，长随与奴仆等。”[①]即贱民是奴婢、倡优、皂隶及丐户、疍户等。

一、奴婢

在清代，通过买卖产生了很多奴婢。如顺治间，直隶孙拐子将女儿卖给孙次悟，价钱二千三百文，后孙次悟以银三两转卖给官员石汉，立有卖契，石汉又买张得璧及其子女三人，价银三十两，税过契，户部立有档案。[②]康熙五十二年（1713）滕县人王瑞随父母逃荒到济宁州，经官媒说合，被父母典当给候选州同张士祥的父亲为仆人，张某因王瑞服侍得好，给他娶了妻子，王瑞父亲立契叫王瑞永远服役为仆，王瑞由典当而终于卖身为奴。[③]因买卖人口的现象较多，出现了“人市”[④]，人市如同牲口市，有的地方将被卖的妇人头上插上草，好吸引主顾。在陕西卖人价格论斤两，一斤价值十钱，超过一百斤每斤减二钱，[⑤]女孩的价

① 《清史稿》卷120《户口》，3481页。
② 档案《内阁全宗·顺治朝题本·刑罚类》342号。
③ ［清］宪德：《为逆仆谋杀家长事》，档案《内阁全宗·雍正朝题本·刑罚类》718号。
④ 《北游录·纪闻下》。
⑤ ［清］张应昌编：《清诗铎》，568—569页。

格高于男孩。人口买卖的伴生物是人贩子猖獗，他们不仅说合买卖双方，还引诱人或强迫人出卖，这一现象的严重，引起顺治帝的重视而下令禁止。[①]清后期拐卖人口更多，整个长江流域，从成都、重庆而下，直到上海，拐带人口的互相勾结，把人卖为奴婢或卖出洋当“猪仔”。[②]

清初，由于满族的兴起和统一战争，以俘虏的方式掠夺了大量人口，役使为奴仆，也有一些汉人投到满洲贵族和官员的门下，成为“投充人”。“投充者，奴隶也。”[③]战争产生了一批奴婢，顺治三年的头几个月里，满洲家人逃跑的就有几万。[④]顺康年间逃人是一个严重的社会问题，清朝政府为此特设督捕衙门，制定《督捕则例》，严惩逃人和窝藏者，反映了满洲奴婢之多和主奴矛盾的尖锐。

在汉人中，有一种明朝遗风，一些人投靠到特权者的门下，由凡人降为奴婢，所谓“投献之仆”。清初之后，这种现象少见。清代还有一些家生奴仆，即奴婢的子女世代为奴。

在清代，有不同来源的奴婢，随时有由凡人沦落的贱民，他们有一定的人数，其与主人的矛盾也是一个值得关注的社会问题。

清代奴婢处于贱民地位，既表现在同主人关系上，还表现在与平民不同上。

奴婢自身是主人的财产，儿女也是主人的财富，没有处分自

---

① 《清世祖实录》卷63，九年三月甲申条。
② 徐珂：《清稗类钞》11册，5379页。
③ 《清世祖实录》卷58，八年七月丙子条。
④ 《清世祖实录》卷26，三年五月庚戌条。

己子女的权力。清初规定，奴仆若自行将女嫁给人，要受鞭刑一百，该女还要与丈夫离异，重回主人家。康熙间稍作变动，若奴仆嫁女已超过五年，可以不离异，但夫家要把一名妇女给原主家作补偿，鞭一百的刑罚还照样施行。①

在法律上，把奴婢置于家长子孙地位，依有关宗法规定处理双方纠纷。如同前述雇工人与家长犯罪一样，主人伤害奴婢处刑比伤害雇工人略轻，反之奴婢伤害主人的处刑又比雇工人伤害主人的刑罚为重。奴婢殴打主人的，不管是否成伤，均判斩刑；奴婢杀死主人的凌迟处死；奴婢殴打主人的期亲和外祖父母的处罚也是以绞刑为起点，打了家长的缌麻亲还要杖六十、徒一年。奴婢对主家犯罪动辄死刑。主人及其期亲对“违犯教令”的奴婢进行管教而致死的不论罪；打死有一般过失的奴婢杖一百，杀死的杖六十、徒一年。如湖北天门尹菊儿，幼年即被卖给朱志唐家做婢女，乾隆五十四年（1789）又被主人用五十千文卖给黄大明家，配给仆人左义兴为妻。嘉庆十七年（1812）她女儿玩耍时，撕坏了黄大明孙子的扇子，黄大明儿媳责打女孩，尹氏气愤之下抱着主人之孙投河自尽，人们把她救上来，但小孩死掉了。尹氏谋害了主人的亲属，湖广总督马慧裕审案拟刑：“左尹氏合依奴婢谋杀家长缌麻以上亲，罪与子孙同谋杀缌麻以上尊长已杀者斩律，拟斩立决。”②尹氏如果不是死者家长的婢妇，至多被判绞刑立即执行，婢仆身份加重了对她的处刑。

对于主仆名分，清政府以法律形式加以维护；同时当主人虐

---

① 光绪《大清会典事例》卷765《刑部·户律婚姻》。

② 档案《内阁全宗·刑科题本·土地债务类》嘉庆十七年第57包。

待奴婢情况严重时，政府也有所禁止。如康熙初年，旗人的仆婢自尽的，报到刑部的每年不下二千人，刑部尚书朱之弼感到惊异，建议对奴主加以警告。[①]康熙帝也令刑部申饬奴主“抚恤训养”[②]家人。清政府有时采取法律措施，改定官员杀死奴婢的条例，或在执行中不许他们援纳赎例处理。嘉庆十四年（1809）编修汪庚鞭死十岁婢女，按律革职拟徒，本人要求纳赎，嘉庆帝以其为例警诫官员，不准赎罪。[③]

奴婢身份比凡人低一等。清律规定，奴仆不得与良人通婚，若家主给奴仆娶良人为妻，或奴隶自娶的，责杖八十；若以婢女嫁良人，杖九十，并要离异。因婚姻而入籍为婢的，改归良人。[④]奴婢与良人发生争执，要按凡人罪加等处刑，奴婢殴良人，罪加凡人一等，成伤的绞监候，杀死对方的斩监候；反之凡人对其他人的奴婢犯罪，减凡人罪一等。[⑤]奴婢不同于良人，连受表彰都不能按良人对待。旌表孝子、顺孙、节妇、烈女是清朝大力执行的政策，可是奴婢中的这些典型，都不能像平常人那样被尊重。雍正五年（1727）浙江平湖施从望家婢女翠金拒奸惨死，政府按例给银建牌坊，但不许她的牌位进县里的烈女祠，原因就是她是婢女。[⑥]

奴婢在主家，一部分从事田间劳动，更多的是家内服役，侍

---

① ［清］陈康祺：《郎潜纪闻初笔 二笔 三笔》，674页。
② 《清圣祖实录》卷30，八年六月戊子条。
③ 《清仁宗实录》卷223，十四年十二月庚戌条。
④ 光绪《大清会典事例》卷756《刑部·户律婚姻》。
⑤ 《大清律例按语》卷58《刑律斗殴·良贱相殴》。
⑥ 《清世宗实录》卷59，五年七月丙子条。

候主人，制作饮食，缝纫补缀。他们不仅生活悲苦，衣食粗劣，而且备受凌辱。女奴往往受主人践踏，乾隆中叶一个额驸图奸其婢女，因抗拒不从，额驸竟把她裸体冻死在雪地里。①缙绅人家的少年男仆，常被主人当做优童玩弄，素云、宝云是知府王梦楼的奴仆，十二三岁时被强迫作女子装束，裹小脚，学习歌舞，供主人玩乐，年岁稍长，被主人送给湖广总督毕源做男仆。②从这里我们可看到奴婢生活的辛酸和身份的低贱。

奴婢欲脱离贱籍，可向主人赎身，得到允许就可出籍为民。也有的主人主动把奴婢放出去，不要他们的赎身钱。旗人奴婢赎身或被放出的，可以单独立户，这种现象叫作“开户”。赎身的、放出的、开户的奴婢及其子孙对于原主人持晚辈身份，行家人礼，若发生矛盾，仍依奴婢律或雇工人律论。

奴婢构成也有其复杂性，有些官僚的管家富有钱财，也使奴唤婢，至于显宦明珠、年羹尧、和珅的大管家安三、魏之耀、刘全等人，或有官职，或与官员通婚、拜干亲，地位不在中级官员之下。这是特殊现象，不能反映奴婢等级的社会地位。

奴婢中有一种典当家人，或叫契典家人，即卖身若干岁月，立有契约，可以赎身。还有白契奴婢，即卖身人，有契约，但主人未到官府上税，所谓“白契”是相对纳过税的“红契”而言，因而政府将他们与红契家人有所区别，在法律身份上与雇工人差不多。还有长随，是平民投身于官员，立有文契，做亲随服役者。他们是主人亲信，可以胡作非为，鱼肉民人，有的甚至作恶

---

① ［清］昭梿编:《啸亭杂录》卷9《权贵之淫虐》。

② ［清］钱泳:《履园丛话》,623页。

到主人身上。如嘉庆十三年（1808）到江苏山阳查赈的知县李毓昌，有长随李祥、顾祥等人，李祥等受山阳知县王绅汉的收买，毒死李毓昌。[①]长随贫富有悬殊，而身份则一，清朝法律把他们与白契奴婢等同，他们的子孙不许应试。[②]

二、丐户、世仆、疍户、乐户

清朝有一些与奴婢地位差不多的贱民，是前代政府法令形成的，或者是社会习惯产生的，他们不甘于沉沦，清政府也下令开豁为良，但终清之世，他们仍然没有摆脱贱民地位。

（一）丐户

丐户生活在浙江绍兴府、宁波府和江苏苏州府常熟、昭文县。他们何时成为丐户，历史文献未说清，可能在南宋时期，因政府惩罚一批罪人的妻孥，贬其为贱民，后来世代相承，到清代已有几百年的历史。丐户是这种人的户籍名称，俗称堕民、堕贫，不在军民匠灶四民名籍之内，不得改变属籍，与前述的讨饭乞丐绝对不同。

丐户既是被贬斥之民，不得从事四民的职业，政府要求他们承应官府的一些特殊差役，干着与乐户相近的事情。在清代，丐户大体从事吹唱演戏、抬轿子、保媒、卖珠、做接生婆、理发、制作小物体和小食品的职业，政府举行一些活动，如迎春祭芒神，丐户要去装扮角色以应役。他们所进行的是被人贱视的服务性劳动。他们不是为某个家庭、家族，而是为整个社会服务，他

① ［清］赵翼：《檐曝杂记》，112页。
② 徐珂：《清稗类钞》11册，5272页。

们每人联络一些老主顾，除富贵者外，还有平民。男堕民在每次服役时可得些喜钱，女堕民服务多次集中向顾主领赏，收入比男子多。

丐户多是穷人，也有积资产、买田地、开戏局的。堕民不得读书仕进，不能捐资为吏员，连保甲长也不能充任。[①]根据律例，他们“不得与平民为婚姻”，只能在其内部“自相婚配”。[②]他们的服饰不同于四民，有官定的制度，男子戴狗头型帽子，女子穿青衣蓝裙，裙子要做横幅的，不卷袖，不穿红鞋，发髻稍高于良家妇女，簪子用骨角的，不得戴耳环。[③]丐户住房低小，集中在一起，称为“贫巷”“衖子巷”，出门不许乘车骑马，妇女不管晴天下雨，出门挟着伞，伞头要向下。丐户对于良人要低首帖服，不敢抗衡，称呼有钱有势的老年男子为老爷，妇女为太太，年轻男女为少爷、相公、奶奶，对于一般的农民和手工业者的顾主，要尊称为“某官”。丐户见良人不能像一般人那样行拱手礼，更不得同坐。丐户有自己的神宇，在信仰上与凡人也有所不同。

这些标志政治、法律身份的规定，说明丐户与奴婢相同，是贱民等级中人。

雍正元年（1723）与八年，清朝政府以丐户的贱业有伤风化，允许他们改业从良，削除丐籍，对国家纳税。但是社会并没有给他们提供改变职业的条件，他们中大多数人不能离开旧业去从事新的职业，只得留在贱民中。到了清末，具有人道主义思想

---

① 康熙《山阴县志》卷8《风俗》。
② ［清］瀛若氏：《琴川三风十愆记》，卖艺者见《说库》41册。
③ ［清］瀛若氏：《琴川三风十愆记》；乾隆《鄞县志》卷1《风俗》。

的宁波社会活动家卢洪昶等人再次谋求丐户的解放，开办堕民学校，经光绪帝批准，堕民学校毕业生与良人学校的“一体给予出身”[①]，这就等于使当地二万多户堕民除豁贱籍。

（二）世仆、伴当、仆户

安徽宁国府有世仆，徽州府有伴当，来历说不清楚，大抵是其先人服役于主家，世代相传，称为附丁、细民、小户。

政府规定和习俗相沿，附丁不得出籍为黎民，与主姓不得平等相称，不准与良人联姻，也不得读书仕进，甚至不准穿红戴绿。有的附丁同丐户一样，当吹鼓手、轿夫，主姓有红白喜事，去鼓吹、抬轿以及承担各种杂役，主姓有人去应试，也要跟从服役。多数附丁从事农业，有的替主姓看守坟地，并代交纳钱粮。主姓不给附丁任何报酬。

清代世仆、伴当服役于主姓，纯系历史原因，现世并无“恩养”，尤不合理，因此不断出现反抗主姓奴役的斗争。所谓“下户断役”“越分跳梁者比比”。[②]泾县附丁于康熙间向政府申请，要求另立户籍，成为民户，二十七年（1688）有少数人达到了目的，政府新设一都三图，收容附丁。[③]雍正五年（1727）清政府下令，凡没有文契，不受主姓豢养的附丁，开豁为良；已赎身的附丁的子孙，与主家不再有主仆名分，以良人对待；有文契而未赎身的仍为附丁。[④]附丁因务农为多，可以谋生，不像丐户无从

① 《清德宗实录》卷536，三十年十月丙寅条。
② 同治《祁门县志》卷5《风俗》引康熙《祁门志》。
③ 乾隆《泾县志》卷2下《乡都》。
④ 《清世宗实录》卷56，五年四月癸丑条。

改业，所以政府令下，有了改籍的根据。但是主姓不愿丧失原有的权利，不允许附丁改籍，因此造成很多案件。有的附丁迫于主姓的势力和奴性的积习，依然去主姓服役。如祁门附丁周姓，只因明朝年间先人得了李姓十六亩田，服役到嘉庆年间，政府除豁令后，主姓的李应芳仍强迫周觉春学做吹鼓手，引起争执，造成命案，可见附丁解放之路的漫长。[①]直到光绪末年废科举，皖南城乡设立学校，附丁得以上学，这个问题才算解决。

在广州，有一种仆户，与皖南世仆地位相同。仆户长期为某一姓之仆，主姓有吉凶之事，前去承役，仆户男子被蔑称为“二男”，不得与平民通婚。到宣统元年（1909）被开豁为良民。[②]

（三）疍户、九姓渔户

疍户生活在广东、广西沿海，早在宋元时期，采集珍珠，向政府纳贡，被称为“乌蛋户”[③]。明代称“龙户”，清初称为“獭家”。他们生活在船上，少数人上岸居住。打鱼是他们的职业之一，一部分人受广州河泊所管理，每年按户按船交纳鱼税，一部分兼事抢劫，有战斗力。吴三桂叛乱时，广西疍民谢厥扶追随他，被封为定海将军。[④]疍户还有从事娼妓活动的，乾隆时赵翼在广州知府任上，见这类疍船不下七八千只。[⑤]疍户所业微贱，“良家不与通姻”[⑥]，当地人不许他们上岸居住，以卑视他们。雍

① 《刑案汇览》卷39《刑律斗殴·良贱相殴》。
② 宣统《南海县志》卷4《风俗》。
③ [元]陶宗仪:《南村辍耕录》卷10《乌蛋户》。
④ 《清史列传》卷80《尚之信传》。
⑤ [清]赵翼:《檐曝杂记》,62页。
⑥ [清]屈大均:《广东新语》,486页。

正七年（1729）清政府因他们本应是纳税的平民，下令给予相应待遇：准许上岸居住，编入保甲，与齐民一体纳税当差，而禁止势豪土棍借端欺凌。[①]从此部分疍户得到解放，而像赵翼所见的疍户仍操旧业，依然被视作贱民。

九姓渔户，与疍户有些相同处，以船为家，据说是元末陈友谅的后裔，被明朝政府所贬，生活在浙江、江西的江河上。以运载客人为业，兼事娼妓营生。他们也被视作贱民，所谓"老死异编氓"[②]。

（四）乐户

丐户在其所在地，实际上承应了乐户的差役。乐户是官妓，明朝曾在许多地方设立，供地方政府与官员使役，如立春迎神会、官员燕饮的演出。在中央，开始是教坊司应役，后改为和声署良人供职。在地方上，康熙间下令裁革乐户，不许地方官再行役使，特别是对用乐户参加立春迎艺神加以禁止。但山陕的乐户仍然存在，其先人是支持明建文帝的官员，明成祖在靖难之役胜利后，把这些人的妻子儿女贬为乐户，散居在山西、陕西，习歌舞，从事下贱营生。

乐户虽处贱民地位，但内部有贫富的分化，如山西泽州乐户窦经荣家资在十万两以上。富有者要求脱离贱籍，向川陕总督年羹尧求情，通过其子监察御史年熙于雍正元年（1723）提出条陈，说他们是忠义之士的后人，不应久处沉沦，建议开豁为良，得到雍正帝批准。放良之后，一部分乐户改业，有的人为进一步

---

① 《朱批谕旨·孔毓珣奏折》二年九月初八日谕;《清通典》卷9《户口丁中》。

② ［清］张应昌编:《清诗铎》,986页。

改换门庭，走读书和捐纳的道路。陕西乐户毛光宗捐为贡生，钱宏业捐为监生，乾隆三十六年（1771）陕甘学政刘墫提出限制乐户捐纳应试的要求，清政府于是决定，出籍的乐户自第一代起至第四代，本支亲属都是清白之身，方准报捐应试。根据这个原则，毛光宗、钱宏业的功名相应取消。[①]乐户真正达到良人地位要几代人的时间，实在不容易。还有一些山陕乐户同丐户一样，没有其他就业机会，沦为盗贼。[②]还有的仍操旧业。

清代职业演员优伶的身份与乐户不同。乐户卖淫、演唱是其职业的一个部分，而清代还有梨园业，专司演唱，它的成员往往为人蔑视，以之等同倡优，康熙年间取消乐户之后，地方官令他们应一些差役，如本是乐户、丐户差役的立春扮神，改叫优伶参加，其实在法律身份上，他们属于良人。社会的舆论他们无法改变，政府无端的徭役迫使他们提出异议，要求政府公平对待。雍正十二年苏州梨园的金永锡等人向江苏巡抚高其倬等提出请求，说明他们是良民，与贱民不同："业习梨园，家传清白"，他们的职业"与百工技艺，同为里党清白良民"，认为地方政府让他们代替丐户去服立春迎神的徭役，是"不分皂白，混派承当"。清朝政府考虑到他们的良人身份，不应辱为贱民，于是下令立春迎神差役仍由丐户承当，不得签派梨园。[③]可见作为梨园业者的演员与乐户的倡优在身份上不同。梨园业者也有人兼习妓业，清朝

① 《清高宗实录》卷886，三十六年六月庚辰条。

② ［清］汪景祺：《读书堂西征随笔·记蒲州常生语》。

③ 江苏省博物馆编：《江苏省明清以来碑刻资料选集》，生活·读书·新知三联书店1959年版，276页。

不许官员嫖妓，京官遂嫖男色，狎戏班演员。

此外，清代还有一种历史上遗留下来的畲民，生活在浙江和福建一些州县。他们并不像上述的贱民操持贱业，但被四民歧视，不与通婚，不得读书仕进，法律上他们不是贱民，但实处于贱民地位。

丐户、世仆、伴当、仆户、乐户、疍户、九姓渔户、畲民，都是历史遗留的贱民等级，清朝仍维持他们的旧籍。虽然清朝政府特别是雍正时期下令豁除贱籍，使一部分人进入良民行列，但这些贱籍并没有从社会上消失，有清一代，始终有这种被侮辱被损害的贱民存在。

三、皂隶

清朝政府雇用一些差役，有看门的门子，看门监管仓库的门斗，牢房的禁卒，验尸的仵作，捕捉盗贼的捕快等。他们在衙门里承应杂役，听官员差遣，与侍候个人的奴仆执役性质相同。他们可以依仗官府之势，在执行差遣时，到民间滥作威福，敲诈勒索，但是他们的法律身份却属贱民，不得进学，做官更无指望。法律规定：“倡优隶卒及其子孙概不准入考捐监，如有变易姓名，蒙混应试报捐者，除斥革外，照违制律杖一百。”[①]隶卒与倡优处于同一地位，不得参加科考，可是他们因鱼肉平民，可能很有钱，极想让子孙读书改变门庭。长沙有个姓易的，当过门丁，他的儿子能写文章，想考秀才，童生们联合反对，不给作保，

① 光绪《大清会典事例》卷752《刑律·户律·户役》。

他遂冒其族人名字入试，结果中了案首，童生大哗，湖南学政陆宝忠赏识他的文字，允许入场复试，童生遂欲罢考，陆宝忠害怕出事，把他除了名。[①]可见差役想靠钱财谋求脱离贱民地位并不容易。

四、清代贱民制度的特点

清初奴仆制比明代盛行，作为一种贱民制度，在历史上有所回升，这是我们回顾有清一代贱民史得到的第一个印象。明代长江中下游投充为世仆现象严重，使一部分生产者降低为贱民。明清易代之际，世仆开展了激烈的斗争，以致通过武装暴动摆脱了奴役。而在北方，清军入关，迫使一批汉人投充为满洲贵族的奴仆，加之战争的掳掠，造成奴婢数量急剧增加。同时满人中存在的奴隶制度影响远较汉人为重，更注意维护主仆名分，对奴婢压迫的程度比明代要沉重得多，从而出现奴婢逃亡的社会问题，可见当时奴仆制问题的严重。

第二，清代奴婢制与宗法家长制紧密结合，表现出等级、阶级对立的隐蔽性。奴婢、雇工人在法律上被视作主人的子孙，犯案按照子孙谋害家长罪惩治（却没有子孙的任何权利，如继承权），以父子的亲缘关系掩盖主仆关系，麻痹被压迫者的对立情绪和反抗意识，维护奴婢制度。

第三，清代除豁乐户、丐户、疍户、世仆、伴当等贱民名籍，是社会进步的表现。一部分人脱离了贱籍，进入平民等级，

---

① 徐珂:《清稗类钞》2册，604页。

当然还有相当多的人因无法改变职业，仍旧留在贱民队伍里。清朝政府的除豁令既是为维护“风化”，也是这种制度不能持续而采取的变通措施。脱籍的贱民，一定程度抒发出积愤，增强了生活欲望，所以除豁贱籍是对生产力的一种解放。清代实行摊丁入地制度后，人民对政府的隶属性有所削弱，贱民的开豁与这一历史趋势相一致，有着时代的意义。

第四，良贱与主仆的等级观念也有所变化。生活在清代等级社会中的人，等级观念自然很强，平民以上的人蔑视贱民，一面不允许他们跻身良人社会，一面严防自身沦为贱类，像“鄙贱役，如剃头、轿夫、鼓吹、裁缝、家人，无一肯操是业者”[①]的观念在自然经济较发达的地区尤为严重。在商品经济比较发达的地方则发生了某些变化，所谓“凌夷衰替，薰莸同器，君子羞之，驯至服饰之微，缙绅皂隶几无区别”[②]。商品经济发展使社会下层出现了富人，他们利用金钱结交和收买社会上层人士，导致了社会地位的某些改变。

第五节　非等级的等级现象及社会流动

研究清代等级问题，有两种现象不可忽视，即：等级成员间的流动；满族作为统治民族，其成员分散在各个等级之中，但整体上又有特权。

---

① 民国《龙岩县志》卷21《礼俗》。

② 宣统《太仓州志》卷3《风土》。

一、清代等级结构与阶级对垒

如前所述，清代社会的等级及其结构是：超等级的皇帝，拥有特权的贵族等级、官僚等级和缙绅等级，包括无身份的地主、商人和自耕农、佃农、手工业者、佣工的平民等级，处于良人和奴隶之间的雇工人等级，包含奴婢、倡优、隶卒及丐户、疍户等的贱民等级，这些等级互相联系，组合成全社会的等级结构。这些等级因为社会地位不同，形成多层次的宝塔式结构，一层压一层，高层压低层，反映了等级权利和义务的状况与本质。清代平民等级人数比雇工人、贱民两个等级多，反映清代是封建社会，不是奴隶社会。封建社会佃农人数多，社会地位低，可是清代佃农列入平民等级，不是农奴，反映这个时代是封建社会后期。

从皇帝、贵族到官僚等级中的大官僚，都是拥有土地的地主，中下级官员和绅衿中的大部分人也是大大小小的地主，它们和平民等级中的地主、商人地主共同构成地主阶级。地主阶级成员散布在平民以上的各个等级中，所以那些等级还不是阶级，但大中地主多是特权等级中人，为地主阶级的主导成分，从这个意义上说地主是有特权的阶级，在这里等级和阶级有一致性。佃农阶级处于平民等级中，少数佃仆在半贱民等级里，佃农虽同平民地主同在一个等级，可是地主阶级处在平民及平民以上的社会等级里，佃农则是在平民及平民以下等级中，所以从总体上讲，佃农比地主等级低，它既是被剥削阶级，又是被压迫阶级。

需要说明的是，古代社会等级和阶级有区别也有联系。阶级的分野，根植于社会生产关系，由于生产资料的占有状况、人们在生产过程中的地位和分配方式，把人们分成为不同生产方式下的对立的各个阶级，如奴隶社会的奴隶主阶级和奴隶阶级，封建社会的地主阶级与佃农阶级。等级与阶级不同，和生产关系没有直接的联系，是由法令的规定而形成的。当然，在阶级社会，法令有其阶级性，总是反映统治阶级的意志，所以关于等级规定的法令就不能不反映那个社会的生产关系，也即阶级关系，换句话说，法令所规定的等级是阶级关系的体现。清代的等级虽然还不等于阶级，然而却是阶级的一种表现形式，并把阶级的地位固定化。

人们在生产关系中的地位决定其社会经济状况，等级既与生产关系没有直接联系，因而不像阶级那样，统治阶级与被统治阶级形成经济上的富与贫相一致的关系，等级的高低与经济上的富贫不完全是正相关，特权等级的成员基本上富有，平民、半贱民、贱民中富有者也不少，小官僚、衿绅中的困苦者也不乏其人，因之等级不是反映人们的经济地位的概念，而是人们政治身份的标志。

总之，在清代的等级结构中，存在地主与佃农两个阶级；与地主阶级中奴婢主对立的奴婢阶层，是奴隶制下奴隶阶级的残余形态；与封建国家处于对立面的自耕农、小手工业者阶层，与地主阶级不发生直接联系，而受清朝政府赋役剥削和控制；工商业资产者与佣工之间基本上还是封建的剥削与被剥削关系。

清代的等级构成，决定其成员的政治、经济和文化生活，以及思想意识和追求，对人们的社会生活起着决定性的影响。本章主要从法令规定方面叙述了清代不同等级的人的社会地位和政治生活，在以后的衣食住行婚嫁丧葬各章，将看到它对人们生活方式的巨大影响。

二、社会流动

清代社会等级是固定的，但也不是绝对的一成不变，如被政府开豁的贱民逐步消失了，其成员改变了等级身份。我们这里所说的社会流动就是指个人在不同的等级中的变化，是原来社会地位的上升，或者下降。下列两张表反映了清代社会流动情况。

社会流动上升表

姓名	籍贯	出身、原职业或经济状况	上升手段	新职业身份或经济状况	资料来源
钱陈群	浙江秀水	家贫，佣工	科举	左侍郎	《郎潜纪闻初笔》，72页
蔡以台	福建	赤贫	科举	学政	《郎潜纪闻二笔》，339页
黄辅辰	贵州贵筑	奇贫	科举	道员	《郎潜纪闻二笔》，555页
秦大士	江苏江宁	卖字	科举	侍讲学士	《郎潜纪闻三笔》，671页
陈大受	湖南祈阳	耕于山麓	科举	协办大学士	《郎潜纪闻三笔》，701页
王世芳	浙江临海	卖药	科举	调导	《郎潜纪闻三笔》，705页

续表

姓名	籍贯	出身、原职业或经济状况	上升手段	新职业身份或经济状况	资料来源
沈近思	浙江钱塘	和尚	科举	左郎御史	《国朝先正事略》卷13本传
尹会一	直隶博野	少孤贫	科举	侍郎	《国朝先正事略卷》15本传
邓廷桢	江苏江宁	少贫读书僧寺	科举	总督	《清稗类钞》2册,600页
冯成修	广东	牧牛	科举	学政	《清稗类钞》2册,647页
刘纶	江苏武进	贫至绝食	科举	大学士	《清稗类钞》4册,1558页
陶澍	湖南安化	贫自劳作	科举	总督	《清稗类钞》5册,2064页
金士松	江苏吴江	少贫	科举	尚书	《清稗类钞》5册,2064页
牛鉴	甘肃	极贫	科举	总督	《清稗类钞》7册,3043页
莫善礼	江苏华亭	佣工	科举	诸生	《光绪华亭志》卷16
陈策	江苏无锡	佣工	科举	参政	《锡金识小录》卷8
孙襄	—	奴仆	科举	通政司参	《清稗类钞》11册,5271页
诸锦	浙江秀水	少贫	科举	左赞善	《清史稿》卷485,13372页
李绳武	广东韶州	穷人子	贸易	素封之家	《郎潜纪闻初笔》,236页
王梧冈	—	穷人子	木工	巨富	《清稗类钞》4册,1922页
王某(缎子王)	北京	乞丐	典铺佣工	巨富	《清稗类钞》5册,2298页
王某(珠子王)	北京	—	白得宝物	巨富	《清稗类钞》5册,2126页

续表

姓名	籍贯	出身、原职业或经济状况	上升手段	新职业身份或经济状况	资料来源
刘兴泰	湖南湘乡	贫	织布开染坊	素封之家	《清稗类钞》5册，2334页
朱紫桂	湖南湘乡	樵采、佣工	茶铺	巨富	《清稗类钞》5册，2334页
王福长	直隶宝坻	父奴仆	小官家人	小康之家	《乡言解颐》卷3
罗思举	四川东乡	贫窭为盗	军功	提督	《郎潜纪闻二笔》，604页
张国梁	广东高要	盗	军功	提督	《清史稿》卷401本传
彭玉麟	湖南衡阳	父巡检，己小吏	附生、军功	署侍郎	《清史稿》卷410本传
马惟兴	—	明末农民军	军功	清总兵	《清稗类钞》7册，3011页
李成谋	湖南湘乡	补锅	军功	提督	《清稗类钞》10册，861页
王永祯	陕西	佣工	军功	副总兵	光绪《宝山县志》卷7
吴郡	江苏宝山	为人牧牛	军功	提督	光绪《宝山县志》卷10
王石平	江苏甘泉	奴仆	买他姓族谱冒为族人	富有	《清稗类钞》4册，1669页
安岐	—	奴仆	大学士明珠仆人、代业盐	巨富	《清稗类钞》5册，2323页

社会流动下降表

姓名	先世地位及关系	下降后地位	资料来源
史某	南明大学士史可法孙	童生	《清稗类钞》5册，2127页
宋道启	学政宋荔裳女	尼	《清稗类钞》5册，2127页
王某	尚书王士禛裔孙	皂隶	《清稗类钞》5册，2127页
江某	大儒江永之后	开豆腐店	《清稗类钞》5册，2128页
焦某	大儒焦循之后	卖饼	《清稗类钞》5册，2128页
熊志契	大学士熊赐履子	翰林院孔目	《清稗类钞》5册，2128页
庆敏	郡王福康安孙	袭爵贝子，革职	《清稗类钞》5册，2128页
徐某	尚书徐乾孙玄孙	佣于县胥吏，卖唱	《清稗类钞》10册，4942页

社会地位下降之人也多，仅录钱泳的记载，可见一斑。他写道："子不克家，虽是家运，而亦习气使然，是中人以下之人不可以语上者也。尝见某相国家子弟开赌博场，某相国家子弟开蟋蟀场，某殿撰、某侍郎子喜为优伶，某孝廉乞食于市，某进士困于旅舍死无以殓，皆事之有者。"①

上述情况，使我们对社会流动有以下认识：

其一，社会流动在同等级和不同等级之间都有出现。乞丐、佣工进入业主和素封之家行列，大官僚降为小官僚，这是等级内部的流动；而平民中的自耕农、佃农、佣工进入官僚和贵族等级，还有奴仆厕身于平民等级，甚至步入官僚等级，官僚等级中的人落到平民等级的下层和贱民等级中，是不同等级间的流动。

其二，社会流动有三条主要渠道。一是科举的成功，可提高

① ［清］钱泳：《履园丛话》，189页。

等级地位，反之丧失官职和科举失败而降低等级地位；二是农业和工商业经营得法或失败，职业和经济状况因之变化；三是在战争中立功，从低等级进入高等级。不管哪一条渠道，多半要发生职业的变化，所以职业与等级的关系至为密切。

其三，社会流动还表现在家族地位的变化上。社会流动不仅是个人、家庭，连宗族的社会地位也随之变动，一个宗族中若干个人社会地位的变化，会影响到其在望族与素族之间的转化，清朝人对此很敏感。在江苏金坛县，明代虞、段、高、冯、尹五姓为世族，清代于、王、曹、蔡四姓升为望族，而五姓式微。①社会流动影响到宗族地位，这是清代等级制与宗法制结合的表现。

其四，等级间的社会流动说明等级并非不可逾越。封建等级是固定的、僵化的，即使在这样的制度里，个人的等级升沉也是不断出现的，所以等级制度虽难以变更，个人所在等级却不是一成不变的。

其五，贱民的解放，平民佣工的脱离雇工人身份，是社会结构性变化，其他等级成员的社会流动，都是社会结构的量变过程。这种流动，表明清代等级结构不是那么稳定，是处在变化过程中的。但是封建时代社会结构主要成分是贵族官僚与平民，贱民因社会流动而减少，虽也有其社会意义，但毕竟不能动摇封建社会结构的主体，所以鸦片战争前清代社会结构是稳定的。

三、满人的特权

清代等级中没有满人等级，而满人比诸其他民族，特别是人

---

①《龚自珍全集》4辑《金坛方言小记》。

数众多的汉族，又有其特权。清朝皇帝屡次宣布对待满人、汉人没有厚薄，同样看重，康熙帝说："抚育群生，满汉军民，原无异视，务俾各得其所，乃惬朕心。"[①]乾隆帝说："人主君临天下，普天率土，均属一体，无论满洲、汉人，未尝分别。"[②]可是他的官员杭世骏就地方大吏中，总督全是满人、巡抚满汉参半的事实指出：皇帝是把满人看作自己人，将汉人当作外人，才有这种不公平。乾隆帝指责杭世骏制造满汉畛域，将他革职。[③]其实杭世骏所言均为事实。在清代社会生活中，满人具有不少特权：

其一，做官的特权。

清朝在职官制度和官员任用上优待满人。

清初决定军国重事的议政王大臣会议，参加成员主要是宗室成员和满洲贵族，汉军旗人很少有机会进入，更不要说汉人，纵有个别参加者，也地位低下，如大学士王熙竟跪在康亲王杰书面前讲话，连康熙帝也看不过去。

中央六部九卿衙门，实行满汉复职制，即满汉各有对等的人数担任大学士、尚书、侍郎，这种表面上的平等掩盖了实质上的不平等，因为满人比汉人少得多，这种复职制保证满人大量进入中央政府。在这类对等官员中，以满人为该衙门的领班，地位又在同一官职的汉人之上。

所有内外官员的职位，区分出满缺、蒙古缺、汉军缺、汉缺，满洲、蒙古、汉军、汉人各按缺分补官，但是满人除占满缺

---

① 《清圣祖实录》卷30，八年六月戊寅条。

② 《清高宗实录》卷8，雍正十三年十二月辛未条。

③ 《清高宗实录》卷184，八年二月癸巳条。

外，还可以补蒙古、汉军、汉人缺，而汉人却不能补其他缺分，这样使得满人容易进入官场和晋升。

其二，法律上的特权。

满人犯罪，或者满、汉民之间的纠纷，地方官不能审理满人，更不得向他们施刑。康熙五十八年（1719）侍卫毕里克带领随从到直隶涞水，抢占民房，几乎打死民人万廷和，百姓告到县衙，知县甘汝来将其随从下到监狱，而毕里克却以拘留满洲职官告到中央，吏、兵、刑三部会审，拟革甘汝来职务，康熙帝开恩才予以免罪。①

满人案件有专门审理机关。康熙三十七年（1698）直隶巡抚于成龙题请，设立满洲理事同知，驻保定，审理旗人斗殴、赌博、租佃、债务等一般民事案件。后又添设张家口同知、天津同知、通州通判，分别审理。②此外运河线上也有满洲理事同知，这个同知不同于作为知府助手的同知，专理满人事务。

在量刑上旗人与汉人亦不同，汉人犯流徙罪自然照律充发，旗人则从轻发落，改作枷号杖责结案。

满人所具有的其他民族所没有的权利，无疑使他们成为特权民族，这就使清代社会政治身份更具复杂性。在等级内容之外，还有民族内容。

---

① ［清］张廷玉：《澄怀园文存》卷12《甘汝来墓志铭》；《清史稿》卷304《甘汝来传》，10495页。

② ［清］李绂：《穆堂初稿》卷39《请令理事同知通判分审旗人案件疏》。

第二章
公开社团活动的萎缩与秘密团体活动的兴盛

清代是以一家一户为生产单位的农业社会，这种封闭性的社会形态和封建主义专制统治，决定了人们社会团体生活的不发达，特别是公开的团体生活受到限制更多，而社会的矛盾很严重，人们又需要一些组织，于是秘密团体发达起来。清人的社团虽不繁杂，但也有着多种形式，如城乡居民的邻里结社、读书人的诗文社、同乡的会馆、同业的行会、公开的和秘密的宗教组织、带有政治性质的秘密结社等。

第一节 松散的四邻社团活动

南北朝时期宗懔在《荆楚岁时记》中说："社日，四邻并结，综会社牲醪，为屋于树下，先祭神，然后飨其胙。"[①]社是指土地神；社日是祭祀社神的日子，分春、秋二社；会社是社日这一天居住在一起的众邻人带着祭肉与酒集会祭社神。社祭不是南北朝时期开始的，至迟在周代就通行了。古人把社日之会看作节日

① ［南朝梁］宗懔：《荆楚岁时记译注》，谭麟译注，湖北人民出版社1985年版，55页。

活动，组织这种节日活动，也名为“社”，这就是社会组织意义上的社，而非指土神了。人们把作为组织的社与社日的集会联在一起，称为“社会”，与现代人常说的具有广泛内容的“社会”含义不同。我们这里所说的是古人意识中的社和社会。社（社会）基本上是一个村庄的邻里组织，也可以扩大到一乡，在农村最盛行。

古老的社，到了清代仍然在流行，清人的记载说：“田功既毕，乡人皆醵金赛神，丛祠社鼓，村落阗然。”[①]“俗于春秋二社，必集钱演剧，贫者称贷从事，或至破产。”[②]这些都是与祭土神有关的社的活动，即春祈秋赛社。春祈是求雨泽，希望五谷丰熟；秋祭是报收成，感谢社神的保佑。祈雨根据旱情而定时日，可能是春天，也可能在夏季，但社是固定的，到祈雨和报功时节开展活动。祈雨除求土神，还向龙王等神祈祷。安徽婺源县浙源乡庆源村有社会，因财力不足，议起社坛而未成功，到社祭时现建坛。会首由各户轮流充任。康熙三十九年（1700）该地夏季久旱，六月十一至十三日村人吃斋饭祈雨，商议起坛；十七日因禾苗严重干枯，浙源乡乡约鸣锣通知建坛祈雨；十九日建坛；二十一日乡人到坛祈雨；二十四日生员詹元相、詹润河等到阆山岭头迎龙王塑像到庆源村社坛；二十七日，村人到方枧埕地方求水神迎神像；七月初二日下了大雨；初四日送佛散坛。庆源村社会每年都有会租，这次起社，除会租外，又按各户田亩交粮，收了三

① 嘉庆《芜湖县志》卷1《风俗》。
② 《华氏传芳集》卷9《处士华公二容传》。

千余斤，几乎全部用掉。[①]

云南元谋县金扬贵所在村庄有土地庙，全村设会，捐香火费，每年会谷一百石，不用时出借给村人取利，月息二分，备作修理祠宇之用，会的管理与庆源村一样，全村各户按年轮流充当会首。[②]

雍正初，广西巡抚李绂离京赴任，路过河南裕州（今方城县），见当地村民用柳树筑起高高的祭坛，中间放着形象可怖的泥塑神像，人们说它是孙悟空。祭神所用的一切器物都用柳树制作，据说孙大圣要降神，将其意旨由附身传出，这个附身叫“马子”，祭祀时金鼓齐鸣，声震原野，人们奔走相赴，而马子胡言乱语，以灾害吓人，使得男子色变，妇女小孩哇哇大哭。[③]当地人的本意是想敬神得雨，但行事却乖张可笑。杭州人迷信的是观音菩萨，每当天久不雨，巡抚亲自到天竺庙把观音像请下山，送到在海会寺设的祭坛求雨。

与祈赛的求雨不同，“出会”主要是为防止“厉鬼”闹灾。据嘉道时人钱泳讲，当时大江南北的人民对出会最感兴趣。出会时间还是明朝遗留的传统，在清明节、中元节和十月初一进行。办会目的是“驱邪降福，消难除蝗”。组织者在乡村是保甲长和“游手好闲之徒”，在城里是府州县的书吏衙役。出会的内容是把城隍和土地神从庙里抬到府、县厉坛，由地方官主持祭

---

① ［清］詹元相：《畏斋日记》，载中国社会科学院历史研究所清史研究室编：《清史资料》4辑，190—200页。

② 档案《内阁全宗·刑科题本·土地债务类》嘉庆三年第65包。

③ ［清］李绂：《裕州观祷雨》，载［清］张应昌编：《清诗铎》，882页。

祀。出会的形式一半如同官员出行，一半是善男信女现身说法的游行队伍，开路的是清道旗、锣鼓手，肃静、回避牌，接着是扮作城隍庙里差役的队伍，有持枪棒的皂隶，挂刀背弓的弓兵，拿着签押簿的六科书吏，戴着手铐脚镣的重犯，两个刽子手架着赤膊的背插招旗的斩犯。还愿者扮作犯人，穿罪衣罪裙，手臂燃香，做出种种苦难行状，请求神赦，表示对神灵的信仰。还有的病人未愈，愿充神犯，有以毕生为期限的，也有以三年、五年为限的，在出会前三五天，到庙里烧香，叫“犯人香”。出会时，群众竞相观看，倾城、倾乡、倾村出动，所谓“看神伞，民如蚁”。“一时哄动，举邑若狂，城乡士女观者数万人。”在城隍、土地神经过时，观者静肃，不说笑，不指点，表示出对神灵的敬畏。①

江苏清江每当元宵节时举行神船会，人们抬彩船在陆地上游行，船上有装扮的玉皇大帝和各类神仙，有羽卫仪仗，还有天妃、舵工，人们载歌载舞，锣鼓喧天，三天后把船烧掉，扔到江水中。人们以为这样做，可以驱逐厉鬼，保证丰年。②

有时灾祸已经发生，人们为消灾去难举办迎神赛会。雍正六年（1728）夏天，湖州瘟疫流行，城中好事者倡言驱厉鬼，一呼百诺，城乡人民都参加进来，为首的人按户敛钱，连孤儿寡妇户也不放过。人们把城隍神像抬到厉坛，游行队伍也是扮作官府出

① ［清］钱泳：《履园丛话》，575页；［清］顾禄：《清嘉录》，上海古籍出版社1986年版，54页；苏州民俗博物馆编：《苏州民俗》，中国民间文艺出版社1986年版，33页；［清］张应昌编：《清诗铎》，880页。
② ［清］张应昌编：《清诗铎》，876页。

行的模样，此外有巫师跳舞、梨园演唱、燃爆竹、放焰火，村中人挈妇携儿，撑着船来到府城，足足折腾了一个月。①

综观社的组织及活动情况，有如下特点：

1.社的组织松散。社日活动期间，社的组织显现出来，没有活动时组织就瘫痪了。

2.社的组织形式简单，有的同户籍组织相一致，或依自然村，按户参加。

3.社的组织者——社首，有的按户轮充，有的由保甲长、乡约、衙役书吏承担，他们不一定是富户，但是政府的下层人员；有的是有功名的人和官户，以文武生员为多。女诗人沈澜的《赛田社》有诗句“里正朝来遍掠钱”②，是讲里正出头组织村民办社，并收社费。吴思祖在《香会谣》中讲：“土豪巨擘作大巫，登坛振臂一奋呼。”③即由有势力的富家担任会首。

4.社的活动经费，由入社人交纳。办会花钱，铺张浪费尤大。它需要的经费很多，向社众“广募金钱”④，造成会员的沉重负担。江阴举人李见田反对出会，讲了它“耗财用”的一弊：“一方赛会，万户供张，竟有勉强支持，百端借贷而入会者，亦有典衣粜米，百孔千疮而入会者。”⑤

5.社的信仰主要是土地神。其次为城隍神、龙王及其他各种神仙和菩萨，从观音到孙悟空，神佛庞杂，反映清代民间信神之

---

① ［清］张应昌编：《清诗铎》，882—883页。
② ［清］张应昌编：《清诗铎》，161页。
③ ［清］张应昌编：《清诗铎》，878页。
④ 周振鹤：《苏州风俗》，上海文艺出版社1989年版，80页。
⑤ ［清］钱泳：《履园丛话》，576页。

滥，可知清代大多数人没有真正的宗教信仰。

6.社在预防灾害中不起作用。起社的目标是为了防灾祛病、获得丰收，可是社首却不组织会员做防灾救灾的实际工作，请神送神忙得不亦乐乎，灾害依然如故，甚至更重。沈澜说祈赛过后，“春田龟坼秋稻空，社公神灵君不见”①，痛惜人们花钱费力祈神的无效，讥讪社神不灵验。

7.社的活动有娱乐性。赛神要演戏，清人借此机会得到一次娱乐，这也是一些人参加会社的原因。

8.清朝政府对四邻社会基本是放任态度，由民间自办。唯有祭城隍，官府出动。群众性的社会活动，也产生了一些治安问题。如社日期间赌博增多，小偷也乘机活动。在统治者看来，社会还会产生男女混杂的大问题，因为社会活动一开展，妇女也走到户外，参加集会和看戏，男女在一起，政府认为有伤风化。基于这些考虑，政府有时禁止社会活动。政府更害怕的是有人利用社会的长期组织，发展出带有政治色彩的团体，如雍正三年（1725）河南巡抚田文镜就说迎神赛会在该省流行，产生“群刀”“铁鞭”等会，组织牢固，是“邪教”的渊源，所以他禁止赛神会活动，但这只是一时政策。②

---

① ［清］张应昌编：《清诗铎》，161页。

② ［清］田文镜：《抚豫宣化录》卷4《严禁迎神赛会以正风俗事》。

第二节　同乡组织的局部发展和文人组织的衰微

一、联络乡谊的会馆

清人会馆是侨寓的同乡为共同利益而建立的组织，也有的称作公所，但公所又有同业公会的性质，这里专讲同乡会馆。

设立会馆的前提条件是侨寓的人多，他们有建设团体的需要。清代流官制度和工商业的发展，造成一定数量的官吏、商人、工匠三种人流寓外乡。流寓的地方多在工商巨镇、水陆码头和行政中心。工商重地，在清人记载里被称作“五方杂处”，就是讲该地由四面八方来的人形成的聚落。苏州乃“五方商贾，辐辏云集”[①]之地，来自异乡的工商业者多，我们从《江苏省明清以来碑刻资料选集》等文献所提供的资料获知，该地经营棉布业、涝油业、蜜枣业、皮纸业的多是徽州来的商人，绸缎业则由杭州人所垄断，蜡烛业的从业者来自绍兴府，福建汀州人经营纸业，江北高邮、宝应人从事油业，山西人经办银钱业的多达数十家，染踹业的踹匠来自江北、安徽和江南其他地方。

四大镇之一的广东佛山镇，清末有三千多家工商店户，它们的主人中，土著和该镇所在的南海县人约占总数的20%，顺德县人占30%，新会人占20%，其他州县广东人和外省人占20%，外省的商人，来自陕西、山西、河南、江西、江苏、浙江、湖南、

① 江苏省博物馆编:《江苏省明清以来碑刻资料选集》,351页。

湖北。[①]佛山商人以外地人为主体的事实，表明工商城镇侨人之多。商业不算发达的湖南湘潭也充斥着外来的商人和工人，嘉庆间其城外商业区，“江西客民在彼贸易者十居七八，本地居民不过十之二三，各码头挑夫，江西人尤多”[②]。在常熟唐市镇，“典商布贾，多非土著”[③]。

以上是工商城镇吸收外地人，而有些地区的人习惯于外出经商、佣工。徽州商人在明代就散布各地，清代依然如此，他们近处去江浙两淮，远处去滇黔粤闽山陕冀豫，无处不到。长江流域各大城镇侨居的徽州人多，因而形成“无徽不成镇”的局面。[④]宁国府旌德县人，“散在京省市肆间，居积通易以至富厚”[⑤]。江苏句容“贸易于外者尤众”[⑥]。正是有人离开本土到外地经商做工，所以工商城市外来户才多。

清朝政府实行回避原籍的任官制度，官员不能在本省做官，所以地方官全是异乡人，而官员到任，带一批家属、亲戚和幕客，以及不时而至的投奔者、打秋风者，这就增加了所在地的外乡人数量。在首都和各省会城市，由于试子应试，又给当地增添了常住人口和临时人口。经商的、仕宦的，乃至做工的异乡人在与当地人的相处中，感到有建立组织、维护共同利益的必要，会馆就适应这种需要而出现了。

---

① 蒋祖缘:《清代佛山的商业和商人》,载明清广东社会经济研究会编:《明清广东社会经济研究》,广东人民出版社1987年版。

②《清仁宗实录》卷359,二十四年六月戊申条。

③ [清]倪赐:《唐市志》卷上《风俗》。

④ 乾隆《歙县志》卷1《风土》,民国志同。

⑤ 嘉庆《旌德县志》卷1《风俗》。

⑥ 嘉庆《江宁府志》卷11《风俗》。

（一）会馆的建立

清人会馆遍布于重要城镇，上至京师，下至市集。北京有四百几十所，苏州有四十所，另有公所一百二十二个，南京有近二十所，上海有十余个，汉口、广州与上海差不多，吴江县盛泽镇有徽宁会馆和任城会馆。在四川不仅大都会，连偏僻县镇也设置了会馆，据吕作燮的研究，全川有七百二十七所。[①]

会馆的建立，多由官宦和商人操持。道光十九年（1839）江西虔南厅（今全南县）人曾承显就任上海知县后，召集旅沪江西人到衙门，询问江西士商在上海的情况，要求他们建立会馆，并写《创建豫章会馆劝疏文》，要乡人捐钱赞助建馆，他也解囊。该省监生袁章煦、王振凤等出面募捐，买地基、造屋宇，于道光二十九年正式建立了江西会馆。[②]嘉庆间广东潮州府海阳、潮阳、惠来等八县人在上海建立潮州会馆，几十年后潮阳人商务发展，郎中郭日长于同治五年（1866）建议其别设会馆，于是有潮惠会馆的建立。[③]雍正七年（1729）广东人在苏州设立了岭南会馆，出资者有知州何多学、金山知县蔡国玖两名官员和二百二十七家商号。[④]嘉庆元年（1796）江西人在苏州重修会馆，在此做官的、客居的“咸损赀斧，踊跃相从”。这些人中有江宁布政使陈某，前任江苏按察使、现任云南布政使熊某，前任江南河道道员、现任山西布政使谢某，两淮都转盐运使鲁某，江苏常镇通道道员查

① 吕作燮:《明清时期的会馆并非工商业行会》,《中国史研究》1982年2期。
② 《上海碑刻资料选辑》,上海人民出版社1980年版,332—336页。
③ 《上海碑刻资料选辑》,325页。
④ 江苏省博物馆编:《江苏省明清以来碑刻资料选集》,338页。

某，江安徽宁池太庐凤淮扬十府粮道赵某，原任苏松太兵备道张某，户部员外郎李某，太仓知州魏某，原任长洲令杨某等人，以及众商人。[①]上述情形表明，会馆由同乡的官僚与商人合作建设而成，多是商人出钱和具体操办，官员加以号召和支持，是“他省仕商”所建。[②]徐珂说会馆是“合官商而通力合作”[③]形成的，说明仕和商是会馆的建设者。

会馆有一组完整的建筑，包括：大殿，供所信奉的主神；偏殿，供奉其他神；大厅，议事处；戏台及看楼；钟鼓楼；照壁；以及其他房舍。室内也有相应的设备，有桌椅家具、匾额对联、祭祀器皿、灯彩铺垫。有了这些设备，才从物质上保证会馆的正常开展活动。

（二）会馆的组织及管理人

会馆的组织机构，即董事会，是由会馆成员推出董事组成，负责会馆事务。上海的福建建汀会馆章程规定，由建武府人公举一名董事，汀州府的上杭、永定两县各举一名董事。董事会聘请管理人员（司理），负责处理董事会议决的事项。还雇有馆丁、司勤杂工之职。董事轮流掌握馆务，称为值年董事。[④]北京会馆里雇有长班，从事各种杂差，如同奴仆。[⑤]可见一般的会馆组织机构是：董事会—办事机构—勤杂工。实际由商家轮流管理，而不为一家所控制。

---

① 江苏省博物馆编:《江苏省明清以来碑刻资料选集》,361页。

② 《吴县志》卷52上《风俗》。

③ 徐珂:《清稗类钞》1册,185页。

④ 《上海碑刻资料选辑》,279—280页。

⑤ 徐珂:《清稗类钞》11册,5267页。

嘉庆十六年（1811）上海潮州会馆主事人员有：董事举人陈玉，粮户万世富（实即会馆房产的代理人和纳税人，名曰粮户，真正身份应为商人），监生吴美盛，吏员林大有，吏部即选县正堂、癸卯科举人陈建业等。[①]道光十二年（1832）泉漳会馆董事王志清、颜西圃等五人，在所立《兴修泉漳会馆碑》的署名未及功名、职衔，可见是白丁商人。[②]会馆的管理人以商人为主，有功名的人和政府职员比商人有地位，能联系官府和地方绅衿，故而能代表会馆，在其管事中占一席地位。

（三）会馆的功能

客居他乡的人组织会馆，是根据在异乡生活的需要来建设自己的团体，营办会馆事务，以利于自身生活和事业的发展。

会馆首先是同乡祭祀和聚会之处，清人相信神灵，有共同的，有地方性的，还有行业的。会馆以正房为殿、为宫，就是供奉神灵的。会馆普遍地建造关帝殿，作为主殿或偏殿，如顺治间设在苏州的山东人的东齐会馆，康熙间出现的全晋会馆，都以关帝殿为主殿。始建于明万历朝，续修于康熙朝的岭南会馆也尊奉关帝。[③]佛山的山陕会馆也奉祀关羽，岁时节日，山陕商人“靡不趋庭瞻拜，共序萍踪”[④]。关羽讲忠义，外出之人需要互相帮助，从而更重视忠义道德。

许多会馆还供财神，这是商人需要的；供文昌帝君，文运

① 《上海碑刻资料选辑》，250页。
② 《上海碑刻资料选辑》，238页。
③ 民国《吴县志》卷30《公署》。
④ 广东省佛山市博物馆编：《明清佛山碑刻文献经济资料》，广东人民出版社1987年版，127页。

昌盛也是人们的普遍愿望。苏州钱江会馆就“外供关帝，内奉文昌”[①]。

各地方的会馆，另有信仰特色。广东、福建会馆多供奉天妃，以求航行的安全，不仅闽粤人如此，江海之滨的会馆也多有天妃宫。江西人的会馆“祀吾乡福主旌阳许真君”[②]，许真君是晋朝人许逊，学过道，传说能除害、腾飞，被南朝宋朝廷封为神功妙济真君。江西是张天师所在地，人们笃信道教，把偶像带到新居地去崇奉。有的地方神很小，鲜为人知，但该地人迷信它，会馆也少不了它。如上海的崇明锡金商船会馆偶像有福山太尉褚大神、成山骠骑将军滕大神。[③]山东、苏北、皖北人崇信金龙四大王，据说此王叫谢绪，南宋人，讲求忠义，被朱元璋追封为王，震泽镇的任城会馆就以他为正神加以供奉。[④]

至于某个行业从业者所建的会馆，往往祭祀行业神。武汉怀庆会馆，是河南怀庆府药材商人在武汉建立的团体，崇拜药王，故馆名又叫“覃怀药王庙”[⑤]。

会馆必有神祠，祠宇的名号往往代表会馆的正式名称。人们在会馆建祠，到神的生日，逢年过节，同乡赶去礼拜，在祭神的名义下加强联系，增进感情，这就是“联络乡谊”的作用。

会馆也有保护商人的利益的功能。商人在异乡做买卖，会遇

---

① 江苏省博物馆编:《江苏省明清以来碑刻资料选集》,25页。
② 《上海碑刻资料选辑》,333页。
③ 《上海碑刻资料选辑》,196页。
④ 江苏省博物馆编:《江苏省明清以来碑刻资料选集》,442—445页。
⑤ 民国《夏口县志》卷5《建置》。

到当地商人甚至本乡的不同商号的竞争，会遇到地方势力的欺凌，以及官吏的敲诈勒索，为对付外部势力，需要在内部进行协调，共谋同乡商人的利益。会馆提供了集会的场所。康熙三十四年（1695）创办于汉口的徽州会馆的宗旨是："联络乡情，提倡商业，维持本籍旅居一切公益。"[①]苏州的钱江会馆，是杭州绸缎商货栈，货物运到苏州，存放在这里。乾隆三十九年（1774）吴县令孙某借会馆居住，一月后迁出，次年苏州督粮厅刘某又来借屋，占房三十余间，迫使商人将货物搬出，杭商葛金章等代表会馆向官府呈请保护，两江总督高斌认为"会馆为商贾贸易之所"，不许官员占据，杨县令遂立"吴县永禁官吏占用钱江会馆碑"[②]，保护了会馆商人利益。

另外，会馆还办理留宿并兴办慈善事业。会馆接待本乡来的仕宦、读书人和生意人，提供住宿，有的还设立殡房、义冢。凡同乡流寓之人死后，家属一时不能把尸体运回原籍，借殡房存放，对长期没人经管的尸体，会馆负责埋葬。如佛山江西会馆在乾隆初设立义山，义葬同籍客旅，后又虑及病危之人反不及死者得到照顾，于是在同治间建立义庄，供给患者养病。[③]

（四）会馆的性质

会馆是地域组织，是侨寓在异乡的仕商联合团体，谋求小团体利益。

封建时代的封闭性，使地方主义盛行，会馆是地方主义的产

---

① 民国《夏口县志》卷5《建置》。

② 江苏省博物馆编:《江苏省明清以来碑刻资料选集》,25页。

③ 广东省佛山市博物馆编:《明清佛山碑刻文献经济资料》,201页。

物，但又是冲击地方主义的，因为会馆的建立者在所在地区受到地方主义的排斥，于是他们也建立地方主义的会馆以保护自身，争取生存和发展。会馆代表着商品经济的发展，反映人们的地域流动，比维护自然经济、人们死徙无出乡的地方主义有利于社会进步。

二、服务于专门行业的公所

前面说到苏州的会馆有的改为公所，事实是清代中期以后，公所不断兴起，成为和会馆共存的组织，不过它在建设原则、社会功能方面与会馆颇有不同。现据民国《吴县志·公署》制作《苏州公所简况表》，从中可了解公所与会馆的差异。

苏州公所简况表

公所名称	建所时间	建所行业
七襄公所	道光十九年	纱缎绸绫业
泳勤公所	嘉庆间	洋货业
嘉凝公所	道光十四年	金线业
玉业公所	道光二十年	琢玉业
承善公所	道光十七年	装修置器业
永和公所	道光二十年	木业
剞劂公所	道光十九年	刻字业
茶礼公所	道光十七年	掌礼业
庖人公所	嘉庆间	庖厨业
膳食公所	道光初	饭业
性善公所	道光十七年	漆作业
丽泽公所	道光十六年	金业
云章公所	咸丰六年	成衣业

续表

公所名称	建所时间	建所行业
钱业公所	—	钱业
典业公所	—	典当业
裘业公所	—	裘业
太和公所	—	药材业
履源公所	—	履业
茶叶公所	—	茶业
醴果公所	—	果品业
梨园公所	—	梨园业
梓义公所	—	木匠业
五丰公所	—	米豆业
霞章公所	—	丝织业工匠

由上表得知，第一，公所是行业同仁的组织，它以职业划分，这是它不同于会馆的重要特点（会馆是各种行业、职业的同乡人的组织）。

第二，公所不仅是有资产的商人和作坊主建立的，还有工匠。表中绝大部分公所由商家主人建立，是有产者的组织，但霞章公所是丝织业工匠建立的，它与绸缎业主的七襄公所在行业上相同，但成员的职业地位不同。在佛山、夏口也有类似情况。佛山轩辕会馆是服装业的团体，与公所同一性质，不过叫作会馆，它由服装业内的东家和西友（即工人）合资兴建。[①]这个会馆无疑是由东家控制的，但成衣工和勤杂工也是它的成员，是为一个

① 广东省佛山市博物馆编:《明清佛山碑刻文献经济资料》,253页。

东伙混合的社团，佛山兴仁帽绫行会馆有两个：一个是东家公所，在社亭铺；一个是西家公所，在舒步街。[①]一个行业的东家和伙计分别建立自己的团体，从工匠组织的出现来讲，比成衣业的东伙联合公所进了一步。

第三，公所成员的籍贯状况和会馆完全由客籍人组成的情形不同，公所的成员有本地人，也有外乡人，是以职业组合的，不考虑成员乡贯。

公所有其组织法和规则，它与会馆相同之处是有馆舍，供奉神灵，定期祭祀，然因它是行业团体，自有其特定功能。

首先，谋求行业的共同利益。一个行业在其发展到一定阶段，就需要有组织来协调内外各种社会关系，以谋求本行业的发展，即“为同业谋同益”[②]。

其次，公所制定行规，在一定范围内限制同行竞争。公所多根据本行业的特点制定行规，要求同业遵行。道光二十四年（1844）苏州小木业公所议定规条，凡本地出师的木匠要开张店铺，先向公所交纳行规银二两四钱，而外地来苏州的木匠或不是木业行里的人则要交四两八钱，以多征一倍的费用，限制外地人、外行人开业，减少竞争者。[③]同治七年（1868）上海水木业公所议定工价，水木匠每日一百文，学徒八十文，用额定工价防止同行竞争。[④]

---

① 广东省佛山市博物馆编:《明清佛山碑刻文献经济资料》,341页。
②《上海碑刻资料选辑》,321页。
③ 江苏省博物馆编:《江苏省明清以来碑刻资料选集》,107页。
④《上海碑刻资料选辑》,312页。

最后，处理行业内部纠纷。为解决行内纷争，公所有“和解其争讼”[①]的任务。上海珠玉业中，苏州帮与南京帮因场地发生冲突，停止营业，两帮董事代表与上海道所委派的官员共同协商，由苏州帮借场地给南京帮恢复营业。[②]

三、文人结社的兴衰

文人结社乃明代遗风，明代晚期文人官僚结社之风大盛，东林党的活动脍炙人口，之后是三吴地区的应社、复社、几社名声大振，当复社于崇祯五年（1632）举行大会之时，从山东、山西、河南、湖南、福建、浙江赶来参加的就有几千人，旁观者更多。明清的易代，使一部分遗民意志消沉，不愿再从事组织团体的社会活动。浙江瑞安董应科，原是汐社成员，易代之后，避居小楼二十多年，离汐社社员的嘉兴徐节之隐居之处不远，但两个社友从不通音信。[③]

比较多的人与董、徐态度不同，继续进行社团活动。明季以四公子之一而出名的侯朝宗，崇祯间在家乡组织雪苑社，明末战争中停止活动，顺治九年（1652）和宋荦、徐邻唐等人重新建立“雪苑六子社”[④]。广东番禺人屈大均继承明代广东士人建立广州南园诗社的传统，在清初建立西园诗社，他们明是论诗，实系抒发政治情绪，用屈大均的话说是：“自申、酉变乱以来，士多哀

---

① 《上海碑刻资料选辑》,321页。

② 《上海碑刻资料选辑》,366页。

③ [清]恽敬:《大云山房文稿二集》卷3《瑞安董氏祠堂记》。

④ [清]侯方域:《壮悔堂文集·侯朝宗公子传》;[清]李元度编撰:《国朝先正事略》卷9《宋牧仲尚书事略》。

怨，有郁难宣，既皆以蜚遁为怀，不复从事于举业，于是祖述风骚，流连八代，有所感触，一一见诸诗歌，故予尝与同里诸子为西园诗社。”[①]吴江人吴兆骞参加复社，为盟主，清初因科场案遣戍尚阳堡，仍组织诗社。[②]广东博罗僧人函可在南京见南明弘光政权的灭亡，作史诋毁清朝，被发配沈阳，遂与同被流放的左懋泰、郝浴等三十三人结成冰天诗社。[③]顺治七年（1650），吴炎等组织惊隐诗社，又名“逃之盟”，它以松江人为主，三吴两浙之士亦有参加的，顾炎武、潘柽章、陈济生参与活动，这些人抱明代遗民之心，以诗文会聚，表示无仕清之意。庄廷鑨明史案发生后，诗社成员有被牵连的，乃于康熙三年（1664）停止活动。福建社团分福州、漳州两派，漳州海澄人郑亦邹于清初设立南屏文社，与会者三百多人。“几社六子”之一的徐孚远到台湾成立海外几社，宁波人沈光文与关中人赵行可、无锡人华衮、淮安人宗城等在台湾组织福台新咏社。[④]

清初最有名的文社是慎交和同声两个社，它们是几社衍化而来。成立于明季的几社，创建人夏完淳、陈子龙在抗清战争中被俘牺牲，顺治六年（1649）几社分化出同声社、慎交社，社的中心由松江转移到苏州。同声社的主盟是章在兹、沈韩倬，慎交社由宋德宜、宋实颖负责，这两个社之间以及与其他地方的文社多不协调。原明朝左庶子、诗人吴伟业从中斡旋，顺治十年上巳，

① [清]屈大均：《广东新语》，357页。
② [清]李元度编撰：《国朝先正事略》卷38《吴兆骞事略》。
③ 谢国桢：《明清之际党社运动考·大江南北诸社》，中华书局1982年版。
④ 谢国桢：《明清之际党社运动考》所收《大江南北诸社》《浙中诸社附闽中诸社》等篇。

同声、慎交联合江浙各地文社在苏州虎丘举行大会，近千名文士参加，赋诗论文，到关帝庙前盟誓，各自表示不伤害其他组织[①]，这是清人文社的最大一次集会。

顺治和康熙初年的士人社团活动，有三个特点。在性质上，表面上看是研究诗文，以文会友，实际上是如同屈大均所说，不满意出现明清易代变故的士人，怀念故主，不甘心受新朝驱使，以结社抒发心中的愤怨，同时他们的议论又不激烈，具有在野派的性质。在规模上，一般几个人，十几个人，至多三四十人，慎交、同声社联合开会，众多的与会者并非都是它们的成员。在地域上，出现的范围较广，江苏、浙江、福建、台湾、广东，以及东北地区都有设立，顺治十七年礼科给事中杨雍建疏言："今之妄立社名，纠集盟誓者，所在多有，而江南之苏松、浙江之杭嘉湖为尤甚。"[②]道出了社盟地区分布的实况，与我们所说的具体情形相一致。

清初文人结社继承了明末遗风，但清朝政府在初步稳定全国统治之后，立即抓紧对士人的控制，不能容忍在野派的清议。还在顺治九年，就有禁止士子结社的规定："生员不许纠党多人，立盟结社"，违者治罪。[③]到十七年，杨雍建奏疏，将社盟视为盟党之害，建议清根塞源，"严禁结社订盟"，不仅如此，连人们交换名片，称"同社同盟"也不允许，以绝结盟的肇端。顺治帝接受他的建议，声称："士习不端，结盟订盟……著严行禁止。以

① 谢国桢:《明清之际党社运动考·几社始末》。

②《清世祖实录》卷131，十七年正月辛巳条。

③《松下杂抄》卷2转引自谢国桢:《明清之际党社运动考》，171页。

后再有此等恶习，该学臣即行革黜参奏，如学臣循隐，事发一体治罪。”[①]表示了禁止士人结社的严厉态度。

清朝的禁止政策，迫使士人改变结社的习惯，不能再从事清议的活动，人们之间连社盟兄弟也不敢称呼，而改称“同学”，据说发明这个流传后世的名词的是思想家黄宗羲。[②]清议结社难以发展，还有另一个原因，就是士人内部门户、地域之见，分出派别，不能统一，这种内耗，也使其易于走向衰落。针对这种情形，明清史家谢国桢指出，“纵然清廷不禁止他（按指结社），他们里面也要起了变化”“也到了崩溃的时候”[③]，所论甚是。

清初带有政治性的结社消失之后，仍有少许文人的诗社出现。康熙间广州梁无技搞诗社，出题张贴在街头，任人投卷，为之评品，分出等第，奖以金帛笔墨。[④]道光中同府石衡、陈澧等组织诃林诗社。[⑤]此外，青年学子的读书社较多。他们由于参加科举的需要，志同道合者立社，定期集会，作诗辞时艺，互相评阅，或请高明指点，以期提高。福建厦门士子“好结文社，月有课，课有期，期则聚首角艺，至宵分乃罢，求前辈甲乙之”[⑥]。对完全不涉及政治的文社，政府并不干预。凡社必宴，是文社的特点。还有一种文会，范围大一些，如江苏青浦县有同文会，凡

① 《清世祖实录》卷131，十七年正月辛巳条。
② ［清］王应奎：《柳南随笔·续笔》卷2《刺称同学》，中华书局1983年版，171页。
③ 谢国桢：《明清之际党社运动考》，205页。
④ 同治《番禺县志》卷6《风俗》。
⑤ 民国《番禺县续志》卷20《人物》。
⑥ 道光《厦门志》卷15《风俗记》。

本县绅衿都列名入会，按经济力量交会费，以备修县文庙，农民、商人、衙役等没有功名的人不接纳。[①]这种为修文庙而立的社，自然是政府欢迎的。

科举中人，常有按科分的集会。在北京有常年存在的同年会，同年为某种需要，或同年中有人办红白喜事，会中人集会饮酒，联络感情，以便在官场相照应。[②]

还有一种同乡官绅的集会。在杭州做官的安徽人，在每年正月十五日以前必有一次聚会，叫“同乡团拜”，参加者上至巡抚司道，下至佐杂吏员。集会这天要演戏饮酒，费用由参加者分摊。咸丰八、九年（1858、1859）按察使段光清、粮道王月川等三个官员自愿出钱，不向同乡摊派。咸丰十年正月，因巡抚、司官都是安徽人，段光清等怕集会引起其他籍贯官员的嫉妒和不满，自动停止了团拜。[③]

总的说来，清代文人的社团生活很贫乏，起不到活跃思想、丰富生活、开展社交、促进社会进步的作用。比起明朝后期盛行的具有政治色彩的社团，清人为举业而进行的结社要差一个层次。由此亦见，明季遗风消失之后的清代士人政治思想很不活跃，使得清朝政治沉闷。到了清末，资产阶级革命兴起，学人的结社得以发展，并和反清政治斗争结合起来。

---

① ［清］诸联：《明斋小识》卷3《同文会》。

② 徐珂：《清稗类钞》11册，5267页。

③ ［清］段光清：《镜湖自撰年谱》，154页。

第三节　北方秘密宗教活动的频兴

一、秘密宗教活动概况

清代民间的秘密组织众多，仅就中国第一历史档案馆所藏的档案来看，就有一百五十多个，可分两种类型，一是秘密宗教，一是会党。鸦片战争以前秘密宗教发展，成员广众，多次发动过武装反清斗争；近代以后会党发展，活动频繁，是近代史上几个大的运动的积极参加者。

清代秘密宗教，渊源上多属白莲教系统，但是在秘密状态中进行的，受到清朝政府的监视和镇压，不可能统一。教首为传教方便，经常改换名称和吸收其他教派的部分教义，使教派更为庞杂混乱。据白莲教史专家喻松青的研究，清代秘密宗教主要有五大系统，即罗教、清茶门教、八卦教、弘阳教、张保太无为教。①

罗教产生于明朝中期，到清代盛行，创始人罗清被教徒尊称为罗祖，他是运粮军人出身，其信徒中有众多的漕运水手。该教活动多在通漕的省区，特别是运河南端，雍乾间杭州、苏州的罗教庵堂就有几十处。罗教传入福建，称为老官斋教，庵堂散布各府州县和台湾，多达十余所。罗教受佛教禅宗影响，尊奉六祖慧能，倡导真空观念，其他秘密宗教将之发展为“真空家乡，无生父母”信条。

---

① 喻松青:《明清时期的民间秘密宗教》,《历史研究》1987年2期。

八卦教，又名天理教，是有清一代北方最有影响的民间秘密宗教教派。该教发端于康熙初山东单县刘佐臣组织的五荤道收元教，嘉庆间天理教的首领林青、李文成就分别是坎卦教主、震卦教主。

无为教，又称大乘教、西来教、法船教、燃灯教，康熙年间由云南太和县生员张保太创设，传布至四川、贵州、湖北、江苏、河北。该教倡导李开花当皇帝之说，乾隆中马朝柱起义也是宣传李开花当皇帝。①

清代秘密宗教活动范围很广，直隶、山西、山东、河南、陕西、甘肃、四川、湖北、湖南、江西、安徽、江苏、浙江、福建、台湾、云南都有教徒的活动，即使在边疆的黑龙江、新疆、广东，也有被发配去的教徒组织活动，但主要活动地区是在长江以北的地方。

秘密宗教信徒多是社会下层群众，包括农民、手工业者、小商贩、城市贫民、矿徒、水手以及少量的文武生员和僧道。教徒人数众多，其中有许多女教徒。

秘密宗教始终与清政府处于对立状态，追求清明世道的出现，有时以恢复明朝作为号召，不时举行武装起义。如乾隆十三年（1748）福建建宁老官斋教徒起义，十七年湖北罗田马朝柱起义，三十九年山东清水教王伦起义，嘉庆元年（1796）川楚陕白莲教起义，十八年天理教起义，道光二年（1822）河南新蔡朱麻子起义，十五年山西赵城先天教起义，二十六年湖南

① 喻松青:《明清白莲教研究》,四川人民出版社1987年版。

桂阳青莲教起义，光绪十七年（1891）直隶朝阳金丹教起义，等等。这些起义都被清朝一一镇压了，但秘密宗教活动一直继续着。

二、清茶门教教徒社会活动

清茶门教，又名红阳教、大乘教、无为教，别号清净法门，是明代闻香教主王森的白莲教余绪，也是它的一支。王森、王好贤父子传教被明朝政府镇压，他们的后裔继承父祖事业，在清代坚持传教，嘉庆间直隶总督那彦成说："王姓一族，世传邪教，历年久远，蔓延数省"，他们屡次被清朝政府镇压，但"怙恶不悛""实系邪教总匪恶根"。[①]清茶门教由王家世代经营，为北方各教派的信仰所赖。王氏聚居在直隶滦州石佛口，一支迁往卢龙安家楼，族人多以传教为业。

乾隆中，王森七世孙王秀到湖北传教，在京山收徒余为淇、余为洗、刘东山，随州人郑胜玉、陈少奇亦拜他为师，他的长子王亨恭到江苏、安徽传教，江宁府的秦过海、吴长庚，淮安府的徐二宁，泗州的王添弼都入了教。乾隆三十六年（1771）犯案，王亨恭被杀害，王秀充军陕西，并死在那里。王秀次子王亨仲长大后继承父业，五十三年到湖北，把其父的弟子余为淇等五人重新收为徒弟。[②]王亨恭子王殿魁长大后，祖母李氏向他讲授清茶门教的教义和传教方法，五十九年李氏令曾经随同王亨恭到江南传教的家人马二陪着小主人去传教。王殿魁于是把其父的徒弟收

① 《清代档案史料丛编》3辑，7、9、25页。

② 《清代档案史料丛编》3辑，49页。

归已有，此后经常在江苏、直隶之间活动，嘉庆八年（1803）在山阳县定居。他的徒弟也传道，徐二宁在山阳收徒徐万芝、李洪，秦过海收了江宁城里卖布的陈某、孝陵卫的王大成，吴长庚的徒弟是江宁开藤屉铺的王有华。[①]

王森七世孙王苞带着儿子王秉衡于乾隆五十二年到湖北武昌传教，王苞传徒李尚桂、樊氏夫妇、李应豪、熊之信及铁匠李从良，王秉衡收徒樊万兴、张忝榜、杨振朝、莫国栋及万寿寺和尚魏延宏。嘉庆十年王秉衡到江南仪征做生意并传教，收柳有贤为徒，并娶寡妇杨氏为妻，来往于江南、湖北传教。他在江南的徒弟传授很快，柳有贤传金悰有，金悰有传方荣升。[②]方荣升是安徽巢县人、水手，自称是“蓬莱无终老祖朱雀星宝霞佛下降”，接受清茶门教师传，创立园教，广收徒众，准备于嘉庆二十年发动武装起义，被清朝捕获，凌迟处死，同时受害的有三十四人，被株连者数百家。[③]由方荣升事件可知王秉衡活动影响之大。

王炜（王帨邦）是王森七世孙，乾隆后期到河南传教，收滑县人王献忠为徒，王献忠转传山西凤台（今晋城）人孟克达，孟克达又收阳成人王进孝和儿子生员孟尔聪为弟子，王进孝又传子王克基，孟尔聪传徒程均让、庞更元、吴文明。王克基向王克明、王克勤、刘应昌、刘应申传授。嘉庆五年王炜的嗣子王汝谐因父故世，派家人颜治找孟尔聪，约孟及王克基到滦州，二人遂

① 《清代档案史料丛编》3辑，47页。
② 《清代档案史料丛编》3辑，6、11、24页。
③ ［清］钱泳：《履园丛话》，383页；［清］李兆洛：《养一斋文集》卷10《含山县学训导高先生墓志铭》。

于次年去拜见王姓师父。王帨邦的族侄王三聘（王绍英）见王帨邦传教顺利，亦行效法，于嘉庆四年（1799）到阳城，上述王克勤之父王进礼，郭奉文、霍延氏、延克伸、成万钧拜他为师。十年王三聘又来阳城，住在信徒延克伸家，收郭宝妙等六人为徒，次年娶因夫贫而被卖的延氏为继妻，延氏后来也入了教。[①]王帨邦的堂兄弟王度也到滑县传教，收张城甫为徒，张城甫转传邯郸人郭元登、杨殿揆，杨殿揆传女儿王杨氏，王杨氏又传子王克勤。王克勤还受过王克基和王三聘的传授。由此可见滦州王家频繁地到直隶、河南、山西交界处传教。[②]王度传教时给张城甫一部清茶门教经典《三教应劫总观通书》，张也传给徒弟，如此递传，到了王克勤手中。[③]

王秀、王秉衡和他们的信徒有清茶门教的教徒生活方式。信徒入教，举行“卢木点杖”仪式。传授人用竹筷指点被传授人的眼睛，意思是不观桃红柳绿；点耳，意即不妄听杂言；点鼻，不令闻分外香臭；点口，不讲他人是非。点完之后，把竹筷插在瓶内供奉。这种仪式宣传了清茶门教主张的“五戒”——戒杀生，戒偷盗，戒淫邪，戒荤酒，戒诳语。与此同时，传教人向新信徒宣讲皈依佛、皈依法、皈依师的经典要求，听讲人拜跪表示尊奉。经过这三皈五戒的传教仪式，受传人成为清茶门教的新成员。[④]教徒平常有聚会，各地组织有所不同，涉县信徒于每年三

① 《清代档案史料丛编》3辑，2、3页。
② 《清代档案史料丛编》3辑，50、51页。
③ 《清代档案史料丛编》3辑，28页。
④ 《清代档案史料丛编》3辑，63、66页。

月初七日、七月初十日、腊月初八日到当地教首李秋元家，向悬挂的弥勒佛图像礼拜，并供清茶三杯，念诵伏魔宝卷和金科玉律戒文，同时向会首交纳香钱，由会首转交给滦州、卢龙王姓师傅。[①]信徒个人家中在初一、十五烧香拜佛，供奉两杯清茶，磕七个头，分别敬拜天地、日月、水火、父母、佛、师。[②]清茶门教提倡生活简朴，有五戒之规，连葱蒜都不吃，拜神只供清水，这就是教名的来历和用意所在。

教徒信仰三教分掌天盘之说，认为过去是燃灯佛掌教，每年六个月；现在是释家佛掌教，每年十二个月；将来是未来佛掌教，每年十八个月，未来佛是弥勒佛，将来要转生到王家。弥勒佛“度在家贫男贫女”。所以供奉弥勒佛像，举行仪式时口念“天元太保南无阿弥陀佛”[③]。

清茶门教因宣传济度贫苦男女，得到穷人的拥护，信徒也多在这些人中。王苞、王秉衡在湖北所收的徒弟：李良从及妻以熊氏乃铁匠；刘光宗原为盐船水手，后当道士；张忝榜及妻樊氏，乞讨为生；魏延宏是和尚；樊万兴开锡铺。王兴建在湖北传徒：王自玉种菜园；方仲才开香料铺；张寿太开剃头铺；李塌鼻子是剃头匠；邹姑为带发修行尼姑；王三婆、吴三婆均为孤贫妇女。王泳太的徒弟：李朝柱种菜园；陈大幗为裁缝；丁志宝种地卖卜。王景益在河南收的信徒：刘瑞卖花椒；刘廷树为阴阳生。[④]

---

① 《清代档案史料丛编》3辑，21页。
② 《清代档案史料丛编》3辑，80页。
③ 《清代档案史料丛编》3辑，2、28、65页。
④ 《清代档案史料丛编》3辑，11、15、16、32、64、68、89页。

这些人是城市贫民、小商人、农民，多属于社会下层，他们幻想改变困苦处境而参加清茶门教。

信徒入教要交纳根基钱，在家中做仪式时，用青钱十文供佛，叫作“水钱”，首领收去后自己用三成，给滦州、卢龙王家七成。王家师父外出传教，信徒要送盘缠线，叫“线路钱”，意思是说一线把师傅引回故乡。做了好事，给自己种下根基，来世可得富贵，所以叫“根基钱”“福果钱”“来生根基钱”。①

王姓传教，不仅用求福许愿，还以治病求子为手段吸引人入教。对于有人愿意求福去病，与王姓传教者接触但不入教者不勉强，因而信教自愿。②

教徒与非滦州、卢龙王姓的教首是师徒关系，对王姓传教人独称“爷”，意思是主上，视其为主人。如阳城王克勤给王森八世孙王逢太写信，尊称他为“青山主人”。信徒见王家传教人称“朝上”，意思是上朝。信徒行跪拜礼，王姓安然受之。王姓传人与信徒的师徒关系父死子继，俨然把信徒视为附属，也表明王姓教主地位不可动摇。王姓相信弥勒佛降生在他家，至于哪一房，不能定，故王家人人可当教主，都去传教收徒，都有做主人的命。综合以上各点，王姓教主与徒众是君臣的名分关系，教主是救世主，信徒是子民，教主与部分信徒有打天下坐江山的思想，所以说清茶门教有反政府的政治倾向。清政府从而认为它有“正名定分之恶”，到嘉庆二十年清政府严厉镇压清茶门教的活动，把王姓传教人依叛逆罪凌迟处死，王姓内信教的人和各地的教徒

① 《清代档案史料丛编》3辑，52、65、80页。

② 《清代档案史料丛编》3辑，2、47页。

发往新疆做维吾尔贵族的奴隶，王姓中不信教的人也押到云贵两广安置，血洗石佛口、安家楼王姓村庄。[①]经过毁灭性的打击，清茶门教活动停止了，但它的教义、教仪仍在民间秘密宗教中流行着。

三、收元会、混元会信徒生活

收元会、混元会是弘阳教系统的民间秘密宗教，它的教徒是嘉庆初白莲教起义的积极参加者，起义前夕被清朝追捕的刘之协，就是它的一个首领。收元会的前身是荣华会，荣华会的创始人是河南张仁，张仁于乾隆十一年（1746）收徒王五钧，王五钧传徒孙士谦、孙士信兄弟，孙士谦又传许州（今许昌市）徐国泰。二十三年孙士信自号真人，在裕州被捕，二十八年徐国泰与徐珮改荣华会为收元会，向徒众宣说张仁等祖师已转世。信教的有过永城等七十余人，湖北钟祥县的罗教首领叶正远、湖北枣阳信徒李从呼也改投此教。[②]徐国泰到北京卖画，买回烟袋、荷包等物，送给信徒，说是已转世的张仁让带给他们的。三十三年徐国泰、李从呼等被捕，李从呼的徒弟石匠孙贵远继续传教，辗转收有姚应彩等徒众二十多人，到五十年被清政府发觉破坏。[③]其后，姚应彩传徒新野宋文高，宋文高传其族兄襄阳宋之清。宋之清广泛收徒，并将教名改为西天大乘数，他的徒弟也转相收授，其传授情况如下[④]：

---

① 《清代档案史料丛编》3辑，36、37页。
② 《清代档案史料丛编》9辑，158—159页。
③ 《清代档案史料丛编》9辑，173—174页。
④ 《清代档案史料丛编》9辑，207—208页。

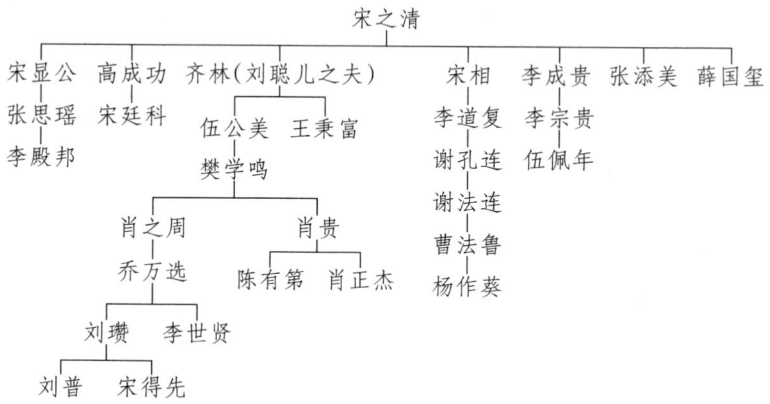

以上所列只是宋之清的部分徒子徒孙，西天大乘教传播很快，齐林、樊学鸣一派，已传了七辈，主要靠信徒辗转传授。宋之清的徒众活动在湖北北部及河南、陕西交界的北方。

孙贵远除姚应彩、宋之清一系信徒，还有活动在川东、鄂西的支派，其递授如下①：

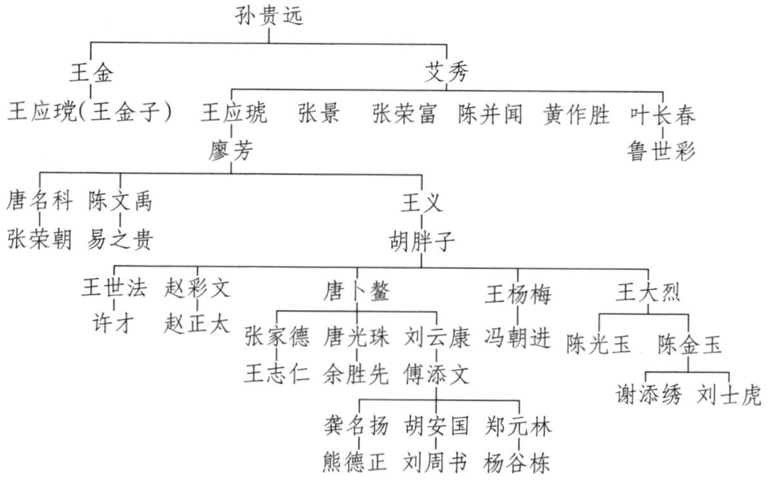

① 《清代档案史料丛编》9辑，208—209页。

荣华会从乾隆十一年起活动，中经名称改为收元会、西天大乘教的变更，至乾隆末年，分出宋之清、王应琥两支，信徒散布在河南、湖北、陕西、四川诸省。

宋之清曾拜混元会教派的刘之协为师，表明收元会活动同时还有混元会的存在。乾隆帝于四十年说“混元教与收元、无为及白莲等均属同教异名”[①]，在官方把收元会与混元会视为一体，因为它们同属于弘阳教系统。混元会由河南鹿邑人杨集于乾隆三十九年以治病开始传教活动，他治好农民兼习医道的樊明德，收为弟子，樊明德亦广泛传徒，并令徒弟辗转吸收教友。他传给王怀玉及安徽亳州人丁洪奇、张菊等人，王怀玉传刘松等人，刘松收徒安徽太和人刘之协，很快有信徒近百人。次年春天被清政府发觉，樊德明惨遭凌迟，杨集已故，遭开棺戮尸，刘松充军甘肃隆德，王怀玉等外逃。[②]

乾隆五十三年刘之协到隆德看望师父刘松，因混元会已遭破坏，遂改教名为三阳教，以后刘之协及其徒宋之清等人又数次探视刘松，并送去打丹银（根基钱）两千两。乾隆五十九年宋之清因徒众多，与刘之协争地位，自立西天大乘教，因两方争斗，被清朝破获，连及刘松，除刘之协外，重要首领与信徒均遭清政府迫害。[③]王怀玉之子王法僧原发配隆德，由王怀玉之徒张全向他传教，刘松案发后，被改配新疆喀什噶尔为奴，嘉庆五年（1800）

---

①《清代档案史料丛编》9辑，165页。

②《清代档案史料丛编》9辑，167—170页。

③《清代档案史料丛编》9辑，202、206页。

张全之子张效光等赴新疆探视他。[①]王法僧之妻王氏、子王赶生儿被发往黑龙江给达呼儿人为奴，嘉庆十六年安徽张立文恢复三阳教活动，有信徒三十多人，尊王怀玉儿媳、王法僧之妻王氏为教首，派人到黑龙江递送传教钱。[②]从刘松到王氏，在配所尚为信徒所崇奉，继续立教，而教首之子孙妻室也不忘家风，不怕清政府的进一步打击，继续传教活动，是以混元会有生命力。

徐国泰、孙贵远等传道收徒时，设立神像，焚香，入教人先叩头发誓不叛教，取得信任，教首接着传布口号、咒语，即十字经“南无天元太保阿弥陀佛”，与清茶门教的“天元太保南无阿弥陀佛”十字一样，唯排列次序有所不同。念八字真言：“真空家乡，无生父母。”“真空家乡”指人们出生和归宿之地；“无生父母”是诞生人类的父母，他主宰一切，地位高于天，高于玉皇大帝，由他派人下凡，发灵符，救度人民，念这句咒语表示自己是无生父母的儿女。[③]入会人要交香钱。刘松、宋之清、肖贵等收徒，亦是先烧香，由入教人盟誓，表示上不漏师，下不漏徒，中不漏自身，叫作“过愿”；传道人用黄表纸书写信徒姓名、籍贯，望空拜佛，念经，把黄表纸向空焚化，表示为出钱人消灾，叫作“打丹”“升丹”。传教者并给信徒经卷《太阳经》《灵文合同》二本。[④]教徒交纳根基钱，以免去灾难，种下善根福基，[⑤]这

① 《清代档案史料丛编》9辑，239页。

② 《清代档案史料丛编》9辑，248页。

③ ［清］黄育楩：《破邪详辨》，载中国社会科学院历史研究所清史研究室编：《清史资料》3辑，中华书局1982年版，57、58、71、72页。

④ 《清代档案史料丛编》9辑，179、203页。

⑤ 《清代档案史料丛编》9辑，178页。

种银子积攒上交总教首。张立文、朱明道等传徒仪式为：开写信徒名单，用朱笔点过，把名单焚化，认为这是在天榜挂号，地府除名，消除灾祸，称“点烧”。[①]各种传人的仪式大同小异，都是表示把新信徒的名字告诉了神佛，求得保护。教徒平常也有聚会，樊明德掌教时，每年清明、五月十五、九月初十、十二月初一到他家念经，其他小教首另定集会日期。[②]每次烧香时，先念疏头“万善同归性复初”七字，默报自家姓名，后诵经卷，为己求得转生好运，代人念则为超度他人。[③]

收元会、混元会教徒信教与清茶门教徒一样，是希望神佛降福消灾祛病。杨集给樊明德治病，樊明德又为连永振等人念经治病。[④]乾隆五十四年（1789）陕西安康瘟疫流行，樊学鸣遂代人烧香拜佛消灾。宋之清传教时说将有五魔下降，水火灾劫，只有尊奉弥勒佛，烧香念经，才能躲避，肖贵就是为此而入教。[⑤]竹溪陈金玉向大宁谢添绣传教，也是说入教念经咒“可免三灾八难，不遭劫数”[⑥]。人们希望免眼前之苦，得未来之福，在害怕与希望的双重心情下加入秘密宗教。

收元会有政治纲领，经卷内有“换乾坤，换世界，反乱年，末劫年”“末劫年兵刀现”“三十六将临凡世”“二十八宿临凡世”[⑦]等言。预言神人下凡，改换世界，意味着推翻现政权。混

---

①《清代档案史料丛编》9辑，256页。
②《清代档案史料丛编》9辑，167页。
③《清代档案史料丛编》9辑，164页。
④《清代档案史料丛编》9辑，168页。
⑤《清代档案史料丛编》9辑，194页。
⑥《清代档案史料丛编》9辑，178页。
⑦《清代档案史料丛编》9辑，166页。

元会的政治性表现在宣传弥勒佛出世，辅佐牛八（朱），有复明反清的意向。乾隆五十三年三月刘之协往见刘松，商量如何动员众人入教，意欲找一个人取名牛八，“伪称明朝嫡派”，宣传弥勒佛下世，保辅牛八，人们就可免灾。刘松就以子刘四儿为弥勒佛转世。有个王成儿，是王怀玉的侄孙，父母双亡，叔父王胜洲因避王怀玉之祸，携他逃到安徽太和县，改姓刘，刘之协意思要他充任牛八，收为义子，改名双喜儿，宣称他是“紫微星临凡”，送到隆德，请刘松、刘四儿父子相看，得到认可。后来三阳教遭到破坏，他被发配黑龙江。[①]宋之清为另立教派也找了同样名目，以南阳人李三瞎子为真弥勒佛转世。李三瞎子的儿子小名叫卯儿，拜襄阳刘文富为干爹，李死后，随刘文富到襄阳，改称刘喜狗儿，宋之清传言刘喜狗儿必定大贵，实即牛八。[②]弥勒佛转世保辅牛八的宣传，政治目标很明确。首领们也很清楚它的严重性，只向教内大小首领宣讲，对新教徒绝不言及，免得泄漏获罪。[③]经卷《太阳经》可以给人看，而内多“狂诞不经”之词的《灵文合同》则“慎密传授”。[④]

四、清代秘密宗教的特点

在解剖两个系统的秘密宗教之后，结合其他同类组织的史实，可看到如下特点。

---

①《清代档案史料丛编》9辑，234、235、248页。
②《清代档案史料丛编》9辑，191、203页。
③《清代档案史料丛编》9辑，180页。
④《清代档案史料丛编》9辑，181、195页。

第一，反清的秘密宗教组织绵延不断。

清人的秘密宗教，相当部分是从明代延续下来，在明朝屡禁不绝，到清代继续存在。清朝政府对秘密宗教以及秘密结社的对策是："随时随地逐一搜剔，铲除净尽。"[①]残酷的高压政策的执行，使众多教徒被杀害、被流放，但是一个秘密宗教被破坏了，新的又出现，有原来的信徒，又有新的信徒，只是宗教的名称改变了。秘密宗教的活动，有时还发展成小规模的武装暴动和大规模的武装起义，失败了仍然再干。如嘉庆间白莲教起义和天理教起义失败后，北方秘密宗教虽未能恢复元气，但并未销声匿迹，小组织活动仍在继续。道光间在直隶巨鹿、沧州任地方官的黄育楩作《破邪详辨》一书，是统治者为消除隐患采取对策的记录，也反映了民间仍有秘密宗教的活动。如王法中（王老头子）继承申老叙的白阳教，改创旗门教，尹资源（尹老须）接管刘功的离卦教，自称南阳佛。[②]

民间组织秘密宗教的不屈不挠精神还表现在掩护宗教首领和宗教成员家族的继承性，有许多秘密宗教首领在被追捕中因此幸存。雍正年间的山东三元会组织者牛见德，在三元会被破坏后隐藏起来，雍正帝指示山东文武官员："渠魁务须捕获，万勿疏脱。"[③]然而追查一年多，毫无牛见德踪影，只得对三元会教徒作了处理。三阳教的刘之协曾被清朝政府抓捕，在押解途中逃脱后，清朝政府下大力搜捕也未抓到。王怀玉在三阳教中尤有崇高

---

① 《上谕内阁》六年三月二十五日谕。

② ［清］黄育楩：《破邪详辨》，5页。

③ 《朱批谕旨·岳浚奏折》六年八月十七日折朱批。

地位，他也逃遁在外，清政府却奈何不得。石佛口、安家楼王家以传教为职业，不仅男子，连妇女也如此。王秀因传教被充军，长子王亨功传教被斩，他的妻子李氏毫不惧怕，向次子王亨仲、孙儿王殿魁进行清茶门教的教育，使其继承父兄遗业。正是有这些陆续出现的虔诚信仰者和组织者不怕流血牺牲，坚持不懈地进行活动，才使秘密宗教坚持下去。

第二，清代秘密宗教名目繁多、五花八门，但在教义、信仰、教仪、教规等方面有基本的共同点。

喻松青认为“清代的白莲教、天理教、八卦教、混元教、圆教、清茶门教、弘阳教等，彼此大同小异，你中有我，我中有你，或者纯属名称不同罢了，很难找出它们的明显界限”[①]，我们也有同感。

几乎所有秘密宗教都相信三教天盘说，把希望寄托于未来的弥勒佛降世，并为他的来临而努力。此说源出于《混元红阳临凡飘高经》。[②]飘高，名叫高扬，明万历间人，信徒多，并同宦官有联系。清顺治间直隶曲周人韩太湖借飘高之名传教，可见其影响之大。[③]飘高创三阳说，清人的秘密宗教继承于此，各家教义自然相同了。清茶门教、混元教、收元教都说弥勒佛降临在无影山，甚至有说转世在河南登封无影山的。[④]乾隆间清朝政府四处查找无影山，因没找到，以为是无稽之谈。嘉庆二十年（1815）

---

① 喻松青:《明清时期的民间秘密宗教》,《历史研究》1987年2期。
② ［清］黄育楩:《破邪详辨》,95页。
③ ［清］黄育楩:《破邪详辨》,16、32、34页。
④《清代档案史料丛编》9辑,205页。

直隶总督那颜成在滦州发现围峰山的寿峰寺，是王森家族所建的香火庙，藏有《皇极金册九莲正信皈真还乡宝卷》，内有无影山之语，当地人俗呼“围峰山”为“无影山”[①]，而它又是王家家庙所在地，显系预言真佛降生在王家。秘密宗教经卷《古佛天真考证龙华宝经》的《排造法船品》说是无生老母命令太上老君在无影山前大造法船，以便佛祖真人乘坐去“救度众生”[②]，是说无影山乃造法船之地，佛祖真人由此临凡。可见，秘密宗教首领宣传弥勒佛转世在无影山来源于经卷。

各种秘密宗教焚香设誓、念经打丹的仪式也大同小异。《古佛天真考证龙华宝经》讲，人若要脱离苦难，到无生父母那里去，要先排上号，所谓“有号的，才得出世；无号的，赶出云城”[③]。信徒交纳香钱（根基钱）上供，由首领把姓名写在黄表纸上拜佛焚烧，经过这种仪式，无生父母就知道有这么个人，他将来就可以赴云城集会了。大家都想去云城，这样的仪式，表达了共同的愿望。而且这种仪式简单，便于实行，各秘密结社遂都采用。

秘密结社首领都以治病消灾作为传道的一种手段，即使不加入秘密宗教，说念佛可以治病，贫苦百姓也乐于听从，所以非信徒与秘密宗教组织也保持着良好关系。

第三，秘密宗教尊重女性，女子活跃。

上文中的王秀妻李氏以及邹姑等女信徒，是秘密宗教不可缺少的成员，更有亲身参加战斗的女英雄为人所景仰。如王伦起义

---

① 《清代档案史料丛编》3辑，45页。
② ［清］黄育楩：《破邪详辨》，15页。
③ ［清］黄育楩：《破邪详辨》，15页。

时，他的岳母乌三娘驰骋疆场，舞双刀参加战斗，众人尊称“无生圣母”，乌三娘还有女兵，红绸缠腰，参加战斗。[①]李文成起义中，其妻张氏守滑县，与攻入城内的清军巷战，最后和十二岁的幼女一起自杀。[②]在李文成震卦教的一支队伍里，还有金乡人崔士俊的妻子勇敢地参加曹县战斗，后来死在乱军中。[③]川楚陕白莲教起义军中，齐林妻王聪儿指挥千军万马，兵败跳悬崖自尽，是人所习知的。方荣升圆教中尊称妇女李玉莲为“开创圣母”。

妇女参加教中的活动，是秘密宗教教义所号召的。秘密宗教八字真言中的“无生父母”，被许多教派改为“无生老母”，尊奉女性为最高神，为创世主。《古佛天真考证龙华宝经·排法造船品》讲，无生老母“吩咐合会男和女，不必你们分彼此”[④]。男女不分彼此，在教内平等相处，是与男尊女卑、男女有别的封建伦理观念针锋相对的。经卷欢迎妇女参加秘密宗教活动，《金阙化身元天上帝宝卷》讲妇女向女菩萨求儿女、求福寿，多有应验，以得福寿子女来劝导女子入会。[⑤]秘密宗教组织的成员对再婚妇女不歧视，如王秉衡娶寡妇杨氏为继室，王三聘与陈小幅卖出之妻延氏结婚，他们身为教主，并不以娶再嫁妇为耻。秘密宗教反对社会上的溺婴恶习，长生教的《众喜宝卷》就有《劝弗溺女》专讲，认为生育子女是天意，溺女违背天心，会招来横祸，

---

① 《清高宗实录》卷967，三十九年九月乙亥丁丑条；卷968，三十九年十月癸未条。

② ［清］兰簃外史：《靖逆记》卷5《李文成》。

③ ［清］兰簃外史：《靖逆记》卷5《朱成贵》。

④ ［清］黄育楩：《破邪详辨》，15页。

⑤ ［清］黄育楩：《破邪详辨》，115页。

家长应当爱护女婴。秘密宗教尊重妇女值得赞扬。

第四，秘密宗教改变信徒的生活方式。

秘密宗教吸引了成千上万的人，信徒不畏政府的迫害，执着地追求未来的光明世界，上供打丹，在家供佛，到教首处聚会，生活习惯也有很大改变，不食荤酒，节衣缩食，以交纳根基钱为乐。举行宗教仪式时诵读的经文，所用曲调多来自戏曲，如昆腔中的《清江引》《驻云飞》《黄莺儿》《白莲词》等曲牌，经卷也是按这些曲子造的词句。梆子戏多用“十字乱谈”句式，即三字两句，四字一句，经卷也是这样，重三复四。经卷中的白文，与戏曲中的道白相近，像鼓词、莲花落那样用俗语。①这样便于信徒记忆、理解，信徒听讲无异于一种艺术享受，也可以说是一种文娱生活。信徒都懂得保守教中机密，以出卖会友为耻。男女信徒之间接触也较自由，授受不亲的戒律较少。信徒受到政府的残酷迫害时，不惜以身家性命来维护自己的信仰，无所畏惧地举起反抗大旗，冲锋陷阵，死而后已。总之，教徒有自己的生活方式，与非教徒有明显的差异。

秘密宗教是农民和城镇贫民的组织，它的反政府性质，表明清代社会统治者与被统治者、剥削者与被剥削者矛盾的普遍存在和严重性，甚至要以武装力量解决这个矛盾。由此我们认为秘密宗教是社会进步力量，它的信徒是为改造清朝统治下社会面貌而奋斗的勇士，但他们迷信虚诞的神灵，世界观是落后的。

① ［清］黄育楩:《破邪详辨》,59页。

第四节　南方秘密结社活动的开展

民间秘密宗教主要活动在道光以前的北方，而民间秘密结社则主要活动在清代中后期的南方，一南一北，递相兴旺。

一、秘密结社活动概况

乾隆间以天地会为主体的秘密结社大量出现，光宣间，“会党的组织已遍布全国，从城市到乡村，从交通码头到驻军兵营，到处有它们的山堂香水。会党的名目已达一二百种，会众约数千万，形成了一种无处不在的社会势力，这在世界历史上是一种罕见的历史现象”①。会党史专家蔡少卿的这番话道出了会党活动的概貌。

民间反政府的秘密组织，不披宗教色彩外衣的，其名目多称为“会”，与宗教系统的“教”不同，到了晚清孙中山参加和改建秘密结社，为之定名“会党”，所以清代中后期的这种团体，可以谓为秘密结社，也可以称作会党。

会党有天地会、哥老会和青帮三大系统，也有零散的组织。天地会出现得早，始于何时，学术界见解不一，有康熙十三年说，雍正十二年说，乾隆以前说，乾隆二十六年说，以及乾隆三十二年说。乾隆二十六年说有清代档案文献为根据，可以相信，天地会是由福建漳浦人洪二和尚（即万提喜、郑开）正式创建，在这以前可能还有一个酝酿时期，最迟在1761年（乾隆二十六年）

---

① 蔡少卿:《论近代中国会党的社会根源、结构功能和历史演变》,《南京大学学报》1988年1期。

问世。它活动范围广，产生了很多别名和支派，如添弟会、三合会、三点会、小刀会，其会众把“天地会”写作“靔黖芕”，这是为躲避清朝迫害自造的字。[1]天地会自福建诞生，过海传到台湾，向西流播于两广云贵，向北和西北方向流传，浙江、江苏、安徽、江西、湖南、湖北、四川、河南、甘肃皆有其团体，不过它以东南沿海和华南地区为中心。天地会在海外还有很多组织，在美洲叫致公堂、秉公堂，在南洋叫义兴公司。台湾林爽文、广西洪大全、广东陈开、上海刘丽川等都领导过天地会的起义。

哥老会正式出现在同治五年（1866），但其渊源甚早，有说是从天地会分化出来的，其演变过程是嘉庆间的仁义会、咸丰中的江湖会，至同治时定名哥老会；或谓其源于乾嘉间活动于四川的啯噜和白莲教的结合，“哥老”也就是“啯噜”的方言同音字。两说均表明它有一个较长的形成过程，到同光间大为活跃。哥老会成立后多次发动起义，而以光绪二十四年（1898）四川余栋臣起义著名于后世。它的活动地区基本在长江流域，他处也有。

青帮的源流，权威的说法认为其不是来自天地会，而是罗教，产生也早在康熙年间，它活跃于水道码头、运河和长江沿岸，而以江浙为中心。

天地会、哥老会、青帮活动范围有交叉，但主要在长江流域及其以南地区，至于其海外的分支，更反映其活动范围的广阔性。会党在清代的活动，随着社会政治经济外交和社会结构的变化而发生演变，其作用也在增强。

---

① 《清高宗实录》卷1411，五十七年八月庚寅条；萧一山：《近代秘密社会史料》，岳麓书社1986年版，177页。

二、会党成员的社会构成

秘密结社成员来路复杂，有的组织还有其独特的接纳对象，但可以归为四类。一是农民踊跃参加。农民占人口的大多数，拥有广大群众的会党自然离不开农民。林爽文起义前，在居住的彰化大里杙庄发展天地会成员，这个庄子有二三千人丁，他一起义就在庄里拉出一千多人的队伍，这中间大多是农民会员。四川哥老会建堂口，往往一个村子立一个，显然是整村整村的农民进入这个团体。二是城镇工商业者热心于会党活动。上海小刀会领导人刘丽川等是福建漳泉会馆、广东潮州公所、嘉应公所、浙江宁波公所的首领。城镇的商人、小贩、工匠、船民、码头工人、水手是会党的重要组成部分。三是无业游民对会党投以极大的兴趣。清朝镇压了白莲教起义、太平军、捻军后裁撤了一批乡勇，使得这类游民大量涌入会党，同时城乡失业者也以投奔会党为归宿，这就使得散兵游勇、盗贼、乞丐、皂隶、迷信职业者成了会党的重要成员。四是读书人、官吏和政治犯到会党中找出路。读书人中的贫困者或走不通科举道路的人，以一腔悲愤而加入会党；有的官吏鉴于会党势力的强大，混迹其间，以谋发展自身的利益；有的人从事反政府活动，遭到迫害，转而投向会党，继续从事政治斗争。

在哥老会生活了三四十年的范绍增回忆说，该会分仁、义、礼、智、信五个字号，在民国初年，管粮户、士绅、掌权的首事和秀才等参加仁字号，商人和从事烟赌等非正当职业的人加入义、礼两个字号，其他字号成分复杂，各阶层都有。[①]范绍增说的是民国初年的情形，大约清末哥老会成员也是如此。总之，会党成分复杂，除去贵胄大僚，其他社会成分都有，但是作为具有广泛群众性的组织，它的主要成员是农民、工人、小商人等劳动大众，失业的游民、流氓地痞数量也相当可观，有身家地位的还是少数，但作用相当大。

会党的成员状况，决定于社会的政治经济条件。清代的人口激增和土地集中，造成了众多的失业者、贫困者；西方殖民主义者的侵略，使得中国底层民众生活更加困苦；战争又造成了众多的游民和散兵游勇；国内的政治腐败、经济破坏和外国侵略，也刺激一部分知识阶层成员的反抗情绪。这些因素的总和，就造成清代会党成员的众多和构成成分的复杂。

三、会党的组织结构和活动方式

天地会、哥老会、青帮各自有分支组织，却没有中央机构。天地会下分五房，活动在不同地区：长房用黑色旗，号青莲堂，用菱形印；二房打红色旗，号洪顺堂，使用三角形印；三房打赤色旗，号家后堂，印用四角形；四房用白旗，号参大堂，用平行四边形印；五房号宏化堂，用绿色旗和圆形印。[②]各房没有大聚会，活动由各个地方的组织自行安排。哥老会以山堂作为活动单位，每个组织以山为名，以堂为号，另有水名、香名，所以人们

① 范绍增:《回忆我在四川袍哥中的组织活动》,《文史资料》84辑,文史资料出版社1982年版。

② 萧一山:《近代秘密社会史料》,291页;徐珂:《清稗类钞》8册,3640页。

把它的组织称作山堂香水，这个名目大约是学《水浒传》中叙述的水泊梁山忠义堂的形式。比如光绪三十年（1904）贵州丰贞建立的团体叫作“孙中山、洪武堂、成功水、肃清香”。青帮依行业、成员原籍、所活动城镇的地区成立帮派，所以山头林立。

会党设有各种职务形成领导集团，组织指挥活动。天地会职务构成是：元帅（又叫总理、大哥），香主（二哥），先生（白扇、三哥），先锋，红棍，草鞋。①哥老会首领称作大龙头，其助手为副龙头，下面设有坐堂、陪堂、刑堂、理堂、执堂等五堂，还有心腹、圣贤、当家、红旗、巡风等头目，普通会员称作大九、小九、大幺、小幺。②

会党建立组织有开山式，接受会员有入会式，会员参加团体活动，互相联络有特定的方法和暗语，有共同遵守的规则纪律。凡愿意参加天地会的人，要由会中头目介绍，举行歃血为盟的仪式。会场临时选定，名为忠义堂，奉祀关公及会中前五祖、后五祖等牌位，首领以问答形式讲述会中宗旨，香主朗读《三十六誓》，新会员跪听，刺破手指，血与鸡血调和香灰，与会友共同喝下，并交纳会钱，首领发给腰凭，就成为正式会员。③腰凭用白布或其他颜色的布料做成，上面印有八卦形图案，并有“一结洪门二结兄，当天盟誓表真情”“真主现”等字样。④这种规矩，大多数是实行的，林爽文吸收高文麟等为会员，都是“对天跪地

① 徐珂:《清稗类钞》8册,3640页。
② 徐珂:《清稗类钞》8册,3663页。
③ 徐珂:《清稗类钞》8册,3641页。
④ 萧一山:《近代秘密社会史料》,168页。

盟誓”，所以会员把这种仪式理解为天地会得名的原因。[①]会员平时联络有特定的隐语和手语，如林爽文的会友相见，各举大拇指为标识，或者以三指向心坎抚按为暗号。[②]天地会有杂话七十二样的隐语，以便会员交谈而不使外人知晓，如称官府为对头，官差为风仔，官兵为风猛，众人为风大。[③]哥老会的入会仪式也是歃血为盟，也有隐语和秘密文书。会员到外地去，见该地哥老会管外地事务的首领，称为拜码头，然后被引见老龙头，临行，主人资送盘费，数量的多少以其人在会中地位而定。[④]

天地会有《三十六誓》《二十一则》《十禁》《十刑》，哥老会有《议诫》等规则。《二十一则》规定的是处理犯罪成员的刑罚，有死刑、割耳和笞杖，如响应官府悬赏而绑送会友的处以死刑，将本会文件及会员证给外人观看的，割去双耳，并杖一百八十。《十禁》基本上讲会内成员关系准则；《十刑》是对会员进行处罚的规定。这些文件规范了会员行为，可知天地会的纪律和提倡的精神是保证本会及会员的安全，绝不许泄密和出卖会友，讲求会内团结互助，做正直的人，不许为非作歹，破坏本会名誉。

会党信仰真主，倡导义气，可以说是它的政治纲领。天地会会员入会宣誓的《三十六誓》，第一条是“自入洪门之后，以洪为姓，以忠义为本”，第二条是“洪家兄弟遇有真主出”“要奋力

---

① 档案《军机处全宗·录副奏折》，转引自中国人民大学清史研究所等编：《康雍乾时期城乡人民反抗斗争资料》，中华书局1979年版，812页。

② 转引自中国人民大学清史研究所等编：《康雍乾时期城乡人民反抗斗争资料》，717页。

③ 萧一山：《近代秘密社会史料》，386页。

④ 徐珂：《清稗类钞》8册，3668页。

向前，齐心合力，毋得临阵退缩”[①]，联系腰凭上的“真主现”内容，可知天地会信仰的是真主，实即好皇帝，这与白莲教信仰佛祖不同，不用神灵来折射希望有好世道的愿望。讲义气是会党的灵魂，前述规则中处理内部关系的条章，就是用义气作为准则，凡悖逆者就要严格处分。《洪门小引》讲洪门中人“义气为先”“手足相顾，患难相扶”。[②]约在嘉庆初年天地会卢盛海等结拜誓词来说：“自盟之后，兄弟情同骨肉，胜似同胞，吉凶则彼此相应，贵贱则甘苦同情。”[③]义气可以说是会党成员行动的一个准则。

会党的群众本来是异姓之人，但歃血结拜，就成了义兄义弟，所以会员入会祝词说：“结拜兄弟之后，如同手足，患难相助。”[④]这样本来没有血缘关系的人，经过结拜，形成了虚构的血缘家庭关系，因此可以说会党是虚构的血缘关系家族群体。

会党内部分出高低层次，会内有职务的成员与一般会员形成等次。哥老会仁字房成员社会地位高于其他房派，在会内地位高。四川的会党还有分为三级的情形，即以桃园三结义的人物为级别标志，第一级叫刘备牌，是会中的首领，第二级叫关帝牌，由一般成员组成，第三级为张飞牌，成员是身份低的人。[⑤]这种等级的划分也采取了家族制的原则，刘关张以少长之别，成了以他们命名的群体等级差异的标志，这也是以兄统弟的宗法原则的

① 萧一山:《近代秘密社会史料》,217 页。
② 萧一山:《近代秘密社会史料》,177 页。
③ 萧一山:《近代秘密社会史料》,218 页。
④ 萧一山:《近代秘密社会史料》,232 页。
⑤ 徐珂:《清稗类钞》8 册,3724 页。

表现。天地会的领导人用大哥、二哥、三哥来区分层次，也是实行以兄统弟宗法原则的体现。会党的等级观念相当严重，会员要按本分行事，要尊重首领的权威。天地会《二十一则》规定：如果冒称香主指挥会友，处以死刑；倘若毁坏香主名誉，或对香主语言不恭，则割去双耳；新会员把自己看得比老会员尊贵，越位行事，将遭到割去一只耳朵的刑罚。[①]会首控制着会友，一层压一层，而这个层次又是以家庭成员地位关系表现出来的，所以会党是具有宗法等级制性质的社会群体。

四、会党的社会功能和作用

会党的第一个社会功能是为贫苦无告者谋求生活出路。林爽文动员群众参加天地会，说“有事大家相帮，不怕人家欺侮，也不怕官役拘拿”[②]，对群众吸引力很大，使他们纷纷入会。林爽文讲的入会好处是大家互相帮助，这互助就是会内兄弟之间有无相恤。会党通过组织的力量，贩运私盐、贩卖鸦片，或者打家劫寨、掠夺行旅，获得钱财，使其成员维持生活。会党的行为，有正当的，也有大量不正当的。

第二个社会功能是反对和打击了清朝政府的统治。会党幻想真主出现的清明世界到来，反对当政的清朝统治，并不时表示出恢复明朝的愿望。天地会的文件讲“复回明朝江山”[③]，

---

① 徐珂:《清稗类钞》8册,3647页。

② 转引自中国人民大学清史研究所等编:《康雍乾时期城乡人民反抗斗争资料》,812页。

③ 萧一山:《近代秘密社会史料》,177页。

《请神祝文》说“一片丹心，反汨［清］复明，以顺天意之长流”[①]，上海小刀会起义建立“大明国”，厦门小刀会起义首领黄威自称“汉大明统兵大元帅”，光绪间洪全福准备在广州起义，所拟称号是“大明顺天国南粤兴汉大将军”。会党首领的以恢复明朝为使命，并非真的要复兴朱元璋家族的明朝，而是以明朝代表汉人政权，实际是要用汉人代替满人统治中国，这种观点在清季会党纲领中有了明确的表述，如致公堂章程提出：“本堂以驱逐鞑虏，恢复中华，创立民国，平均地权为宗旨。”所以说清代会党的反清复明，是反对清朝的腐败统治，建立汉人的清明政权。会党为实现这种目标，不断发动武装起义，并配合太平天国运动和辛亥革命运动，在打击和推翻清朝统治中起过重要作用。这样，会党不仅是单纯的农民运动，而且是旧民主主义革命的一支力量。

第三个功能是反对西方殖民主义的侵略。随着西方殖民主义者侵略的加剧和中国半殖民地化危机的加深，会党群众对殖民主义者的痛恨日渐增强，部分群众感到侵略者带来的痛苦比清朝统治还要严重，因此把斗争矛头指向殖民者，余栋臣起义提出“扶清灭洋”的战斗口号，就反映了中国民众的愿望，是爱国主义的表现。

第四是流氓无产者的破坏作用。为数甚多的无业游民入会，把流氓习性带进会党活动，影响其社会性质。他们贩卖鸦片、欺压良善、杀人越货，具有寄生性、破坏性；有的人不顾大义，出

① 萧一山:《近代秘密社会史料》,231页。

卖组织，投靠清朝和外国侵略者，充当鹰犬，所以在他们的政治活动中还有反动的一面。

五、教与会活动的异同

清代民间的秘密宗教和结社活动，皆处于秘密状态，都拥有来自社会下层的群众的支持，均有团体的生活方式，都反对清朝统治并遭到迫害，又对西方殖民主义者表示了义愤。它们也有一些不同的地方，包括：

1.集结形式：前者以宗教形式出现，烧香施符；后者以社团面貌出现，歃血结盟。

2.信仰与教义：前者崇拜佛祖，信仰八字真言；后者寄希望于真主，崇尚义气。

3.成员：前者基本上是农民，男女皆有；后者成分复杂，有为数不少的游民。

4.活动地区：以长江流域为界，前者主要在北方，后者主要在南方。

5.兴旺时间：前者在道光以前，后者在道光之后，特别是同光时期。

纵观清人各种社团的活动，可以得出以下印象：

1.人们为自身谋利益而缔结社团。同一地方、同一职业、同一经济状况、同一社会地位的人，有某种共同利益，从而组织起来，替自身兴利除害。一个社团往往不以损害他人为目标，而以增强本团体利益影响他人。所以组织社团也是一种自卫的行动，是不自觉地争取建立团体的权利。

2. 部分社团因具有反对清朝政府的性质（如秘密宗教、会党、有政治性的文人结社）遭到清朝镇压。即使不带政治色彩的社团，清朝政府也怕其影响社会秩序的稳定而采取反对态度。所以封建时代统治者反对人民有自己的组织，只有合法宗教例外。

3. 有的社团进行反对西方殖民主义者的斗争，具有近代民众运动的特色。

4. 社团改变人们的生活方式，丰富人们的生活内容。

5. 社团活动中迷信色彩浓重，具有历史局限性，产生两种消极效果，一是崇拜神鬼仪式造成经济上的浪费，增加社团成员的经济负担；二是造成迷信意识和活动的长期流传。

6. 社团生活中贯穿着等级和宗法家庭精神，在其组织内部，有的利用师徒关系、义兄弟关系实行家长统治，这是封建时代社团落后性的表现。

第三章
清人宗族生活

宗族是有血缘关系的人组合在一起的社会群体：它以实行族长制和尊卑长幼的族人关系制度形成宗法制。古代中国是宗法社会，清代依然如此，相当多的人生活在宗族社会里，与同宗成员相处，受祠堂族长的管辖与祠规族约的限制，也受宗祠的保护。各个宗族之间、宗族与国家之间有着多方面的联系。经济史专家李文治认为，明清时代的宗族“一方面通过建祠修谱、修订族规，有的建置族田义庄，以发挥宗族制的作用；同时把尊祖、敬宗、五常等和三纲结合起来，进而引申于封建政治体制，给专制政体下的臣民和各级统治者之间的关系披上宗法外衣，使尊卑贵贱等级关系合理合法化”[①]。明清史专家傅衣凌指出：“由于乡族共有土地过度膨胀，常形成地方上的特殊势力，不受政府法令的约束，兴讼构争，且为乡族之间的械斗，提供资金和人力，破坏生产，残杀人民，也侵犯到中央统治权的完整。”[②]他们讲了清人

① 李文治:《明代宗族制的体现形式及其基层政权作用——论封建所有制是宗法宗族制发展变化的最终根源》,《中国经济史研究》1988年1期。

② 傅衣凌:《论明清社会与封建土地所有形式》,《厦门大学学报》1978年2、3合期。

宗族生活的基本情况，我们有相同的认识。

第一节　聚族而居和祠堂的设立

宗族是血缘的产物，也与地缘有不可分离的关系，一个血缘家族，往往居住在一个村庄，一个行政乡，一个县。家族的人口多了，就会有一部分人迁到新的地区，随着人口的繁衍，把新地区也变成这个家族成员的聚居地，清人也是这样。

一、清人的聚族而居

乾隆时期协办大学士陈宏谋说："直省惟闽中、江西、湖南皆聚族而居。"①指出福建、江西、湖南三省普遍存在宗族聚居的现象。嘉道时期文人张海珊说："今者强宗大姓所在多有，山东西、江左右，以及闽广之间，其俗尤重聚居，多或万余家，少亦数百家。"②是说强宗大族聚居的甚多，分布在黄河流域的山东、山西，长江流域的江苏、江西，珠江流域的广东，以及东南沿海的福建。陈、张是就全国范围来讲当时人聚族而居的概貌，各地宗族居住情况，文献也有记载。

江西建昌府南丰县洽溪杨氏"聚族而居，近二千户"③。

河南裕州顾姓，"地濒大河，聚族而居"④。

---

① ［清］陈宏谋：《寄杨朴园景素书》，载《清经世文编》卷58。

② ［清］张海珊：《小安乐窝文集》卷1《聚民论》。

③ 同治《建昌府志》卷10《轶事》。

④ 《毗陵薛墅吴氏家谱》卷8《顾太淑人行状》。

江苏松江府上海县东门陆氏，自明朝弘治年间以来，至清朝康熙间的一百七十多年中，“其聚族所居，从未有他姓窜入”[①]。

安徽徽州府歙县人重宗法，居住在一起，每个村庄少则一姓，多不过几个姓。[②]它的邻县黟县人凡是同宗居住在一起的处所，叫作“村”，可见聚族而居已成为人们的习惯。[③]

安徽宁国府旌德县人，“城乡皆聚族而居”[④]，池州府石埭县也是“一族所居，动辄数百或数十里，即在城中者亦各占一区，无异姓杂处”[⑤]。

浙江宁波府奉化县人“多聚族而居”[⑥]。

上述资料告诉我们，在清代，黄河、长江两岸，同血缘的人都聚居在一起，只有边疆例外。聚居的情况而言南北方有所不同，南方人聚居的规模大，时间久，地区广，且具普遍性。南方望族庶族均聚居，在北方则素族凝聚性小些。总之，人们聚族而居是清代的普遍现象。南北聚居的差异，并非自清代始，“聚居之风，古代北盛于南，近世南盛于北”[⑦]。这种南盛于北的情形至少自宋代始，清代延续了这种现象。

各聚居宗族的人口有很大不同，大族成千上万，小族丁少人寡，也是以十论数，旌德“大族人丁有至万余，其次不下数

---

① ［明］叶梦珠:《阅世编》卷5，上海古籍出版社1981年版，126页。

② 民国《歙县志》卷1《风土》。

③ 嘉庆《黟县志》卷2《都图总论》。

④ 嘉庆《旌德县志》卷1《风俗》。

⑤ 《石埭桂氏家谱》序，［清］潘永洛所作。

⑥ 光绪《奉化县志》卷1《风俗》。

⑦ 吕思勉:《中国制度史》，上海教育出版社1985年版，395页。

千，最少亦三二百人”[①]。在宗法制盛行的徽州绩溪县，“会祭有万丁之祀”[②]。上万人参加一个宗族的祭祀，可见这个宗族人口的兴旺。

二、清人的宗族结构

同宗聚居的人口，内部分亲疏派系。始祖虽是一个人，但一代代传下来，不仅人数增多，更重要的是血缘关系复杂了，亲疏大不相同，于是在族人之间分出房分，即这群人是这一房的后裔，那群人又是另一房的子孙。时间再延续，以房分区别也不足以表示人们之间的关系，于是房分之下又分出子房分，原来大的房分就为宗族的支派。我们在反映清代宗族生活的族谱中看到记载世系时，按照房分分别制作世系表，或者按族人聚居的各个村庄立表，而在兴修族谱时，除了族长主持、总纂修辑，还有各房房长协修。如光绪二十年（1894）撰成的湖南益阳《熊氏续修族谱》，有熊章岗等十六个房长参与其事，可见熊氏房分之多。平江叶氏房分也多，计有中字、永字、胜字、兴字、单字、正字、春宇、方字、维字、其字、愈字、大字、光字、先字、世字、文字、明字、应字、发字、祥字、良字、材字、绵字、国字等二十四派。新昌吕氏区分乡贤祠、名宦祠、应辟祠、忠孝祠、西河奉思祠、余庆祠、敦睦祠、下坂善继祠、崇报祠、甘棠追远祠、坳头昌后祠、叠石追远祠诸支派，每支下又分房派，如乡贤祠下有崇本、崇福、崇孝祠派，重六公祠、重九公祠、重二公祠派，重

① 嘉庆《旌德县志》卷1《风俗》。

② 乾隆《绩溪县志》序，[清]陈锡所作。

四公祠派，重七公多盘祠派，重十六公艺山祠派；应辟祠下有福昌福德祠派，下枣园衍庆祠派，万石坑笃庆祠派，八里追孝祠派。有的宗族庞大，族人聚居在不同的省、府、县，他们通过联宗修谱，仍成为一个宗族。如湖南平江叶氏系由湖北蒲圻迁出，在原籍的为叶氏本宗，乾隆五十五年（1790）两地叶氏族人互认同宗，联合修谱。由此可见，宗族的内部结构在一般宗族是：宗族—房分；大宗族则是：宗族一支派—房头；特大宗族散居不同的府县，甚至不同省份，其结构则是始居地宗族—分支地宗族—支派—房分。了解清人的宗族结构，需要注意以下几点：

1.因血缘远近而区分出房派，所以血缘关系，也即人们常说的出不出五服最重要。

2.在宗族的房派区别中，有大小宗的区分，即长房（或说大宗）与其他房分不同。

3.在房分之下是族人的家庭，在宗族结构中不存在家庭这一层次，但族人家庭却是宗族结构的基础。

三、祠堂的建立

明代以前，法令上只允许贵族品官设立祠堂，追祀先祖，平民建祠堂不合法。明朝中期正式准许庶民祭祀远祖，于是民间修葺祠堂兴盛起来。清代聚居的宗族，有条件的就建设宗祠。江西人李绂说他的故乡“聚族而居，族必有祠”[①]。在福建莆田县，“营室先营宗庙，盖其俗然也”[②]。故聚族而居的地方祠堂就多，

---

① ［清］李绂：《别籍异财议》，载《清经世文编》卷59。

② 乾隆《莆田县志》卷2《风俗》。

广东顺德人“以祠堂为重，大族祠至二三十区”[①]，在番禺，上千人的大族总要建几十个祠堂，不满百户的小族，也有几所祠堂。[②]道光间修的徽州《休宁县志》开列了二百九十七个祠堂，并一一记录了它们的名称、地点和建立时间。[③]四川云阳县移民甚多，当地缺少世家大族，但宗祠也不少，1929年编写的县志记载，从清嘉庆年间到民国，各宗族修建的宗祠、支祠多达一百三十个。[④]因此我们认为，哪里有聚族而居，哪里就会有宗祠。

由于宗族结构的复杂，大族不仅有统一祠堂，各个支派还另有祠堂，叫作“支祠”，如安徽太平县的一些宗族，在祭祀合姓祖先的宗祠之外，“服之亲者则又为支祠”。[⑤]武进庄氏，按大小宗分别建祠，另有支祠、分祠。[⑥]祠堂有宗祠、支祠、分祠的不同等级，它的建立与宗族结构相一致，祠堂确是宗族存在的标志。

聚族而居者建祠堂，需要一定的条件。首先，是需聚居一段时间，族人有了较多的数量，才有建立祠堂的愿望，并能付诸实施。湖北石首“邑民族丁蕃衍，建立祖祠”[⑦]。湖南巴陵（今岳阳市）“族繁之家有祠堂”[⑧]，人口的增加有一个时间过程，一个家族设立祠堂也要经过很长时间。乾嘉时代的名学者钱大昕家族，先世从常熟迁嘉定，经历近三百年时间，“生齿日繁，昭穆

---

① 咸丰《顺德县志》卷3《风俗》。
② 同治《番禺县志》卷6《风俗》。
③ 道光《休宁县志》卷20《氏族志》。
④ 民国《云阳县志》卷23《族姓宗祠表》。
⑤ 嘉庆《宁国府志》卷9《风俗》。
⑥《毗陵庄氏族谱》。
⑦ 同治《石首县志》卷3《风俗》。
⑧ 光绪《巴陵县志》卷52《杂识》。

渐远”，乾隆二十六年方建宗祠。[①]安徽怀宁（今安庆市）在清初几乎没有祠堂，乾隆时少数望族有了宗祠，道光时普遍建立。[②]

其次，建祠堂需备足够的钱财，用以购料建屋，并能在日后维修，因此望族建祠易于寒族。在四川崇庆州，“富贵之家有宗祠”[③]。江苏吴县，“宗祠之立，在士大夫家固多，而寒门单族鲜有及之者”[④]。

最后，祠堂的设立要有热心人的张罗，也即笃信宗族制度的人为建祠而努力。有的祠堂建设，经过几代人的经营才完成，理学家庄存与宗族的大宗祠就是这样。明末做过督学御史的庄恒（1589—1661）筹建大宗祠，未成功，其孙庄维嵩承其志，捐出庄恒的遗产，又把城内的房子捐出两进作祠祀室，乾隆十三年族人又捐银，扩建了祠堂。[⑤]兴建祠堂的风气在南方盛于北方，清初陕西华阴人王弘撰侨居浙江金华两年，受南方人影响，回到故乡设立祠堂，召集族人，“告以尊祖敬宗之道”，乡中老年人见此情景，感慨地说：“不见此礼久矣。”[⑥]

祠堂建立后，许多宗族即确定了维护制度。如江苏吴县任氏族约规定，祠堂三年一小修，七年一大修。[⑦]在清代，兴建祠堂者不少，漠不关心者也大有人在。总的情形是清人的祠堂兴废相

---

① ［清］钱大昕：《潜研堂文集》卷21《钱氏祠堂记》。

② 道光《怀宁县志》卷9《风俗》。

③ 光绪《崇庆州志》卷2《风俗》。

④ 民国《吴县志》卷52《风俗》。

⑤ 《毗陵庄氏族谱》卷14《大宗祠堂碑记》、卷15《大宗祠祭产建置颠末记》。

⑥ ［清］顾炎武：《顾亭林诗文集》，中华书局1983年版，109页。

⑦ ［清］任兆麟：《有竹居集》卷13《任氏族规六则》。

仍，一方面建设，一方面圮毁。

祠堂建设有一定格局。清朝政府对品官家庙做了规定，三品以上的高级官员宗祠大堂五开间，台阶五级，东西两庑各三间，有两重南门，院墙围起，并开东西侧门。四至七品的中级官员家庙，堂屋三开间，台阶三级，东西庑各一间。八九品小官家庙堂屋一开间，台阶一级，院子只有一个正门。[①]我们从家谱所载祠宇图获知，宗祠建造在一个大院内，有供奉祖先木牌的堂屋，还有一些其他建筑。如山东汶上张姓祠堂，正门三间，进去有一牌坊，再行则为大堂。正门之东有偏门，东院墙有一侧门。[②]平江叶氏祠宇有正门及左右侧门，两进院落，后进中间为祖先堂，东北角为关帝庙，东南角为宗族学校，东边为厅室，西边有仓房。[③]祠堂一般不住人，主要供作宗族祭祀、议事用，所以是神圣之地，用材用料都很讲究。浙江青田的“士庶之家，建祠务求宏阔”[④]。石埭人建宗祠，“采文石，辇巨材”[⑤]，建筑得雄伟壮观。

四、祠堂的组织

祠堂有一套从事宗族事务管理的组织机构。清代宗族大多设有族长，而且与宗族结构相适应，大宗族在族长之外，还设有分支长、房长，有的宗族有较多的公共财产，如祭田、义庄，为此而设立的管理人称庄正、庄副，还有个别宗族设置特殊职务，如

---

① 《清朝文献通考》卷124《群庙考》。
② 《汶上张氏族谱·祠图》。
③ 《平江叶氏族谱》卷1《叶氏宗祠图》。
④ 光绪《青田县志》卷4《风俗》。
⑤ 康熙《石埭县志》卷2《风俗》。

武进修善里胡氏为宣传伦理道德，设有讲正、讲副两职。[①]在大的宗族内，族长之下有一套职事人员，宜兴篠里任氏宗祠设有八种职务：

一是“立宗子，以主祼献”，即宗子主管祭祀，是宗族代表，一族之长。二是立“宗长，以定名分”，即管理全族事务，维持族内秩序，其实际职权相当于族长。三是“宗正，以秉权衡”，或曰“以总纲维”，即协助宗长处理一族事务，是副族长的角色。四是“宗相，以揆礼义”，即以道德伦理、宗族规范衡量和约束族人，掌管教育事务。五是“宗直，以资风义”，即处理族人内部纠纷，是执法的职务。六是“宗史，以掌版籍”，即负责记录宗族历史，诸如修家谱之事。七是“宗课，以管钱谷”，即掌管宗族集体经济。八是“宗干，以充干办”，即管理勤杂事务，是宗长的助手。此外还有一些勤杂工役，如宗守管理仓库，守祠人看管祠堂。[②]可见祠堂组织严密，有一套管理系统。

宜兴任氏宗祠的组织机构类似国家政权：宗子相当于天子，宗长相当于丞相，宗正类似副相（清代的协办大学士），宗相、宗直、宗课分别相当于礼部尚书、刑部尚书、户部尚书，宗史类似于翰林院的史官，那些司仓、守祠人，相当于政府佐吏、衙役。这样的宗祠设置，有首脑，有分管各种事务官员，有杂役，一应执事齐全。祠堂，不就是宗族的小朝廷吗？

族长和祠堂主管人员的选择，大体按两个原则进行：一是依

---

① 《毗陵修善里胡氏宗谱》卷1《家规》。

② ［清］任源祥：《大宗祠述》、［清］魏禧：《任氏大宗祠祭》，载《宜兴筱里任氏家谱》卷2《宗法》。

大宗法，由长房长支担任；二是分尊和德能的结合，即除长房尊辈外，其他道德高尚、能力出众的人也可任职。这两条原则，前者更符合宗法，而后者有利于宗祠的发展。各宗族基本依据这个原则，选择族长和祠堂管理人员。宜兴任氏祠堂的宗正，先后由夔州知府任允惇、举人任绳隗、通永道任烜担当，雍正时的浙江总督李卫是徐州人，身系“大宗嫡长，平素家居，族内诸事，例得主之”。他在杭州官署时，因家乡族弟李怀瑾、李信枝“任意放纵，不循礼法”，遂将他们“拿解赴浙，以家法惩治，圈禁在署”。[①]可见他在家乡以李氏大宗嫡长而任族长，在外地也没有放弃这种权力。嘉庆初直隶雄县监生何珠为本族族长，族人何幅来打伤张成玉，他到官府作证。[②]浙江山阴（今绍兴市）欢潭田邦俊是一“耕氓”，晚年为族长。[③]从家族管理人员的实际情形看，其人的选择，既要遵循大小宗和行辈的原则，又注意个人的品行和才能。大宗族的族中职务多由官僚、有功名的读书人、有钱的地主担任；在寒门小族，一般的农民自然也可以出任族长。

在清人观念里仍然承认大宗法，但大宗不能像西周时代给小宗以封地，即不能“收族”，清人实际上是大小宗法兼行，而以小宗法为主。不论是大宗或小宗，哪一房出人，做官进学，有权势，有财力，哪一房的祠堂就可能建得好，公共经济就可能多，它就在全宗族影响大，因而出任祠堂的管理人员。

祠堂设立的总情形是，从明代民间建宗祠之风兴起之后，清

---

① 《朱批谕旨·李卫奏折》雍正六年七月十八日折。
② 档案《内阁全宗·刑科题本·土地债务类》3085号。
③ 《山阴欢潭田氏宗谱》第二本田学舜《鼎和公行述》。

人建祠祭祖的情况更普遍，更民众化了，祭祖的祠堂是一种组织形式，是管理族人的机构。

第二节　祠堂强化管理下的族人生活

清人建设宗族祠堂，还要订立宗族规约，如《宗约》《宗规》《宗禁》《族规》《族约》《族范》《祠约》《祠规》《祠禁》《家诫》等，内容相当广泛，规定和说明族人与宗族、家庭及政府的关系，宗祠的职责和对族人的权力，宗祠对外部事务的原则，而最主要的是对族人行为规范和管理。清人是在族约规则下生活的。

一、宗族祭祀

乾嘉时代史家赵翼说："今世士大夫家庙皆曰祠堂。"[①]祠堂的本意是祭祀之所。建立宗祠首先是为了族人祭祖，所以祠堂把祭祀当作大事，要求族人虔诚地参加祭祀生活，如直隶南皮侯氏宗族规定："朔望率子弟谒先祠""勿怠废先人祀"。[②]

清人宗族祭祀活动的日期，各地、各宗族有所不同。山东即墨杨氏家族，元旦祭祖；元宵节晚祭于祠；清明前二三日合族扫墓，各房祭本房始祖，各家祭祖；初伏日献新，祭于祠；中元日晚祠堂祭祀；中秋节众人祠祭；十月一日祭扫部分祖先坟墓；冬至前一日祭祠堂。[③]江西石城宗族成员清明、冬至必祭，还有

① [清]赵翼：《陔余丛考》卷32《祠堂》。
② 《南皮侯氏宗谱·家规》。
③ 《即墨杨氏家乘·祭法》。

“每节必荐”的。[①]总的说来，清明和冬至的扫墓、祭祖是大祭祀，是各宗族的共同活动，其他祭祀则为各家族所特有，或在宗族部分成员中进行。还有常规外的祭祀，如子孙衣锦还乡，或在乡者新得功名，为感谢天恩祖德，也祭祀祠堂。

凡族祭，族中成年男子必须参加。族人无论居住离祠堂、祖坟远近，不管是否下雨下雪，只要没有疾病，都赶往祠墓之地，虔诚肃穆地随众拜扫，不迟到、不早退。拜扫中不喧哗、不嬉笑。一些宗族中，妇女参加部分祭祀，即墨杨氏元旦之祭，男子行过礼退出祠堂，女子入内礼拜。也有些宗族不许女子进祠堂祭祀。族人参加祠祀是一种义务，不管愿意与否都得参加，不到者即有处罚。如安徽潜山王姓每年腊月二十四、正月初一是大祭，凡无故不到的，罚交稻谷一石。[②]江阴袁氏规定三年不参加祠祀，罚祭筵三席。[③]

参与宗族祭祀也是族人的一种权利。与祭表明具有宗族成员的身份，宗族若有救济，凡符合条件的就有权获得，与外族人发生纠纷，宗族要出面保护。反之，不允许参加祭祀就是一种惩罚。武进高氏对过失严重的族人“不准入祠入谱”[④]，不得入祠，就是不允许参加祭祀。嘉庆时广西临桂李氏宗族发生一起命案，李周氏夫亡有子，欠宗祠清明祭会钱，扫祭头人李如松来索讨，因无钱归还，李如松宣称不许她们母子祭扫，因而激得李周氏怒

---

① 道光《石城县志》卷1《风俗》。

②《潜山琅琊王氏三修宗谱》卷1《家箴》。

③ 江阴《澄江袁氏宗谱》卷3《祠规》。

④《毗陵高氏宗谱》卷1《凡例》。

而打死李如松。[①]

为了掌握参加祭祀人员的情况，祠堂像政府一样管理宗族户口，族人增减人口需及时报告。山东武城曾参后裔宗祠设有年纪簿，凡生子者于三天命名后报告族长，登记于簿，娶妇、迁出、死亡也要报告登记。[②]

祠堂祭祀对象，主要是全族的祖先，即始祖、始迁祖及与他们辈分较近的人，附祭被后世子孙认为值得纪念的先人。宜兴任氏宗祠主堂叫“一本堂”，奉祀十一世以上祖先，在“德”“爵”“功”三方面有特殊表现的十一世以下祖先也可入祀，爵指文官七品、武官三品以上，功指建祠堂捐银一百两以上者。一本堂东侧有“树风堂”，祀有善行的祖先，西侧有“锡类堂”，祀不在上述两堂的祖先。这样把祖先分成等第的办法为一些宗族所接受，认为它符合于名分；也有一些宗族不赞成，因为论德、爵、功，容易把祖先牌位的自然伦序弄乱，这是对祖宗的不敬，所以相当多的宗族不采取任氏的方法。

宗祠祭祀十分隆重，所谓“衣冠整肃，鼓乐备具，殽馔酒醴，皆务丰洁，族长以下，次第行礼”[③]。“祭之日，肃雍将事，市井谰言，有敢出于口者，虽贵老，责无赦。”[④]祭毕还有两件事，一是族人间礼拜，即卑幼拜尊长，其中特别要指出的是弟行拜兄礼，要像晚辈拜长辈一样恭敬。二是祭拜后吃供品，叫“飨

---

① 档案《内阁全宗·刑科题本·土地债务类》嘉庆三年第59包。

② ［清］曾毓墫:《武城曾氏重修族谱·例言》。

③ 同治《石首县志》卷3《风俗》。

④ 宣统《南海县志》卷4《风俗》。

馂余”。入席要分贵贱尊卑，像宝安鳌台王氏，举人以上一人一桌，贡生两人一桌，秀才四人一桌，六十岁以上的八人一桌。[①]有的宗族不聚餐，分胙肉，分时或按丁平均，或尊高龄，或重功名，山阴王氏主张：“宗庙之中，亲亲又当贵贵，凡有超群衣顶子孙，其给胙必较执事者次第倍之，以志奖劝之意。”[②]可见在祭祀中与祭者也按社会地位被分成等第。

在宗族的祭祀活动全过程中，受祭的祖先被人为地分成不同等第，与祭者也处于不同的地位，这种祭祠等级，是宗族内部等级制度的反映和标志，也是社会等级制度的一种表现。

清人如此重视祭祖，目的之一是培养族人的共同体意识，迈克尔·米特罗尔和雷因哈德·西德尔在《欧洲家庭史》中认为：“祖先崇拜通常在培养家系观念中起决定性作用……通过祖先崇拜，家系将活着的人和死去的人联系在一个共同体中。”[③]祭祖，表现出来的是祖先崇拜，目的是把祖先的后人团结在一个宗族里，也是宗族首领治理族人的一个手段。

二、公共经济和义赈

清代有许多人对建设宗族公共财产很感兴趣，力为经营，使它拥有房舍、放债的贷本和田产。土地因用途的不同，分为几种。祭田，收益用于祭祀，因又叫祀田、蒸尝田、护坟田，它可

① 《鳌台王氏族谱》卷2《祀事》。
② 《山阴中南王氏家谱》卷首《宗祠规例》。
③ ［奥地利］迈克尔·米特罗尔、［奥地利］雷因哈德·西德尔：《欧洲家庭史》，赵世玲等译，华夏出版社1987年版，11页。

以是合族的，也可以是支族的，拥有祭田的宗族较多，但数量大多不大。义庄，收益用于赈恤本族贫苦人，拥有田产较多，少则几百亩，多则几千亩，但有条件办义庄的宗族不多，冯桂芬所言“今义庄之设普天下”①，是说其散布地区较广，总数量并不大，且南方较多，北方极少。我们曾对苏、松、常三府做过统计，清代这里出现过二百多个义庄，是别的地区无法比拟的。②义塾田，收益用于开办宗祠学校，故称作“书田”“资读田”“宾兴田”，数量不很大，在全国也不普遍。义田，收益多用于周济本族穷人，田产没有义庄多，也不像义庄有特殊组织。田业是宗族经济的主要成分。

宗族财产多由族人捐献。安徽六安晁廷灿给宗族捐义田，子载策等三人陆续捐献，孙尚仁等又增置田产，建成义庄，曾孙燕彤等再度经营，扩充田业一倍。③浙江永康人应敏斋官至布政使，致仕后以置义产为务，他母亲朱氏将其外祖父朱菊裳遗产捐给宗族，叫“应氏常会田”，敏斋续捐一份，作宗族祭祀用；敏斋又捐建“秀芝堂义庄”，赈济贫疾不能谋生的同宗；买二百亩田为“永康宾兴田”，助济应氏读书人；妾刘氏以私房钱买田百余亩，为“应氏恤嫠田”。④四川崇庆州人邓廷彩，少年时受晏氏抚养，长为知府，捐建义田，赡养邓、晏二族宗人。⑤捐者大多是官僚、

① ［清］冯桂芬：《显志堂稿》卷4《王氏耕荫义庄记》。
② 冯尔康：《论清代苏南义庄的性质与族权的关系》，《中华文史论丛》1980年第3期。
③ ［清］李兆洛：《养一斋文集》卷9《六安晁氏义庄碑记》。
④ ［清］俞樾：《春在堂杂文四编》卷1《永康应氏义田记》。
⑤ 光绪《崇庆州志》卷8《宦迹》。

大地主和大商人，也有少数财产不多的人。江宁甘元勣妻金氏和婆母、儿媳三世孀妇，只有二十亩田，捐出十亩为宗族祭田，剩下十亩供养婆母。[①]这些人以建设宗族经济为目标，为乐趣。

小量的祀田，大多是各房轮管；赡族义田或由宗祀管，或由捐献房分掌握；义庄则有专门管理机构，选择宗人负责。如山东牟平曲氏义庄，于捐建人子孙中“择贤能者一人为总理，于族中择贤能者二人为董事”[②]。

宗族财产有四项用途，一是族祭费用，二是赈济贫穷族人，三是奖励族人进学，四是祠堂管理费用其中又以宗族赈济事务为重。在江苏华亭张氏宗族，由于尚书张照设置义庄，贫穷的族人，男女每人每天可以领米一升，每年男子可以领衣服一套，女子领棉花二十斤，家庭出嫁女儿领银三十两，娶媳妇得银二十两，若有丧葬事情，尊长领银二十五两，一岁以下领银二两。[③]江阴袁氏没有不动产的嫠妇每月领钱五百文，孤儿每月领钱三百文，无力娶妻的男子可得五千文的迎亲费，贫穷家庭生子得钱七百文。[④]在有义庄和赡族义田的宗族，鳏寡孤独及极贫人家能得到一些资助，以供常年口食和婚嫁丧葬，有助于其维持生活。

魏源讲“井田废而后有公恒产者曰义田”[⑤]。宗族的田产，以“义田”自命，以敬宗恤贫为宗旨，具有社会公益经济性质，但是它以封建租佃方式经营，剥削佃户，所以是一种地主土地所

---

① [清]甘熙:《白下琐言》卷1。
② [清]包世臣:《安吴四种》卷29《宁海曲氏义庄规约序》。
③《张氏捐义田奏折附义庄条例》,南开大学图书馆藏抄本。
④《江阴澄江袁氏宗谱》卷3《祠规》。
⑤《魏源集·庐江章氏义庄记》,中华书局1976年版,502页。

有制，拥有义田的宗族就是一个地主，而且常常是大地主，这就是宗族公共经济的实质。

义田的用途表明，它对宗祠极端重要，没有它，祭祀、修谱、维修祠堂都无法顺利进行，通过赈贫收族的目标更达不到，可以说宗族公共经济是祠堂存在的物质前提，与其说它对族人重要，毋宁说它对祠堂更重要。

宗祠赈恤贫苦无告的族人，企图使生者有所养，壮者能婚配，病者获医疗，丧者得安葬，使受惠者感戴祠堂，同时也给族人加上锁链，因为凡是“赌博打降匪类”、涉人命盗案内、“卖身与人”的族人一律不给赈济，连未及时向宗祠报告人口者也不在赈济之列。可见赈济是让族人顺从的一种手段，有利于宗族内部富人地位的稳定。如若贫穷族人因得赈济而安分守己，富贵者财产地位就无人觊觎而得保全。大学士朱轼说他对富裕的族人赠言是“随分周恤”，似“为贫者计，实为富者计也”。[1]他把赈济对贫富的作用看得非常透彻。总之，宗族公共经济是祠堂和该族富人利用赈济穷人的方法，强化祠堂的职能，从而控制整个宗族的手段。

三、族人承受的祠堂法规

祠堂除对不依时到祠墓祭扫的族人加以处罚外，还有很多限制族人行动的规范和处罚条例，以下简述几种。

其一，族人不能侵犯祠堂和同宗财产。

---

① ［清］朱轼:《与族人书》,载《清经世文编》卷50。

由于远古流传下来的宗族财产共有的思想，以及财产是祖宗的遗留和余荫所创造的观念，所以财产尽管是族人个人的，但其近支亲属总以为自己也有份，理所当然地要求周济。据记载，明清之际著名文人钱谦益死后，族中百余人去闹灵堂，向其妻柳如是提出，以一半腴田给宗族穷人，另一半给嗣子，逼得柳如是自杀。[①]因此祠堂搞赈济同时，也对宗族公共经济和族人私产严加保护，禁止族人侵占。江阴袁氏规定："族人如有盗卖祠田，一经察出，除勒令倍价赎还外，公同家法治处。"[②]族人财产继承，是祠堂处断的重要事情。无锡郑氏要求族人兄弟分家时，"俱静听族人及近支长辈从公均拨"[③]。族人立继嗣，"当请命族、分长集议，写立过房，告之祖宗"[④]。江西人孙荇洲，以外甥李耀宗为嗣子，死后，族人以耀宗继承是乱宗，把他赶出孙氏宗族。[⑤]不经过祠堂就不能立嗣，立了也不合法，族人个人的意志要屈从宗法观念的体现者——祠堂。

其二，族人的职业受宗祠规定的限制。

族人的职业，关乎宗族的盛衰。祠堂严格要求族人有正当的职业，禁止从事被社会歧视的行当，南皮侯氏《家规》要求族人"务正业"[⑥]。即在士农工商四类中谋生。一些宗族在四业中又重士农、轻工商，到了清朝后期，歧视工商的现象有所减少，特别

---

① [清]钮琇编:《觚賸》卷3《河东君》。

②《澄江袁氏宗谱》卷3《祠规》。

③《无锡荥阳郑氏大宗统谱》卷3《宗禁》。

④《毗陵修善里胡氏宗谱》卷1《祖训》。

⑤ 徐珂:《清稗类钞》5册,2075页。

⑥《南皮侯氏宗谱·家规》。

是在商品经济较发达的地区。正业之外，宗祠对族人的谋生之道横加干涉，武进姚氏不许族人做僧道、胥隶、优戏、屠户。江阴袁氏不允许族人做奴仆，益阳熊氏禁止族人做巫师、胥隶，南皮侯氏禁止族人为书吏，违犯者逐出宗祠。皂隶、奴仆、倡优属于贱民的职业，僧道是不敬父母祖先的外方人，屠户是杀生有罪，书吏残害平民不道德，可以看出宗族主要禁止从事贱业，兼及被社会舆论歧视的职业。

祠堂还禁止族人从事被统治者视为匪类的活动，平江叶氏《宗约》："不可左道惑人，结盟会匪。"[①]武进胡氏《家诫》："勿交匪类。"[②]同县吴氏宗规："戒窝藏来历不明者，察出必究。"[③]宜兴任氏以"盗贼、奴隶"为"族恶大条"。[④]祠堂不许族人做小偷、强盗、土匪，不许搞秘密结社鼓动造反，不许窝藏匪类，是要求族人不从事危害社会秩序的事情，做家庭宗族的孝子顺孙，国家的顺民。

其三，族人婚丧要遵守宗族的规范。

族人在婚姻方面受到宗祠三方面的干预，一是定亲要取得祠堂的同意，二是成亲要到祠堂举行仪式，三是禁止同姓为婚。即墨杨氏家法规定："男子定婚，女子许字，必谋于家长，既决而告庙。"[⑤]祠堂严格遵守门当户对原则，怕与贱民通婚降低本族地位。康雍时无锡华泰宗族有人嫁女给奴隶的儿子，他出面干涉，

① 《平江叶氏族谱》卷1《宗约》。
② 《毗陵修善里胡氏宗谱》卷1。
③ 《毗陵薛墅吴氏族谱》卷2。
④ 《宜兴篠里任氏家谱》2《例》。
⑤ 《即墨杨氏家乘·家范》。

花了很多钱，费了一年多时间，终于破坏了这桩婚姻。[①]即墨杨氏还规定，族人迎亲前到祠堂行礼，婚后三天，婆婆带领儿媳到祠堂拜祖宗，然后拜尊长，这样新妇才真正成为杨氏宗族的成员。此外，寡妇的再婚要由宗族做主，乾隆末福建浦城张子明亡故，其妻詹氏因子张添球年幼，由故夫从堂兄张子禄主婚，招赘左朝顺为夫，"邀同族戚议明，把张子明产业皆交左朝顺掌管，俟张添球长成归还，立有字据"[②]。嘉庆三年湖北京山徐在明寡妻严氏在娘家母亲主持下招徐元佐为夫，徐在明胞叔徐位安以"应由夫家主婚"为由拒不承认，并造成命案，湖北官员拟判严氏与徐元佐离异，徐位安干预这桩婚事无罪。[③]

在丧葬上，祠堂一般主张量力而行，不奢华，但一定要守礼法，即墨杨氏规定，丧事要由房亲出面主持，使孝子得尽守灵之责，丧家三年不许婚嫁、宴筵。

其四，族人纠纷在祠堂解决，不得擅自告官。

族人之间发生纠纷，需到祠堂去请族长、分长排解，"在祖宗神位前论曲直，剖是非"[④]。审理原则上要求"以尊卑定顺逆，以曲折定是非"[⑤]，即偏袒尊长，维护尊卑名分。若有被告者藐视祠堂权威，被传不到，祠堂要先惩治他抗规的罪，然后再判案。族人若不服从祠堂的处断，祠堂还要加以责治。当然祠堂也规定，处理纠纷要及时，要公平，但实际上是有偏向的，照顾富

---

① 《华氏传芳录》卷10《母舅贡士襄周毕公传》。
② 档案《内阁全宗·刑科题本·婚姻类》嘉庆四年第103包。
③ 档案《内阁全宗·刑科题本·婚姻类》嘉庆四年第103包。
④ 《毗陵庄氏族谱》卷11《训诫》。
⑤ 《毗陵庄氏族谱》卷11《训诫》。

贵者一方，而打击贫穷族众，所谓“殷实富豪者为之左袒，贫穷疏阔者为之右袒”[①]。祠堂把族众纠纷严格控制在祠堂范围内，不许族人告官。武进王氏规定，族人争执，若未经祠堂先告官，要受祠堂的处分，要在神位前罚跪，并需置办一桌酒席赔礼。[②]其他宗族也有类似的规定。族人首先是宗族的属民，其次才是皇家的臣民，这就决定了排除纠纷要先经过宗祠这一关，这不是当事人愿意与否的问题，而是必须这么做。

其五，族人的文娱生活要受祠堂的控制。

族人进行娱乐，不能自行其是，也要受祠堂管束。湖南人喜欢花鼓戏，平江叶氏宗祠认为那是伤风败俗的淫戏，禁止成员“搬弄花鼓”[③]。人们歌唱，抒发感情，本是生理与情趣的需要，而武进胡氏怕族人因此落入下流，不准“唱曲吹弹”[④]。武进庄氏宗族禁止青年人看小说，连长辈案头也不能放这类读物。[⑤]宗族对女子的文娱生活干预更多，妇女到寺观拜佛，除宗教信仰因素之外，是为散心解闷，有游玩的内容，许多宗族因此不许妇女入寺院[⑥]，即墨杨氏更不许女子游山玩景[⑦]。清人难得欣赏戏剧表演，农村偶有春祈秋赛及其他节日、庙会的演出，男子可以去看，妇女常常受到禁止，宜兴任氏并为此规定出惩治的办法。对

---

①《即墨杨氏家乘·家法》。
②《晋陵王氏宗谱》卷1《凡例》。
③《平江叶氏族谱》卷1《宗约》。
④《毗陵修善里胡氏宗谱》卷1《家诫》。
⑤《毗陵庄氏族谱》卷11《训诫》。
⑥《南皮侯氏族谱·家规》。
⑦《即墨杨氏家乘·家法》。

娱乐活动如此干涉，可见祠堂对族人的生活管得太多太死。

其六，族人在祠堂种种惩罚下生活。

对违抗族规者，祠堂有各种处罚形式：

体罚：打板子、罚跪，这是祠堂最常用的惩治方法，也是较轻的体罚。

罚银钱：是经济制裁的一种，内容是罚交银两，罚摆筵席也是其中一种形式。

记过：记下过失，作为警告，是一种精神惩治办法。

捆绑：绑在祠堂门口示众，是一种人身侮辱。

开除出宗：不许入祠，不许上谱，逐出宗族，这是宗祠的最严厉惩罚。

送官究治：对开除尚不足以蔽其辜的人，以祠堂的名义送到官府治罪，判刑因此而将加重。

活埋、沉潭、打死：在宗法制严密的地方实行。因这些刑罚太残酷，家谱不予记载。现代作家沈从文的小说《巧秀和冬生》给予形象的记录：年轻的寡妇巧秀有了情人，被夫族发现，族长是前清有小功名的人，带领族人把情夫双脚砸断，又对“这个不知羞耻的贱妇照老规矩沉潭”，使她与缚在身上的石磨一起沉于潭底。[①]前清秀才“读过圣贤书”，自认为有维护“道德风化的责任”，就敢做这种伤天害理的事，可想见在清代这类事屡见不鲜。

---

①《沈从文选集》卷4，四川人民出版社1983年版。

四、宗族的学校教育

宗祠对族人的教育有多种形式，如有的宗族在朔望拜祖先之后，族长要宣讲宗规家训，或讲解康熙帝的圣谕十六条。此外就是办学校，教育青少年子弟，没有条件办学的宗族，也要以物质奖励族中的进学子弟。

四民以士为首，人们对此颇为追求，为此要兴办学校，宗族领袖对此多有认识，如朱轼所说："今欲使族之子弟尽力于学以几于成，非设义学聚而教之不可。"[①]有经济条件的宗族均这样做。浙江诸暨"大姓多置学产"[②]，该县秀才周梦彪"捐田三百亩入家塾义学"[③]；曾任黔抚的泾县朱静斋捐田百亩做祭田，后人改作资读田。[④]江西新喻胡岭在先人捐田基础上，于嘉庆初捐五十八石地租的田业为胡氏学田。[⑤]常熟县杨岱捐田一千亩，开设杨氏句读义学、杨姓举业义学等四所学校。[⑥]宗族所设学校主要是初级的启蒙学校，有的另设中级的举业学校。

宗族义学接受族人子弟，对聪明好学的尤其欢迎，对行为不端的则拒绝接受。宗塾对学生有考核、有奖惩。学生不交学费，有的还能领到生活费。考试优秀者和进学者都有花红。唐氏宗祠规定，生童四季会考，得一等的给笔墨银二钱；二等的一钱，卓

① ［清］朱轼：《朱文端公文集》卷1《义学记》，乾隆间刊本。
② 光绪《诸暨县志》卷17《风俗》。
③ 乾隆《绍兴府志》卷61《人物》。
④ ［清］朱珔：《小万卷斋文稿》卷15《资读庄记》。
⑤ ［清］恽敬：《大云山房文稿初稿》卷3《沙陇胡氏学田记》。
⑥ ［清］邓琳：《虞乡志略》卷2《义局》。

异者另加奖钱；童生入学，给襕衫银二两；参加乡试给路费银二两，中举贺银六两；赴京会试路费十二两，登甲贺银十两；举贡生监每年给银一两；武途给文科的一半；凡被黜革的生监不再发给。[①]湖南宜章曹氏以一亩二分田作为艺田，谁能游泮水，就给谁经营。[②]

宗族的义塾及奖励办法，加上其他一些物质与文化条件，使有的宗族培养了一些科举人才。武进的庄氏在顺治至道光间的二百年中，中进士的多达二十九人，庄存与、培因兄弟在乾隆年间中在鼎甲，当地人礼部侍郎刘跃云称赞说："江左科名之盛颇推吾郡，而吾郡科名之盛尤推庄氏。"[③]即使没有高级功名，甚至没有进学的人，经过义学教育，思想上也多接受了儒家伦理道德观念。

宗族学校教育与宗族公共经济，是极有关联的两个事业。朱琦在讲到汪氏义学时说，义庄和义学是"养与教兼行"[④]。义田、义庄搞赈济，从经济上补助族人生活，而义学是从思想上教育族人，这是经济、思想两结合，有了这两个事业，祠堂对族人的控制就更加巩固了。同时，族人进学得功名，可以提高宗族社会地位，这也是宗族办教育的一个原因。

五、纂修宗谱活动

清代许多宗祠把修家谱看作重大的事情，有些宗族成员视

---

① 《毗陵唐氏宗谱·宗规》。
② 《宜章曹氏族谱》卷2《绍爵公艺田制》。
③ 《毗陵庄氏族谱》卷首序，[清]刘跃云所作。
④ [清]朱琦:《小万卷斋文稿》卷15《曹溪汪氏义学碑记》。

修谱为重要的生活内容，花力气去做，益阳熊氏祠堂的好事者以修谱为义务。初修者熊文杰是太学生，时值太平天国运动之时，他办团练，资助清朝军饷，与曾国藩交游，“究心谱学”，于咸丰十年（1860）纂成《熊氏族谱》，曾国藩为之作序。至光绪十八年（1892）三月该族人在祠堂祭祀，商议续修族谱，族长、各房长以及纂修、协修共同努力，两年后完成《熊氏续修族谱》。会稽王氏宗子王载忠、族长王大行、房长王达逵、校正王载典等人，在道光九年（1829）续修成《王氏宗谱》。此后，族长王载廷、房长王从宪、监修王从全等于光绪六年（1880）又一次续修告竣。[①]“以力耕起家”的武进地主高秀章对修谱特别感兴趣，乾隆三十二年（1767）该族第二次修谱，他“竭诚相赞，不辟艰辛”[②]。宜章县人原来没有修谱习惯，知县蒋宗芝多年提倡，大姓吴、王、李相继兴修，秀才曹永清也为该族编写了《曹氏族谱》。一些宗族为使谱书不断续写，规定续写的时间，余姚道塘曹氏约定十年一小修，二十年一大修[③]，广东博罗梅村林氏也是规定十年或二十年、三十年修一次族谱[④]，徽州徐氏则定期六十年一修[⑤]。正是由于祠堂的规定和热心人的张罗，许多宗族的谱书一修再修，一续再续。武进薛墅吴氏在1572年至1883年的三百一十二年中，修家谱十一次，平均不到三十年一次。从历史上看，宋元以来，清人修谱最多，保存至今的族

①《会稽王氏宗谱·卷首》。

②《毗陵高氏宗谱》卷5《仕位公传》。

③《余姚道塘曹氏续谱》卷首《续谱录起》。

④《博罗梅村林氏族谱》卷6《规则》。

⑤《新安徐氏宗谱》卷首之三《凡例》。

谱，至少有二万种，清人修的占重要部分，且质量较高。族谱的兴修在各地方也不平衡。清前期直隶人李塨说南方的家谱多，而北方人缺少宗谱，所以“先世显绩单行，不四传遂恍惚不复记忆”[①]。到清末，钟琦看到的现象是两江、两浙、两湖“各村族皆有族牒”，而西南、西北人们则不知谱牒是怎么回事。[②]他们所见的情形相同，整个清代，南方编写族谱多，而北方较少，这与宗族制度在全国的实现状况相一致，同祠堂的设立状态也是一致的。

修谱牒是人们的一种社交渠道。修谱时，为把族人的家史反映进去，要各支派、各房分、各家庭提供资料，住在一起的掌握情况还方便些，离开本村的人更要加强联系。徽州徐氏预计六十年一修谱，它同时规定前二年就通知各房、户填写资料，以便到时汇总。各房长参加修谱事务就是做这些工作。住在外村外地的族人不惜劳累奔波回族居地，以防被遗漏，有的宗族成员分别居住在不同的行政区，平常缺乏往来，到修谱时要联谱，于是你来我往，密切了关系，如前面说过的平江叶氏与蒲圻叶氏的联合修谱，就是这样。乾隆二十八年（1763）武进姚氏辋川里支与奔牛支联谱。嘉庆十六年（1811）奔牛姚氏修谱，邀请辋川里支姚煦参加，而受邀者参考文献资料，认为两支所共之祖不明确，著文辩论。[③]当时人们为了交际，有一种联宗现象，有的本来是同姓不同宗，但要冒认同族，乾隆时龚炜讲“近时同姓往来，即非共族，

① 《恕谷后集》卷1《刘氏家谱序》。
② ［清］钟琦：《皇朝琐屑录》卷38《风俗》。
③ 《武进辋川里姚氏宗谱》卷1《谱序》。

皆称宗不书姓”①，表示是同族。清初的大学士范文程愿意同模范世族范仲淹在江苏的后裔联宗，称为后人，并在苏州买田捐给范氏义庄，又替范仲淹祠堂维修。②康熙时少詹事高士奇势盛，官至尚书的海盐陈元龙和他联谱，因为陈氏认为出自渤海高氏，这样与高士奇成了一族人。③寒族冒认为望族支系，以提高社会地位，望族接受这种人，也是为了得到对方的金钱。曾姓人中有出身寒微的，由于暴富，希望进入世族阶层，而曾参后裔为世族，于是寒族曾氏以重金向其族人买家谱，到下次修谱时，就凭所买之谱，续入曾氏宗族之内，改变了族望门庭。④朱轼说“寒门以趋势而冒宗，势家以纳贿而卖族”⑤，就是讲的这种情况。有的虽然是同宗，但支派已疏远，因势利关系，看起来很近，论同宗，写家谱，而近支的真正伯叔兄弟却不理会。有的宗族借修家谱在姻亲方面拉关系，相当多的宗族族谱对出嫁女不书写，或虽书其人，而不写其夫家姓名职业，对于族人之妻只写姓氏，及其父名，但也有少数宗谱，对族人妻室的娘家祖先、亲伯叔弟兄中有官爵名望的人加以载录，以标明她的门第之高。若出嫁宗女本人和她的子孙有爵秩的也要详细记录，以提高本宗族地位。⑥

宗族在编写家谱时，往往根据当时情况，议定祠堂规约，收入族谱，或者把先人的训诫也搬进来，用其统一族人的思想

① ［清］龚炜：《巢林笔谈》，中华书局1981年版，186页。
② 徐珂：《清稗类钞》1册，274页。
③ ［清］陈康祺：《郎潜纪闻初笔 二笔 三笔》，121页。
④ 《武城曾氏重修族谱·例言》。
⑤ ［清］朱轼：《朱文端公文集》卷2《族谱辨异》。
⑥ 《毗陵薛墅吴氏族谱》卷2《续修宗谱规条》。

和行动。

族谱修好之后，有公共经济的宗族会把它刻印出来，发到户里。没有祠产的宗族实行捐派办法，或自愿，或按户派，也设法枣梨。领谱人要妥善保存族谱，一般秘不示人，每年大祭的时候带到祠堂查核，凡是遭到鼠咬、油渍的，领谱人将受到训饬，若卖出将被作为不肖子孙逐出宗族。

综上所述，清代聚族而居的族人，在尊长、首领组织之下，成为宗族。它的机构祠堂在尊祖敬宗的旗帜下，以祭祀为起点，在思想和生活方式各方面制约族人的生活，它对族人有部分的惩治权，它维护宗祠和族内上层分子的财产所有制，特别是大土地所有制，从而具有准政权的性质。宗族成员在经济生活、职业选择、婚丧方式、受教育、祭祖先，以及文化娱乐生活各方面，都受宗祠的约束，稍有违犯，便在精神上、肉体上、经济上受到惩罚，并为宗族的、社会的舆论所不容，血缘帷幕下的宗族生活对于他们而言并不幸福，但却又是不可少的，这是当时社会环境和制度决定了的。

第三节　宗祠和政府的相互依赖及清代宗法社会的特点

在清代，宗族祠堂与政府间的关系，是血缘群体的族权与政权的结合，成为一种家族政治。它有双重含义，一方面是宗族维护政府，成为政权的一种支柱；另一方面是政府支持祠堂，承认它统治族人的权力。这种结合，表现了封建时代的家族政治及宗法社会的特征。

一、祠堂是政府的支柱

（一）祠堂是宣扬忠君观念的一种工具

祠堂要宣讲圣谕，有的家谱把圣谕和五服图收进去，直接传播皇帝和政府的思想、法令，要求族人遵守。宗族还在规约和训诫中写进忠君的内容。嘉庆元年（1796），广东嘉应州进士洪钟鸣给该族作祖训的《读训》，第一条就是忠君，他说："君恩重于亲恩，谚云'宁可终身无父，不可一日无君'，生当圣明，省刑薄敛，敬先尊贤，永享太平，其敢忘诸！"[①]认为当时是太平盛世，族人应感恩知报，要做顺民。清代宗祠针对族人中官员和平民的不同情况，分别提出忠君的内容。即墨杨氏要求做官的族人真正有爱君之心，为君办事，敢于承担责任，不揽权结党，不可贪墨，不得恋位。[②]对于平民百姓也要进行忠君教育。武进高氏《家训》说皇帝对天下臣民都有恩，一个小民能种田，有居处，安居乐业，就是因为皇帝"宵旰忧劳，为之兴利备患"[③]，否则怎享太平之福。为此小民要感谢君恩，努力尽到子民的责任，首先要完纳赋役，宗族公共田产和族人自己的田地赋税要及时完纳，公共土地交了田赋，剩下的收入再办宗族的事。其次遵守政府的法令，不做违法的事，如不销毁铜器铸造私钱，不讪谤君上，不犯圣讳。宗族处理族人与国家关系时强调忠君，原则就是维护朝廷的利益，使族人守法和在经济上支持政府。清人深知祠

① 《嘉应洪氏宗谱》，浙江人民出版社1982年版，20页。
② 《即墨杨氏家乘》。
③ 《毗陵高氏宗谱》卷1。

堂、族长、家长教育子孙遵守国家法令的作用。清初理学家张履祥认为教化在家族中进行容易实现。[①]嘉道时人姚莹认为缙绅族尊“平素指挥其族人，皆如奴隶”，而族人怕见官，有事也由缙绅出头，因此他主张官府联络绅衿，使“绅士信官，民信绅士，如此则上下通而政令可行”[②]。他是从政府的角度看联络族尊治民的必要，从祠堂保宗族角度讲民要遵守法令，角度不同，目标一致。咸丰、同治年间冯桂芬讲宗族教民养民的“佐国家”作用时说，地方官虽有教民养民的职责，但养不能解衣推食，教不能到每家每户，所以说教养是不切实际的空话，祠堂就不同了，“牧令所不能治者，宗子能治之”，这是由于宗法森严，能够“弥平牧令、父子之隙者也”[③]，这把祠堂作为传播忠君思想重要工具的地位表述得很清楚。

（二）祠堂维护地方治安的作用

清朝政府维持地方治安，把职责主要交给州县地方政府，州县又依靠乡都图和保甲组织，这些是行政系统的保安机构，各起一定的作用。但在有祠堂之处，其作用可能比都图、保甲还要大。宗法制盛行的地方，流行着“国法不如家法”“乡评严于斧钺”的俗谚，可见宗法的森严及其作用。如在怀宁，“有不率教者，族尊得施鞭扑，居然为政于家”。[④]族人不敢违背宗法，纵或有犯禁者，宗族即把他开除出祠堂，不许留在本村，以清除本地

---

① ［清］张履祥:《杨园张先生全集·文集》卷18《记乡约》。
② ［清］姚莹:《复方本府求言折子》,载《清经世文编》卷23。
③ ［清］冯桂芬:《显志堂稿》卷11《复宗法议》。
④ 道光《怀宁县志》卷9《风俗》。

区不安定的因素。同时，祠堂限制族人的交游，不许同“匪类”往来，反政府势力很难在宗族内生存，外来的力量也无法存身，所以宗族势力严重的地方，人们总说聚族而居者，“各有保室家，长子孙之意，无虑乎伏莽”[①]。咸丰八年（1858），浙江兰溪施家滩发生抢案，知县段光清到施家祠堂，令族长交出抢犯，施家族长即行遵办。[②]不仅如此，他处发生反抗斗争，宗族势盛之地往往可以自保。顾炎武就明末农民战争的事实说：“予尝历览山东、河北，自兵兴以来，州县之能不至于残破者，多得之豪家大姓之力，而不恃乎其长吏。”[③]这种情况在太平军和捻军战争中也表现出来。乾隆时，江西巡抚陈宏谋在命令各宗族选举族正的布告中说：“族长以族房之长，奉有官法，以纠察族内之子弟，名分既有一定，休戚原自相关，比之异姓之乡约保甲，自然更于觉察，易于约束。”[④]以之发挥宗祠维护地方治安的作用。

（三）宗族等级制维护政治等级制

各个宗族社会地位不同，有世庶之分，社会重视世族、望族，以致产生出身寒族的人不惜改换姓氏混迹望族，乱认祖宗冒充世族的情况，因此门第的不同实际上反映了等级的差别。

在一个宗族内部，有大小宗之别，即使不讲究大小宗法，也有长房与其他房分的差异，大宗、长房处于优越地位；祠堂内族长、房长治理族人，在宗族内有特别地位；为官作宦或有其他社

① ［清］朱云锦:《皖省志略》卷1《徽州府志》。

② ［清］段光清:《镜湖自撰年谱》,117页。

③ ［清］顾炎武:《顾亭林诗文集》,101页。

④ ［清］陈宏谋:《选举族正族约檄》,载《清经世文编》卷58。

会地位的人，辈分不一定高，年岁不一定老，但由于宗祠实行贵贵的原则，其地位也比一般成员高；再从血缘上讲，又因世代不同分出尊（长辈）与卑（晚辈）。这是宗族内部的等级差别。

君主制是父家长制、族长制的扩延。清代宗族等级制贯穿于政治制度和社会等级结构中，清朝皇族高居于异姓贵族之上，出任摄政王、议政王、军机大臣以及其他高级官职，辅佐皇帝控制政治。宗族等级的合理性，有力地说明了社会等级的合理性，前者起着维护后者的作用。

上述几点还不足以说明清代祠堂对于政府的作用，应该说祠堂是维护整个统治秩序的社会结构。它坚持以农为本的古老原则，保护土地所有制，实行族内赈恤制度，有利于稳定经济结构和经济制度；它实行宗族的统治，并以血缘关系掩盖等级制度，也即掩盖社会上的不平等制度，从而稳定政治统治；宗族的伦理说教所制定的族约家规，是宗族上层意志的体现，也是他们行使权力的依据，以宗法伦理限制族人的思想，对族人实行思想统治。宗法制的作用，在于以“保甲为经，宗法为纬”[①]形成统治网络，使社会得以稳定，因此祠堂是维护整个社会秩序，特别是稳定地方社会秩序的力量，是不可缺少的社会成分。

二、清朝政府对祠堂的支持和控制

“以孝治天下”，是历代统治者所实行的传统政策，清朝政府也不例外。雍正帝说得最坦白：讲孝道，是为“移孝作忠”。[②]要

① ［清］冯桂芬:《显志堂稿》卷11《复宗法议》。

② 《上谕内阁》雍正元年五月二十一日谕。

达到这个目的，政府自然实行鼓励孝道的政策，大力支持宗祠的统治，清代的孝治政策主要包括以下内容。

（一）亲权法及其改定

历朝法律在族人、家人的定罪上，重情不重法，即重血统之情、伦理之情，而把是非放在第二位。对家庭成员制定的法律，上一章已经谈到，本章讨论的是族人间科罪法律。清律“十恶”中的“不睦”，指“卖及谋杀缌麻以上亲”，这是“常赦所不原”的重罪。若卑幼谋杀缌麻以上尊长，已成伤的绞立决，已死斩立决，若殴打大小功缌麻尊长，按伤情判徒、流、绞监候、绞立决，若致死，斩监候或斩立决，尊长谋杀缌麻卑幼，未成伤的判徒刑，成伤流放，已死绞监候。缌麻亲是五服以内宗亲，因绝大多数是分家另过，故他们间的相犯是宗族内的事情。在这类案件中，重刑判卑幼，轻刑待尊长。

实行宗法原则，在处理情与理关系上，雍正帝一度做过局部的改变。江西永新县人朱宁三是惯偷，犯案后，其兄朱伦三卖儿为他赔偿结案，雍正四年（1726）朱宁三又偷牛被抓获，朱伦三气极，逼令侄儿朱三杰把弟弟捆绑扔到水中淹死。刑部拟将朱伦三判流刑，朱三杰判徒刑，这是按清朝律例拟议的。雍正帝审核后，认为朱宁三屡教不改，带累伯叔兄弟，虽然所犯之罪尚不到死罪的程度，“而其尊长族人剪除凶恶，训诫子弟，治以家法，至于身死，亦是惩恶防患之道，使不法之子弟知所儆惧悛改，情非得已，不当案律拟以抵偿”。结果朱伦三、朱三杰获得宽免。刑部依据这一案例议定：子弟犯法，允许族人报官，由官府治罪，若“合族公愤，处以家法致死”，其罪应死的，致死他的为首分子按擅杀罪处以杖刑，其罪不应死的，擅杀者照应得之罪减一等，“免其抵偿”，其本无罪，擅杀者仍照本律科断。[①]这个律例订立，使杀人者不偿命，给予宗族一定的杀人权，更加以情代法，是对宗族权力的加强。

（二）旌表模范宗族和孝义

对五世以上同居的宗族大家庭，清朝政府将其作为模范宗族，给予不同的鼓励，或皇帝亲赐匾额，或树牌坊。对历史上遗留下来的，至清代仍为人所崇仰的宗族也加以表彰。如乾隆帝在十六年（1751）南巡到苏州，特给义庄创始人范仲淹的祠堂赐名“高义”，又赏赐后裔范宏、范圣宗、范成章每人缎一匹、貂皮二张。[②]

对民人以田产捐建义庄，赈恤族人，建义仓，设立育婴堂、养济院的行为，清朝政府都予以保护和鼓励，对于建设者和主要管理人，奖给顶戴荣身，或者免除徭役。

清朝政府对“孝子义士”“节妇烈女”也是大力表扬。为防止申报有漏，地方官还亲自去查访。对申请批准的，政府发给银两，被表彰者的村镇建立牌坊，以示荣耀，并在州县的学堂内建忠义祠，在学堂附近建立节孝祠，各立石碑，刊刻被表扬者的姓名，祠内设牌位，供人祭祀。[③]有清一代孝义节烈祠很多，如常熟县把西洋天主堂改为节孝祠，吴江县在乾嘉道三朝建立旌节坊五十个、贞节坊七个。道光五年（1825）至十年陶澍在苏巡任

---

① 《雍正朝起居注》雍正五年五月乙丑条。

② 《清高宗实录》卷385，十六年三月乙卯条。

③ 《清朝通典》卷50《礼典》。

内，大搞旌表，武进、阳湖两县表彰的贞孝节烈达三千多人，无锡、金匮二县为一千八百七十六人。[①]

（三）保护宗族义庄、祠产

清朝政府希望宗族拥有公有经济，帮助政府搞救济，所以对义庄建设者予以鼓励的同时，极力保护祠产的所有权，不允许族人侵犯公产。设立义庄，要向政府申请备案，由皇帝批准，给予立案执帖后，义庄即在政府保护范围之内，执帖写明，凡有他族人侵占义庄田产，或本族不肖子孙自行盗卖，义庄管理人持执帖报到官府，政府依照特定的条例惩罚侵犯者，该条例规定，凡卖义庄田“十五亩以上者，悉依投献捏卖祖坟山地原则，问发充军，田产收回，卖价入官。不及前数者，即照盗卖官田律治罪”[②]。对盗卖义庄田产的定罪很重，乾隆二十二年（1757）定例，子孙盗卖祖遗祀产至五十亩，才定上述之罪[③]，而盗卖义庄财产只要到十五亩即定该罪。表明政府对义庄的高度重视和支持。政府另一项保护宗族公产的措施是国家不予没收。政府原有对罪犯的“籍没”之条，即没收其一切财产，宗族公产也应属于没收范围，由于清政府推行保护宗族财产的政策，因此宗族公产不在籍没之列。嘉庆四年（1799）抄没湖广总督毕沅家产，因其在苏州的灵岩山馆已改作家庙，抄家时“以营兆地例不入官”，得以保留。[④]

---

① ［清］周有壬：《锡金考乘》卷14《续识》。

② 乾隆四十四年江苏布政使发给吴县周姓义庄执帖，见民国《吴县志》卷31《义庄》。

③ 光绪《大清会典事例》卷755《刑部·户律田宅》。

④ ［清］钱泳：《履园丛话》，528页。

（四）关于设立族正的争议

唐朝以前选官要看簿状，族谱便成为政府和宗族的中介物。唐以后族谱私修，它就起不到上述作用了。在清代，除旗人出仕要看谱牒，大多数场合它没有用。雍正帝提出设立族正的办法加强同宗族的联系。即由宗族“选族中人品方刚者立为族正”，经政府认可，负责地方治安。①这族正既不是政府系统人员，又不是宗族祠堂职员，介乎政府、宗族之间，以联络双方。雍正帝的命令有的宗族遵奉实行，但未全面推广。乾隆六年（1741）至八年陈宏谋任赣抚时在辖地大力推行，办法是承认各宗族的族长、房长为族正，给予他的职责和权力是：（甲）对不守本分的族人进行教化，或者祠堂加以劝诫，情节严重送官惩处；（乙）断理族人间的经济纠纷；（丙）解决本族人与外姓宗族发生的纠纷事宜；（丁）向政府报告族内孝悌节义的善事，为之请旌。②当时江西一半以上的民户设有祠堂，族正制得以普遍推行。乾隆二十二年，清朝政府在命令州县编查保甲的同时，要求人口众多的宗族“择族中有品望者一人，立为族正”，并责其查举该族良莠。③乾隆二十九年辅德任赣抚，请求禁止祠堂的弊端，认为祠堂族尊利用公共财力好打官司，造成案件多，不利于治安管理，祠堂成为“窝赌窝匪”之所，因此他只允许保存真正祭祖的宗祠，对借祠兴讼的祠宇一律予以拆毁。④这时陈宏谋任协办大学士，对辅德

① 《清朝文献通考》卷19《户口》。
② ［清］陈宏谋：《选举族正族约檄》，载《清经世文编》卷58。
③ 光绪《大清会典事例》卷158《户部·户口》。
④ ［清］辅德：《请禁祠宇流弊疏》。

的做法表示不满，他认为辅德抓了族正制实行中的小弊——为不良分子所利用，不应因此而废弃它。[①]不久，乾隆三十三年御史张光宪请求设立大姓族长，这时乾隆帝有了不同看法，认为各宗族有不少坏人，借立族正之机把持地方，“倚强锄弱，重为乡曲之累”，不许设立。[②]但是民间宗祠仍然存在，仍有官员要求设置族正，嘉庆中薛凝度在任所福建云霄厅下面设立族正、族副。[③]由于族正制的推行使宗族权力完全合法化，宗族小团体主义滋长，宗族间矛盾增多，反而造成社会的不稳定，因此清朝最终没有普遍推行族正制。但对民间自行建立的祠堂，政府仍采取不干预的政策。

（五）政府与豪宗的关系

清代豪宗大族，数量远不及魏晋南北朝时期，但在各地也不乏强悍大族，如地处皖豫边境的阜阳县即有数十大族，与新县、息县、沈丘、项城的宗族亲戚往来，加上黠桀之辈的活动，“习成慷慨始决之风，子弟傅会之者动辄数十百人”[④]。由于豪宗大族的存在，宗族间也容易发生利害冲突和强宗欺凌弱族。雍正十二年（1734）福建永春陈任以“奉祀祖先”为名，伙同族人强占许朝田地建祠，并把田主打死。[⑤]福建顺昌、邵武两县民人争墓田，打了近三十年的官司。[⑥]清朝政府既要利用豪宗加强统治，

① [清]陈宏谋:《寄杨朴园景素书》。
② 《清朝文献通考》卷19《户口考》。
③ 嘉庆《云霄厅志》卷3《民风》。
④ 道光《阜阳县志》序,[清]周天爵所作。
⑤ 档案《内阁全宗·刑科题本·土地债务类》乾隆元年第80包。
⑥ [清]任兆麟:《有竹居集》卷10《先外舅少仪张公墓表》。

又要防止其干扰地方行政和凌虐弱族。雍正六年河南山东总督田文镜报告，滨州世族董家“自恃族众丁强，习为窃盗”，建议严加惩戒，以宁地方，雍正帝要田文镜查明实情，以便“除莠净尽”[①]，表明清政府打击强宗的态度。

宗族间的斗争，在南方，特别是闽广，常常表现为械斗。宗族之间由于争夺土地、水利、抢占墟市、渡口而结世仇，一个小小的争执，就会发生大的械斗。嘉庆间纂修的《云霄厅志》，说漳州人“喜争斗，虽细故，多有纠乡族持械相向者”[②]，就是反映的这种情况。在江西乐平，凡族人户产一男，要献十斤或二十斤铁给祠堂，作为制造械斗军器原料，亲友则送三斤铁为礼品。所以族愈大，所铸军械巨炮愈多。[③]械斗的严重，导致产生了替人械斗的专业队伍，如漳浦的“浪子班”即是。[④]被雇械斗者可获优厚的赏金或抚恤金。械斗的危害，有对人口的杀伤，有对生产的破坏，也使民间血案增多，所以中央政府持反对态度，要求地方官加强教育，严加处理。但由于家族势力大，械斗已成风习，地方官持应付态度，并不认真处理，使得械斗之风长期不息，并遗留到近代。

宗族维护了社会秩序，使得政府对之采取支持态度，这是双方关系的主流。宗族势力无限制发展，又有干扰地方政治和政局，控制族人的生命，侵犯政府司法权乃至中央统治权的一面，

---

① 《朱批谕旨·田文镜奏折》。

② 民国《云霄县志》卷4《风俗》。

③ 徐珂:《清稗类钞》5册,2203页。

④ 徐珂:《清稗类钞》5册,2201页;[清]张集馨:《道咸宦海见闻录》,中华书局1981年版,61页。

这种矛盾使政府在实行族正制措施上摇摆不定，而终于采取了打击豪宗，撤销族正，取消宗族生杀权的政策，政府与宗族关系的统一性与矛盾性，使政府对祠堂采取了既支持又控制的政策。

三、清代宗族制存在的社会条件

（一）自然经济是宗法制存在的土壤

清代是农业社会，自然经济占统治地位，由于商品交换的不发达，人们往往是聚族而居，封闭造成保守，最易接受的就是传统的制度和思想，宗法制作为古老文明的遗物，得以保留。据记载，乾隆以前宁波府的人民“士勤于诵读，农狎于田亩，轻势利，厌纷华”，人们以耕读为业，不乐工商，处于自然经济状态，而在人际关系上，则实行“男女有别，长幼有序，宗党有恩”[①]的宗法制。嘉定县也是“民以本富，尤崇尚诗礼，教训子孙，保世宜家”[②]。崇本业必然重宗法，表明自然经济是宗法制存在的土壤。

（二）血缘团体对社会的适应性

在传统社会，一家一户的利益之外，小团体的利益也在很大程度上关乎着个人利益，小团体有地域型、职业型，而血缘团体含有血缘与地域双重性，对个人更重要。血缘集团内部生产、生活上的互助，政治上的关照，使人们容易凝聚在一起，祖先崇拜是人们的普遍意识，同一祖先就使族人有凝聚力。清代有一批人热衷于搞祠堂、祭祖宗，倾心办义庄、赈恤族人、开办义塾、培

---

① 乾隆《奉化县志》卷1《风俗》引雍正《宁波府志》。
② 光绪《嘉定县志》卷8《风俗》。

养宗族人才，就是在血缘观念主导下，从事团结宗族成员的工作。

加强宗族活动，提高它在社会上的地位，对组织者和族人都有好处。是宗族的利益使宗族成员走到一起。血缘关系具有永久性，因而对社会生活较有适应性。本来，实行宗法制度和分封制相结合，大宗要有收族的条件，要能向小宗分封土地，而清代的大宗根本不具备这种条件，但是人们对它加以改变，有经济力量的人兴办公共经济，从事赈济活动，具有收族的“遗意”。清代后期社会条件发生某些变化，使宗族活动随之改变。光绪三十一年（1905）苏松太道袁树勋接受绅士的建议，实行地方自治，上海王氏、朱氏两个家族依照自治的方法，“集族人为族会，从事家族立宪”，宣统元年（1909）曹氏也设立族会，宗旨是“联络情谊，清厘公产，保管祖坟，修辑族谱”①。“族会”实际是过去的祠堂，不过既讲家族立宪，在族会里有发言权的要比祠堂增多，这是在新形势下的变化。异姓为后，本为宗族所禁止，武进天井里张氏在清代修的谱牒有这类规则，到1923年该族《创编新谱例言》中还予以重申，表示重视血统，但是到1949年该族祠堂第八次大会的补充决议则讲“时移世易”，因时制宜，允许“领异姓之子为嗣”。②在血统问题上宗族都可以变，说明其适应性之强。

（三）与宗法制相关的传统社会因素的辅助作用

等级制在清代社会的依然存在继续造成职业有高低，身份有尊卑，婚姻论门第的状况。如祁门县，婚配论门阀，佃客奴仆不

① 《上海曹氏族谱》卷4。
② 《毗陵天井里张氏圣经公支谱》卷10《附录》。

得在等第外通婚，否则告到官厅，要受处罚，胥隶衙役中一部分是贱民，一部分虽属良人，由于社会地位低，不管多么有钱，也不能进入上流社会。[①]在嘉定，人们尊重望族，即使宗族已经衰落，人们还把它看作“旧家”，而对于家累万金的暴发户，人们仍旧看不起。[②]由此可见，在清人的等级观念中，既有宗法制的世庶族之别，又有社会结构中高低层次的差异，以及政治构成中的特权阶层与平民阶层的区别。等级制与宗法制相辅相成，有机地结合在一起。

（四）阶级斗争的需要

在清代贫富不均，等级、阶级的对立依然存在，而宗族中的富贵者搞义田、义庄，多少解决一点贫穷族人生活困难的问题，通过经济上的有限顾恤，使亲亲之道得到某种宣扬，用血缘关系掩盖宗族内的阶级关系，削弱阶级对立和阶级斗争。

四、清代宗族制的特点

宗法制在清代表现出三个特点：

一是存在宗法制度的不断完善与实行不彻底的矛盾。

在清代社会条件下，宗族需要开展活动才能使它具有活力，雍正帝在讲解康熙帝圣谕十六条中关于和睦宗族一条时说：“立家庙以荐烝尝，设家塾以课子弟，置义田以赡贫乏，修族谱以联疏远。”[③]他讲的立家庙、设家塾、置义田、修族谱诸事应是清人

① 同治《祁门县志》卷5《风俗》。
② 光绪《嘉定县志》卷7《风俗》。
③《圣谕广训》。

宗族活动的主要内容，也是人们追逐的目标。在清代，宗族设立祠堂、义塾、义田、义庄，修家谱有一定普遍性，族规宗约不断完善，人们依时举行宗族祭祀，在祠堂处理族人间的纠纷。如果雍正帝讲的就是宗族制存在的标准，那么可以说清代的宗族制度是相当完善的。

当然，有许多宗族没有祠堂、义田、义庄、义塾，也无力修家谱，族人是否真正虔诚的祭祖，也未可知。宗规族约的内容无所不包，而族人对它的贯彻状况则各异。张履祥就宗族关于置祀田、族产及田房买卖不出本家的规定说："无如教衰俗薄，此意存焉者寡也。"①认为这些宗规并未得到很好的执行。

对建立祠堂不感兴趣者很多，"吴中富厚之家，惟是美居室，饰车马，饮食相征逐，于尊祖敬宗之事略焉不讲"②。相当数量的宗族不建祠堂，有的设立后不能长期保持。乾嘉时王昶以耳闻目睹的事实说，祠堂初建时很壮观，"比三四传而子孙降为皂隶，祠屋亦沦草莽间，何可胜数"③。

祭祀表示对祖先的崇敬和宗族的团结，士大夫家族祭祀搞得隆重，单族寒门不行族祭，或者"祭礼愈形简略"④。有的宗族祭祀只是走形式而已，心中真正相信的却是佛菩萨和各种神灵。康雍时人陈祖范就常熟的情形讲："其祭礼，颇忽于祭先祖，恪于祭外神。"⑤仇赐也说："祭先之礼，岁时不阙，第不如祭外神

① ［清］张履祥：《杨园张先生全集》卷20《书姚氏族谱》。
② ［清］沈德潜：《归愚文钞余集》卷4《张氏祭田记》。
③ ［清］王昶：《春融堂集》卷46《蒋氏祠堂碑记》。
④ 民国《吴县志》卷52《风俗》。
⑤《光绪常昭合志稿》卷6《风俗》。

之诚恪耳。”[①]

宗法思想的信仰也受到挑战，即墨模范宗族杨氏的礼法，“后生多视为迂阔”。康熙时该族尊长杨玠就此现象说：“今流俗衰薄，长幼凌兢，总由不识名分。”[②]不讲究名分，是对宗法观念的悖逆。康熙时宜章知县蒋宗芝说当时人：“置祖宗一脉之源流罔所纪极，贤者仅能识其曾高祖父、伯叔昆季至亲而已矣，愚者并其至亲而亦忘之，况其疏远乎又安知有敦本睦族尊祖敬宗之心乎？”[③]叹息人们宗法观念的淡薄。

家族家法在某些家族实行严格，而在相当多的宗族行不通。宗族内部也远远做不到“敦本睦族”，矛盾很多。常常为祀田管理、收入的使用发生争执，甚至闹出人命大事。从总的情况看，清代的宗法制度，一方面在当时条件下趋于完善，并能部分地实践，另一方面却在许多方面实行不了，既有完整的宗法制而其实践性却不强，是清代宗法社会的一大特点。

宗法制在清代的第二个特点是一般地主拥有了对宗族的控制权。宗族历来被它的上层人士即贵族官员和有功名的人所控制，但是随着民间建立祠堂合法化而出现的祠堂民众化，仅有小功名的人的宗族设置祠堂，与功名不沾边的宗族也立了家庙，这就使得一些没有功名的人和处于士人下层的秀才监生充任族长。他们热衷于宗族事务，企图利用宗祠提高自身的社会地位。他们多半是占有土地的有钱人，凭财力指挥族人。这些小功名者和无身份

① 《唐市志》卷6《风俗》。
② 《即墨杨氏家乘·家法》。
③ 《宜章曹氏族谱·蒋序》。

者，要提高社会地位，除了走科举的道路，大约就是靠进行宗族活动和社会救济活动，以此取得政府旌表，提高社会声望，这就造成一般地主积极从事祠堂活动的状况。

政府注意调节政权与族权的关系，并握有绝对的主动权，迫使宗族处于被动地位，这是宗族制在清代的第三个特点。祠堂维护君主权威和地方社会秩序，起着基层政权的一些作用，是皇朝统治的基础。祠堂活动贯穿着等级制的精神，与皇朝的等级统治相一致。应该说族权是政权的根基，这就是两者的一致性，但是族权要扩张，就会影响中央集权的强化与司法权的完整，双方又有矛盾的一面。

清朝政府对宗族实行的政策，基本上是给予其一定的权力以稳定统治，同时又对宗族权力加以限制，使其不能无限扩张。在双方关系的协调上，政府操主动权，宗族命运取决于政府。由此可见，清代宗族势力虽不小，但比诸唐以前宗族力量要弱得多。

从中国历史上看，清代的宗族制度不算发达，当然这不等于说清代不是宗法社会，只是有其自身的特点。

第四章
家庭结构和家庭生活

家庭是社会细胞，是初级社会组织，然而却是社会的“微型整体”，它可以反映社会若干重要的状况。家庭最基本的要素包含一对夫妇，所以研究家庭问题要把夫妻关系作为一个重点；家庭因其成员间血缘结构和婚姻状况，区分出不同的类型和规模，不管其家庭的简单或复杂，血缘关系至为重要，因此父子关系是不可忽视的问题；家庭功能、家庭与社会的关系也是了解清代家庭所应注意研究的内容。

第一节　以小型家庭为主体的家庭结构

清人的家庭，由于拥有夫妻对数的不同而有各种类型，又因成员的构成、辈分的差别而形成多种家庭结构。

由父母和未成年子女组成的家庭，我们称作“夫妻家庭”。在清代的档案、家谱、文集和方志的传记中有不少这种家庭的材料。康熙中昆山人陈涵玉，妻赵氏，子秉衡，另有三个女儿，计六口人。[1]河南确山人张伟，妻刘氏，妾章氏，子一人，家业颇

---

① 《清代档案史料丛编》5辑，中华书局1984年版，39页。

丰，死时儿子四岁。[①]福建浦城人张子明，妻詹氏，子添球，合家三口。[②]湖北恩施人路庭奉，妻陈氏，子二人，全家四口。[③]这类家庭的特点，就是以一对夫妇为主体，由两代人组成。

由父母和儿子、儿媳，还有未婚的子女、孙儿、孙女组成的家庭，我们称为“直系家庭”。这种家庭中有两对不同辈分的夫妇，包括两代人或者三代人。如江苏奉贤唐宏伦家，宏伦有妻夏氏，上有父母，下有两个儿子、三个女儿。[④]吴县王福生，有父母妻室，还有一个女儿。[⑤]武进王洪福，有父母及妻庄氏。[⑥]家庭成员无论几代，都是第一代人的子孙，即均为直系亲属。家庭中未婚的人口，是古人所说的“余夫”，不是家庭的主要成员。

直系家庭形成时，以第一代人为家长，当第一代男性死后，家长的身份自然落到第二代已婚男子的身上，同时由于年龄的关系，也有的第一代男性家长主动把户主的责任移交给已婚的儿子，由他实际掌握家政，只是不能有户主的名义。区分名义户主与实际户主是研究这种家庭需要注意的问题。这类家庭的成员人数不等，有十人左右的，有四五人的，总的看，比夫妻家庭的人口多一些，但它和夫妻家庭的显著不同，是在其构成上多了一对夫妇。

父母同两个及以上已婚的儿子组成的家庭，我们称为“联合

① 乾隆《确山县志》卷3《列女》。
② 档案《内阁全宗·刑科题本·婚姻类》嘉庆四年第30包。
③ 档案《内阁全宗·刑科题本·斗殴类》嘉庆元年第24包。
④ 光绪《奉贤县志》卷14《列女》。
⑤ 民国《吴县志》卷70《孝友》。
⑥《晋陵王氏宗谱》卷3《节妇庄孺人序》。

家庭”。这是直系家庭的构成之外，又加一对或一对以上的第二代夫妇。《熙朝纪政》作者王庆云，其祖母、母亲在堂，有三兄弟，各娶妻室，长期共同生活，其母死后，仍然共爨。[①]这种家庭多有三四代人，辈分多，人口也多，它靠第一代男性家长来维系，也有以同辈长兄支撑的。这类家庭，有的在兄弟间、堂兄弟间已有了生活用品的私财。

清代家庭类型复杂，有父母一人死亡，或双双亡故，或一方离去，遗留下未成年的子女；有家无男丁，只有寡妇孤儿；或者没有主妇，只有鳏夫稚子；有贫困男子，不能聚亲，孤身一人。这些家庭没有一对共存的夫妻，所以是“残缺家庭”，或者称为“不完整家庭”，至于其中的单身人则是“独身家庭”，这类家庭就是古人说的鳏寡孤独畸零户，这类家庭人口少，而且老少居多，女子居多。

清代有一种家庭，在结构上比联合家庭要复杂，人员还要多。雍乾时山东栖霞北埠郝姓一家，五十余口，有田一百多亩，男女从事力所能及的劳动，共同生活，衣食嫁娶，酬应宾客，皆出自劳动收入，家中没有奴仆。这五十多人中的男子，全是血亲，嘉庆时学者郝懿行就是这一家的族孙。[②]据记载，道光间直隶蓟州有郝氏，七世同居，一百多人，男耕女织，有读书人，但不出仕，出游也不超过二十里范围。[③]清初江西新城有邱姓农民，一百多年没有分过家，家里有一百几十人，几百亩田地。有家长

① 《西清王氏族谱·袁夫人家传》。
② ［清］培元:《梅叟闲评》卷1。
③ ［清］陈康祺:《郎潜纪闻初笔 二笔 三笔》,175页。

主事，男子壮幼各司其业，妇女分班做饭，儿童放在中堂，由老年妇女照管。家人衣食用物，除食盐靠采买，都是自家生产。[①]乾隆间，湖南沅州蒲宗谨家六世同居，其第三代兄弟五人，四代十七人，五代四十一人，六代六十人，当时全家共一百二十三人，由家长主持家政，各房没有私财，吃大锅饭。[②]在清朝，还有一些被表彰的长期同居共财的家族，如福建尤溪陈志超家族六世同居，家属三百多人，于乾隆十九年（1754）受到表彰。这种家庭的成员间有血缘关系，有多对夫妇，有同耕共爨的共同经济生活，完全具备家庭的要素，所以它确实是一种家庭。它不仅成员多，更主要的是家庭内部构成复杂，成员间除亲兄弟关系之外，有堂兄弟、再从兄弟、族兄弟关系。血亲关系把它的成员扭合在一起，因此我们称它为“家族家庭”。

上述夫妻、直系、联合、家族、残缺诸种家庭，皆由家庭成员中的夫妻数量及其间的血缘关系而形成，含有人的自然属性和人的社会属性中的人际关系因素。我们还可以从社会属性的另一个方面，即社会地位的角度来区分家庭的类型，可分为皇室家庭、贵族家庭、官僚家庭、绅衿家庭、平民家庭、贱民家庭，或者还可以区别为上层家庭、平民家庭和贱民家庭。

清代家庭类型虽多，但大多数人生活在夫妻家庭和直系家庭中。说明这个问题的方法，最好是以户口册为资料，逐户分类型做出统计，算出比例，如果有不同时期的资料，还可以说明各种家庭类型在清代各个时期的变化。然而由于资料的不完

---

① 同治《建昌府志》卷10《轶事》，引乾隆姚文光撰志。

② 徐珂：《清稗类钞》5册，2508页。

整和难于搜集，我们仅以对户口平均数的研究，了解各类家庭大致的地位。

首先看全国户口平均数，乾隆《大清会典》记载，乾隆十八年（1753）各行省总计户数3884万，人口10305万，王庆云在《石渠余纪·纪丁额》指出：乾隆十四年人口数为17749万，几年后减少了7000多万。认为这个数字不准确。[①]另据《清高宗实录》载十八年的人口为18367万，这个数字可能接近一些，根据同年户数计算，平均每户4.7人。

其次看一个省的户口平均数，以道光九年（1829）的福建为例：

时间	户数	口数	口/户	资料来源
道光九年	3999143	19081872	4.7	梁方仲:《中国历代户口田地田赋统计》,465页

再次看一些县的户口平均数：

县名	时间	户数	口数	口/户	资料来源
江苏吴县	康熙五年（1666）	65712	260567	4	民国《吴县志》卷49《田赋》
江苏溧水	乾隆四十年（1775）	58610	230618	3.9	光绪《溧水县志》卷4《赋役》
江苏江阴	康熙十一年（1672）	51145	399674	8	道光《江阴县志》卷4《民赋》
江苏江阴	乾隆六年（1741）	42882	155996	3.6	道光《江阴县志》卷4《民赋》

① ［清］王庆云:《石渠余纪·纪丁额》,北京古籍出版社1985年版,109页。

续表

县名	时间	户数	口数	口/户	资料来源
江苏江阴	道光十九年（1839）	89965	978441	11	道光《江阴县志》卷4《民赋》
安徽芜湖	顺治三年（1646）	8232	15600	18.9	嘉庆《芜湖县志》卷4《田赋》
安徽芜湖	康熙十一年（1672）	10031	17031	1.7	嘉庆《芜湖县志》卷4《田赋》
安徽太湖	康熙五十年（1711）	2012	21111	10.5	同治《太湖县志》卷8《田赋》
浙江新昌	顺治	6552	12039	1.8	民国《新昌县志》卷3《食货》
浙江新昌	乾隆	21731	127506	5.9	民国《新昌县志》卷3《食货》
浙江诸暨	康熙四年（1665）	27953	38795	1.4	光绪《诸暨县志》卷16《田赋》
浙江诸暨	乾隆	118358	156556	1.4	光绪《诸暨县志》卷16《田赋》
江西雩都	康熙四十五年（1706）	1274	4070	3.1	同治《雩都县志》卷5《户口》
江西萍乡	嘉庆十三年（1808）	46891	194771	4.1	同治《萍乡县志》卷3《田赋》
江西萍乡	同治八年（1869）	47014	215658	4.6	同治《萍乡县志》卷3《田赋》
福建云霄	嘉庆初年（1706）	9493	73540	7.7	民国《云霄县志》卷8《政治》

上面户口资料不是有意识搜集的，是如同社会学所说的随机调查得来的资料，所以没有典型性，只能用它大致说明一些问题。

表中每户平均人口多的达18.9人，少的为1.4人，看其统计时期，多在顺治和康熙前期，当时战争创伤未复，人们为减少赋役负担少报户或口。少立户，使人口集中在某些户里，于是每户平均人口多；少报人数，则每户平均人口少。所以这些户口数字很不准确，不能用以说明家庭规模。排除清初的统计，从溧水、太湖、雩都、云霄、江阴、新昌、萍乡的情况看，人口最高平均数是12.3人，最低是3.1人，总户数是319272，总人口是2371828人，平均每户7.4人。

清人王梦泉对捻军战争中山东宁海州（今烟台牟平）死亡人口做了登记，作《咸丰十一年九月被难大小男丁妇女节义纪实》一书，许檀据该资料制成宁海州家庭结构分类统计表《清代山东的家庭规模与结构》，载于《清史研究通讯》1987年4期，我们将其表略加改造，制成《咸丰十一年山东定海州家庭结构和规模分类统计表》如下。

<table>
<tr><th>家庭类型</th><th>户数</th><th>人口数</th><th>户均人口</th><th colspan="2">各户类占总户数的百分比</th><th colspan="2">各户类人口占总人口的百分比</th></tr>
<tr><td>夫妻家庭</td><td>70</td><td>354</td><td>5.06</td><td>35.53</td><td rowspan="2">64.97</td><td>26.14</td><td rowspan="2">52.14</td></tr>
<tr><td>直系家庭</td><td>58</td><td>352</td><td>6.07</td><td>29.44</td><td>26.00</td></tr>
<tr><td>联合家庭</td><td>65</td><td>617</td><td>9.49</td><td colspan="2">32.99</td><td colspan="2">45.57</td></tr>
<tr><td>其他</td><td>4</td><td>31</td><td>7.75</td><td colspan="2">2.03</td><td colspan="2">2.29</td></tr>
<tr><td>合计</td><td>197</td><td>1354</td><td>6.87</td><td colspan="2">100</td><td colspan="2">100</td></tr>
</table>

综观乾隆时全国每户平均4.7人，道光时福建全省每户平均4.7人，咸丰时宁海州每户平均6.87人，以及其他一些县的每户平均7.4人等资料情况，我们认为清代每户平均在五口左右，家

庭人口不多，规模不大。由宁海州夫妻家庭和直系家庭户数占各类总户数64.97%的事实获知，这两类家庭在各类家庭中居多数。这两类家庭人口构成不复杂，不过是两三代人，所以一家也只会有五六口人。家庭的类型、结构和规模联在一起，互为影响和制约，清代家庭以夫妻家庭和直系家庭为主，二三代人的结构，五六口人的规模，这就是家庭的基本情况。

清代家庭结构由历史演进而来，从其规模看，与前代变化不大。战国时代孟子讲“八口之家”，是以八个人为一般家庭的规模，李悝议论农民家庭收支状况，又以五口计算。五口之家、八口之家成为后世人们谈论家庭人口的不易数字，清人也总是讲五口、八口，如嘉道时期学者李兆洛论民食说：“家不过八口，人食日一升，岁所食三十石。”[①]即以八口定论，表明夫妻家庭、直系家庭早在战国时代就成为家庭的主要类型，而清代依然如此，说明中国家庭结构在二千年间没有太大的变化。

第二节　父家长制与家内等级关系

一、以丈夫为主宰的夫妻关系

清初思想家唐甄在所著《潜书》中气愤地说：“今人多暴其妻。”丈夫在外受了气或有不顺心的事，回到家里，即责打妻子以求心理平衡。造成这种现实的根源是夫尊妻卑的夫妻名分观念。唐甄就此也发表了他的意见：“夫天高地下，夫尊妻卑；若

---

① ［清］李兆洛：《风台县志论食货》，载《清经世文编》卷36。

反高下，易尊卑，岂非大乱之道！……盖地之下于天，妻之下于夫者，位也；天之下于地，夫之下于妻者，德也。”[①]他认为夫尊妻卑的名分是合理的，是天经地义的，不可改变；然而做丈夫的也应尊重妻子，爱怜她，表现出应有的夫德。统观其意，他是在为妻子受丈夫的虐待鸣不平，表明他不愧是喊出“自秦以来，凡为帝王者皆贼也”[②]的进步思想家，但是我们同时注意到他是在承认夫尊妻卑的前提下提出他的观点。进步思想家尚且如此，可见夫尊妻卑的名分在当时是不可动摇的，是夫妻关系的准则。清人讲到这个问题，莫不作如是之观。岳震川讲妻子“一与之齐，终身不改，此非圣贤之苛责于人也，所以报舅姑夫君之礼者”[③]。说明夫主妻从仍是清人夫妻名分的主要观念。

夫主妻从的名分在法律规定中体现得最鲜明。嘉庆间，山东汶上县杜成生得又矮又丑，十四岁时与十八岁的杜孙氏结婚，杜孙氏是奉母命出嫁的，看不上丈夫，于结婚的第二年把杜成勒死，此案鲁抚陈大受拟刑：“杜孙氏合依妻故杀夫者凌迟处死律，凌迟处死。”[④]四川郫县人刘潮俸叫妻张氏做饭，张氏因他贫穷不理睬，刘遂将妻打死，川督勒保审案拟刑：“刘潮俸合依夫殴妻致死故杀亦绞律，应拟绞监候，秋后处决。”[⑤]同是故意害死夫妻一方，但判案差别很大，夫杀妻判绞刑，监候处决，妻害夫是凌迟处死，同是死刑，绞最轻，斩重之，凌迟最重，也最残酷，况

---

① ［清］唐甄：《潜书》，中华书局1963年版，77页。

② ［清］唐甄：《潜书》，196页。

③ ［清］岳震川：《读士昏礼》，载《清经世文编》卷61。

④ 档案《内阁全宗·刑科题本·婚姻类》嘉庆四年第106包。

⑤ 档案《内阁全宗·刑科题本·婚姻类》嘉庆四年第106包。

且丈夫只判绞监候，大有遇赦出狱的可能，可见法律的不平等。法律还规定：妻殴打丈夫，不管丈夫告发与否，均行刑杖一百；如果致伤，加凡人斗殴三等治罪；倘若造成残废，判绞刑立即执行；倘若致死，则斩立决；如果故意杀害，判极刑中的凌迟处死。妻子殴打、杀害丈夫，属于名例律“十恶”中的“恶逆”“不睦”，罪大恶极，故不属于常赦之列。[①]与此相应的法律是：丈夫殴打妻子未成伤的不论罪；致伤的，妻子告发后依凡人斗殴减二等治罪；致死的绞监候，至为残酷的故杀改为绞立决。[②]这些刑法，反映了夫妻在法律地位上的不平等，最具体最生动地反映了夫主妻从的关系。

由于妻从夫，因此丈夫犯政治罪，有的要牵连到妻子，如文字狱犯者、民间秘密宗教首领中的某些人，被判边远充军，妻子也要一同发配。

法定的丧服制度，同样体现夫妻关系中妻子的附从地位。夫死，妻为夫服守丧三年的斩衰服，妻死，夫仅服守一年丧的齐衰服。不仅如此，夫和妻为对方的父母各服不同的丧服，妻为夫的父母服斩衰服，祖父母大功服（丧期九月），高、曾祖父母缌麻服（丧期三月），夫兄弟姊妹小功服（丧期五月），夫堂兄弟姊妹缌麻服。对自己的父母却不能像对待丈夫的双亲，只服齐衰服，其他血亲的服等也都随之降低。相反，丈夫对妻子的父母只服五服中最轻的缌麻服，对妻子的其他血缘近亲没有服属关系。妻子对娘家降服，在婆家加服，乃因她已不是娘家的人，故从夫服。

---

① 《大清律例增修统纂集成》卷4《名例律》。

② 《大清律例增修统纂集成》卷28《刑律·斗殴》。

对丈夫穿重孝，是因为身份低于丈夫。

夫妻关系的不平等，还表现在男人有离婚权，而妻子则没有。“七出”制度，古来盛行，特别是两汉南北朝时，丈夫往往无理地休妻。清朝有的宗族支持族人休妻，武进县姚氏《家规》称“若本妇赋质冥顽，化诲不改”，本夫告到祠堂，“合众给以除名帖，或屏之外氏之家”。[①]有的丈夫凭借权力抛弃妻子，乃至有已经结婚三十年，儿子都娶亲了，只因儿子亡故，丈夫就把妻子嫁出去的情形。[②]但是从总的情形看，清时出妻现象不严重。清朝政府在审理离婚案件时，考虑到离婚妇女会再嫁，不合伦纪的要求，同时也考虑到判离后会带来一些社会问题，所以采取维持原有家庭的态度，通常不作离婚的判决。学者钱大昕对此颇为不满，认为若妻子有过失，丈夫提出离异，“而有司之断斯狱者，犹欲合之，知女之不可事二夫，而不知失妇道者，虽事一夫，未可以言烈矣”[③]。他只强调夫权，没有注意到休妻与要求妇女贞节的矛盾应当协调，以及弃妇产生的社会问题。清朝政府对离婚案持谨慎态度，在当时有保护妇女某种权益的客观作用。

在清代，下层社会中比休妻更恶劣的是嫁卖妻子。卖妻是政府所明令禁止的，但这种现象却有一定的普遍性。康熙时江西兴国县知县张尚瑗说：“兴邑敝俗，或因伉俪不和，或为饥寒所迫，辄将妻妾妄作姊妹等项名色，转嫁他人，或写立婚书，公行嫁

---

① 《锎川里姚氏宗谱》卷3。

② ［清］陈梓：《去妾叹》，载［清］张应昌编：《清诗铎》，965页。

③ ［清］钱大昕：《潜研堂集》卷8《答问五》。

卖。”[①]卖妻的原因有两种，一是夫妻感情不和，严重对立，二是丈夫贫穷，卖妻维持生计。

从夫的条规是可怕的，但在传统的三从四德的伦理下生活习惯了的妇女，与通情达理的丈夫保持较为和谐的夫妻关系的，不乏其人。《广东新语》的作者屈大均，在宁夏与王华姜结婚，偕游山西、江南，归老故里广东番禺，王氏先卒，大均将友人哀悼之文汇为《悼丽》一书，其伉俪情好，传为美谈。乾隆丁未科鼎甲孙渊如的妹妹是吴鼒的继室，婚时吴尚未中进士，孙氏帮助吴学习，在吴出发赴京会试时，孙氏赠诗云：“小语临歧记可真，回头仍怕阿兄嗔。看花迟早寻常事，莫作蓬莱第二人。”希望丈夫中在鼎甲。此科吴果然考取，后来成为学士，清人把他们的生活视为“倡随佳话”[②]。孙渊如的妻子王采薇能诗词音乐，以李煜《帘外雨潺潺》词谱曲，吹奏给丈夫听，每至“流水落花春去也，天上人间”句，渊如听了很动感情。采薇死后，渊如为之绘像，题名《落花流水图》。[③]这些夫妇互敬互爱，经济上不一定富裕，但感情上是充实美满的。

在夫妻关系中，被视作妒悍之妇的也时有出现。雍正年间编修汪师韩奉命教授皇子而居住在圆明园内，家中妻子怒责其妾，妾逃到外面居住，御史遂弹劾汪治家无状，使他遭到罢官的惩罚。陈康祺惋惜说“编修植品端介无可疵，著作淹雅”[④]，遭累

---

① 同治《兴国县志》卷37《请禁时弊详文》。
② [清]陈康祺:《郎潜纪闻初笔 二笔 三笔》,91页。
③ 徐珂:《清稗类钞》10册,4933页。
④ [清]陈康祺:《郎潜纪闻初笔 二笔 三笔》,672页。

致败名。

休妻、凶杀的家庭总是少见的，夫妻生活美满的也不多，在夫尊妻卑下平安相处的夫妇生活倒是常见的现象。

二、“天合”的父子关系

清人认为夫妻关系是“人合”，而父子关系是“天合”，是血缘关系，更加神圣。父子关系，自商周以来就是父权和传宗的实践问题，清代的情形也是如此。

中国传统的父子关系倡导所谓父慈子孝，而实质只要求儿子孝顺。族规家训往往把“顺父母”“孝父母”“勿违逆父母”放在首位，如洪秀全先人的祖训第一条是“子必孝亲，弟必敬兄，幼必顺长，卑必承尊”[①]。家训对孝有两个层次的要求，低程度要求儿子有正当职业，本身节衣缩食，而供奉父母无缺；高层次不仅要求物质上供养，更重要的是体察父母的要求和愿望，并予以满足。[②]

在清代许多人遵照孝道的要求对父祖曲尽孝心，成为孝子顺孙的楷模。明末清初在江苏的崇明县有一对老夫妇，把四个儿子在年幼时卖出为奴，这四子个个争气，各自赎身娶妇，开店铺，且都争养双亲。老父闲着以赌博消遣，儿子暗中给与父赌博的人钱，让其故意输掉，以博得老人的高兴。此事为清代理学家陆陇其所知，特写《崇明老人记》，“以告世之为人子

① 《洪氏宗谱·原谱祖训续训》，浙江人民出版社1982年版，19页。
② 《平江叶氏族谱》卷1《家训五条》。

者”[①]。康熙中安徽和州有薛文、薛化礼弟兄二人做农工养活老母，母死，则绝食殉亲死去。[②]江苏常熟县徐嘉发父亲是盲人，母亲患疯癫，他为人佣作，赚钱为父母医治，自己忍饥受寒还不让父母知道。[③]还有的子女，当双亲病重时，愿意减少自己的寿命，以延长父母的生命，并以祈祷的形式表示自身的愿望。还有的人以为人肉可以治病，割股、剖肝以治疗亲疾。以上情形大体发生在社会下层家庭。上层家庭的行孝不表现在衣食的供养方面，较多的是精神上的慰藉，如康熙帝是其祖母太皇太后孝庄文皇后所立，因此康熙帝对她特别孝顺，东巡北狩都奉之同行，北狩时车行山道，康熙帝亲自下马扶车，有了猎获物，特地派人送给祖母品尝。这些家庭都是子孙孝顺的代表，父母得享天伦之乐。

清人家庭中父子关系处理不好的也很多。有人说“人子之能养父母也，什百中无一二焉，有之，则为乡曲之细民，欲于富贵家求之，殆千不得一矣”。如富贾吴士忍自身穷奢极欲，好声色犬马之乐，而对老父冻馁不顾。[④]有的父子为钱财而争执，如康熙三十九年（1700）九月，婺源的詹桓家中两只鸡得瘟病死了，疑心是儿子詹富音毒死的，要他赔偿，儿子不肯，“父子殴打”，族孙詹元相出面调停，担当赔偿，始为了结。[⑤]朔平知府张集馨见当地父子关系“耰锄德色，箕帚谇语，重利轻义，更不待

① ［清］陆耀辑：《切问斋文钞》卷9。
② ［清］朱筠：《和州二薛孝子祔祠碑记》，载［清］钱仪吉纂：《碑传集》卷144。
③ 光绪《常昭合志稿》卷27《孝友》。
④ 徐珂：《清稗类钞》4册，1719页。
⑤ ［清］詹元相：《畏斋日记》，202页。

言”[①]，是说民间儿子借父亲的锄头用，父亲面露德色，犹如给儿子恩惠，而母亲用一下儿子的笤帚、簸箕，儿子会大骂起来，说明财产分得极其清楚。清代做父亲的总有一种养儿子是累赘的感觉，认为是给儿子做牛马，还前生的债，有人说：“吾向未见有父能食子之报者，父之于子，直为作马牛而已。”[②]做父亲的有这些哀叹，表明清人家庭中父子关系有不少问题。

清代平民家庭尚能出孝子顺孙，尽力奉养双亲，形成对比的是富贵之家，较多注意形式上的孝行，即讲究假礼假体面，缺乏真正的父母子女之爱。这在父权制下也是必然的，因父子处于不平等地位，儿子没有发自内心的尽孝感情，诚如五四运动时高喊“打倒孔家店”口号的吴虞所说：“孝敬忠顺之事，皆利于尊贵长上，而不利于卑贱，虽奖之以名誉，诱之以禄位，而对于尊贵长上，终不免有极不平等之感。”[③]

在清人的父子关系中，父权的另一个内容是以儿女为财产。清人文献中，卖儿鬻女的记载屡见不鲜。出卖的原因不尽相同，有的是遇到天灾无力养育，有的是为交地租，有的为完纳国课，有的用儿女抵债，也有为维持生计。还有出嫁女因丧夫归宁，娘家养不起，第二次将她嫁卖。这种情况不甚为人注意，其实并不少见，如吴慈鹤在《舟人妇》所说，浙江平湖一个约二十岁的寡妇回到娘家后，母亲又以三百吊钱把她嫁给一个船夫。[④]出卖之

① [清]张集馨:《道咸宦海见闻录》,31页。

② 徐珂:《清稗类钞》4册,1682页。

③ 吴虞:《家族制度为专制主义之根据论》,载蔡尚思主编:《中国现代思想史资料简编》卷1,浙江人民出版社1982年版。

④ [清]张应昌编:《清诗铎》,955页。

外，还有人拿儿女做抵押品借钱的，如严辰记载，桑叶贵时，养蚕的贫家“有以儿女押树桑家者”，等到卖了蚕丝再赎回。[①]卖儿卖女是悲惨的社会现象，但它也表明在封建社会儿女被视为父母的财产的情况，所以出卖子女不受法律约束。

父亲以儿女为财产的另一个表现是儿女不能有私财，家中的财产不管是谁挣的，都归父家长支配。国法与家法对此都有相应的规定。子孙若有进益，首先要告于家庙才合法。如即墨杨氏《家法》对廪膳生员要求：“初入庠得胙，必荐于庙”[②]，这是子孙不得有私财的曲折反映。南皮侯氏《家规》有“勿失守先物”一条，讲子孙已继承的产业，如书籍、田庐，“断不可弃失”[③]即不得任意出卖。如果父母在世，已经实际当家的儿子也不能出售家财，益阳熊氏《家训》讲：“田园皆先人治谋，一经出售，生路永绝，上不能养父母，下不能保妻子。”[④]清朝律例规定，子孙盗卖祖坟山地发配边远充军，盗卖祖遗祀产，也受同样的刑罚。[⑤]

清代，父亲对子女拥有体罚与送审权。童稚时期，父亲责打儿子是司空见惯的事情，儿子长大成人，甚至成家立业后，做父亲的仍有处罚他的权力。道光时颍州太守杨国桢，生活上不拘小节，一次去看望其父固原提督杨遇春，遇春先不让他进辕门，进去后又当众责备他，命打板子，僚佐为之说情，终不允许，责打

---

① ［清］张应昌编：《清诗铎》，198页。
② 《即墨杨氏家乘》。
③ 《南皮侯氏族谱》。
④ 《益阳熊氏续修族谱·卷首》。
⑤ 光绪《大清会典事例》卷755《刑部·户律田宅》。

如故，以示杨家家法之严。[①]清朝后期反对割弃台湾给日本的台湾巡抚唐景嵩，乃同治间进士、庶吉士，其弟唐景崇也是这个时期的进士、翰林院编修，后来官至学部尚书，另一个兄弟唐景崶同治时期亦在翰林院任官。而其父唐懋功科场不利，考进士屡试不第，而三个儿子在翰林院，一旦被派为考官，他就须回避，不得与试，将失去中进士的机会，因此对儿子们的任职非常恼火，每当考试期间，他就坐在门口，阻止儿子去做考官。后来因儿子做官朝廷给他诰封，本是喜事，但因诰封就不得参加会试，即彻底断送科举前程，故而他迁怒于子，欲以板打之，儿子们根据孔子“大杖则走”的古训，赶快逃跑，又请父辈同乡说情，懋功才不再打儿子。[②]按能力讲懋功不及儿子们，但他是父亲，对当朝廷命官的儿子也可打得，体现了做父亲的权力。

对于不听父辈教诲的子弟，更是要严惩。山东诸城有个许庄，是元明以来许姓聚居地，村中有个“顽儿冢”，是父亲体罚儿子的产物。家中若有不听话的孩儿，父亲就伙同族中尊长，乘他夜间睡熟之时，将其头发割下埋到冢中，据说顽劣子弟就会改邪归正，乾隆中诸城训导沈圻获知此法，特立碑大加提倡。[③]其实这无非是以恐吓手段压服子孙。

残害儿女的父亲也有，如道光间江西龙南赵某因女儿桂英抗拒包办婚姻，将她活埋，幸得人拯救，桂英才免于难。[④]

---

① 徐珂:《清稗类钞》7册,3042页。
② 徐珂:《清稗类钞》5册,2125页。
③ 徐珂:《清稗类钞》1册,234页。
④ [清]陈众喜:《众喜宝卷》,载喻松青:《明清白莲教研究》,202页。

对管教不了的儿子，为父者还可以子违犯法令、教令、不孝为名将之送交政府惩治。瞿同祖在《中国法律与中国社会》一书中指出："清代的法律与父母以呈送发遣的权利，只要子孙不服教诲且有触犯情节便可依例请求。忤逆不孝的子孙因父母的呈送，常由内地发配到云贵、两广，这一类的犯人向例是不准援赦的。"他又从清代案例，看出"父母呈送触犯之案多系情节较轻者，大抵系因不服管束或出言顶撞一类情事"[①]。清律规定，儿子谋杀或殴打父母，不论是否成伤，均判斩决，若致死，则判凌迟；若父亲谋杀或殴打儿子，已成伤的判流刑，致死的判绞刑监候处决。同样情节，判刑父轻子重，父亲打死儿子，实际上不抵命。这种量刑原则说明政府在刑法中对父对子的处分权加以承认，而对儿子的处理加重，是政府代替父亲惩处儿子。

父子关系还有继承问题，也是父权的体现，留待第三节专论。在清人家庭中，父家长对子女有绝对权威，可以打骂子女，教育子女，把子女当做财产，甚至于对子女有送审权和不完全的杀子权，父子处于不平等的地位，父权贯穿在父子关系的各个方面，形成统治与被统治的关系。本来婚姻是家庭的基础，夫妻关系是基本成分，但它却受父子关系的一定支配。七出第一条是无子，即不能为夫生子者，丈夫可将其遗弃，这是父子关系重于夫妻关系的一种表现。清人为无子而休妻的不多，但无子之妻会受到歧视、虐待。南通州孙安石富有，妻陈洁不生育，安石就同妾婢生活，迫使陈氏回到娘家，陈氏带发梵修，晚年因困窘跳楼自

---

① 瞿同祖:《中国法律与中国社会》,中华书局1981年版,11、13页。

杀。[①]而财产继承制规定传子而不传妻，更鲜明地表现出父子关系重过夫妻关系。钱大昕说，既然天合的父子关系重于人合的夫妻关系，所以夫妻关系就要服从于父子关系，对妻子实行七出是合理的。[②]清人的这种认识，正是父子关系是家庭主要人际关系的准确说明。

三、兄弟、姐妹、姑嫂、妯娌关系

父子、夫妻关系之外，在家庭中还有多种人际关系，诸如兄弟、姊妹、姑嫂叔嫂、妯娌、叔侄等关系，它们都影响家庭生活的面貌，不过其中主要的是兄弟关系。

在清人的观念里，兄弟与父子一样是天合关系，重于人合的夫妻关系，所谓“兄弟如手足，妻子如衣服”，兄弟不和便是不孝，所以兄弟关系不仅重要，而且同父子关系紧密相连。清人认为兄弟关系的准则是兄友弟恭，所谓“兄之爱弟宜如子，弟之敬兄宜如父”。要求弟弟尊事兄长。清人认为兄弟间发生的矛盾常常是由钱财的使用所引起的，矛盾激化是因为听信了妻子的谗言，解决的办法是不听妇言，互相忍让。

许多清人家庭的兄弟和睦相处，在父祖主持之下同居共财，江苏昆山百坡塘人说：“兄弟不可析居，吾村人向无兄弟析居之事也。”[③]乾嘉间长沙秀才周锡麟，教村学，有两个哥哥种田，他

---

① 徐珂:《清稗类钞》10册,4559页。

② [清]钱大昕:《潜研堂集》卷8《答问五》。

③ 徐珂:《清稗类钞》5册,2518页。

所得束脩，“虽一丝半粟，悉以奉兄嫂”[①]。嘉定农人康纪由兄长养大后，“事兄尽礼”，哥哥死了，竭力殡葬。[②]这些弟弟对兄长特别恭敬，是因为兄长尽过教养义务，为弟感念之故，同时也有敬兄长即是尊祖敬宗的宗法观念因素。

除此之外，兄弟互不关切，甚至反目成仇的现象不少。郑世元在灾荒中见哥哥置弟弟危难于不顾之况，写《郁郁词二章》，感叹“胡今之人，不知有弟昆”。又见老且贫的哥哥求助于富有的弟弟，弟弟毫不理睬情形，作《兄告饥》诗三首以讽刺弟弟的行为。[③]不仅如此，也常有兄弟之间为钱财发生争执的事情。嘉庆时，江西余干县七十多岁的老农李敬先佃种李姓四亩一分田，每年交租八石二斗，分家后这份田由儿子轮种，嘉庆十五年（1810）该次子育章耕种，育章因病转佃给人，歉年未收足租子，由长子才章及育章各补足一石，交李姓地主，次年育章病愈，才章要求二弟还给他一石谷，因拖欠未给，发生争斗，致使弟弟打死哥哥。[④]

综观兄弟关系，郑世元说的今人“不知有弟昆”的话，反映了兄弟不和谐状况具有普遍性。

姊妹在娘家是一家人，出嫁就不是一家了。而女未嫁时同兄弟很亲密，出嫁后仍同娘家保持联系，所以兄弟姊妹关系主要是兄、弟与姊、妹间的关系，姊妹关系在其次。出嫁女要靠娘家父兄撑腰，兄弟也有需要姐妹照顾的地方，作为至亲，兄弟与姊妹

---

① 徐珂:《清稗类钞》5册,2513页。
② 光绪《嘉定县志》卷18《孝友》。
③ ［清］张应昌编:《清诗铎》,708页。
④ 档案《内阁全宗·刑科题本·土地债务类》嘉庆十七年第50包。

的关系是较重要的。

一般来说，兄弟与姐妹之间矛盾少，因为姐妹不继承家产，只在出嫁时由父母备一份嫁妆，与兄弟经济冲突不大。在其出嫁后，也视双方经济条件，决定彼此的互助程度，所以反目的现象不多。

妯娌乃异姓同居，“本无天亲之爱”，加之各自利益不同，一旦出现矛盾，就会结成难以解开的仇怨。①乾隆时，四川人陈昌妻赵氏，夫亡，无子女，有弟夫妇，侄元书及其童养媳刘氏，侄元格，赵氏想绝夫弟烟嗣，胁迫刘氏帮助，把元书杀死，又要谋害元格，因刘氏不允才作罢。②赵氏凶恶残忍，但她的行为也反映了陈家两房矛盾的严重。

在家庭内部，儿媳和公婆之间，妯娌之间，由于没有血缘关系，感情原本不深，一方不善，容易使另一方耿耿于怀。妯娌各有子女，在家内待遇稍有不同，就会引起不愉快，所以家内矛盾往往通过婆媳关系、妯娌关系表现出来。在清代，人们总是责备儿媳，以为她们是造成家庭不和及分裂的祸源。我们在看到恶媳和制造妯娌矛盾的妇女狭隘一面的同时，还应看到儿媳、妯娌代表她们的丈夫、子女在直系家庭和联合家庭中争取公正权利的一面，正是她们的活动，使大家庭分裂为小家庭，未尝不是一件好事。所以不应片面地对她们责难不已。

清人家庭中的父子、夫妻、兄弟、姊妹、妯娌、叔侄、婆媳、姑嫂等关系，是血缘和家属的关系，但是从此又产生主从与

---

①《平江叶氏族谱》卷1《家训》。

②《清高宗实录》卷384，十六年三月癸卯条。

隶属关系，以在家庭中的权力和地位讲，父家长管辖妻子、儿女和儿媳，处在第一位，其子作为父家长的继承人，处在第二位，儿媳、女儿是第三位，家长的妻子（也即孩子们的母亲）处于丈夫和儿子之间：

第一级　父家长
｜　母亲
第二级　儿子
｜
第三级　子妇、女儿

清人的家庭，具有家内等级制的内容，人们不能平等相处，自然会有着种种不睦和忽明忽暗的斗争。

第三节　家庭功能和排斥妇女的诸子继承制

清人的家庭有着多种社会功能，由于家庭的社会类型不同，它们的社会功能又有各自的特点。

一、生产功能

清人仍然受以农为本的传统观念的支配，家庭中以耕耘为重大的事情。武进农村居民之家“耕读兼之”，有条件的让子弟读书，没条件的就向子弟传授农作技术，即使那些读书的青年，家长也要让他们懂得农业，以便知晓家业的根基。[①]家家种田，

①《辋川里姚氏宗谱》卷3《家训》。

世代相传。农家不仅生产粮食作物，还兼营副业，特别是女子从事纺织。康熙时山东即墨人杨文敬说，“南方妇女多工织衽，北方惟事纺绩，皆最善事”。他热忱赞扬南方女子养蚕缫丝、织挽绸缎。在清人观念里工商是末业，但是并不排斥它。因此杨文敬又说，人们应当“随分尽职”，这就是“士则读书，农则力田，百工则执技业”。[①]武进姚氏《宗规》也说：“士农工商所业不同，皆是本职。”[②]许多家庭正是按照这个观念，从事农业或手工业生产。

清人的生产持家，注重在勤俭二字上下功夫。这是一个事情的两个方面，即生产上讲求勤劳，争取多收入；开支上讲究节俭，以便收支平衡，争取结余。如益阳熊氏家谱所说：“贫富俱少不得勤俭二字，勤非孜孜为利，惟在竭力经营；俭非鄙吝不堪，只是量入为出。”[③]在具体开支上，南皮侯氏主张，将全年收入，除去赋税、种子、修缮房屋的费用，剩下来的分做十份，以六份作家用开支，一份作为祭祀费用，余三份以备荒年应用，再有余钱，可作丧葬婚嫁的开销。[④]这种目标是大多数家庭达不到的，但其原则适用于每一个家庭。

归结起来，清人家庭大多从事农业生产，收获主要是自家食用，少量投入市场，换回食盐、农具等生产、生活资料。一小部分家庭从事手工业生产。这些农业和手工业家庭生产基本靠自家

① 《即墨杨氏家乘·家训》。
② 《辋川里姚氏宗谱》卷3。
③ 《益阳熊氏续修族谱》卷首《家训》。
④ 《南皮侯氏族谱·家规》。

劳动力来进行，极少数人家兼有雇工。因此组织农业和手工业生产，是清代家庭的基本功能。

二、生育和传承功能

清人结婚的目的是为传宗接代，这就使得生育成为家庭的另一个基本功能。

清人家庭特别重视生育，如果青年夫妇不生养，本人心里不安，父母亲友也着急。有的地方，在正月间，亲友给久不生育的人送红灯，集会饮酒，祝愿他早得子女。在生育中，家庭又特别希望生男儿。清代孕妇有“摸秋”的习惯，即在夜间到田里偷瓜回家，以祈得生男孩，若真生得男儿，则欣喜万分地给亲友送鸡蛋、鸭蛋，蛋壳上画龟或便壶，表示添丁。亲友为表达祝贺的热忱，有的地方用五彩颜色涂在婴儿父亲脸上，拉着游街，以告众人。家庭还把多生育，特别是多生男儿看作大事，祈求多子多福。雍正帝给云贵总督鄂尔泰朱批中说他祈求上苍，保佑鄂尔泰“多福多寿多男子”，鄂尔泰回奏在云南任所已连得二子，共有五个儿子了，雍正帝又说，多子之愿达到了，多福必然也会得到。①生儿育女对清代家庭是极其重大的事情，有了男儿，就后继有人，他长大成人，娶妻生子，对老人尽孝，向先人祭扫，使香火不断，这个家庭就可世代相传，从而维持作为社会细胞的家庭的存在，所以生育是家庭不可缺少的功能。

但是生育只是使家庭有了传承的可能，能否实现还要看对婴

---

①《朱批谕旨·鄂尔泰奏折》五年五月初十日、八月十三日奏折及朱批。

儿的抚养，看他能否健康成长，因此家庭生育功能，包含着抚育婴儿的内容。因经济发展水平和卫生条件的限制，清代幼婴儿殇逝甚多，清人对此甚为惧怕。两江总督百龄生子幼殇，嘉庆帝对他甚为关切，当百龄六十岁得子的消息传到，嘉庆帝高兴地说，这是上天垂佑，并给那个婴儿起名“札拉芬”，满语是长寿的意思，以示祝愿。[①]内阁中书况周颐怕儿子夭折，给他取了满名“额尔克”，意思是铁，预示长寿。[②]婴儿经历童年、少年时代，由家庭抚育成人。

家庭传承功能的体现，在抚幼之外，还表现在赡养老人方面，清代家庭的老人同子孙生活在一起，或者分居，轮流到诸子家吃饭。家庭解决其成员的养老送终问题。以山西为例，为赡养父母置办养老地，兄弟轮流照顾老人吃饭。乾隆十八年宁武府五寨县陆应魁将地五百二十四垧，自除养老地四十垧，余俱四子按股均分，应魁与继妻、继妻所生长子等同居。[③]乾隆时期平遥县武德喜、武德顺、武德章兄弟分居另灶，轮流赡养母亲，母有未分的养老地一段，种了南瓜，大家浇灌。[④]霍州退沙村人张兴太，年四十一岁，父亲和生母已故，与继母张邢氏生活，张兴顺是继母生的兄弟，向来同居。嘉庆六年正月，母亲把他们弟兄分开，母亲在兄弟两家按月轮流吃饭。仍留母亲养老水地一亩，言明兄弟分年承种，收下粮食给母亲一半。春间母亲先叫张兴太种麦

① ［清］陈康祺：《郎潜纪闻初笔 二笔 三笔》，573页。

② 徐珂：《清稗类钞》5册，2160页。

③ 中国第一历史档案馆、中国社会科学院历史研究所合编：《清代土地占有关系与佃农抗租斗争》上册，23页。

④ 王跃生：《十八世纪中国婚姻家庭研究》，383页。

子，后来收麦九斗，张兴太因欠债被人逼讨，把这麦子先粜钱一千九百八十文还账。原想把自己场里割下的麦子三两日碾打补还。五月初八日下午，张兴太从地里回家，母亲在院要他给分麦子，他隐瞒不过，把粜麦还债、停日就补还的话告知。母亲不依，嚷骂，跳窑碰伤左额角致死。①

生儿育女，养老送终，家庭的新陈代谢，使大多数家庭一代一代传递下去。

三、教育功能

清人家庭承担着教育青少年的主要责任，在农村，职业教育几乎全部在家庭中进行，伦理道德教育也主要由家庭完成。

父亲教育儿子重要的在于选择职业上，两广总督阮元生子阮福，僚属送礼，一概谢绝，却在小红笺上给儿子写了一首七绝："翡翠珊瑚列满盘，不教尔手一相拈。男儿立志初生日，乳饱饴甘便要廉。"②盼儿子将来也像自己一样高官厚禄，光大门庭。光绪时都察院笔帖式炳半聋为要儿子走读书做官的道路，昼夜督促学习，儿子十五岁读了《十三经》《国语》《国策》《史记》，过于劳累，吐血夭亡，他的夫人因为逝子之痛也得病死去，他这才后悔莫及。③做官人均希望儿子选仕宦职业，一般家庭则要依儿子的资质秉性选择职业，士农工商皆可，不惟士是趋，这是从现实出发的。

---

① 杜家骥主编:《清嘉庆朝刑科题本社会史料辑刊》1册,23页。

② 徐珂:《清稗类钞》2册,579页。

③ 徐珂:《清稗类钞》2册,579页。

为父者大都重视儿子的品质教育，益阳熊氏《家训》讲："所谓教者，不徒诵读诗书，大要使之识尊卑上下、孝弟忠信、礼义廉耻而已。"[①]因此从孩童时期起，父亲就训导儿子学习各种应对礼节，培养当时人认为的良好习惯，以便做一个正派的人。乾隆帝要求皇子读书"讲求大义，有益立身行己"[②]，即是要求他们做合格的皇家继承人，而不是做书生。

家庭特别重视伦理道德的教育，光绪二十二年（1896）平江人叶祥珍定的家训五条，概括了家庭伦理教育的内容：第一条是忠君，所谓"家训莫大于人伦，人伦莫先于君父"，要求子弟懂得政府法令，完纳赋税，不犯律条；第二是孝顺父母；第三是和睦兄弟；第四是夫妇和合；末一条是善交朋友。他说人伦是人人每天所不能离开的，也是人人日日见到的，但是不能视而不见，听而不闻，要勤于教育。[③]由此可见，清人是多么重视三纲五常的家庭教育。

有的家庭在教子方法上甚为讲求，康熙四十六年（1707）直隶滦州（今河北滦州市）人边晋公记叙他父亲边某受父祖教诲的事。边某是独生子，幼年身体极弱，算命测字的断定他将夭折，他的父亲"不以一子之故而少宽其教"，仍然令他上学受教育。后来边某回忆这段经历说："在学即有严师，在家又有严父，故吾之学业进于成童。"[④]边晋公记下这样的家训，就是要后人严格

---

① 《熊氏续修族谱》卷首。
② 徐珂:《清稗类钞》2册,575页。
③ 《平江叶氏族谱》卷1。
④ 《滦县边氏族谱》卷1《追述先训》。

教育子孙，而不能姑息溺爱。

儿童、青年经过家庭教育，在家中进行实践，学会处理人际关系，一旦步入社会，就能较快适应社会生活的要求，家庭教育起着使他们认识社会的作用。

四、官僚家庭参与政治的功能

清代官僚的家庭，比平民家庭多一种社会功能，就是参与政事。这种家庭除了做官的人直接从政外，其家属也同政治发生密切关系。官员的父母妻室可能得到诰封，子弟可能接受恩荫的优待。不仅如此，家属可以参加一部分行政管理。地方官的父兄子侄，往往在衙门里指挥属吏，协助亲人理政。乾隆时尹会一做襄阳知府，当地经常发生灾荒，政府放赈，其母李氏代为办理，因而得到民众的好感，在尹会一调离，其母随行后，襄阳人建造“贤母堂”纪念她。[①]嘉庆时阮元任浙江巡抚，其父阮承信也办理赈务。其时蔡牵活动在闽浙沿海，阮元为同他战斗，特造巨艇，但由其父监制。[②]清代官员在纪念双亲的文字中往往颂扬他们帮助自己做有惠于民的事，其实是他们的亲属勾结属员，把持地方政事。

五、诸子继承

家庭财产的继承，关系着家庭的延续和对老人的赡养，处理

---

① ［清］王应奎：《柳南随笔·续笔》，145页。

② ［清］阮元：《研经室二集》卷1《诰封光禄大夫户部左侍郎显考湘圃府君显妣一品夫人林夫人行状》。

好了，不使它成为社会问题，这也可以说是家庭的一种功能。

清人家庭实行传统的诸子平分家产的继承制度。乾隆六十年（1795）定例："嫡庶子男，除有官荫袭封先尽嫡长子孙，其家财田产，不问妻妾婢生，止以子数均分。奸生之子，依子与半分。"[①]这就规定：在政治权力方面，袭爵、恩荫首先考虑嫡长子孙，余子基本上没有这种继承权。政治继承只在贵胄和三品以上大员之家才有可能，同大多数家庭不发生联系。另一种是财产继承，涉及每一个家庭，规定凡是儿子都有继承父亲财产的权力，不论妻、婢、妾所生抑或是非婚所生。但是继承数量因其名分有所不同，妻妾之子继承数量同等，非婚生子为前者一半。以此表示对正式婚姻的肯定。清代立法的精神是诸子都有平等的财产继承权，而嫡庶之别主要体现在政治权力的继承上。清人的分家产，绝大多数是按诸子平分的办法进行的。嘉庆时江宁人黄以旗的父亲死时，留下价值数千两银子的家产，由"五子均分"。[②]乾隆末湖南浏阳李成攀置有茶山一片，有四个儿子，临死怕儿子荡废产业，把山田交给胞兄李承宗照管，后来李承宗把茶山分给四个侄儿耕种，并且插上界牌，免得侄儿间发生纠纷。[③]由于实行诸子平分家产法，必然出现兄弟越多，每人所分到的家产就越少的情况。康熙朝户部尚书王顼龄广纳姬妾，各有生子，他的长子詹事府春坊庶子王图炳常常抱怨乃父纳妾生子，怕将来分不到多少财产，

① 《大清律例》卷8。
② 同治《上江两县志》卷24中《耆旧》。
③ 档案《内阁全宗·刑科题本·土地债务类》嘉庆三年第24包。

社会上因此讽刺他，说“庶子惟嫌庶子多”[①]。这一事实固可说明诸子平分制的普遍实行，也反映在继承权上嫡庶有矛盾。

在宗法社会中还有承重孙继承制，像明太祖朱元璋命皇孙朱允炆继承帝位，是为建文皇帝，这是政治权力继承。在清代，有一种与此相关的习惯，即分家产时，长房长孙也有一份。布政使张集馨与兼祧弟张集声分家，张集馨的兼祧母要给集馨的长子兆兰分一份家产，集馨以兆兰虽是长子，但又是独子，将来自己家产归他一人所有，故而不愿要大家庭中长孙那一份家产。[②]看来，一些家庭兼行诸子平分制和长房长孙继承制。

诸子平分制是中国的老传统，但嫡出庶出子受产多少有区别，元代大名路人孙平死后，嫡子孙成与婢生子孙伴哥争财，政府判决，家产的八分归孙成，二分归孙伴哥[③]，嫡庶子所得很不平均。清律规定嫡庶享有同等继承权，嫡庶名分观念削弱，实际上是妻的地位下降，家中唯尊父家长一人。不管是何种名分的妻妾所生子，关键不在母亲，只要该子是父亲的血胤，他就应当有父亲财产的继承权。

诸子平分家产时，做父母的要给自己留下一份养老田。这份财产的多少，以晚年食用和发丧经费的需要为原则。光绪十二年（1886）青县地主王静山、王秀山、王昆山三兄弟分家，按天地人三股平均分享，因老母尚在，在分产以前，先提出一百亩地作

---

① 徐珂:《清稗类钞》4册,1769页。
② ［清］张集馨:《道咸宦海见闻录》,180页。
③《元典章》卷19《户部·家产·补庶分家产例》。

“养老之资，三分不得掺入搅扰”①。

清人家庭中的女儿无财产继承权，因为她一旦嫁出去就成为夫家的人，自然不能染指家庭的财产。如河南商丘李某一生积攒了八百两银子的财产，有两个出嫁女，无子，也未立嗣，遗命将家业交给堂侄李生春兄弟二人。生春是“好义”之人，不忍心接受遗产，愿意把自己应得的一份分给两个堂姐，他的哥哥亦作义让，将应得之财也给了堂姐妹。②李某的举动反映了清代女子在娘家没有财产继承权的现实。

中国古训云：“子妇无私货，无私畜，无私器，不敢私假，不敢私与。”③在封建社会，妻子属于丈夫的私有财产，故没有家产所有权和支配权，即使娘家陪嫁的产物，在名义上也不属于个人，而归属于丈夫，清代亦不例外。清律规定：“妇人夫亡无子守志者，合承夫份，须凭族长择昭穆相当之人继嗣；其改嫁者，夫家财产及原有妆奁，并听前夫之家为主。”④对于无子的孀妇，允许她们继承丈夫的产业，但须由族长主持立嗣才合法，实质上是亡夫嗣子的继承，所以寡妇没有实际的遗产继承权。寡妇如再嫁，连本身的嫁妆也不能带走，更谈不上继承丈夫财产了。但为鼓励孀妇守节，对守节妇女，家庭则分给其部分遗产作生活资料。

由于妻女不能得遗产，无子就由宗亲继承遗产。办法有两种，一是立亲，二是立爱。立亲以血缘关系确定，由密向疏次第

---

① 契约文书。原件由河北青县全家屯王姓后人收藏，由河北省社会科学院朱文通同志提供，特此致谢。

② 徐珂：《清稗类钞》5册，2499页。

③《礼记·内则》。

④ 光绪《大清会典事例》卷753《刑部·户律户役》。

而立，不由当事人的意志决定。立爱是在血缘亲属中挑选一个喜爱的侄儿为嗣子，由立嗣人决定，而不必管血缘房分秩序，亲继、爱继都是族人继承，不能越出宗亲范围。

诸子平分继承制维护了家庭，但给中国社会带来财产不断地分散，不停地产生自耕农、半自耕农、佃农及其他小私有者。早在明代人们就有这个认识了。温以介的母亲陆氏问儿子为什么本宗族穷人多，回答说：我们的始祖有一千六百亩田产，分给了四个儿子，至今已传到第六代，每房每代分一次家，到我们这一代，自然是人丁多产业少了。①温氏在第一代时是大地主，四个儿子各得四百亩地，第三代以后，即使每房各以两兄弟计算平分家产，到第六代，每家也不过十二亩土地，是典型的小农了。中国历史上的自耕或半自耕的小农很多，它不断有来源，有补充，其道路之一就是中小地主之家析产户造成的。

清人家庭还有其他功能，如娱乐功能、性生活功能等，最主要的还是生产功能和生育功能，生产功能维持家庭，生育功能保证家庭的延续，这两种功能使家庭得以维持。

家庭是其成员直接交往的群体，是清代人们进行社会活动的基本条件，也是个人走向社会的中介，因此对于个人的社会生活至为重要；清代家庭与社会生产力、生产关系相适应，起着稳定清代社会的作用。

---

① [清]曹溶编:《学海类编》36册。

第四节　清代家庭的特点及家国关系

中国传统社会时间长，社会制度稳定性强，因此就某一朝代讲，很难说其中的某一种制度和社会生活现象有鲜明的特色，家庭也不例外。这里说的清人家庭生活特点也是相对而言，或者还不如说是传统时代家庭的特点，加上清代的具体情况，成为清代家庭的历史，这样就或许更反映历史实际。从这个意义上说，清人家庭有如下四个方面的特色。

第一，清人家庭以小型家庭为主体，大家庭为数不多，但与直系家庭一起占重要地位。

清人家庭类型虽多，却以直系家庭和夫妻家庭数量最大。这两种家庭都是从联合家庭分析出来的，而夫妻家庭常常又是从直系家庭脱离的。它们从大家庭的析出，要经过一段时间，一般讲，家庭的第二代成亲之后，经历若干时间，经济上始可独立，才有可能分离出去，它绝不同于近现代家庭，能够谋生的子女一结婚就能建立自己的家庭。在清代，夫妻家庭与直系家庭、联合家庭的分离很不彻底，有时在原来家庭躯壳下存在着，有一些共同财产。有的兄弟分家时还留一些产业不动，于是还会出现第二次分家。清人家庭规模就是这样不断地由大变小的。

清人夫妻家庭与直系家庭数量最多，而且源源不断地产生，所以它们在家庭结构中占重要地位，而直系家庭比夫妻家庭更体现出时代的特点。家庭中父子关系重于夫妻关系，主要不是表现在夫妻家庭中，而在直系家庭、联合家庭更明显，由此更见直系家庭在家庭结构中的重要。

联合、家族两类家庭是大型家庭，数量比小型家庭少得多，但是许多人一说到中国古代家庭，就称之为封建大家庭，以为大家庭是家庭的主流，从清代的情形看，显然这是一种误解，是把联合家庭、家族家庭看得过多过重而造成的。联合家庭、家族家庭成员结构复杂，人数多，更讲究血缘关系和宗法关系，更注意家庭伦理和五服制度，从性质上讲可以视作封建家庭的代表，但是它们在数量上远不能与小型家庭相比，简单地以它作为封建家庭的代名词是不合实际的。

中国古代讲“五口之家”“八口之家”，表明直系、夫妻家庭历来重要，清代依然如此，说明中国家庭结构长期没有大的变化，社会也就没有巨大的发展。

第二，清人家庭观念极强，反映了中国文化的一个传统特色。

前面说过，清代家庭中有着父家长—男性成员—妇女的等级阶梯，也有着这种家庭等级观念。在这个观念里，以父家长为家庭的中心，使它最具权威性。子孙对父祖的崇拜，由避祖讳的通行而可知它的严重程度。

清人将家庭利益放到第一位的观念，抹杀了家庭成员的个性。当家庭利益与国家利益冲突时，历代政府都允许家庭成员顾其家庭利益，所以法律有父子互隐的条文，清朝政府和人民都遵行这个律条。乾隆间江苏布政使彭家屏在原籍河南藏有禁书，乾隆帝下令抄检其家，其子彭传笏听到风声，为隐匿父罪和保全家庭，先行烧毁禁书，后来彭家屏被赐死狱中，彭传笏以子为父隐之故，获免死罪。[1]既然为家庭利益国法都可以不顾，家庭利益自然被人们置于首要地位。家庭成员之间虽也不乏矛盾，但家庭的政治、经济状况，与每一个成员的利益相一致，成员在社会上活动，要借助于家庭的影响，与他人发生争执，也要靠家庭的保护，成员依赖于家庭，故而要为家庭的利益而奋斗。要保护它，不使它受到损害。这种观念，在清代是很强烈的。

清人既依赖于家庭，就失去个人的独立性。家庭成员进行社会活动，要以家长的意志为意志，稍有越轨行为，家法就要严加管束。家庭伦理只能使其中从属于家长的成员产生奴隶性，扼杀他们的自主性。

古人强烈的家庭意识，也形成中国传统的文化心理，顾小家庭，不顾社会，囿于小家庭的封闭性，思想狭隘，不开放，这样就更不容易冲破家庭伦理、家庭意识的影响。

第三，清代生产力的水平与生产关系决定清人家庭的规模，家庭的规模则反映出清代社会经济的状况和性质。

清代最主要的生产部门是农业，生产主要靠人力和畜力，农业器械还是古老的犁锄镰耙，肥料也只有农家肥，生产还受着自然因素的很大影响。在这种情况下，人们生产上的守旧思想严重，不敢轻易改变耕作方法，交换不发达的社会也不能促使农家更换和改良作物品种，所有这些造成产量的低微，农家生产的粮食勉强够自家食用，能拿到市场出卖的很少。农民主要生产粮食作物以维持生计，没有大量肥料、人力投入经济作物的种植，也

---

① 《清史稿》卷338，11062页。

就不可能给手工业提供丰富的原料，促进它的发展。清人家庭占有生产资料——土地的约占总农户的三分之一，其中多数是自耕农，少部分人有多余土地，主要是出租给佃户耕种，在主佃之间形成生产关系。清代农业生产力的低水平和租佃关系，决定了清代社会生产具有小生产的性质，社会经济基本上是自然经济。与这种社会生产、社会经济相适应的生产组织莫过于小型家庭，因为人少便于组织生产，在生产量不高的情况下，较易于保证家庭成员的生活食品需要，同时个人的切身利益同小家庭的关系更密切，才有更多的热情去进行生产。而大型的生产组织，指挥者才能要高，生产资金要多，要有办法调动每一个成员的最大的生产积极性，这些都很难做到。所以，清代出现的小农业生产和小农经济，就是同当时的社会生产力水平、生产关系相适合的。小农业的家庭规模小，清代家庭结构中直系、夫妻两类家庭数量大，小规模家庭形式的占主导地位的状态的形成，根源就在于清代低下的社会生产力和封建的生产关系的结合。

第四，清人家庭维护专制制度和稳定社会秩序，清朝政府支持父家长的权力，通过家庭实现治理，家与国有着基本的一致性。

清代许多人家供着天地君亲师的牌位，天地神祇不必说，供奉君主，是表示做朝廷的顺民。清人普遍有一个观念，只有完纳赋役才能安心生活。人们计划家庭经济，首先把要向朝廷缴纳的钱粮划出去，然后才是家庭的日用开支项目。赋税是政府的经济基础，清人家庭强烈的纳税观念是忠君的实际行动，是对清朝的极大支持。

清人家庭内部矛盾虽多，但总的来说还是稳定的。家内矛盾积累多了，便和平分家，大家庭变成小家庭，没有演变成社会冲突。而能够和平分家，又靠着传统的诸子平分制度，有这个原则在，兄弟们也难于争多论少，所以诸子继承制避免了家庭的凶杀纠纷，促进家庭稳定，从而有利于整个社会秩序的稳定。

清代父家长制的家庭，管束着青年子弟，控制着女子，这些人如果有所谓的越轨行为，首先就要在家庭内部解决，尽量不让其扩大成为社会问题，这就等于给政府削除了一些不稳定的因素，对政府自然是莫大的帮助。

清朝政府支持父家长制，实行以孝治天下的政策。它强调孝道，对臣民进行孝顺的教育，以多种法令推行孝治。法律承袭前代条文，除量刑中优待家长外，更添制了存留养亲的律例。即凡应判刑的罪犯，若祖父母、父母年龄在七十以上，或孀母守节已超过二十年，家中没有成丁、次丁者，不判死刑，不流放，以便他能够在家奉养父母和不致使家庭绝嗣；但是如果被害人也是父母老疾，家无其他男丁，则仍照原罪判刑，不令被害人之家感到不公。同时执行这一律例与否还要看罪犯对尊长的态度，即是否平日孝养父母，若不事奉养又为父母所痛斥，则不能存留养亲。若犯罪是以卑幼殴死本家期亲尊长，亦不减刑。①所以存留养亲的关键是看犯人平时是否尽孝，因此这个律例的精神是为子孙尽孝而法外施仁，足见清朝政府对孝治的高度重视。父家长制与孝治政策的结合，对于清人家庭和清朝统治互相起着稳定作用，而不利于家庭和社会的演变和进步。

---

① 光绪《大清会典事例》卷732《刑部·名例律·犯罪存留养亲》。

第五节 家庭与等级结构

等级、社团、宗族、家庭的历史，是清代社会结构史。“社会结构是社会部分领域之间的相对稳定关系的总和”①，是“（结构）要素的有序排列”②。这个社会学的关于结构的理论，是把阶级、阶层、等级、社会群体和社会组织视为社会结构的要素，这些要素按照它们之间的相互关系排列组合，形成社会结构的整体，而且有其具有相对的稳定性，成为一个时期的社会结构的模式。至于清代的社会结构，回顾前面的叙述，等级由相应的若干家庭、宗族组成，职业性的组织行会和诗文社、地方性的会馆、具有广泛群众性的秘密宗教和结社、政党和带有政党性的社团与一个或几个等级联系在一起，或与某个地方的某一等级联系着，这种关联，使我们形成有如一组建筑群的印象：等级结构是它的主体建筑；宗族、家庭的小建筑与主体建筑的各个部分相融合，或者说是主体建筑各部分的组成部分；会馆、行会、文社、秘密宗教、秘密结社、政治团体的中小型建筑，与一个或几个等级的建筑体结成一组，成为主体建筑的卫星建筑。这个建筑群的各个组成部分有机地联系，各在其特定的位置上，形成完整的体系，不仅缺少一个部分不行，连其在总体中的位置也是固定的。否则就不是这个建筑群，就不是这种社会结构了。这样把社会结

---

①《马克思列宁主义社会学词典》，德国1984年修订版，《国外社会学》1987年2期。

②［美］约翰·威尔逊：《结构社会学概述》，《国外社会学》1987年3期。

构比作一组建筑群可能不恰当，我们的意思不过是说清代等级、社会组织和社会群体因内部联系而有机地组合在一起，规定和影响人们的生活和社会历史的演变。

在清代整个社会结构里，等级结构是其核心。这是因为等级制原则贯彻于社会各阶层、各社团、各宗族和各家庭中。任何家庭都属于一个特定的等级，有的社团也附属于一个特定的等级，有的则同几个等级联系；在社团、宗族以及家庭内部也都实行着等级原则，把成员分成高低不同的地位，由父家长、宗族长、大龙头、香主、师父等实行家长式的统治，也即等级精神的统治。可以说人们是生活在各种各样的等级组织里。

清代等级的划分实际是把阶级的划分固定起来。绅衿以上的等级是统治者、剥削者，组成为统治阶级，实即身份性的地主阶级；平民等级中自耕农以下的佃农受地主的剥削和压迫，成为佃农阶级；自耕农受政府的赋役剥削和行政控制，形成自耕农集团；手工业、中小商人的状况与自耕农相当，分别形成手工业者集团、中小商人集团；奴隶和各种贱民，是以奴隶制下奴隶阶级的残余形态而存在的，与其主人不构成严格意义下的生产方式，不作为一种阶级，可以认为是奴隶集团；唯有平民中的地主因与佃农形成对立统一体，成为地主阶级，又因无政治特权，其在地主阶级内部，屈居于身份性地主之下；清代虽有资本主义萌芽，但大商人基本上还是采取传统的经营方式，远未形成新兴的阶级，不过他们是剥削者，与中小商人不同，成为大商人集团。清代等级的划分，实际上是把人们划分为地主和佃农两大阶级的状况，通过法令固定下来，只是在这两个阶级之外，还有几个社会集团。

等级冲突是普遍存在的，有时还很激烈。清代的社会矛盾主要是平民等级与特权等级的矛盾，这种矛盾斗争规定和影响着其他社会矛盾斗争的发展变化。清代的秘密宗教、秘密结社成员以平民中的劳动者为主体，但包括了平民和贱民中的各种分子，以及少量绅衿等级中的成员，他们的日常活动和发动的反政府的斗争，多是把矛头直接指向清朝政府，“官逼民反”的口号鲜明地反映了这一点。反对政府，就是因为清政府代表所有特权等级的利益，这是平民及以下等级与特权等级的斗争，部分非身份性地主卷进去，是因为他们也对特权等级不满，也反对政府的赋役，因而和劳动者平民站在一起。

等级斗争不仅是平民与特权等级间的事情，其他等级间也有，三藩之乱就是显例。三藩原为王爵，实际同宗室贵族处于同一等级，削夺他们的王爵，使他们降到一般贵族等级中，他们不满意，为保持原来的等级地位而发动了反叛战争。因此我们用等级斗争的观点来看待清代社会的矛盾斗争，可以知道斗争的群众基础更广泛，斗争的反政府性质更鲜明，可以清楚地解释社会矛盾与斗争的复杂性，从而明了社会的状况及其内在发展变化的原因。由于等级划分把阶级划分固定化，所以等级斗争也表现了阶级斗争。

等级结构之外，其他社会群体、社会组织也对清代社会和清人生活产生了巨大的影响。家庭是人们社会生活的条件、环境和基地，人们由此步入社会，同家庭以外的社会成员发生联系。宗族对于其成员也起着与家庭相同的作用，也是人们社会生活的基地和联系社会的中介。家庭和宗族共同起着稳定清代社会生产方式和上层建筑的作用。行会、会馆对社会生产和商品交换的持续进行起着特殊的作用。民间因祭祀、节令而形成的社团活动的开展，丰富人们的生活，同时起着稳定社会秩序的作用。而民间秘密宗教和秘密结社则破坏清朝的统治秩序。清初的文人结社，有的含有反清复明的政治性质，也是社会的不稳定成分。清末出现的政党和带有政党性质的社团，组织民众，是反对清朝统治的重要力量。社会群体、社会组织均因其社会性质，对人们的社会生活和清朝统治产生不同的影响，推进社会矛盾斗争的发展变化，影响着清代社会的面貌。

第五章
衣食住行的习尚

了解了清人在不同形式的社会组织中的生活之后，有必要对清人的日常生活及其方式加以研究。关于生活方式的内涵，社会学界见解不一，我们在这里认为它是指人们为生存对生活的要求的内在因素，与社会所能提供的消费品和社会关系的外在因素的结合；是指人们的消费方式和业余生活方式，具体讲本书讨论的清人生活方式即是衣、食、住、行的方式方法，婚嫁丧葬祭祀、时令节日、社交应对的习惯和规范，文化体育娱乐生活。

第一节　服饰发型制度与俗尚

古人衣服的出现，其功能第一是护体御寒，防损伤之需要；第二是为装饰，起美观作用；第三是在进入等级制度社会后，起着维护等级身份及作身份标志的作用；第四是民族差异的区分和标志；此外还能起区分性别、年龄的作用等。而在清代，首先值得注意的是民族差别和汉人服饰发型的满化问题。

一、清初的剃发易服令与汉人的反抗斗争

顺治元年（明崇祯十七年，1644）清军入关，颁布剃发易服令，遂在中国历史上乃至世界历史上产生了罕见的政治流血事件。当时满洲和汉族各有衣冠制度和发型习惯，清朝统治者要求汉人改着满洲衣冠和改剃满人头型，引起了汉人的反抗斗争。

满人发型，是所谓“金钱小顶”①，“小顶辫发”②；明时汉人的发型是“大顶挽髻”③。满洲男子把头顶前半部分剃光，后半部分只剃去底部之发，将留下的头发梳成辫子；明代汉族男子满头留发，在顶部挽起来，是以称为“束发”。满汉的不同，一在剃发与留发，一在织辫与挽髻。剃发、束发，是满汉男子发型的各自特征。

满洲男人冠服有其特点：帽子有暖帽、凉帽的区别，随看季节的变化而交替使用。帽顶上系红绒结，官员另有帽顶，贵胄有赏赐的花翎。衣服是“圆领露颈，马蹄袖子”④，或曰“窄袖圆襟”⑤。《红楼梦》描写，林黛玉初见贾宝玉时，宝玉“穿一件二色金面蝶穿花大红箭袖”⑥衣，箭袖衣就是满洲男子的服装式样。明人冠服与满人不同，自天子至庶民，用网巾罩在发髻上，外戴

---

① ［清］七峰樵道人:《七峰遗编》55回，载《虞阳说苑甲编》，1917年版。
② ［清］秦世桢:《抚浙檄草》，载中国社会科学院历史研究所清史研究室编:《清史资料》2辑，188—189页。
③ ［清］秦世桢:《抚浙檄草》，188—189页。
④ ［清］七峰樵道人:《七峰遗编》55回，65页。
⑤ ［清］秦世桢:《抚浙檄草》，188页。
⑥《红楼梦》第三回，中国艺术研究院红楼梦研究所校注本1982年版，49页。

不同身份适戴的帽子：读书人戴四方平定巾；平民戴圆帽；农夫戴斗笠、蒲笠，他人不得用；官员戴乌纱帽；皇帝用冕、通天冠。[①]明人衣服的特点是宽袍、大袖，洪武二十三年（1390）定制：文官的衣服，自领至裔，离地一寸，袖长过手，再折回至肘，袖椿宽一尺，袖口九寸；生员与此基本相同，只是袖子复回至离肘三寸处；平民衣长离地五寸，袖长过手六寸，袖椿宽一尺，袖口五寸；武职官衣亦去地五寸，袖长过手七寸，袖椿广一尺，袖口仅出拳；军人衣离地七寸，袖长超过手五寸，袖椿七寸，袖口出拳。[②]明人官员的衣冠，就是头戴乌纱帽，身着圆领服，腰系宝带；读书人的形象是头顶方巾，身衣襕衫；平民戴圆帽，穿圆领宽衣。

清朝要求汉人剃发、易衣冠早在关外就实行了，那时强令汉人效法满人的发式，把剃发作为归顺的标志，天聪五年（1631）清太宗在大凌河之役胜利时，令“归降将士等剃发”[③]。清朝还要求归降的汉人改变衣着风俗，崇德三年（1638）明令：“若有效他国衣帽及令妇人束发裹足者，是身在本朝，而心在他国也。自今以后，犯者俱加罪”[④]，清军入关后继续推行这个政策。

顺治元年四月二十二日，清军进入山海关，即令“城内军人各剃发”[⑤]。五月初一日，摄政王多尔衮率领清军路过通州，知

---

① 《明史》卷66—67《舆服》；[清]七峰樵道人：《七峰遗编》55回。

② 《明史》卷67《舆服》；[清]秦世桢：《抚浙檄草》，189页。

③ 《清太宗实录》卷10，天聪五年十一月庚午条。

④ 《清太宗实录》卷42，崇德三年七月丁丑条。

⑤ 《清世祖实录》卷4，元年四月己卯条。

州迎降，多尔衮“谕令剃发”[①]。初二日进入北京，次日多尔衮给兵部和原明朝官民分别发出谕令，命兵部派人到各地招抚，“剃发归顺者，地方官各升一级，军民免其迁徙”，若口称降服“而不剃发者，是有狐疑观望之意”。以是否剃发观察其投降与否。他要求“投诚官吏军民皆剃发，衣冠悉遵本朝制度”[②]。初四日下令为明崇祯帝发丧，因将剃发令的实行推迟三日，发丧典礼完成后“官民俱著遵制剃发”[③]。在这几个谕令下达期间，京东民众纷纷行动，以武力反抗剃发，三河人民组织起来，谋图杀害县令，初五日多尔衮特发谕旨，要求三河人民“遵制剃发，各安生业”[④]。十一日，清朝向原明朝官民宣告：“近闻土寇蜂起，乌合倡乱……谕到，俱即剃发，改行安业，毋怙前非，倘有故违，即行诛剿。”[⑤]但十天后，即二十日，多尔衮忽然改变政策，取消了剃发令：“自兹以后，天下臣民，照旧束发，悉从其便。”[⑥]不仅百姓如此，对官员也“姑依明式，速制本品冠服，以便莅事”[⑦]。所以清军入关后，剃发、易衣冠的政策只实行了一两个月，就因汉人的强烈反抗停止了。

顺治二年五月占领弘光政权都城金陵之后，清朝政府重申剃发易衣冠法令并强硬推行，六月初五日给在江南前线的豫亲王多

---

①《清世祖实录》卷5，元年五月戊子条。
②《清世祖实录》卷5，元年五月庚寅条。
③《清世祖实录》卷5，元年五月辛卯条。
④《清世祖实录》卷5，元年五月壬辰条。
⑤《清世祖实录》卷5，元年五月戊戌条。
⑥《清世祖实录》卷6，元年五月辛亥条。
⑦《清世祖实录》卷6，元年七月己亥条。

铎下达指令："各处文武军民，尽令剃发，倘有不从，以军法从事"[①]，要求在江南推行剃发令。十五日指示礼部，通告全国军民剃发，规定自布告之日起，京城内外限于十日内，各地方，亦在通令到达后的十日内"尽行剃发"，并规定惩治办法："遵依者为我国之民，迟疑者同逆命之寇，必置重罪；若规避惜发，巧辞争辩，决不轻贷。"对地方官员更加严厉，疏请维持束发旧制者"杀无赦"[②]。这是一道严令，只能执行，不许违抗。对易衣冠最初尚"许从容更易"[③]，未规定期限。但仅隔了二十多天，就以"见京城内外军民衣冠遵满式者甚少，仍著旧时巾帽者甚多"为由，正式下达易衣冠的法令，民人不遵行者，官员执行不力者，均要治罪。[④]

清朝政府剃发易衣冠法令的推行，在旧统治区内虽也遇到反抗，还是逐渐实现了，问题出现在新占领区和将要归附的地方发生。清朝于六月二十八日下令传檄江南各省地方，近处限一个月，远处限三个月，"各取剃发投顺"，不服者即行加兵。[⑤]豫亲王多铎派土国宝为苏州巡抚，周荃为安抚使，前往任所，土国宝下令："剃发改装是新朝第一严令，通行天下，法在必行者，不论绅士军民人等，留头不留发，留发不留头，南山可移，此令不可动。"[⑥]

---

① 《清世祖实录》卷17，二年六月丙辰条。
② 《清世祖实录》卷17，二年六月丙寅条。
③ 《清世祖实录》卷17，二年六月丙寅条。
④ 《清世祖实录》卷19，二年七月戊午条。
⑤ 《清世祖实录》卷17，二年六月己卯条。
⑥ ［清］七峰樵道人：《海角遗编》，转录自［清］邓琳纂《虞乡纪略》，《虞阳说苑甲编》本《海角遗编》无此话。

这时弘光的苏州巡抚霍达及其下属苏州知府、吴县令、常熟令等全部逃遁，常熟县丞马天锡投降清朝，周荃到县，收钱粮户口都图册籍，并携马天锡去苏州。闰六月初土国宝委任陈元芳为常熟主簿，并到任。这些事实表明，常熟县业已属于清朝，只是没有任命主管官员。如果不贯彻剃发令，这个地方是不会发生什么事件的。然而初七日从苏州府发出告示，限三日之内，军民人等一律剃发，改服满式衣帽，才准归降，于是“人情汹汹，议论纷腾而起”。常熟县人民初见满人发式、服装，认为很难看，是“怪状”“陋品”，更有人认为“身体发肤受之父母，难道剃了光头在家做和尚不成，我们如今偏一个也不剃”。绅士也有的表示以死相争，决不剃发。初十日绅衿平民齐集城隍庙，向陈主簿提出不剃发易衣冠的要求，请他向上转达，若万不得已，只可在衙门各役和守城士兵中执行剃发令，而不要强迫民众。陈主簿毫不通融，以“剃发改装，兴朝新令，谁敢抗违”，威胁民人，激怒了群众，当即到衙门拜了先朝皇帝牌位，大呼“不愿剃发”，打死陈主簿，组织乡兵，推崇祯信阳州知州、弘光兵部郎中严拭为首领，保卫地方，抵抗清军，并遵奉活动在崇明岛的明义阳王。常熟人民战斗到九月份，才在清兵屠戮下剃了发。[①]事实表明，常熟的抗清，完全是推行剃发易衣冠令引起的。

与此同时，江阴、嘉定等地人民也为反对剃发和易衣冠的法令进行了斗争。江阴本来向清朝献图册，“已归顺矣”，清朝派方

---

① ［清］七峰樵道人:《海角遗编》;［清］七峰樵道人:《七峰遗编》13回;［清］刘本沛:《虞书》,《虞阳说苑乙编》本。

亨为知县，众人也以为“无事”了，但常州府颁下剃发令，并派人来监察它的执行，众人向方亨请求留发，遭到拒绝，秀才许用等人在县学明伦堂集会，高呼“头可断，发绝不可剃也”。与清朝的“留头不留发，留发不留头”针锋相对。众人乃杀方亨，在陈明遇、阎应元领导下，武装抵抗八十一天。[①]守城者回答清军的招降说：改朝换代，“尚不改易衣冠文物之旧；岂意剃发一令，大拂人心，是以城乡老幼，誓死不从，坚持不二”[②]。说明他们抗清就是为保留头发。

弘光溧阳知县李思模委任县人潘茂为城守甲长，而本人遁逃，潘茂以户口册籍降于清，清派遣朱正色为知县，“方下车，即捉各役并乡民削发”，县人史泽等以弘光总兵黄蜚之令，反对剃发，于是城乡中没有一人执行清朝的命令，清兵来屠杀，城中人被迫剃发，清朝宣布科举，读书人遂髡发。[③]剃发令传到金坛，抗令者三四百人聚会，清镇江知府从别处运来拒不剃发的首级威胁民人，声言“一人不剃发全家斩，一家不剃全村斩”。于是人民揭竿而起，焚烧县堂，杀县丞，二十日后被镇压。[④]

明瑞昌王朱谊汸在副总兵钱国华等帮助下活跃在江南和皖南，谋攻江宁，攻占建平，斩清“知县并爪牙之剃发者”[⑤]。清

---

① ［清］韩菼：《江阴城守记》，《亡国惨记》本。
② 《明季南略》卷9《阎陈二公守江阴城续记》。
③ ［明］周廷英：《濑江纪事本末》，载中国社会科学院历史研究所清史研究室编：《清史资料》1辑，137—157页。
④ ［明］于墉：《金沙细唾》，载中国社会科学院历史研究所清史研究室编：《清史资料》2辑，156—158页。
⑤ 《清世祖实录》卷24，三年二月辛巳条；卷2，三年九月己酉条；［明］周廷英：《濑江纪事本末》。

剃发令下之后，活动在太湖地区的明将黄蜚、吴志葵、鲁游击与吴江县乡绅吴日生，乡勇周阿添、谭韦等联合洞庭东山、西山、苏州城内外群众，突然进入苏州城内，烧官府，与清将李成栋、巡抚土国宝对垒，败入湖中，他们以白布缠腰，被称为白腰兵。[①]弘光漕运巡抚田仰“指剃发为名”，鼓动汉人反抗，活动在苏北和长江三角洲，杀清南通州署知州李翘，海门署知县李都产、如皋署知县马御辇和泰兴署县丞景文瑞。[②]剃发令传到安徽石埭，武举人桂一姜、陈善等率领乡勇随吴应箕举行抗清起义。[③]

长江下游的汉人反剃发武装斗争以及南明诸王的抗清斗争被镇压之后，汉人被迫改变发式和着装，如顺治三年（1646）初，清军败明唐王部队，到了浙江开化，设县“士民剃发投顺”[④]。剃发是强迫进行的，后世留下一个传说，走街串巷的理发师挑的剃头担子，一头是凳子，一头是盆架，架上插着一根木杆。据说是当年实行剃发令时，清政府把拒不剃发的人砍了头，将首级挂在杆子上，让剃头匠挑着示众，使汉人不敢不剃发，从此剃头担子有了木杆。传说虽不可信，但可知汉人剃发留辫子，是清政府血腥屠杀的结果。

即使在高压政策下，仍有少数人利用各种形式为保卫自己的蓄发习惯而斗争。有人以死抗争，如安徽泾县秀才赵崇炫自

① ［清］七峰樵道人:《海角遗编》。
② 《清世祖实录》卷19,二年七月戊寅条;卷21,三年十月癸亥条。
③ 民国《石埭备志汇编》卷1《大事记稿》。
④ 《清世祖实录》卷23,三年正月己巳条。

刎死。[①]有人宁被处死而保全头发，无锡华允诚为明朝兵部主事，不肯剃发，被人告发，顺治五年（1648）苏州巡抚周伯达劝他剃发，不答应，与十六岁的侄儿一同被杀害。[②]江西吉安人陈遘，为保全头发，逃到深山居住，被人发现，誓死也不肯去发。[③]广东乳源县有叫“梅花”的地方，山水险阻，有秀才张、邓二家为首，聚数百家于此居住，不剃发，不许清朝官员入内，但完纳赋税，三藩之乱平定以后，两位老秀才已死，余众才归顺清朝，剃发，清朝在那里建置花县。[④]有人以剪发代替剃发，如常熟秀才郭春卿略剪两鬓，不编发，穿明时服装，顺治三年巡按使马绍愉到常熟，他仍着宽袍大袖的明装，被逮捕下狱而死。[⑤]

更有一些人以出家做和尚为反抗，番禺秀才李正，在广州被清军占领后，削发为僧，名“今日僧”，又号“零丁山人”，以后每次剃头，用纸包裹，穿戴好焚烧，说是以发还诸父母。[⑥]有人虽剃发，但留下剪的发以资永久纪念。常熟陈鼎和以六十六岁高龄被迫剃发，宣称要把头发置于棺材中，将来和他的尸体一块埋葬。[⑦]这些发生在清初的汉人对剃发易服的抵制，虽然是消极的，没有什么成效，但它反映了汉人对满族统治者强制推行改变汉人

① 嘉庆《泾县志》卷17《忠节》。
② 《厝亭杂记》。
③ ［清］刘献廷：《广阳杂记》，中华书局1957年版，83页。
④ ［清］刘献廷：《广阳杂记》，46页。
⑤ 《老书生蒙难记》，《虞阳说苑甲编》本。
⑥ ［清］屈大均：《广东新语》，352页。
⑦ ［清］顾炎武：《顾亭林诗文集》，161页。

衣着发式习惯的政策的不满。

清朝政府对汉人的这种消极抵抗也不放过，从中央到地方政府不断发出关于剃发易服的命令。顺治二年十月，陕西河西道、衍圣公族人孔闻謤奏称，衍圣公孔允植已遵清朝之令率众剃发，并告知祖庙，但是他认为孔氏世代遵守孔圣人的衣冠制度，三千年来没有改变，如今的变化，恐怕不利于清朝崇儒重道，因此希望能维持孔家的世传衣冠发式。清朝政府的回答是："剃发严旨，违者无赦"，即孔家也不例外，孔闻謤本应斩首，因是圣人后裔，姑且赦免，但将他革职，永不叙用，以示惩戒。[①]孔家代表汉民族文化，尽管清朝也尊孔子为至圣先师，但在服饰发式制度上绝不通融。

顺治四年，偏沅巡抚高光斗，因为没有对蓄发重犯进行特参，被降二级调用。[②]这是对执行剃发易服令不力的官员的惩办，以此督促其实行该项政令。顺治十年二月谕礼部，指责"汉官人等冠服体式""多不遵制"，今后"仍有参差不合定式者，以违制定罪"。[③]同年十月，在审囚中，发现戏剧演员王玉、梁七子二人尚未剃发，他们辩解说是演戏的需要，并非有意违抗。但是顺治帝对他们毫不通融，说"前曾颁旨，不剃发者斩，何尝有许优人留发之令。严禁已久，此辈尚违制蓄发，殊为可恶"[④]。地方官的申令也频频颁布。顺治中，浙江巡抚秦世祯发出告示，说见民

---

① 《清世祖实录》卷21，二年十月戊申条。
② 《清世祖实录》卷34，四年七月戊寅条。
③ 《清世祖实录》卷72，十年二月丙寅条。
④ 《清世祖实录》卷78，十年十月戊子条。

间衣冠“多不如式”，考虑人民贫穷，措买艰难，姑且从宽免纠，但士人中有仍着明式冠服的，“殊属违禁，合行严饬”，同时禁止商店出售违制冠服。不久，又发一道告示，要人民遵制剃发和易衣冠。[①]看来，在剃发令上清朝一点也不含糊，由于经济条件的限制，对易衣冠令的执行不那么严格，但是绝不许官员绅衿着明式服装。

在顺治朝中央政府内，有的汉官由于种种原因而对剃发易服令采取某种保留态度，并进行了一些活动，但都遭到了皇帝的惩治。顺治二年八月给事中许作梅、御史李森先等交章弹劾大学士冯铨父子和礼部左侍郎孙之獬、侍郎李若琳结党营私，且请将冯铨父子正法。疏上十多日不见回音，给事中杜立德奏称，不处理冯铨等人，“群情汹汹。继后有系天下国家大事者，谁敢再出一语”[②]，逼摄政王多尔衮表态。多尔衮认为所参各款皆虚造不实，且“冯铨自投降后剃发勤职；孙之獬于众人未剃发之前即行剃发，举家男女皆效满装；李若琳亦先剃发”，他们都是“恪遵本朝法度”的，反将李森先革职，其他人加以申斥。[③]这些汉人官员的发难，实际是凭借可以保持自身的职务的有利条件，反映不满意剃发易衣冠政策的观点和情绪，可以说这是清朝中央官员内部一场隐晦的反剃发斗争，但是汉人失败了。十一年三月，大学士宁完我参奏同寅陈名夏，说其“痛恨我朝剃发，鄙陋我国衣冠”。揭发陈名夏曾宣言：“要天下太平，只依我一两事，立就太

---

① ［清］秦世桢：《抚浙檄草》，186、188、189页。

② 《清世祖实录》卷20，二年八月庚寅条。

③ 《清世祖实录》卷20，二年八月丙申条。

平”。这一二事，就是“留头发，复衣冠”。并声称这是“第一要紧事”。顺治帝命内三院、九卿、科道、詹事等官详细审问，最后将陈名夏绞死，并指责言官不行参劾，将赵开心降三级、魏象枢降一级调用，留用的科道官俱罚俸一年。[①]陈名夏是忠实于清朝的，他看到剃发易衣冠政策执行招来的汉人反抗而造成社会的不安定，以为取消这样的政策清朝统治即会稳定，因而才向同事宁完我鼓吹取消那项法令。不想竟因此而送命。

清初统治者在对台湾郑氏政策上，考虑过是否对他们要求剃发易服的问题。顺治十一年招诱郑成功，封之为海澄公、靖海将军，要他“剃发归顺”[②]，郑未同意，而部将黄梧、苏明等则“率众剃发”投奔了清朝。[③]此后清朝要郑氏投降，以剃发、移居大陆为前提条件，双方议论不决。康熙元年（1662）郑经嗣立，向清朝提出照朝鲜的例子臣服，“不登岸，不剃发易衣冠”，清朝不答应，到十九年，在福建前线的平南将军、贝子赖塔给郑经下书，认为过去议和不成，是因“封疆诸臣执泥削发、登岸，彼此龃龉”，他提出建议，郑经只要“保境息兵，则从此不必登岸，不必剃发，不必易衣冠”。[④]后来的实际情况证明，赖塔的书信并没有反映清朝中央政府的政策，仅仅表明他的主张，说明在满人中亦有为了争取早日实现中国的统一，不拘泥剃发易衣冠政策的明智人士。看来满汉统治阶级内部对剃发易

---

① 《清世祖实录》卷82，十一年三月辛卯、乙未、戊戌条。

② 《清世祖实录》卷82，十一年七月己丑条。

③ 《清世祖实录》卷120，十三年七月庚戌条。

④ ［清］魏源：《圣武记》卷8《康熙戡定台湾记》。

衣冠政策有不同看法，也足以说明剃发易服与反剃发易服斗争的激烈和影响的广泛。

总括清朝剃发、易衣冠法令的推行，有两个阶段：清军入关伊始即令汉人剃发易衣冠，一遭到反对，便停止实行；消灭弘光政权后，又恢复了这项政策，而且施行得坚决，从而激起汉人更强烈的反抗，于是在长江下游出现轰轰烈烈的以反剃发易衣冠为主要目标的反对清朝统治的武装斗争，由于清朝力量的强大，抗清者分散在各地，被清朝各个击破，汉人也随着剃发易衣冠，虽然此后仍有个别汉人就剃发一事进行各种形式的消极反抗，但作为一种民众运动在历史上消失了。

日本学者桑原骘藏研究中国发辫史，就清初的剃发与反剃发斗争的历史说："为头发而损失古今几十百万个汉人生命，实不能不算为世界希觏之怪现象。"①这一所谓"怪现象"说明清代服饰发型的变异具有重要的政治意义，实质是满族统治者为确立自己的统治权威的一种表现。

二、清人服饰的变化

对清人的穿着及其变化，我们参照康熙中松江府人叶梦珠的记录，以及其他著述的资料，作简单介绍。

男子的服饰：所穿的袍子，顺治初年崇尚于长，末年短到膝盖，至康熙中叶又长过膝盖了。外套最先尚短，有的只及肚脐，到康熙二十年以后逐渐变长，乃至比袍子短不了半尺，而

---

① ［日］桑原骘藏:《中国发辫史》,《东方杂志》31卷3期,1934年2月。

褂子呈现尚短的趋势。长袍、外套，顺治间有面儿和里两层，康熙之后都是单的，即使很薄的茧绸做的，也不例外。料子选用花缎绢纱。顺治间，缎料上有团龙图案，朝廷禁用后，改成大小云朵；康熙间采用大小团花、飞雀山水诸景。绢纱开始也是用团龙、满龙花纹，禁止后用官纱、宫纱，又改用素幅秋绢纱，再用广绢、广纱、绒纱、葛纱、巧纱、漏地纱。男子暖帽，顺治间以用貂皮为最名贵，其次用海獭皮、狐皮及各种兽皮，当时所说的海獭皮就是染的黑狸皮。精选原料的暖帽每顶价值二两银子，选用的人很少。一般人选用黄狼皮作暖帽，黄狼皮毛细光滑，很像是貂皮，人们乐于选用，因而价格上涨，也到了二两银子，可是人们观念变了，不怕花钱，人人争戴它，只有乡间的贫人才戴海獭毛的。康熙十五六年间，江宁创造出剪绒帽，色泽像臭鼬，而价格最贵的不过三四钱银子一顶，所以士人争相购用。康熙二十三年（1684）北京开始时兴海龙皮帽，一顶值四五两银子，后降价一半。北京还兴用海鹿皮帽，每顶卖价三四两银子，流传到江南，价格下跌到二两五钱，因为人们认为它并不名贵。①

女人的服饰：清朝不要求妇女改着满装和满洲发式，所以女子仍为汉式装束。妇女的上衣，顺治间改变明末大袖口的习惯，最宽不过一尺。最初只在襟条与袖口处刺绣，后发展至全身。先后流行绣团花、洒墨淡花，颜色为浅色。妇女穿的裙子，长到把鞋掩遮起来，腰间有几十个细褶，每褶一个颜色，色尚淡雅。女

① [明]叶梦珠:《阅世编》,176—178页。

子的膝袜，套在膝下至鞋子之间，有的有绣画，有的是彩镶，有的是纯素的，还有的装饰金银翡翠。清代女子多缠足，鞋子以窄小为贵，鞋面是金线绣花，还有装上珠翠的，这是平底的，但流行的是高跟笋履，不仅大家妇女，连农村女子也穿这种鞋。[①]广东永安（今河源市紫金县）妇女衣服多用青色、黑色，采用粗棉苎布制作。[②]

男女衣裳的形制总在变化，做工也愈加讲究。如镶边，乾隆时宝坻人只用在裙袖处，而到道光时，采用了北京裁缝使用的“三圆五滚”[③]法。缝纫技术也在发展，成衣匠不仅按照人的体形，还根据人的职业、年龄、气质、爱好制作衣裳。专业成衣的裁缝各地都有，而以宁波人最多，他们垄断了北京的制衣业，别地的人不能同他们抗衡。[④]除去请人制作衣服，到市场上购买的也日趋增多。康熙以前，常熟人穿的鞋、袜，都是自家妇女制作，到雍正时，相当一部分的人到店铺去购买。[⑤]不仅在商品经济发展的江南地区，就连河南也有布铺，光山县缪志年五十九岁，父母俱故，并没妻子，织布生理，与李三省平日交好，没有嫌隙。嘉庆八年十月间，缪志当了李三省房屋开设布铺，当价钱十九千文，立有约据。[⑥]河北宝坻林亭口，道光间也出现了卖成衣的商贩，当铺里无人取赎的衣裳也拿到市场上出卖。[⑦]衣裳的

① ［明］叶梦珠：《阅世编》，181—182页。
② ［清］屈大均：《广东新语》，459页。
③ ［清］李光庭：《乡言解颐》，42页。
④ ［清］钱泳：《履园丛话》，324页。
⑤ 光绪《常昭合志稿》卷6《风俗》。
⑥ 杜家骥主编：《清嘉庆朝刑科题本社会史料辑刊》2册，561页。
⑦ ［清］李光庭：《乡言解颐》，48页。

用料逐渐向高质面料发展。如北京官员穿的皮衣，顺治时是羊皮袍，康熙朝是狐铅天马猞猁狲袍，乾隆间为骨重羊草上霜袍服。[①]乾隆中叶，无锡只有功名的人才穿绸缎衣服，及至道光年间，不论富贵贫贱、城市乡村，“男人俱是轻裘，女人俱是锦绣”[②]。无锡是变化比较晚的，在其他的一些地方早就发生了变化。安徽石埭人在康熙时衣服尚俭，到乾隆间，“衣冠竞尚华丽，披绮罗，服锦绣”，不仅是富贵人家如此，就是商人胥隶也是这样。[③]在苏松地区，康熙末年只有士人穿皮裘，而到乾隆间，平民之家的妇女、小孩也穿皮衣，更不必说男子了。家无担石之储的穷人，也不愿意穿布衣服，连政府禁止用的团龙、立龙的服饰，平民也不怕犯罪竞奢用起来。[④]

服饰在定制之外，随人所好以及经济力量而定，豪华奢侈者自然不少。北京达官贵人戴的便帽，喜欢缀珠玉，李鸿章就有这个嗜好，所用的玉石是恭亲王奕䜣送的，价值一万两银子。[⑤]便帽中的拉虎，又名四块瓦，普遍用熏貂制作，最好的值三十多两银子。大学士荣禄用的是银针海虎做的，价值三百多两。[⑥]

平民服饰方面，东北奉天府包括移民在内的居民服装比较体面，冬夏服装都是如此。冬装的事例，如开原县距城六十里的孤家子屯民人冯霦开豆腐坊，嘉庆十七年三月他被客民孙荣

---

① ［清］郝懿行：《晒书堂笔录》卷6《风俗奢靡》。
② ［清］李光庭：《乡言解颐》，192页。
③ 乾隆《石埭县志》卷2《风俗》。
④ ［清］龚炜：《巢林笔谈》卷5《吴俗奢靡日盛》。
⑤ 徐珂：《清稗类钞》7册，3297页。
⑥ 徐珂：《清稗类钞》7册，3302页。

武用力戳伤以致身死，冯霦头戴白毡帽，身穿蓝布棉袄、棉裤，束裤腰白棉线带，衣有蓝布小衫，腿穿蓝布棉袜，缠白布腿绷，脚穿灰布鞋，这是一套比较保暖的服装。[①]夏装穿着大致相当，都是白布小衫、蓝布单裤，区别是腿布颜色不同，说明这是当时关外夏季普通的着装。[②]在河南，内乡县人谢法寄居陈州府商水县佣工，嘉庆八年十月初三日，有栾白借欠谢法钱五百文没还。二十七日傍晚，谢法去向栾白讨要，被杀身死。刑仵验得谢法“身穿蓝布小棉袄、蓝布夹袄、白布小衫、蓝布棉裤、白布袷袜、青布鞋、腰系白布带，红皮瓶内盛钱八十九文，旁遗毡帽一顶”[③]。佣工谢法的冬装有棉袄、棉裤与夹袄、小衫、袷袜，还有布鞋、毡帽，服饰整齐体面，也保暖，还带着零花钱。女性的代表，则有河南南阳县民妇杨刘氏，嘉庆十五年四月十九日“从娘家回来，只穿一层单衫。平常妇女们遇有零星物件总纳放衣衫卷袖夹层里面”[④]。应当也是比较体面的着装。在湖南，嘉庆朝湘乡县民谢重来等捆抬杨从周致其受寒身死一案中，杨从周闪避谢重来失足跌入水田，当即起身脱下马褂拧水，其身上只穿单布褂裤，谢重来解取杨从周系腰布带并裹脚布，这是当时湖南男子的夏装。[⑤]马褂也比较流行，还有羊皮马褂，江西金溪县民杨汉生因财物纠纷推跌胞兄杨奏生身死案，就是因

① 杜家骥主编:《清嘉庆朝刑科题本社会史料辑刊》2册,941页。
② 常建华:《生活与制度:清中叶东北奉天地区的移民与日常生活(下)》,《河北学刊》2020年1期。
③ 杜家骥主编:《清嘉庆朝刑科题本社会史料辑刊》2册,832页。
④ 杜家骥主编:《清嘉庆朝刑科题本社会史料辑刊》1册,167页。
⑤ 杜家骥主编:《清嘉庆朝刑科题本社会史料辑刊》1册,419页。

为一件旧羊皮马褂引起的。[①]

清末，人们的服饰受到外国的影响。光绪中留学生在国外穿西装，回国后仍穿着，省会和通商口岸的青年以为穿西服是学生的标志，身份地位高，也跟着穿。

汉族女子的发型，顺治间北京人有效法满式的，以为美观，外省没人这样做。女子把头发梳成扁圆型，像倒扣的盂，也有把发束在头顶，高高地超过一尺。头上饰物，北方有用金丝做的镂花，有珐琅及烧染紫金色花、金银钗、金银簪、金银耳环、珠翠等各种首饰，[②]大体讲，北方女子冬季用金簪，夏季用玉簪。[③]发型也不断变化，康熙时，常熟女子梳发，高三寸，叫作“新样”，后渐增高度，发髻高至六七寸，蓬松光滑，称为“牡丹头”。康熙末年以后，人们做假髻，用铁丝作胎，高七八寸，缠上梳光的假发，缀上珠翠，戴在发际顶心，看不惯的人把它叫作“柳树精”[④]。也有的假髻用丝线制作。假髻流行同时，还有辫联，即在辫子上续一段假辫子，使之延长，以为美观。[⑤]

男子的胡须，也成了装扮的对象，有人爱须，留得多而长，晚上睡觉，用布囊罩起来，或者打成辫子，早晨再解开梳好。有人经常梳须，为使它长得茂盛。有人把白胡子染黑，以图美观。梳须的梳子有玉、象牙、角、木等各种质料，但是铅梳可以代替

① 杜家骥主编:《清嘉庆朝刑科题本社会史料辑刊》1册,298页。
② ［明］叶梦珠:《阅世编》,178—180页。
③ ［清］富察敦崇:《燕京岁时记》,57页。
④ ［清］戴束:《鹊南杂录》。
⑤ ［清］李光庭:《乡言解颐》,76页。

乌须药，故中老年人爱用。[①]

服饰发型大体上是一个时期时兴一种样式，传播得快，变得也快。变化总是向着复杂、费工、费钱、质高的方向发展，既有美观实用价值，又有显示阔气身份的作用。当时人对此有不同的态度，有的随着潮流变易，有的则坚持穿用旧式样。穿着低质量的服装，被人认为有节俭的美德。有一部分人极力反对他人改易装束或穿得奢华，康熙朝大学士张英对于人们享用价值几十两银子的皮裘表示不满，因为这需要变卖一百多石粮食才能买来，他认为享受得太过分了。[②]浙江巡抚朱轼以他衣着朴素、爱劳作的夫人为榜样，教育一个盛妆妇女，使杭州人知道勤俭，[③]他的做法受到《过庭笔记》的作者童师槐的赞扬，但遭到袁枚的批评。袁认为民间有条件享受的，官方不应当干涉。

在着装中，有的男子爱作女子的打扮，如穿有红色荷花图案的夹衣，紫色茄花图案的裤子。[④]广东有男人爱穿长裙，光脚穿轻软的散屐，而古来女子才着轻屐，[⑤]这种装束往往受到歧视，广东人把那种男人贱呼为裙屐少年。[⑥]钱塘秀才夏之盛更认为男人穿花衣服是“服妖”，是不祥之兆。[⑦]可以这样地说，清人对当时人的服饰发型总爱横加议论，说三道四，尽管有反对奢侈的比

---

① [清]李光庭:《乡言解颐》,77页。
② [清]张英:《恒产琐言》,载《清经世文编》卷36。
③ [清]陈康祺:《郎潜纪闻初笔 二笔 三笔》,432页。
④ [清]张应昌编:《清诗铎》,834页。
⑤ [清]屈大均:《广东新语》,453页。
⑥ [清]屈大均:《广东新语》,453页。
⑦ [清]张应昌编:《清诗铎》,834页。

较合理的一面，但更着重的是要求人们着装统一化，压抑人们的生活情趣，禁止个性的发展。

三、服饰的等级性

清朝政府对从皇帝、皇后、贵族、官员、士人到庶民、贱民各种人的冠服都有具体的规定。文官一品的补服前后绣鹤，唯独御史绣獬豸，二品的绣锦鸡，三品的绣孔雀，四品的绣雁，五品的绣白鹇，六品的绣鹭鸶，七品的绣鸂鶒，八品的绣鹌鹑，九品的绣练雀，未入流的如同九品服。武官补服也依品级分别绣麒麟、狮、豹、虎、熊、彪、犀牛、海马等图案。官员用的雨帽也有定制，三品以上及上书房、南书房行走的翰林用红色，四、五、六品也用红色，但要用青色缘边，其余的低级官员用青色，缘红边。所佩朝珠，文职五品、武职四品以上及翰、詹、科、道官都可以用，礼部主事、太常寺博士等官在充当坛庙大典执事官时可以挂用，其他时间不能用。坐褥，亲郡王冬天用貂、猞猁狲，品官依品级分别用狼、獾、貉、青山羊、青羊、黑羊、鹿狍、獭。顶戴，一、二、三品官冠用起花金顶，上衔红宝石，四品上衔蓝宝石，五、六品上衔水晶，七品上衔小蓝宝石。

命妇也依品级有不同的朝冠：一品夫人为镂花金座顶，中饰东珠，上衔红宝石；二品上衔镂花珊瑚；三品上衔蓝宝石；四品上衔青金石；五品上衔水晶；六品上衔砗磲；七品上衔素金。

进士授职后，各按品级服朝服，举人、贡生袍子用青绸质料，蓝色缘边，生员用蓝绸质料，青色缘边。对于庶民，顺治三年（1646）规定，不得用蟒缎、妆缎、金花缎、片金倭缎、貂皮、狐皮、猞猁狲。[①]还有一些琐细的规定，如夏天官员不能穿亮纱的衣服，免得肌肉透露出来。[②]官员、士人、庶民在服饰的用物、质量、颜色上都不相同，以示政治身份的不同。此外，民间还有一些衣着习俗，也因身份不同而有所区别。如广东人穿木屐，就有良贱的差异，婢妾多着红头木屐。[③]

清朝的服饰制度总有变化，因为人们不断逾越它，政府也不断地加以规定，原定王公用玄狐、貂、猞猁狲，康熙十一年（1672）改定三品以上官就可以服貂和猞猁狲，不久又取消这一规定。[④]清朝原规定三品以上官在内廷行走时遇雨用全红帽罩，乾隆时一次军机章京带领被引见的官员见皇帝，因天下雨，帽缨被淋湿，乾隆帝因而允许他们使用帽罩，于是在军机处行走的人遇雨都可戴全红帽罩。[⑤]雍正二年（1724），因官员对顶戴、补服、坐褥“越分僭用，彼此效尤”，又因官民服用禁用已久的玄狐、黄色、米色、香色，遂重申禁令，违者治罪。[⑥]道光时，北京流行大撒手辫、阔套裤，政府认为有伤风化，由步军统领下令禁止，[⑦]然而清政府再严密的规定，也阻挡不住官民的冲

---

① 《清史稿》卷103，3055—3062页。
② ［清］震钧：《天咫偶闻》，3页。
③ 同治《番禺县志》卷6《风俗》。
④ ［清］王士禛：《池北偶谈》，94页。
⑤ ［清］陈康祺：《郎潜纪闻初笔 二笔 三笔》，212页。
⑥ 《清世宗实录》卷16，二月壬申条。
⑦ ［清］李光庭：《乡言解颐》，76页。

击，特别是贵族、官员、商人、胥隶，他们的奢侈实际上是禁不住的，即如荣禄有花翎，这是赏给的，但他用的翎管是玻璃翠，价值一万三千两。与他同时的户部尚书立山有朝珠三百六十五挂，除了国忌日外，每天换挂一串，这些朝珠最低等的也值一千两银子。[①]光绪三十四年（1908）十二月庆亲王府宴客，朝官多穿重裘而至，好似比赛衣服的名贵，光皮裘的名称，就有雀舌犴尖、鸡心犴尖、凤眼犴尖、条龙犴尖、京庄犴尖、云南犴尖、本作犴尖、带膝紫貂、银针紫貂、翎眼紫貂、贝勒小貂、紫貂嗉、貂爪仁、貂耳绒、银针海虎、猞猁脊、猞猁腿、西藏獭皮、金丝猴皮、火狐狈、白狐狈、玄狐狈、吉祥狈、白狐腿、大狐腿、青狐狈、金银狈、白狐犊、红狐腿、金银腿、狐耳绒、青狐嗉、白狐嗉、金边嗉、元狐嗉、火狐背、玉堂狈、天马狈、窝刀、花灰鼠、真银鼠、洋灰鼠、索伦灰脊、白狼狈、宁夏滩皮、青顺腿、红顺腿、黑种羊、青种羊、白种羊、葡萄狈、玉带狈、海棠狈、黑缁羔、同州羔皮等。[②]这么多的皮衣，不是毛皮专家，完全不懂不识，唯知其名贵而已。服色逾制是有清一代的问题，制度规定的愈细密，就愈容易被破坏。可是清代的等级制又决定了它的服色制度必然烦琐，所以归根结底还是等级制度的问题。

---

① 徐珂:《清稗类钞》7册,3299页。

② 徐珂:《清稗类钞》7册,3301页。

第二节　饮食风俗

一、清人一般饮食习惯及甘薯的食用

清人的主食，取决于所在地区的自然环境及农业生产情况。在长江流域及其以南地区，主要食米，若本地产米不够食用，便从别处购买。长江三角洲、浙西人口密集，不生产粮食的手工工匠和商人众多，他们也要吃米商从湖南、湖北、江西运来的稻米。北方人吃小麦、高粱、小米。在丘陵和山区玉米是人们的一种主食，红薯在许多地方也成为人们重要的食粮。

清人吃的副食，有油菜、莴苣、瓜类、豆类、白菜、韭菜、青蒿、蒜苗、藕、茭白、笋、芹菜、莼菜、慈菇、青椒等蔬菜；猪肉、鱼、鳝、虾、蟹、鸡蛋等荤腥蛋类；做菜用调料有盐、糖、姜、葱等。

清人吃的瓜果，有杏、李、桃、菠萝、香蕉、橘子、石榴、梨、苹果、荔枝、西瓜、香瓜、樱桃、菱角、枣、海棠、荸荠、山里红、柿子等。

清人有节日的应时食品，如新年的饺子、年糕，灯节的元宵，端午节的粽子，中秋节的月饼，腊月初八的八宝粥，是传承前代的，也流传于后世。

清人吃食除民族习惯外，还有地方特点，如北方人吃切糕、凉糕、窝窝、豌豆黄（豌豆枣泥馅蒸饼）①，各种面食，如帘子

① [清]震钧:《天咫偶闻》,212页。

棍、韭菜边、一窝丝（即摊饼、面筋）[①]、玫瑰饼、藤萝饼、凉炒面、花糕、萨其马（满人甜食品名）、芙蓉糕，时令小吃炒栗子、冰糖葫芦，饮料酸梅汤、冰胡儿等。[②]

清人在饮食方面还有各自的嗜好，如饮茶、喝酒、吸烟，甚至于有抽鸦片烟的恶习。

遇到灾荒年景，贫苦人除以糠菜充饥外，有时不得不靠水草、树皮、树叶以至观音土填塞饥肠，度日甚是艰难。

清人饮食有很多礼节，节庆日的饮食自不必说，连有些新鲜食品食前也必先祭祖，皇帝所赐食品，更要先祭祖，后食用。如李光地于康熙五十四年（1715）八月得到皇帝赏赐的细鳞鱼、鲜鹿肉条、御田胭脂米，当即“奉荐祖先，均沾天泽”[③]。

主食方面，除米麦之外吃玉米、白薯可以说是清人饮食的一个特点。白薯的种植在明代从吕宋（菲律宾）传到福建，又向内地传播，但大量生产是在清代。福建人称白薯为“番薯”，又叫地瓜。因为番薯生长不需要好土壤，对肥料、雨水都要求不高，所以广泛种植，充作食粮，在乾隆以前，漳州人“多种以救饥”[④]。到嘉庆时，泉州、漳州的贫民，全靠吃地瓜维持生命，终年见不到一点大米，就是吃地瓜，也只吃粗皮部分，把省下的瓜瓢磨成粉出卖，以换得一点零用钱。[⑤]澎湖人民主要生产地瓜、花生，地瓜收获后，吃食之外，剩余的则切成瓜片，晒干了保

---

① ［清］孙殿起辑：《北京风俗杂咏》，北京古籍出版社1982年版，48页。

② ［清］富察敦崇：《燕京岁时记》，60页。

③《清代档案史料丛编》9辑，28页。

④ 乾隆《尤溪县志》卷19《物产》。

⑤ ［清］裘行简：《闽盐请改收税疏》，载《清经世文编》卷49。

存，以备明年食用。农民还把瓜藤、叶喂牛，当柴火烧。人们为多得口粮，经常换种栽植，如用了同安县的种后，再换安溪县秧栽种。[①]

白薯在内地的种植食用，主要是在乾隆时期推广的，乾隆十二年（1747）安徽巡抚潘思榘要求全省种植红薯，得到部分落实，铜陵县人即事生产食用。[②]山东按察使陆耀著《甘薯录》，刊刻发给各府州县，宣传种植甘薯的好处和方法，收到很好的效果。两广农民种植番薯，在青黄不接时作为主食。广东、福建人到湖南平江做生意，带来种植番薯技术，使当地生产得到好收成。知县谢仲坃自备薯秧，发给各乡耆老、保甲长，转交给农民栽种。当地出产的有红薯、白薯两种，人民或者把它同米一块做饭吃，或者单独煮食，也有吃薯叶的、做薯酒的、熬糖的。自乾隆年间起，到同治时期，该县人把它当作主要食物。江西石城人也生产红、白二薯，充作食物。[③]北京人吃白薯，乾隆间还只用煮熟的办法，不像后来烤熟，就是那样人们已觉得非常“甘美”，不论穷人、富人都喜欢吃食。[④]乾隆帝很重视番薯的生产，于五十年（1785）指示河南巡抚毕沅要把怀庆府的番薯种植推广到全省，刊发陆耀的《甘薯录》作为传播的媒介，同时要求直隶南部府县也进行番薯的生产。[⑤]

清代的甘薯，种植遍布珠江、长江、黄河流域，是人们主

---

① 光绪《台湾澎湖志》卷9《风俗》。

② 乾隆《铜陵县志》卷6《物产》。

③ 道光《石城县志》卷1《物产》。

④ [清]富察敦崇:《燕京岁时记》,83页。

⑤《清高宗实录》卷1236,五十年八月庚辰条。

食的来源之一。清代人口猛增，而耕地新增有限，农作物产量更难大幅度提高，番薯是高产作物，可在荒地、瘠壤上种植，所以它的生产及其推广，有助于民食的解决，同治间张培仁、李元度等撰修《平江县志》，就说“生齿日繁，虽丰年不敷民食”，所幸的是谢仲坃提倡种植白薯起了维生的作用。[①]乾隆时富察敦崇也指出，白薯“尤足济世，可方为朴实有用之材”[②]。白薯的推广，有助于清人解决粮食问题，但以白薯为主食，比之吃食大米白面自然是降低了生活水准，所以我们说清代平民百姓的日常生活是很艰苦的，白薯、玉米加入了主食行列，是人们低水平生活的标志。

二、宴饮的风气

“但使闾阎无冻馁，未妨风俗习豪华。”[③]与前述民食维艰的情形相比，有钱人的饮食豪华，又是别一番场面。

清人的请客吃饭，在官场、商界以及民间都很流行，它是一种重要的交际手段，人们都很重视，因而颇为讲究。人们互相攀比，赛食品之丰盛，比器皿之精美，而且越来越奢华，越来越讲形式。顺治初年，北京人宴客，豪华场面只用一两银子，若叫戏班演戏，再花六两。一般请客用一壶酒，炒一盘豆腐，一盘鸡蛋，就可以了。康熙中，京官宴会中，菜鸡、紫蟹是平常菜，滦鲫、黄羊也是大盘往上端，而时兴的食品是填鸭，需要一两多银

① 《平江县志》卷20《物产》。

② ［清］富察敦崇:《燕京岁时记》,85页。

③ ［清］张应昌编:《清诗铎》,832页。

子，镇江肉翅（鱼翅），每斤二两多，鳇鱼脆骨（鳇鱼头），每斤二三两，这样的吃法即被人认为太奢靡。而至嘉道间宴席以鳇鱼脆骨为必备物，据说莫清友的乡人吃了这道菜，以为是凉粉，回家学做而不能成功，被人耻笑为乡下蠢人。[①]到了近代，办一席酒，需要十两银子，叫堂会则要一百两了。就是平常来了客人，仓促间请吃便饭，没有一两银子，饭也拿不出手。[②]

在苏州，顺治间请客，与北京一样，奢华酒宴只要一两银子，堂会用银六两；到乾隆时，一个小小的宴请，也要用掉几两银子。及至同治光绪时，一席饭得用几十两银子和数百两的堂会费。[③]清初缙绅家的一席饭，水陆珍馐多达几十样，士庶中人之家办个隆重的席有二三十样，平常宴会也要十几样。[④]太仓州人设宴，中间排列果品数十行，号称“金灰堆”，均是南北名品。[⑤]

宴客不仅菜肴丰富，而且配以精致的器皿，令人爽目开胃。嘉庆中，内务府两次拍卖瓷器库所贮器皿，使名贵瓷器流传到民间。这些食具颜色鲜艳，造型美观，质地细腻，用作食具，以示奢华。有的厨工也预备十几套，以备客户叫用。[⑥]苏松菜用小瓷碟，果品放在木漆盘上，小吃放在攒盒里[⑦]，很是讲究。文学家、

① ［清］姚元之：《竹叶亭杂记》，中华书局1982年版，176页。
② ［清］震钧：《天咫偶闻》，北京古籍出版社1982年版，175页。
③ 民国《吴县志》卷52《风俗》；同治《苏州府志》卷3《风俗》。
④ ［明］叶梦珠：《阅世编》，193页。
⑤ 光绪《太仓州志》卷28《杂记》。
⑥ ［清］姚元之：《竹叶亭杂记》，44页。
⑦ ［明］叶梦珠：《阅世编》，193页。

美食家袁枚对如何运用食具颇有研究，他认为食具讲究与菜肴配搭好，大小器皿参错其间，才觉生色。他家宴客，凡贵重菜用大容器，贱菜用小容器，煎炒菜用盘子，汤羹用碗。[①]席间要换四五次酒杯，开始用名瓷的，继而用白玉的，再用为犀角、玻璃，杯子由小到大，令客人尽欢而散。[②]他家上菜也很讲究，先上咸食，次进淡食，无汤的先上，有汤的在后，客人快吃饱时，上辛辣菜来开胃，见客人酒喝多了，用酸甘的菜提醒。[③]

饮食的讲究，还在于追求一些名菜。北京的填鸭享有盛名，宴会和个人食用均多，所谓“忆京都，填鸭冠寰中”。鸭的吃法分汤鸭、爬鸭、烤鸭数种，而以烤鸭最开人胃口。[④]乾隆时山西布政使王亶望在衙门里养鸭，饲法与北京填鸭差不多，只要六七天就可食用。王亶望想吃豆腐，就杀两只鸭子炖汤，用汤煮豆腐，鲜嫩无比。[⑤]鱼翅自明代成为珍品，宴席缺少它就被认为是慢待客人，闽粤人对鱼翅制作方法掌握得最好。光绪时，福建籍的翰林院编修林贻书、商部主事沈瑶庆、候选道陈某等四人举行鱼翅宴会，用一百六十两银子买了上等鱼翅，再从中挑选最好的，平放在蒸笼中蒸烂；选拣上好的火腿四肘、鸡四只，火腿去爪、骨、滴油，鸡去内脏、爪、翅，煮烂取其汁；以鸡鸭火腿各四只，用前汤煮熟，去掉油，把蒸烂的鱼翅放进去，味道鲜美，

① ［清］袁枚：《随园食单》，中国商业出版社1984年版，13页。
② 徐珂：《清稗类钞》7册，3275页。
③ ［清］袁枚：《随园食单》，14页。
④ ［清］孙殿起辑：《北京风俗杂咏》，47页。
⑤ ［清］姚元之：《竹叶亭杂记》，127页。

这次食用之物及厨工的费用花三百两银子。[①]

河道总督衙门里的人，因治河经费多，贪赃方便，于是在吃喝上大肆挥霍，菜肴更有讲究。他们吃小猪肉，先把猪放在室内，屠夫用竹竿用力打它，使之奔跑号叫，到力竭倒毙时，急速割其脊背上的肉，做出菜来嫩美无比。据说那样打小猪，使它全力护痛，全身精华集中于脊背，这个部位的肉最好吃，因此做这样一席菜，需要几十头小猪。南河官员吃鹅掌，把鹅放在铁笼里，笼放在地上，旁边放酱油，在地上加火，地热后把鹅烧疼，使之来回走，并喝酱油以解热，到它烫死，全身脂膏萃集于两掌，掌厚数寸，最好吃，而其他部位就不吃了。[②]

僧尼食素，然而不乏精美之食，如把水果用作菜肴，炒苹果、荸荠、藕丝、山药、栗片，油煎白果、酱炒核桃、盐水熬花生。[③]同时还有僧尼骗人，将荤食素做，另有一种精美之味。据说乾隆时北京一个寺里的方丈与一位大学士是棋友，方丈常招待他饮食，使大学士赞赏不已，命厨工仿做，无论如何也做不出那种味道，原来是把肥肥的小鸡煮熟，弄成末状，然后煮面，汁浓而无油脂，味鲜而不腻。又说官员家属到尼姑庵去礼佛，老尼招待，让客人看过蔬菜，连洗涤的布都检查过，表示都是清洁的，其实涤布是两面，一面涂的是鸡油，制作时把它放在开水中，就有了浓厚的鸡汁，做出的笋、菌、瓜菜非常爽口。[④]

---

① 徐珂:《清稗类钞》7册,3300页。
② 徐珂:《清稗类钞》7册,3288页。
③ [清]钱泳:《履园丛话》,329页。
④ 徐珂:《清稗类钞》7册,3301页。

有钱人的个人饮食爱好更是五花八门，吃法繁多。两淮盐商黄均太每天早晨吃燕窝、喝人参汤，另加两个鸡蛋。他吃的蛋，是厨工家喂养的，饲料中有人参、苍术等物，养料丰富，鸡蛋的味道与众不同。[①]嘉庆时两淮盐政阿克当阿吃鲥鱼，派小艇到镇江焦山激流中捕捞，捕后一边在船上烹调，一边急划桨赶回扬州平山堂，鱼也正熟，供他和客人食用。[②]清季，随着同外国交往的增多，西餐也为少数人所欣赏，某侍郎一日三餐必备中西饭菜，以供选择。[③]

适应制作美食的需要，清代有许多技艺精湛的厨师，供富人家庭雇用。宝坻绅士王达斋的女厨工梁五嫂，拿手菜是烤肉，她将铁架子放在锅里，把肋条肉放在架上，小火烤，使油膏浸入皮内，吃起来酥脆爽口，她做的蟹肉炒面也好。举人芮宣臣家的厨子高立嫂善于煨肉，把五斤肋条肉切成十块，放在锅里，加上作料，用大碗扣上，先大火烧，然后小火煨，色香味俱佳。该地有王姓厨师，为人包置宴席，每席四大碗、四七寸盘、四中碗，安排得宜。厨师孙功臣专办全羊席。[④]厨师中女工不少，程晋芳作《厨娘曲》歌咏她们："厨娘家家争聘娶，轻褂淡抹钗缀玉。入厨先审火候足，醯盐葱渫总不除，到手能令滋味殊。"[⑤]

在清代，烹调技术主要是为富豪之家服务的，但这种技术的发展，又使得清代饮食文化得以流传后世。

---

① 徐珂：《清稗类钞》7册，3271页。
② 徐珂：《清稗类钞》7册，3281页。
③ 徐珂：《清稗类钞》7册，3302页。
④ ［清］李光庭：《乡言解颐》，43页。
⑤ ［清］张应昌编：《清诗铎》，766页。

三、茶馆、酒楼

清人在家宴之外，还有上饭馆的习惯。人们到茶馆饮茶，兼用小吃，也逐渐成了风气。

江南出现的茶馆最多，在苏州，开茶坊的是小本生意人，人们习惯到这里闲谈娱乐。茶坊最初建在游人多的寺观、祠宇附近，到乾隆时大街小巷都有了。①在常州府的无锡，茶坊设置在县衙门左右，因到这里办事的人多，茶坊生意兴隆，逐渐地各街巷纷纷添设，连村镇都有了，到康熙末年因茶馆之多，产生了“遍地清茶室”的民谚。②在太仓州镇洋县的璜泾镇，道光间有茶馆近百家，农民到镇上，都要去喝茶。③

其他地区也相继出现茶馆，北京茶馆也多，不说城内，西北郊高梁河作为郊游之地，沿河就有很多茶肆，供游客品茗、解渴。④宛平是京师顺天府的附属郭县，该县唐良儿因不允借钱殴伤郑七儿身死案，臧三供：“我系宛县人，年二十四岁，在蓝靛厂开茶馆生理。本年正月二十日日平西时，有素识的曹五、刘住儿在我茶馆喝茶。后唐良儿同郑七儿也来喝茶，他们四人一同坐下。喝完了茶，唐良儿给了茶钱，郑七儿见唐良儿有钱，向唐良儿借用。”⑤供词呈现了茶馆经营的细节。宝坻县林亭口早先没有

① 乾隆《长洲县志》卷11《风俗》。
② [清]黄印:《锡金识小录》卷1《风俗变迁》。
③ 道光《璜泾志稿》卷1《风俗》。
④ [清]震钧:《天咫偶闻》,199页。
⑤ 常建华主编:《清嘉庆朝刑科题本社会史料分省辑刊》,72页。

茶铺，到道光时则不止一家。[①]四川也是茶坊发达的地区。茶馆不仅是人们消遣的地方，还是一种议事、交际的场所。茶坊设在县衙附近，就是为胥隶与因各种事务而找他们的县民接洽提供方便，就近磋商事情。四川因差役重，出卖土地的人多，卖了地又要去租地，买卖、租赁都要商议、写字据；同时胥役也到民间催讨赋役，民间要应酬。茶铺就提供了民间议事和应酬胥役的地方，因此人们乐于前往。道光间署理四川布政使张集馨说："四川民情浮动，买卖地亩，几同儿戏……是以茶坊酒肆，每讲论田土，差役必从中百计怂恿。"[②]人们到茶馆议事，交流社会新闻和买卖情况，无形中使茶馆成为传递信息的场所。茶馆在商品经济发达地区的大量出现，适应了交换发展的需要。

清人所饮的茶，有条件的也颇为讲究。《红楼梦》里讲贾母、宝玉、宝钗、黛玉等人到妙玉庵里去喝茶，贾母说她不吃六安茶，妙玉说请她用的是老君眉，可见六安茶和洞庭湖君山所产的老君眉都是名茶了。贾母又问用什么水泡的茶，回说是去年的雨水放在坛子里封存起来的，其后又对黛玉说，她用的水，是五年前在梅花树上收的雪水，放在花瓮内，埋在地下的。宝玉饮后，感到意志轻爽，有腾云驾雾之乐。[③]这是反映上层社会吃茶的讲究。饮茶很注意茶的质量、水和泡法。龙井、武夷茶是贡茶，此外的名茶有常州阳羡茶、老君眉、六安银针、毛尖、梅片等。烹茶的方法，《红楼梦》里没有细讲，袁枚家的做法是：用急火煮

---

① [清]李光庭:《乡言解颐》,48页。
② [清]张集馨:《道咸宦海见闻录》,116页。
③《红楼梦》41回。

水，容器是底部凸起的陶器，水一开就把茶叶投进去；不能用不断滚开着的水，否则变味，也不能用开后停过一会的水，那样茶叶浮在水上，泡不开；一泡好就喝，如果盖上盖子茶味道又变了。这样的茶清淡，若为解油腻，则需熬浓茶。①

酒楼是古老的商店，为官员和商人服务。清代饭馆也在发展，在有茶铺的地方，早就有了酒楼，如璜泾镇酒肆就有四五十家。林亭口过去只有小饭铺，逢集出卖麻花、烧饼、活络（饸饹），后来扩大，改名小楼，出卖菜肴，还包办酒席。常熟县在康熙以前，只有几家饭馆，还怕饭菜卖不出去。雍正年间起，酒馆增多，生意兴隆，县西的何家桥、城东的新庵、慧日寺附近，“茶坊酒肆，接栋开张”②。官员、商人、士人到饭馆就餐或请客，非常奢华，用“酒池肉林”来形容一点也不过分。在酒楼的主顾中，大抵又以商人为主，工商业发达地区尤其如此。乾隆中苏州长洲知县李光祚讲：“一切唱楼酒馆与夫轻舟荡漾，游观宴饮之乐，皆行户商旅迭为宾主，而本地士民罕与也。”③商人需要洽谈贸易，广泛交际，酒楼戏园往往成为他们的业务场所。

普通人饮酒除了一般性的酒铺、酒坊外，还有酒腐店、豆腐酒店，尤以南方为多。顾名思义，这类酒店喝酒可以兼食豆腐。如安徽宁国府旌德县人舒魁瑞，与舒锜有祖遗公共店屋一所，通连住宅，开张酒腐店生理。④这家酒腐店是利用祖遗公共

① [清]袁枚:《随园食单》,143—146页。
② 光绪《常昭合志稿》卷6《风俗》。
③ 乾隆《长洲县志》卷11《风俗》。
④ 杜家骥主编:《清嘉庆朝刑科题本社会史料辑刊》1册,5页。

店屋开设。

清人所喝的酒，分低度的黄酒和高度的烧酒，上层社会多用低度酒。讲究酒要陈年的，时间越久越好，而且要在开坛子时吃，吃后盖好，不让它走味。据袁枚的品尝，绍兴酒要过五年才好吃，骂喝酒人“灌黄汤”，就是指饮绍兴酒。袁枚讲好喝的酒有大学士于敏中家酿的金坛于酒，转运使卢雅雨家制作的德州卢酒，四川郫县筒酒，湖州南寻酒，常州兰陵酒，溧阳乌饭酒，苏州陈三白酒，金华酒。袁枚认为驱风寒，消积滞，非烧酒不可，而烧酒中以山西汾酒最佳，其次是山东高粱酒、沧州酒。[①]袁枚是浙江人，常住江宁，他说的是南方人喜欢喝的酒。北京人吃的酒品名很多，有煮东煮雪、醅出江元、竹叶飞清、梨花湛白、窝儿未酿、瓮底春浓，药酒有史公酒、状元红、黄连液、莲花白、茵陈绿、橘豆青，京畿的酒有南路烧酒、张家湾酒、涞水酒、易州酒、沧州酒、清河酒、潞水酒，还有南方来的扬州木瓜酒、无锡惠泉酒、绍兴苦露酒等。[②]北京人还爱良乡酒，其味道清醇，喝了舒畅，但不好保存，不能过夏。[③]

造酒原料是粮食，而清代人口众多，食粮不足，造酒用粮的消耗，更增加食粮问题的严重性，因此清朝政府经常禁止酿造烧酒。雍正帝因陕西三原、泾阳等地烧锅以千计数，下令署理陕抚史贻直严行禁止酿酒，史贻直因而查明造酒多是山西商人前来贩

---

① ［清］袁枚：《随园食单》，146—150页。
② ［清］潘荣陛：《帝京岁时纪胜》，33页。
③ ［清］富察敦崇：《燕京岁时记》，78页。

运。[①]同时期，直隶总督李卫严禁烧锅，一年之内，拿获三百六十四起，犯人一千四百多名。其实因官吏贿赂而未报官的造酒者更多，其时侍郎方苞说十人中有五个喝酒的，如以四人中有一个计算，一天吃酒所耗的粮食，等于两天的口粮，所以要求乾隆帝继续禁止造酒。[②]酒既然为各个阶层的人所喜好，根本不可能禁止。饮酒是清人的一种嗜好，虽然不会像方苞所说的十人中有五个人那样多，但也说明好喝的人确实不少。

四、清人以吃食为主的消费

人们生活消费的内容，包括穿衣、吃饭、住宅、交通、文化娱乐、社会交际等方面，清代的一般家庭，以食粮的消费为主。清初任给事中的福建晋江人王命岳，出仕前家中有祖父、父母及弟妹约十人，务农为主，其母替人做针线活，每天得钱可买约二升米，命岳教家馆兼事抄写，也挣点钱。他家每天早晚两餐各吃米二升五合，晚饭吃米一升五合，全天吃米六升五合，家中缺粮时就扣米下锅。命岳的母亲为照顾公公，在淘米前，从定量中抓出一把米，存起来，间或给公公另做，让老人吃饱，而她本人经常半饥半饱。[③]王家的收入，大约全部用在吃饭上，这样肚子还不能填饱，哪里还能满足其他的物质与精神上的需求？清代后期，苏州人陶煦为农业雇工经营者估算了一笔收支账，从中可以概见人们的消费结构。他以一个佣工耕种十亩田计算收支，列式如下[④]：

---

① ［清］史贻直：《筹禁烧锅疏》，载《皇清奏议》卷31。

② ［清］方苞：《望溪先生全集·集外文》卷1《请定经制札子》。

③ ［清］王命岳：《家训》，载［清］陆耀辑：《切问斋文钞》卷9。

④ ［清］陶煦：《租核·减租琐议》。

收入部分：

春熟9000文

秋熟43200文

稻秆等8800文

合计61000文

支出部分：

佣工食米5.5石，每石1800文，共9900文

佣工其他食用费12500文

佣工工钱米6石10800文

农具折旧费800文

肥料费5000文

合计39000文

总算起来，工价33200文，占总收入的54.4%，生产费用5800文，占总收入的9.5%，盈余22000文，占总收入的36.1%。工价在总收入的一半以上，比生产费用高得多，而其中用于佣工食用的占总收入的36.7%，就是说生产者的佣工将三分之一以上的收入用于吃食了，他拿回家六石米，只能满足家属的食用，不可能有多余的用于其他消费。而雇主之家，盈余的22000文还要交纳赋税，所剩稻米大约也主要是供家庭食用。由这里我们知道，清人的消费，一般人家主要用在饮食上，衣着、住房、社交、娱乐的费用不可能多。这种消费结构说明人们生活水平低，生活内容贫乏，单调乏味。

第三节　居住与交通

一、住宅的规制与区划

康熙初，理学家陆陇其认为应当对“宫室、衣服、饮食之节”及婚丧之礼作一些规定，“使尊卑上下各有等差”。[①]其实婚丧服饰早有定制，住宅也有制度，陆陇其的建议表明他对那些规制还不满足，还要求制定得更周详。

顺治五年（1648）正月，清朝颁布住宅法规，和硕亲王府第，殿楼的门基与室基相等，柱子用纯色红青油漆，绘金彩五爪龙，但不得雕龙首，多罗郡王家绘金彩四爪龙，多罗贝勒家绘金彩各色花卉，固山贝子、驸马、镇国公、辅国公家绘金彩细花卉，不许官员家房柱涂朱色，禁止庶民房梁上贴金。[②]可见对房舍的规定是在于建筑高度（台阶、门基体现出来）和内部装饰。不同身份的人有不同的住宅规格标准，若违犯之，一旦追究起来就要坐罪。陕西韩城人王杰与和珅同时任大学士，和珅想陷害他，即向乾隆帝诬告王杰家有三王府、四王府，逾制失大臣体统，乾隆帝派人去韩城暗查，原来王杰的故居建设得并不好，不像宰相家，所以当地人据他家人的姓氏和行分，戏呼为三王府、四王府。乾隆帝知道实情后，赏赐王杰银子盖房子，王杰还莫名其妙，不知差一点以居室违制之名被论罪。[③]贵族以及朝中一些

① ［清］陆陇其：《风俗策》，载［清］陆耀辑：《切问斋文钞》卷4。
② 《清世祖实录》卷36，五年正月庚申、辛酉条。
③ 徐珂：《清稗类钞》1册，187页。

大官僚的住宅是官房，由皇帝赏赐。如和珅的府第，后被嘉庆帝赏给庆亲王永璘，后来又转到恭亲王奕䜣手里，此邸即今恭王府在什刹海附近，后人有关于“京华何处大观园”的考证，它往往被视为大观园原型，所以历来为人注意。

人们的居住区域，也因身份地位和职业而有所区别，其中以北京和苏州最明显。北京分内城、外城，内外城又各分五城，内城多住贵族、官员和旗人，外城居住商人、平民，也有少数汉官。内外城的房舍迥然不同，外城房屋低矮，院子窄小，与南方的情况差不多。内城的院宅大而深，房屋宽敞高大，大门门楼华丽高耸，二门以内是厅室，厅室后有三门，这才到内眷的住室，是所谓上房。厅室和上房大的有如殿宇。住宅多坐北朝南，上房东西有耳房，住宅的东西向有东厢房、西厢房，厢房也有耳房。有的住宅从二门进去，就是回廊，直达上房。这宏大的规式，也是仿自王公贵族的府邸。整体建筑是富丽堂皇的。[①]在内城，达官贵人多居住在西城，而东城多有国家的仓库，如禄米仓、海运仓、南新仓、富兴仓、兴平仓等，所以京城民谚称“东富西贵”。这是早期的情形，后来富贵之家喜欢住在东城，所以东城是贵人区。[②]都察院在北京设有五城巡查御史，他们根据各城居民和市面情况，编出谚语：“中城珠玉锦绣，东城布帛菽粟，南城禽鱼花鸟，西城牛羊柴灰，北城衣冠盗贼。”[③]

苏州府城各坊巷居民有很大不同，西部是工商业区，其间金

---

① ［清］震钧:《天咫偶闻》,212页。

② ［清］震钧:《天咫偶闻》,216页。

③ ［清］钟琦:《皇朝琐屑录》卷16《轶事》。

门、阊门有运河流过，热闹非凡，是商业贸易区；胥门、盘门接近府衙、县衙，吏役多在此居住；缙绅士大夫散在城内各坊巷。[1]苏州府的治理很特殊，一个府城，分吴县、长洲、元和三个县来治理，在全国城市中是独一无二的。就是首都北京也只分宛平、大兴二县，两江总督所在地的南京，分上元、江宁二县，两广总督辖所广州分番禺、海南二县，浙江省会杭州分钱塘、仁和二县，湖南会城长沙分善化、长沙二县，此外商业重镇扬州府城分江都、甘泉二县，松江府城分娄县、华亭二县等，由此可知苏州的不同于众了。根据同治《苏州府志》卷5《坊巷》记载，其时府城有街巷三百四十四个，又据民国《吴县志》的记录，光绪宣统间苏州府城有八百八十八条巷子[2]，在短时间内街巷增加一倍以上，可能性很小，显然同治间的统计中一些小巷没计算在内。苏州府城就有这么多的居民街巷，够得上大都会的称号了。“观坊之多而知风化之美，观巷之多而知居民之密，坊与巷具以多为贵。”[3]

人们乐于到苏州府城居住，还因为在此地谋生比较容易。松江府城中属于华亭县管辖的，城内有五十四条街巷，东门外有十二条，北门外有十五条，共计八十一条，虽比苏州少得多，但也还比全国各地的一般府城繁盛。吴县所属的光福镇，道光时有东街、南桥等二十三条街道[4]，其发达的情形要超过许多州县。在

---

① 民国《吴县志》卷52《风俗》引乾隆志。
② 民国《吴县志》卷24《坊巷》。
③ 民国《吴县志》卷24《坊巷》。
④ 道光《光福志》卷1《街市》。

泰兴县，有特种职业的人也聚居于一起，城内有当铺巷、铁匠巷。[①]四川崇庆州城内，有皮铺作坊街，是皮革业从业人员集中区，有金带街，是染业集中区。[②]清人的手工作坊，是前店后坊，后院制作产品，前面店铺出卖，工匠住宅即设在作坊后院。所以清人作坊、商铺，也就是其从业人员的住所，作坊集中的地方，就是该业人员的集中居住地。

二、居室与园林的建设

清人建造居室，有的并无具体打算，建成后，或者不合用，或者耗钱太多。而工于营造者则有一套程序，依式而行，较多合于理想，且不浪费建筑费用。有心计的人建房，大抵先清理地基，根据基址大小，酌量决定造多少间房子，堂几进，街几条，廊庑几处，接着制作模型，称作“烫样”，烫样不合意，再修改，然后动工，造就的房舍就合于主人的意思了。清人很重视房屋的装修，一般门窗隔扇上要雕花，呈人物、龙凤、花卉、百鸟等图样，门楼的砖上也要雕刻，鸟兽之外，或为戏剧图，大宅第门对面有照壁，上面也有雕刻。建筑过程中还有不少禁忌：动工前先选吉日，上梁日亲友要来祝贺，主人希望这一天下小雨，以为可以丰收发财。依干支计算，丙年不修灶，申年不安床。打地基时，打夯工人叫号，词为：“一步土，两步土，步步登高卿相府；打好夯，盖好房，房房具出状元郎。”[③]说些

---

① 光绪《泰兴县志》卷6《城垣》。
② 光绪《崇庆州志》卷2《风俗》。
③ [清]钱泳:《履园丛话》,325页。

吉利话，让主家高兴。

清人在建筑上的追求，一是要房屋多，住得宽敞，有钱人家营建很多，以备应用。嘉庆时周海门在淮安经商，成巨富，招致宾客，凡士人有一技之长的，必待为上宾，特建客邸数百套。[①]二是讲究装修，如吴江县的分湖镇人改造旧居，“竞尚华侈”，有的人家因为着意雕刻，破费钱财，影响了农业生产[②]，又如石埭人“宫室则画栋连云，其器皿则雕文刻镂，虽犯分僭礼，亦所不顾”[③]。三是陈设要精好。人们颇留心于匾联的设置，历任督抚、大学士的阮元，致仕后在扬州旧居门上贴了上联为“三朝阁老”，下联为“一代伟人”的对联，人们讥议他过于自吹自擂，不该用“一代伟人”之词，他遂改作“九省疆臣”，以说明他仕宦的经历。[④]湖广总督、大学士张之洞在北京府邸贴有“朝廷有道青春好，门馆无私百日闲”的门联，表示以道义辅君，不营私利，有人在其联旁书写小字：“优游武汉青春贱，冠盖京华白眼多”以讥讪他。清人室内陈设种类繁多。富贵人家，多以器具、古玩充斥其间，如铜、瓷、玉器架垫，象牙、紫檀木、花梨木的屏架。各个时期还有不同的风尚，乾隆时首都的贵人一开始喜好玩弄珊瑚，次后爱惜碧霞玺，又改为重视翡翠石及料壶，间亦有人爱重旧玉的。[⑤]两淮盐政阿克当

---

① 徐珂:《清稗类钞》7册,3276页。

② [清]柳树芳:《分湖小识》卷6《风俗》。

③ 乾隆《石埭县志》卷2《风俗》。

④ [清]梁章钜:《浪迹丛谈》,中华书局1981年版,16页。

⑤ [清]富察敦崇:《燕京岁时记》,50页。

阿家仅几案、花卉、食器即价值十万两银子[①]，员外郎查有圻喜好收集砚石，竟为之花费几万两银子。[②]此外，节庆日的装点，有钱者更是追求华丽，如康熙初，苏州巨富朱鸣虞在元宵节竟将几盏珠灯挂在大门上，以示富有。[③]

士大夫之家，在居室之外还要建花园，北京和江浙尤为盛行。北京梁园，引凉河水入内，园内亭榭花木，康熙间盛极一时，仅牡丹、芍药花圃就占地几十亩，尚书王鸿绪有诗歌其园之妙："半顷湖光摇画艇，一帘香气扑新荷。林间绿酒常浮月，座上清歌回遏云。"[④]柏氏花园，原为王姓所有，后归果亲王，又改属柏姓，"茂林修竹，曲榭亭台，都中一胜境"，内有长河可以泛舟，有高楼足供远眺，嘉庆六年（1801）毁于大水，卖于明姓。[⑤]米商祝家，明代以来就是巨富，家有屋宇一千多间，园亭秀丽，游十天也不能尽览他家的园林居室。[⑥]江南园林之盛甲天下，嘉庆时松江修府志就用了两卷的篇幅记载当地明清中营建的花园。[⑦]其中王鸿绪的赐金园，吸引了康熙帝两次巡幸，四十四年（1705）赐匾"松竹"，四十六年驻跸其间。尚书徐乾学、大学士徐元文、侍郎徐秉义兄弟的宅园在苏州，有传是楼，聚书万卷，有北楼，康熙帝也到此观赏。[⑧]太仓人陆

① 徐珂:《清稗类钞》7册,3280页。
② 徐珂:《清稗类钞》7册,3273页。
③ [清]钱泳:《履园丛话》,16页。
④ [清]戴璐:《藤阴杂记》,北京古籍出版社1982年版,57页。
⑤ [清]姚元之:《竹叶亭杂记》,67页。
⑥ [清]昭梿:《啸亭续录》卷2《本朝富民之多》。
⑦ 嘉庆《松江府志》卷77、78《第宅园林》。
⑧ 乾隆《苏州府志》卷28《第宅园林》。

毅，康熙中官御史，他的玄孙陆桐庵纪念他，特造忆园，园中包含台、斋各一个，楼二幢，亭三座，馆、山房、庐、舫各一所，轩二座，草堂一所，有山有池，有读书处，有起居室，花木也很多。①武进青山庄是一退职的布政使所营建，后来破落，赵翼看到，尚赞叹它的“残山剩水不胜情”②。江宁的五松园、随园，仪征的朴园，如皋的文园，也都小有名气。许多营造家因造园出名，如张南垣、石涛、叶洮、仇好石、董道士、王天于、张国泰、戈裕良，③他们不仅造出好林园，还为后世留下建筑理论。

上述居室园林多属有钱人的，一般家庭的住宅很简陋，仅仅能够遮蔽风雨。广东徐闻县城里的屋宇，只有官署是砖石建筑，可以耐久使用。民宅是土垒的墙，不几年就会毁坏，世家豪族的房屋颇为美观，但为数极少。在乡村，农家是竹篱茅舍，能盖瓦房的寥寥无几，④这种民宅的状况，是清人居住条件的缩影。河南上蔡县史朝聘有南向住宅一所，大门进内堂屋三间，西间系史朝聘夫妇卧室。⑤史家房屋宽敞，夫妻有单独卧室。洛阳县人李有娶妻张氏，有三个女儿已许人过门童养，还有寡母，家只有窑房一所，⑥居住条件较差，不过三个女儿在家住，房子

① 《平原宗谱》卷18《述德录》。
② [清]张应昌编:《清诗铎》,764页。
③ [清]钱泳:《履园丛话》,330页;[清]陈康祺:《郎潜纪闻初笔 二笔 三笔》,255页。
④ 宣统《徐闻县志》卷1《民俗》。
⑤ 杜家骥主编:《清嘉庆朝刑科题本社会史料辑刊》2册,1049页。
⑥ 杜家骥主编:《清嘉庆朝刑科题本社会史料辑刊》2册,598页。

也算过得去。

东北奉天府居民住草房、窝棚等。草房较多，本地居民居住，也租给移民。五例本地居民的住房中，三例有院墙，其中二例为石砌，一例为土筑，院子多孤立，周围没有邻居。住房一般是坐北朝南的正房，一字排开，或数间通连，或有隔断，承德的住房还有厢房。房子的数量较多，六间的有一例，五间三例，三间一例。山东济南府齐河县民刘元进，年六十二岁，十四年九月里，女婿米文仓要往葡萄坨去住，就给他在那里盖草房二间，这是移民的事例。有的房子未说明是否为草房。新民屯厅大树屯有南北车道一条路，西有直隶定州民张启兴住房一所，周围土筑院墙，向东开设大门，该住房或许也是草房，不过带有院落。山东登州府宁海州民于彬在岫岩头道沟屯住，有东门房两间，租给族侄于和合高中有居住。[①]窝棚较为简易狭小。山东李成年到奉天广宁，受雇于敬发兴，与雇主同住在一个窝棚，嘉庆六年六月，住在邻近刘家窝棚的种地工人陈焕、陈开来到敬发兴窝棚，四人赌博，李成年打死讹赖的陈焕。[②]炕是奉天居家生活的重要场所，房中东西向或北面设置土炕，炕的大小是论“铺”。奉天人家一般欢迎熟人借宿，接待客人比较热情。伙种者有的同炕睡觉，客人是否进入内屋，主人一般不太在意，甚至有时希望客人进屋，以示好客。

---

① 常建华：《生活与制度：清中叶东北奉天地区的移民与日常生活（下）》，《河北学刊》2020年1期。

② 冯尔康：《乾嘉之际小业主的经济状况和社会生活——兼述嘉庆朝刑科题本档案史料的价值》，载《中国社会历史评论》第7卷，17页。

三、城市管理

清朝政府对城市有一套管理制度，城镇居民在其治理下进行日常生活。

北京城宵禁制度严密，黄昏时敲梆子、打钟，即行关闭城门，不许行人出入。因为有相当一部分的官员居住在城外，正阳门在三更时打开左右两侧门，便于他们上朝，但寻即关闭，头天没能赶回家的内城居民可趁此时进城，俗称“倒赶城”，而内城的人还不许出城。到光宣间，外国人因使馆区东交民巷离正阳门近，需要经常出入，以夜间关闭不便，提出交涉，清朝决定上半夜开左侧门，下半夜开右侧门，这样对北京居民也方便多了。在苏州，夜间有营兵巡逻，如怕染坊踹匠闹事，夜里不许他们外出，关在作坊里，外面还有士兵监视着。清朝政府对城市的管理，首先在于重视治安管理，以维护其统治秩序。

城镇居民生活所需物品常要到市场购买，清朝政府又加以规范，委派民间的牙人专门管理市场。由于买卖物品的不同，在城镇很自然地形成某一种或几种商品在一个特定地点交易的情形。四川崇庆州，明代时的商业贸易在城外大街进行，清时移到城内，且分出各种市场，如米市、油市、牛马猪羊鸡鸭市、席柴市、麻布市、烟市、麻市、杂市、白布市、麻纱市、红白甘蔗市等，[①]泰兴分出菜市、鱼市、花市、布市、木市、竹市、草市，其中稻米交易多，米市有三处。[②]

---

① 光绪《崇庆州志》卷3《街道》。
② 光绪《泰州县志》卷6《城垣》。

城镇卫生管理是一件大事。清朝规定，每年春天京城开地沟，说是通地气，届时由管理沟渠河道大臣及巡城御史董理其事，把各个街道上地沟翻开进行清理，差役故意在大商铺临门中间街道上翻沟，以勒索商家。京城道路质量不好，粪便多已成为北京道路的一个特点，居民和商家想改变这种状况，愿意集资改善环境，而主管部门的吏役为敲诈钱财，反说妨碍官街。光绪初工部一个司官想修治道路，铺户很高兴出资赞助，但尚书潘祖荫阻止他，说你办事认真，行一美政，但能保证后任也这样做吗？他如果以修路为名敲诈钱财，岂不害了商家？于是这样的好事终于没有做成，京城街道也依然不平并且污秽杂陈。[①]苏州的街道也不好，浙江秀水人王栴去那里，说城里城外，“路无处不滑”[②]。城市人口增多，不断建盖房屋，不仅使地价猛涨，而且人们所占有的空间缩减了。在南方的城市，有河水流过，由于下水的增多，河流也污染了，所以当时就有人把它比作阴沟。

城市人多，用火机会多，很容易造成火灾，而且房舍鳞次栉比，很难扑救。嘉庆十五年（1810）四月初七汉口镇大火，连烧三天三夜，约计被烧的商民店户有八万余家，死者不可计数。而在这以前船上发生火灾，被烧官粮船有一百余艘，商船三四千只。[③]道光二年（1822）九月十八日，广州太平门外火灾，烧毁一万五千余家，洋行十一家。[④]为应付火灾，城市商人和居民设

① 徐珂:《清稗类钞》1册,123页;4册,1656、1673页。
② [清]王栴:《乡程日记》,载[清]王锡祺辑:《小方壶斋舆地丛钞》5帙。
③ [清]钱泳:《履园丛话》,381页。
④ [清]钱泳:《履园丛话》,319页。

立救火组织。扬州人在乾隆末年大火之后，设立水仓，在人烟密集而又离河道远的坊巷建一大院落，中间放大水缸百余只，储满水，并备水桶百余个，水炮（即水龙）一二具，并备有炮夫，一发现火情，就前往灭火。水仓建得较多，各有名称，皮市街的叫作“广济水仓”[①]。乾隆初，苏州人程肇泰仿照西洋方法，制作救火机，水可以射出几十丈，自空而下，灭火有效，制成恰有升平里火灾，程带人用他的机械很快救了火，因此人们争着仿制，知府傅椿下令城厢内外，每图置备一具。[②]常熟县在各街巷设有水龙会，由各业商人操办，从事救火，如熙春桥水龙会，为大东门布业商人经管，在会商家二十四名。[③]天津的灭火组织叫“水会”，各水会有会头，一处失火，各水会互助。嘉庆十八年（1813）六月十日天后宫戏楼起火，火势很猛，西沽济济水会与各水会合作，用灭火机制止了凶恶的火龙。

四、舆轿制度和交通方式

人们空间的移动，涉及人际关系，也是人们生活方式的一项内容，清朝政府也制定了相应法规。

顺治九年（1652）定舆马制度，依爵秩品级做出骑马乘轿的规范，以后陆续细则化。规定：三品以上汉人文职京官的乘舆用银顶，皂色帏帘，在京城用四名轿夫，出外增至八人；四品以下文官，用锡轿顶，轿夫二人；在外的督抚用八名舆夫；司道府县

---

① ［清］梁章钜:《浪迹丛谈》,27页。

② 同治《苏州府志》卷149《杂记》。

③ 光绪《常熟昭文合志稿》卷17《善举》。

和教职人员用四名，杂职人员不能坐轿，可以骑马。武官不许乘舆，一律骑马，年过七十的总兵官以上官员经皇帝特许才能坐轿。庶民可以坐车，黑色车身，平顶，车厢头部要齐整，不得作雕饰，车帘用皂色布。轿子和车的制度相同，特别是不许用云头。五品以上命妇乘车，一品夫人的车用黑轮、黑辕、皂色衣盖、缘青色边、绿色车帘、皂色帏帐，二品的皂盖不缘边，四品用青色帏帐，五品的车盖、车帘、车帏一律用青色，一二品的盖、帏、帘用缯，三品以下的改用布。[①]这是各色官民车轿在形制上的差异，其在使用上也有一些定例。康熙时住外城的百官上朝进正阳门，但这里只许轿子通过，车不准通行，所以京官都坐轿子，没有坐车的。[②]

官员出行制度，充分体现了职官的威严。州县官出行，前导有肃静、回避牌，衔牌、金锣、伞、扇、冲青道旗，鸣锣七棒，表示“军民人等齐闪开”，随从人员有书吏、民壮、家丁，前后几十人。道员、知府出行，有护勇、顶马，鸣锣九下，意思是“官吏军民人等齐闪开”，不仅百姓，连下属官吏也要回避。巡抚、总督出巡，前导大旗一对、关刀一对、洋枪一对，队伍可以长达半里，鸣锣十一下、十三下，意思分别为“文武官员军民人等齐闪开”“大小文武官员军民人等齐闪开”，表示他们是统辖文武官吏的封疆大员。人们看到仪仗队，听到锣声的点数就知道是什么品级的官员出行了，它显示出官员的威仪和官僚内部的等级区分。

① 《清世祖实录》卷64，九年四月庚申条；《清史稿》卷102，3030页。
② ［清］戴璐：《藤阴杂记》，48页。

在车轿使用上，南北有所不同。北方地多平坦宽阔，适于行车，故而北方人多用车；南方河渠多，耕地紧张，路面狭窄，且多丘陵地，因而南方人喜乘轿子，或者是竹轿、藤轿（即坐椅、躺椅式的轿子）。北京人一般用车，除了官员及其眷属，买卖人也多用之。车子的装饰，到乾嘉时代，各种人都不再遵守清朝的定制，即使街上拉脚的车，也使用绸绫做窗帘，还有安玻璃窗的。乘车从前门上下不方便，大学士纪昀改设了旁门，但这地方原来处于车轴上部，为此将车轮后移，因而添加了后车挡。驾车的牲畜，最早京官使用的是驴，用马的极少，到乾隆中叶嫌驴的速度慢，力量小，而纷纷改用力量大的马，随后人们又喜欢用耐力强的骡，所以乾隆末年人们在北京街头见到的官员车辆，全是骡子驾辕了。

达官贵人和富商有自备专车，一般人当然没有，需要时现雇。京城供人雇用的车，叫“买卖车”，车夫在胡同口等候客人，什么地方都去，叫作“跑海”。[①]人们有急事，需要作长途旅行，有一种“包赶程”的车来承办，日夜兼程，千里路程只需几天时间。[②]地方大吏往往派专人常驻北京，朝廷有关于他的消息，驻京代表立即赶回报告，经常是正式公文未到，而私人代表已赶回来了，使主人有了准备，好应付公事。这些人大约就是乘的“包赶程”的车，否则难于那样迅速。

车子除了供人乘坐外，还作为生产工具，载运货物。有时为

---

① ［清］姚元之:《竹叶亭杂记》,151页;［清］郝懿行:《晒书堂笔录》卷6《风俗奢靡》。

② 徐珂:《清稗类钞》13册,6104页。

载重需要，两车合用，驾辕的和拉套的马用几匹，汪懋麟写贵胄造府邸，到山上拉大石头："四轮轰轰连二车，两行百二青骊弱，中载巨石屹山岳。车上一人声喧呀，手持大竿鞭众马，竿绳摇动如长蛇，车声动地作霹雳，所过街市扬黄沙。"①

驴子是人们重要的出行工具，还有专门从事以驴为客人服务的生计。乾隆四十五年李存义杀死期亲婶母孙氏并奸夫案中，李存义与胞叔、婶母同居共爨，雇薛武魁帮赶驴脚营生，每年议给工银四两。雇驴的事例也有，乾隆五十一年陆沛殴伤其妻毛氏身死案中，毛氏令陆沛雇驴将张氏送回婆家。②

出行除了借宿，还有歇店可以暂住，歇店也是交流信息的场所。山东登州府莱阳县民龚三，出关多年来，在盛京城小东关外开歇店营生。旗人王奇开在这李尔什庄屯居住，他进城时常在歇店里存住。嘉庆八年七月初十日王奇开进城，到龚三店里存住，说要寻找工作地方。十三日，有龚三素识的在鬼王庄屯居住旗人伊保住也到店里存住。伊保住说要雇人做工，龚三就把王奇开保荐给伊保住做工，他们当面说定了。③

河渠也是交通运输的重要渠道，长江、运河是东西南北的交通大动脉，人们用船只运输货物，并用作自身空间转移的工具。运河通行漕粮船，用来运送供北京的官员、旗人食用的粮食，每年要运输三四百万石，加上民间的运货船，使这条河流

---

① ［清］张应昌编：《清诗铎》，762页。

② 郑秦、赵雄主编：《清代"服制"命案——刑科题本档案选编》，中国政法大学出版社1999年版，243、368页。

③ 常建华：《生活与制度：清中叶东北奉天地区的移民与日常生活（下）》，《河北学刊》2020年1期。

上船只往来如梭。沿岸的北通州、德州、淮安、扬州、苏州、杭州因而更趋发达，德州就因滨临运河，“船桅如麻”，才成了商业重镇。[①]苏州除通运河，又因在太湖水系的中心，临近长江、大海，人们多用舟船，王枬说苏州城内外，“船无处不挤”[②]，可见舟楫之多。人们临河造房，门向河道，船只经过，上下人及装卸货物方便，人们把河道当作街道使用。太湖之滨的盛泽镇，丝绸贸易极盛，人们所利用的交通工具就是舟船，所以它成年累月“舟楫塞港”[③]，可以说没有水上交通，就没有繁荣的盛泽镇。居住在太湖洞庭山的人，出没在江湖之中，只要一行动，就用舟船，所以男女老少驾船术都很高，并以此为谋生手段之一。[④]吴江县经营船运的人不下万户，女子的熟练技术不让于男人，小孩十岁以上就可独立操作，一昼夜可行二百五十里。他们不只守在家门口，南到杭州，北行过长江，到扬州、淮安，北至通州，航行这么远的水程，在当时国内是首屈一指的。[⑤]由于运河船只多，而又以通漕为要务，清朝设漕运总督进行管理，又在沿途设立了许多闸官，船只到达，漕船、官船先通过，然后才给商民船放行。

人们利用长江作水路运输，要克服许多险阻，货船要从荆州、宜昌上行，载数百石的大船，要有七八十人拉纤。船到重庆，需改用小船，并要换熟悉当地河道的水手操作，以便保证航

---

① ［清］孙嘉淦：《南游记》，载《清经世文编》卷6。
② ［清］王枬：《乡程日记》。
③ 乾隆《吴江县志》卷4《镇市村》。
④ 同治《苏州府志》卷3《风俗》。
⑤ 乾隆《吴江县志》卷38《生业》。

行的安全。由于上行需要人多下行用人少，因此每上下一船，要有一半水手找不到雇主，一个月下来，将有千人在重庆待业，成为游民[①]，因而产生严重的社会问题，并给四川秘密社会增加了众多的成员。武汉是长江、汉水的合流处，“舟车辐辏”[②]，水上居民的活动使之繁荣。近代成为四大米市之一的芜湖也得力于长江的水运，地处长江三角洲的常熟福山镇，因“市舶所集”而“人烟繁盛”。[③]

作为长江入海口的上海，独得大江和大海的双重利益，海船南去浙江、福建、广东，速度快，广东上海间来回一次不过一个月，商人从广东把蔗糖及从南洋进口的铁梨木运到上海，又从上海把棉花运到广东。[④]嘉道间，上海、乍浦有五千多艘海船走北线，经山东、直隶到达关东，每船可载运二三千石，去时运送布匹、茶叶，回程满载大豆、麦子，一年之中，可以往返四五次。[⑤]商人、水手经过上海，把长江流域的物资运输到北方、东北、华南，又把这些地方及南洋的物资运到长江流域，起了商品交流的重要作用。

在水上生活的人，天地再广阔，难得着陆，加之水火无情，动辄有生命危险，而且需要购买的生活用品多，采买又不很方便，所以生活上受制约较多，生活方式不同于陆路居民。

---

① ［清］严如煜：《三省边防备览》卷5《水道》。
② ［清］张嘉淦：《南游记》。
③ 光绪《常熟昭文合志稿》卷5《市镇》。
④ ［清］褚华：《木棉谱》，载［清］杨光辅：《淞南乐府》。
⑤ ［清］钱泳：《履园丛话》，108页；［清］包世臣：《安吴四种》卷1《海运南漕议》。

五、义务修桥补路

国内交通干线和大河通航的建设和疏浚，是清朝政府的事情，而对地区性的道路、桥梁的兴修，政府或不过问，或不维修。由于有的道路年久失修，经常发生事故伤害行旅，或造成交通的阻塞，于是有民间热心者出面兴修。

汉阳富商李本忠家世代从事长江上游贸易，归州（今湖北秭归）多险滩，其祖父死于此地，乃父也几乎步乃祖的后尘。为了水上运输的通畅和行人的安全，李世忠征得归州政府的同意后，出资凿石，平整滩路，又向上游修四川夔州府境内的险滩，自嘉庆十年（1805）起至道光二十年（1840），在长江中上游平滩四十八处，用银二十万两，因用工之勤和费银之巨，清政府给他本人及其子、孙四品章服。[①]李世忠对于长江运输的安全，做出了贡献。太湖人雷之滢等人倡修县城西郭外道路，特设皇华局，置田做维修经费，同治间监生曹茂和等又捐田，使维修得以正常进行。[②]这样小范围的修路，各地也有零星出现，而比较多的是设立义渡，即有人出田地银钱，建立组织，负责修造桥梁，或者建造船只，雇用船夫，免费渡人。

有人为方便行人建设茶亭，施舍茶水。安徽太湖人周天佑在县城至英山、蕲州的要道白洋坂建设凉亭，又捐田六亩，以便长年备茶供行人无偿饮用。于都钟姓世德堂设立凌云亭，锡茶堂建

① ［清］张应昌编:《清诗铎》,13页。
② 同治《太湖县志》卷4《公局》。

成后善亭，均置田施茶，监生管传彬置延寿亭施茶。[①]陆川县人在佛子坳、四贺径、文龙径、馒头岭等处建立茶亭，也有常设田供应茶水。[②]石城的石坊茶亭、西竺茶亭都是在乾隆年间出现的。[③]南方多水，天气常热，凉亭施茶给行人提供了方便。

修桥补路，设亭施茶，对实践者是所谓“义举善行”，它有助于交通事业的发展，便利于过往行人，确实是有益的事情。

① 同治《于都县志》卷6《关津》。
② 民国《陆川县志》卷5《桥梁》。
③ 道光《石城县志》卷3《经制》。

第六章
婚　姻

婚姻制度和习俗有丰富的内容，如婚姻形态、配偶选择、结婚仪式、再次婚配、婚姻解除、丧失配偶等。透过这些内容，人们可以了解到社会政治、财产制度和社会意识形态，即社会生活的某些实质性的因素。

婚姻是家庭形成的前提，没有婚姻也就不会有家庭及其延续，因此要进一步认识家庭，需要对婚姻做出相应的研究，像父家长制与婚姻的关系问题，从婚制方面来研究，就可能揭示得更清楚。

第一节　清人的婚配与青年争取婚姻自主

清人认为婚姻首先是家庭，乃至家族的事情，当事人却居其次。这种传统观念影响着当时的婚姻制度和习俗，更主要的是也是那种婚制和习惯的现实反映。

一、家长主婚

乾隆时著名诗人蒋士铨在《唱南词》乐府中写道：“君不见

杭州士女垂垂手，听词心动鸾凤偶。父母之命礼经传，私订终身小说有。”[①]他反对青年男女私订婚约，劝人遵守父母之命、媒妁之言的婚配传统。他维护包办婚姻的这番议论，恰恰说明私订终身是一种不可忽视的社会现象。

张荭娇是闽县富家的独生女，能作诗词，有钱人家子弟纷纷向张家求婚。荭娇认为：纨绔子弟多无才能，而且无情意，因此不能与这种人做配偶，并表示愿同有文才而品行好的人结合。于是文士争投诗词求婚，福清书生林鸿的诗作得到垂青，两人诗书往还，遂立盟誓。她的父母因林鸿家境清贫，要求他科场中第后再成亲，等到他中了举人，才正式结婚。[②]

广东南海人朱星精于绘画，人们争着收藏他的作品，同里女子金翠芬亦能诗词丹青，看到朱星的画，遂生爱慕之心，于是在朱星的画上题诗，朝夕吟诵观赏。她的父母同意一王姓人家的提亲，翠芬感到与朱星结合无望，绝食反抗，两天后又给其父写了一首言志的诗，父母这才把与王家的亲事取消。翠芬赋百韵诗寄给朱星，朱也有意，两人终于结为伉俪。当地人称赞这对夫妇的结合和美满生活，说是“画姻缘”[③]。

到了近代，学堂的学生和留学生中自由恋爱的不少。光绪间天津人毕国华在武备学校学习，他的姑母嫁到宛平世族陈家，陈毕氏善女红，曾应慈禧太后之召供奉内廷，出宫后侄女陈锦心跟她学习女红，毕国华在姑母家看到陈锦心，两人互相钟情，由陈

① [清]张应昌编:《清诗铎》,831页。
② 徐珂:《清稗类钞》5册,2044页。
③ 徐珂:《清稗类钞》5册,2114页。

毕氏做媒，定了婚，并最终结成夫妻。[①]浙江人邹月舫乃“新学界之高才生”，总以“我国妇女之不学无术未能自立为憾”，因此宁做鳏夫，不愿同“冥顽无知者”做配偶，宣统元年（1909）到上海，友人潘少侯给他介绍女校优等生，因对方没有学过家政课而不乐意，名厨师沈通保的女儿秀珍习烹饪，重感情，邹月舫遂同她结合。[②]

这些择偶获得成功的人，自然是幸运的。但也有许多青年男女在这条道路历尽艰难，最终惨遭失败。

姜渭是泰州直隶州泰兴县秀才，与邻居老吏徐某的长女相爱，盟誓结为夫妇，并托媒人去求婚，徐吏风闻他们有约故不答应，并把女儿幽闭起来。另有一小吏乘机向徐某求亲，徐某因恨姜渭而痛快地答应了他。女儿闻讯上吊自杀未遂，徐某以“违父不孝，私约不贞”坚决不答应女儿嫁给姜渭。其女宁愿终身不嫁，自此闭门拜佛，不提婚事。姜渭到浙江学政处做幕客，求学政帮助他成就婚事，学政为之讲情，但徐某认为自来“儿女婚姻，父主之”，学政大人说情，也不答应。这桩婚姻终不成功，姜渭遂抑郁而死，徐女也终身不嫁。[③]

浙江一青年秀才到杭州乡试，住在亲戚家，与主人家美丽有才的少女相爱，少女母亲最初同意他请媒人合婚，但一问年龄，男长女六岁，而“俗有六冲之忌”，女母就不答应了，少女为此终日啼哭，遭到母亲责骂，因而自杀，青年听到这个消息，也喝

① 徐珂:《清稗类钞》5册，2111页。
② 徐珂:《清稗类钞》4册，1702页。
③ 徐珂:《清稗类钞》5册，2084页。

毒药自尽。[1]

由于婚姻不能自己做主，所以不仅自己选择意中人是不允许的，父母为子女择偶也无需征得当事人的同意，因此造成了许多人的不幸。

江苏兴化开米铺的张某，有女儿桂姑，喜读书，有表亲周某欲娶她为妻，张某以周家穷而拒绝，而将女嫁予小康之家的吴某。桂姑结婚后，看不上浪荡的丈夫，自号“艮心女史”，表述了怨恨的心情。吴某买了妾，妾恃宠欺凌桂姑，桂姑忧郁而死。[2]

光绪中甘肃某按察使被罢官后，将女嫁给京中协办大学士某之痴呆长子，以求复职，其女儿出嫁不久，就抑郁而死。[3]

上述青年男女的婚事说明：青年自选配偶的，婚后生活多半幸福；由父母强迫结合的，有的结局非常悲惨，甚至很快结束人生。同意子女自己选择对象的父母一般比较开明，比较尊重儿女，但这种人为数较少；而多数父母则笃信“父母之命，媒妁之言”的婚姻信条，以子女特别是女儿私订终身为耻，维护的是包办婚姻原则。争取婚姻自主权的往往是有知识的青年，他们忠于爱情，甚至不惜以死相报，可以说他们是传统婚姻制度的叛逆。坚持父母主婚，在清代是普遍现象。“父主婚”的支配子女婚嫁的思想，在那时是合理合法的，清朝政府继承了前朝制度，肯定了家长包办子女婚姻的权力，法令规定：“嫁娶皆由祖父母、父母主婚，祖父母、父母俱无者，从余亲主婚。其夫之携女适人

---

① 徐珂:《清稗类钞》7册,3507页。
② 徐珂:《清稗类钞》5册,2095页。
③ 徐珂:《清稗类钞》5册,2108页。

者，其女从母主婚。”有些复杂情况，如若祖父母、父母犯死罪被囚禁，虽不能主持子孙的婚事，但是子孙也不能自行婚嫁，还要听从他们的意见办理，否则要受杖八十的刑罚。[①]不管怎么说，子女的婚事要秉命于父母，不能有自己的意愿。

家长包办婚姻造成了一些青年男女的不幸，还有更深远的影响，使一部分女子产生独身观念，她们不愿与陌生的男人结婚，为免遭婚后的痛苦，索性不结婚。在广东一些地方，姑娘们结拜为干姊妹，少则数人，多者十数人，称“金兰会”，宗旨之一是“相约不嫁”，互相帮助，如果家长强迫出嫁，义姊妹们帮助她私逃，并在经济上给予资助。[②]光绪间，奉天（今辽宁沈阳）出现“闺女不嫁教”，入教的姑娘吃斋念经，“矢志不嫁”，已订婚者，也坚决退掉。[③]光绪间陈代卿的次女孺云，善于书画，十余岁时，父母为她择婿，她以不停地啼哭表示反抗，又向她姐姐说，“女大则嫁，吾不堪也”，她的父母只好停止议婚。[④]陈孺云的“吾不堪也”，表述了女子不愿出嫁的原因。青年女子不愿意出嫁，实是在包办婚姻制度下，不能自主个人的命运和婚后生活不可预测的现实压迫造成的，比起男子，女子的命运更被家长、丈夫摆布，所以独身愿望来得更强烈。

在家长包办婚姻下还产生一种怪现象。在嘉定，有一天晚上两家同时娶亲，因为争道路，双方哄闹起来，把轿子搁在一边，

---

① 光绪《大清会典事例》卷766《刑部、户律婚姻》。

② ［清］张应昌编：《清诗铎》，952页；［清］梁绍壬：《两般秋雨庵随笔》，河北教育出版社1994年版，222页；咸丰《顺德县志》卷3《风俗》。

③ 徐珂：《清稗类钞》4册，1985页。

④ 徐珂：《清稗类钞》5册，2109页。

还把灯笼熄灭了，闹罢，各自抬走一顶轿子，到新郎家举行仪式，入了洞房，第二天两亲家探视才发现，原来轿夫抬错了轿子，致使新人错对成亲。娘家告到县里，县官从要求女子贞节的观念出发，以将错就错作处断，只是责打轿夫了事。①这种错点鸳鸯的事，只有在当时的婚姻制度下才会出现。

二、婚姻的选择

传统时代的父母为子女择配偶，都遵循一定的原则，论门第与论财富一直是受多数人重视的两个方面，清人也不例外。

论财富的婚姻比较注重陪嫁与彩礼的多少。陪嫁是男方对女家的要求，女家则要求男方多送彩礼。康熙四十一年（1702），婺源詹元相为姨表妹做媒，代表男方詹文赞，送去定礼果子四包、有珠的翠花一对、金耳环一对、金钏一对、银手络索一对，次年又送去聘金银子十二两、折盒二两。②这反映了乡村一般人家送彩礼的情况。在清后期的澎湖，男方先送纳彩礼，有钱人家送手镯一对、检婚书二百文，贫穷人家送头簪一对或戒指一对、检婚钱一百二十文，次送聘金番银三十六元，另备礼一担，内含猪腿一对，鸡、面、糖、枣、槟榔等十包。男方如不凑足这些彩礼，即使到了三十岁，女家也不同意完婚，有的男方自知缺乏聘金，只好退婚。③嘉庆元年（1796）湖北荆门州人李兴高做媒，陈士抉将女儿许配李庭贵，议定聘礼钱一万二千文，结亲时李庭

---

① ［清］龚炜：《巢林笔谈》，60页。

② ［清］詹元相：《畏斋日记》，233、241页。

③ 光绪《台湾澎湖志》卷9《风俗》。

贵因乏钱，先交了六千文，下余六千文缓交，得到陈士抶的允许后结了婚。次年陈士抶请媒人去催讨，李兴高推脱，二人争打起来，陈士抶失手把李兴高打死。[1]要彩礼已成为清代一个很恶劣的社会风俗，江苏宝应，“女子许字，必责厚币而后遣。婿家贫，辄相持过时，青年至三十未嫁者”[2]，女家重索彩礼，实际是卖女儿。

女方争聘金，男方要嫁妆，能否满足对方，成了缔结婚姻的首先条件。雍乾时翰林院检讨夏之蓉说当时的合婚情形：“将择妇，必问资装之厚薄，苟厚矣，妇虽不德，亦安以就之；将嫁女，必问聘财之丰啬，苟丰矣，婿虽不德，亦利其所有，而不恤其他。”[3]只问聘礼妆奁，不论人品，成了许多家长为子女选婚的原则，清朝人称为“婚嫁论财”。在论财的风习下，只有个别人对它不感兴趣，据金埴的《不下带编》中记载，一个善作画的秀才，在女儿出嫁时不给妆奁，唯送一幅举案齐眉的画，并题诗一首：“婚姻几见斗奢华，金屋银屏众漫夸。转眼十年人事变，妆奁卖与别人家。”[4]他认为夫妻感情和好，比金钱更重要。他的认识，是那个时代的先觉者，也是开明家长的榜样。

婚姻论门第，是许多清人所重视的一个原则。乾隆时，昆山秀才龚炜认为择婚要：“门楣求其称，婿妇惟其贤，财帛抑末矣。”[5]他看重的是门第，故而辞掉友人为子推荐的富商之女。乾

① 档案《内阁全宗·刑拜题本·土地债务类》3093号。
② [清]张应昌编:《清诗铎》,837页。
③ [清]夏之蓉:《昏说》,载[清]陆耀辑:《切问斋文钞》卷4。
④ [清]金埴:《不下带编》,中华书局1982年版,46页。
⑤ [清]龚炜:《巢林笔谈》,56页。

隆六年（1741），御史仲永檀参劾大学士赵国麟等人，乾隆帝除论断被劾之事，又指责赵国麟与市井小人刘长藩联姻。[①]择婚不论门第，在官僚形同有罪。清政府还规定不许良贱通婚，可见门第的重要性。

在论门第和论财富两条原则中，清人的注意力更投向哪一边呢？邵长蘅作过题为《财婚》的诗，写道："古人重嘉耦，今人重财婚。""既须计钱帛，亦复矜高门。"[②]从诗题到内容，认为清人选婚，更重视金钱。邵长蘅的诗作，反映了清人给子女选婚首先看对方的财产，其次才看对方的政治地位。因为门第对一般人家来讲意义不大，而做官人家要较多地考虑政治地位，与社会下层联姻会有碍这个家庭在政治上的发展。

清代中表婚颇为流行。前面讲到过的王庆云，其母蒋氏同袁杰的妻子蔡氏是表姊妹，庆云娶了袁杰和蔡氏的女儿，他们夫妇有表亲关系。庆云的姑姑嫁给陈家，庆云的三妹又嫁给这个姑姑的儿子[③]，所以他三妹的婚事为典型的中表婚。

清人刘榛在《答昏礼问》中，针对中表婚流行之俗是否为法令允许的问题说："在律婚姑舅两姨姊妹者，杖八十，离异，安在其可哉！"[④]说明清朝法律禁止中表婚，但是人们却置之不顾。认为亲上做亲，门楣、财富都般配，且又知根知底，这样的婚事对家庭发展有好处。所以亲连亲成为清人择婚的又一个原则。

---

① 《清史稿》卷306《仲永松传》，10534页。
② ［清］张应昌编：《清诗铎》，836页。
③ 《西清王氏族谱·袁夫人家传》。
④ ［清］刘榛：《答昏礼问》，载《清经世文编》卷61。

刘榛不赞成中表婚，是认为它比同姓婚还不好，因为同姓不一定有血缘关系，而中表婚则一定是近亲结婚。清人也注意同姓不婚，因为对同姓结亲，“其生不蕃”的古训和道理多少懂得一些。乾隆时，朱韫斯婚后得知妻子与已同姓，便欲休妻，朋友以古人同姓为婚的事例，说明同姓而不同宗则没有关系。[①]朱韫斯的顾虑，表明清人主张同姓不通婚。但同姓不婚的原则，只在士大夫阶层流行，穷乡僻壤就没有这种禁忌。在甘肃，同一祖父的男女不许结亲，除此之外，其他人均可联姻。[②]血缘近亲为婚，不利于人口优生，清人在这方面的认识存在两个问题：一是把血缘关系已经很远的同姓与血缘关系很近的表亲未作区分，畏同姓信表亲，是不科学的认识；二是根绝血缘近亲有实际困难，因为在农村，特别是穷乡僻壤，可供人们选婚的范围窄小，不得不近亲联姻。

年龄、才能、品德、体貌等也是清人选婚中经常注意的因素。政治联姻也时有发生。

财富、门第、中表亲、同姓婚、德才、年龄、品貌诸方面，年龄相当、同姓不婚是作为前提考虑的，一般不会逾越，而真正的择偶条件是财富和门第，只有少数家长方较多地考虑人品。财产、门第对家庭最有意义，与富裕之家联姻，家长可以得到实惠，而攀上一个高门第的亲家，会使本家族地位提高，面子也好看，因此家长为子女选婚，首先考虑家庭的利益，而不是儿女的幸福，这就是包办婚姻的弊病所在。

---

① ［清］龚炜：《巢林笔谈》，54页。
② 徐珂：《清稗类钞》5册，1997页。

三、结婚年龄

清朝的法定婚龄是女十四岁，男十六岁，这是唐朝开元以来的传统规定，清朝只是予以继承。而清人的实际婚龄，比法定婚龄要略大一些。

道光二十三年（1843），张集馨为其弟张庚与魏静卿长女定婚，其时魏女七岁，到咸丰六年（1856）张庚、魏氏成亲，新娘虚龄二十岁。九年张集馨为其子兆兰娶尚书许乃普的女儿，兆兰时年十七岁。[①]武进农家马氏女，十七岁嫁给郑家，二十九岁夫死。[②]旌德人皇甫氏，嫁王善安，二十岁生子，结婚最晚也在十九岁。[③]下面我们列表看几个寡妇丧夫的年岁，以了解她们结婚时的年龄。

姓氏	丧夫时年龄	地区	备注	资料来源
曹吴氏	23	江苏奉贤		光绪奉贤县志卷14
郭邦宿妻陈氏	23	安徽南陵		民国南陵县志卷35
周文遂妻马氏	22	江苏吴县		乾隆苏州府志卷88
沈天喜妻方氏	22	江苏震泽		乾隆苏州府志卷72
朱国宾妻朱氏	24	江苏青浦		光绪青浦县志卷25
郭宏妻张氏	23	江苏丹徒	有子	京江郭氏家乘卷6
郭岭妻张氏	24	江苏丹徒	郭宏妻张氏之媳，有子女	京江郭氏家乘卷6
李王氏	25	江苏宝山		光绪宝山县志卷11
潘杨氏	26	江苏宝山	有子女	光绪宝山县志卷11

① ［清］张集馨：《道咸宦海见闻录》，75、173、253页。

② 民国《荥阳郑氏大统宗谱》卷2《节妇马氏传》。

③ ［清］施闰章：《愚山先生诗集》卷4《皇甫氏若节诗》。

由上表可看到，这些妇女在丈夫死时二十多岁，有的生有子女，由此可推断清人结婚多在二十岁以前，婚龄偏小，早婚成俗，当然也有人因贫穷，或女方争聘金，较大年岁才完婚。清人婚嫁早，有多方面的原因：一是家长希望儿子成为家庭财富的积极创造者，因为结亲标志他的成熟，会增强他的家庭责任感；二是为早得子，以便传宗接代；三是男方为得劳动力，女方为减少家口负担；四是晚婚会被人耻笑，因为没有钱才娶不上媳妇，或推迟婚期，或要亲友经济帮助，都是令人难堪的事；五是结婚晚，生子就晚，怕人笑话，所谓“六十衰翁始作爷，客来强半当孙看”①，也是丢人的事，这种舆论也逼迫人早婚。

清人大多主张婚嫁以时，既不要太早，也不要太迟。广州女子及笄之后多有患所谓“绿郎”病而死的，而未婚男子则得所谓“红娘”病亡故，屈大均认为绿郎、红娘之症，是“婚姻不及其时所致”②，实质是“相思病”。梁绍壬对此作了进一步解释，说未婚男女之死是“情欲之感所致也”③。苏州程灿是勤于攻读的秀才，定婚后，未婚妻死去，程父未及时给他张罗婚事，程灿到二十七岁时抑郁而亡。《吴下谚联》的作者王有光以此为例，强烈主张及时婚嫁，认为婚配当在二十岁左右完成，最迟不宜超过二十二岁。④主张婚姻不失其时的人，都承认男女之事是人的生理需要，不回避这个现实问题，是可贵的。

---

① ［清］平步青：《霞外捃屑》，上海古籍出版社1982年版，192页。
② ［清］屈大均：《广东新语》，217页。
③ ［清］梁绍壬：《两般秋雨庵随笔》，299页。
④ ［清］王友光：《吴下谚联》，中华书局1982年版，55页。

第二节 婚姻仪式

周朝以来，婚姻有所谓“六礼”之仪，即“纳彩”（男家向女家提亲，并送去礼物），“问名”（女家同意相商，告诉对方女儿的生辰八字）、“纳吉”（男家将男、女八字请人占卜得吉兆后，通知女方）、“纳征”（男家以聘礼送给女家）、“请期”（男方择定婚期并备礼告女家）、“亲迎”（届期，新郎去女家迎娶新娘），清人婚姻基本上仍依六礼而行。

清朝规定：品官士人婚礼的当日，新郎遵父命，带着彩轿到女家迎新人，新娘家长拜家庙，说明女子嫁于何人，然后父亲训诫打扮好的女儿到婆家如何做人，母亲一边给女儿整衣一边重复丈夫的话，女儿遵命上轿，随夫婿到婆家，行交拜礼。这一天男方要设宴请亲友。迎亲的仪仗，有品级的官员之家用本官执事，打六个灯，用十二个鼓乐手，没有品级的士庶人等，用灯四个，鼓乐手八人。①

官僚、平民之家的迎亲情形，由于地域的不同和新人所属社会层次的多样化，要比官方规定复杂得多。

浙江宁波迎亲习惯是：新郎不出面，由男方请堕民妇女为代表，拿着名帖引导彩轿去女家，女方则把大门关闭，需男方给“开门钱”才让进来，轿子进院后，男方代表须连催三次，新娘才盛妆上轿。②

---

① 《清史稿》卷89，2643页。

② 民国《鄞县通志·文献志》己编《礼俗》。

湖北黄陂人迎亲与宁波不同。新郎亲自去迎娶，到女家门前，女家也关上大门，许久才打开让新郎进去，新郎每进一个门就要叩一次头，以此表示他是“门下子婿”，到堂屋，拜见岳父，跪拜之处放有碎瓦片，以为难子婿。拜毕，请新郎吃三元汤（即鱼丸、肉丸、汤团），以博取科场上连中三元的吉利，汤团中放很多油和糖，让新郎难于下咽，以此取笑。新郎吃好后，新娘上彩轿，新郎用封条把轿门封上，这才出发。①

广东顺德县人迎亲，新娘要在花轿中放声大哭，快到夫家时才停止。②

福建石澳地方，男家请六个小康之家的少年去迎亲，他们穿戴华丽衣帽，但不穿鞋，拿着红布旗，称作“替新郎”，到女家不让进门，给四五吊钱才放进去，称为“索青钱”。到了中午，新娘由叫“新阿姨”的女伴数人陪同坐轿到婿家。③

苏州人迎亲，十家有九家用掌扇、黄盖、银瓜作仪仗物，掌扇上必贴“翰林院”三个大字。似乎这些迎亲者都是官员，而且在翰林院任职。以至使一位在苏州居住的扬州人产生为何苏州只有翰林院的官员结亲，不见老百姓迎亲的疑惑来。④在清代，苏州中状元的人多，中甲科在翰林院任职的人确实也多，但苏州人尽以之为仪仗，反映了时人慕虚荣的一种风气。另据记载，苏州人迎娶，“花轿、珠灯必欲填街塞巷”⑤，把迎亲看作是显示阔气

① 徐珂:《清稗类钞》5册,1998页。
② 徐珂:《清稗类钞》5册,2002页。
③ 徐珂:《清稗类钞》5册,1997页。
④ [清]王应奎:《柳南随笔》,59—60页。
⑤ [清]邓琳:《虞乡志略》卷8《风俗》引鲁讦《训俗条约》。

的手段。

花轿到新郎家后，要举行撒帐、踏槁、牵红、传席、交杯、过布袋等仪式。[①]撒帐，是新人双双入洞房后，傧相把果盘所盛的果子扔到帐子里，并说一些祝贺的话。过布袋，是新娘在伴娘扶掖下跨过布口袋，以袋、代谐音，表示能生育男女，传宗接代。在湖南醴陵，新娘轿子一进门，男家请亲友中夫妇生育男孩多的人揭开轿帘，由捧花烛的人引进房中，新人交拜。[②]在广东顺德，新郎迎亲先归，登上新房门边的梯子，亲友在梯下劝酒，口中还要喊着"步步高升"，等到新娘进房门时，新郎正好用手揭去她的面巾。新娘拜见公婆时，公婆身前放一桌子，新娘跪着走到跟前，退下来，又上去，如此几次，叫作"跪酒跪茶"，新媳妇受不了这种折磨，有的当堂哭泣，这就招来公婆的不高兴。[③]石澳地方，在新娘进门后，先把新人撇在一边，而在新房的床边摆酒席，宴请替新郎和新阿姨，待到二更过后散席，新婚夫妇才行合卺礼。

闹洞房是婚礼中不可缺少的节目，主要是客人拿新娘及女傧相取笑。夏之蓉说："无行之徒沉湎喧呶，甚且以媟黩之词相轧，以为笑乐。"[④]江苏淮安人闹房分两起，先是儿童入洞房，一人唱一支歌，唱完，分给每人几支安息香离去，次是成年人进房，对新娘评头论足，或拿新娘的脂粉涂别人的脸，或

① 光绪《诸暨志》卷17《风俗》。
② 徐珂:《清稗类钞》5册,1999页。
③ 徐珂:《清稗类钞》5册,2003页。
④ ［清］夏之蓉:《昏说》,载《清经世文编》卷61。

说些戏弄的话，或者用戏剧里的话来调笑。[1]湖南衡州闹房有“合合茶”名目，令一对新人同坐一条板凳，各把一只手放在对方肩上，余手合持一茶杯，亲友就手上喝茶。又有“打传堂卦”的举行，即亲友推一个滑稽的人作堂官，脸涂黑作丑角，反穿褂子，用荷叶作黼黻，算盘子作朝珠，戴大帽子，用红萝卜作帽顶，大蒜作翎子，旁立几个装作差役的人，把一对新人和公婆抓来跪下，叫公婆教给新人房中术，新人听后重述一遍，不听指挥的就要遭到鞭打。[2]传统时代男女内外有别、授受不亲，婚后，其他男人就不能向新妇取笑。闹房不禁止这种调笑，是个例外，因为亲友闹房是表示祝贺，即便动作言语出格，新人、公婆也必须尽量容忍，否则破坏了喜庆场面，被认为更不吉利。

在成亲这一天，是社交的重大日子，亲友要前来送礼贺喜。乾隆五十八年（1793）安徽亳州人任梓为子娶亲，亲友送礼的五十一人，任梓用大红纸把他们一一作了登记，次年嫁女儿，又有十二个亲友来送礼。[3]康熙四十年（1701）八月，江西婺源的詹元相堂妹将结婚，举行上头礼，詹元相家送给她烧金戒指一对（重一钱六分）、翠花冠一顶、帽幅包一条、梳篦一全副、锡钮四副、递手银一包。十一月詹兴寿与金凤成亲，詹元相家给兴寿送贺礼、凉帽一顶、马衣一件及鞋袜，给金凤三钱重的金凤银髻簪一对、京兰衫一件、白褂一件、裤裙各一条、绿袜筒一双、鞋一

① 徐珂：《清稗类钞》5册，1995页。
② 徐珂：《清稗类钞》5册，1999页。
③《清代档案史料丛编》9辑，221页。

双。[①]对送礼者，喜家要备酒席招待。

浙江杭州人生下女儿后，就酿酒贮藏起来，称“女儿酒”，到女儿结婚时，以之请客，男家请客要比女家规模大得多，有钱人家要叫戏班子来演戏，以娱客人，并留亲友居住，着实热闹一阵子。所以康熙时礼部尚书张伯行说福建人结亲，“连旬设酒演戏，动辄十余席，靡费已极”[②]。

在清代，抢亲也时有出现，一般发生在贫穷人家，有的是已订婚的男方没有钱送迎亲礼，就把新娘抢回来成亲。绍兴人张阿富侨寓杭州，年已三十，聘妻王氏也二十七岁，没钱送彩礼，女方催促迎娶，达不到目的，后来也因备不起嫁奁，暗示张抢亲，张于是约了几个人把未婚妻“抢走”，然后拜堂。[③]这样男女双方都免去礼物和婚仪的巨大费用，这是穷人不得已而采取的办法。抢亲是古老的遗风，虽然六礼不全，舆论也就不责备了。

在形形色色的婚礼中，还有华侨的特殊婚仪。华侨有的在家乡订了婚，出洋不能回归，他们的家长仍然按俗礼给他娶妻。在行交拜礼时，因男人缺席，就在新娘的左侧缚一只大公鸡，以代表新郎。这样的婚礼过后，新娘操持一切家务，等到男人回归，才真正结婚，否则她只能守空房而不能改嫁。[④]

还有一种婚礼，是已定婚的青年男女一方死亡，由活人同死人成亲。如果女方死了，男方则把女棺迎到家中埋葬。若是男方

---

① 中国社会科学院历史研究所清史研究室编:《清史资料》4辑,223、227页。

② [清]陆耀辑:《切问斋文钞》卷4《饬禁婚嫁丧葬华奢示》。

③ 徐珂:《清稗类钞》5册,2099页。

④ 徐珂:《清稗类钞》5册,2003页。

死了，女的就抱男方木主牌位结亲。[①]

这些婚媾，不管如何怪法，都是按照当时的礼节举行的。也有大胆的不依规矩操办儿女婚事，明清之际浙江海宁人陆嘉淑将女儿许给查慎行，因有事要出远门，想先给女儿完婚，以了却心事，于是对女儿说送她到舅家，将之骗到查家，要求查父为儿女完婚。查父认为这样不合礼法，而陆嘉淑声称不讲礼数，希望立即让儿女成亲，查父只得答应。[②]陆的做法是不合当时礼法的，送女上门，会被人认为是自轻自贱，但陆是士人，不顾舆论，也一样过去了。

到了清末，出现了新式文明结婚。这种婚仪多在大都市和商埠实行，内地少见。实行的人为知识分子，或者是留学生。婚礼前的订婚，双方家长要先征得儿女的同意。定约后男女双方协议先求学自立，然后婚配。其婚姻典礼在礼堂进行，参加人除当事人，还有双方族人亲友，有司仪、介绍人、主婚人、证婚人、纠仪人。仪式开始，各种人员就位，由男女傧相引导新人入席，奏乐，证婚人宣读证书，证婚人、介绍人、新郎、新娘在证书上用印，证婚人为新人交换饰物，新人相对鞠躬，主婚人、证婚人相继致辞，新人谢证婚人、介绍人，男女宾客代表致祝词，新郎新娘致谢词，女宾代表唱文明结婚歌，最后举行茶歇、宴会。整个婚礼较简单，花费也少。[③]

清人的婚礼中有许多祈盼祥瑞的东西，如吃三元汤，上梯

---

① ［清］梁绍壬：《两般秋雨庵随笔》，420页。

② 徐珂：《清稗类钞》5册，2037页。

③ 徐珂：《清稗类钞》5册，1987页。

子，新娘过布袋，新人吃半生的饺子，丈母娘吃糖叫甜，多生男的亲属揭轿帘子，等等。人们希望自家的婚姻美好，不仅夫妻和睦，而且给新郎带来好前程，家庭发展昌盛，于是把礼仪中的每一步骤都看得很重要，以为遵行礼俗能产生幸福，否则就要倒霉。因而那样虔敬，生怕出一点差错。

婚姻仪式，有的由来已久，是千百年相传下来的。如闹房，《汉书》记载，燕地“嫁娶之夕，男女无别，反以为荣”①，清人平步青认为这就是闹房的开始。②又如撒帐，至迟在北宋就出现了，据北宋孟元老所记，新郎新娘坐床后，“妇女以金钱彩果散掷，谓之‘撒帐’”③。吃交杯酒，也是至迟由宋代传下来的。这些仪式具有传统性，因此要想改变它，颇为困难。

值得注意的是婚仪总有变化，而新式文明婚仪的出现是一大进步。这种进步，同维新运动、改良主义运动有关，同向西方文明学习有关，同教育进步有关，同新思想的传播有关，所以婚姻仪式不是孤立的事情，应当把它放在有关的社会事物中作总体的观察。

第三节　特殊的婚姻形态

一、童养媳制和童养媳的生活

有的女子在童稚时代就许给人家并到婆家生活，待年龄稍

---

① 《汉书》卷287《地理志》，1657页。
② ［清］平步青：《霞外捃屑》，190页。
③ ［宋］孟元老：《东京梦华录》卷5《娶妇》。

大，才同丈夫正式结婚，这种女孩叫作“童养媳”，又叫“待年媳”。安徽绩溪有一种风俗，贫民生下女儿“畀人抱养，长即为抱养者媳”[①]。江西新城也有“农家不能具六礼，多幼小抱养者，谓之童养，男女长大，择日成婚”[②]的情况。说明童养媳现象的普遍性。童养媳到婆家年龄有所不同，为简单明了，以下表示之：

地区	童养媳姓名	丈夫姓名	进入婆家年龄(岁)	资料来源
安徽婺源	詹遗英	程某	未满月	《清史资料》4辑，209页
江苏镇洋	周氏	蔡廷爵	5	王祖畬《镇洋县志》卷10
江苏长洲	杨氏	纽成惠	6	乾隆《苏州府志》卷69
江苏吴县	沈氏	华金桂	7	《清稗类钞》5册，2425页
江苏江阴	何冰姑	陈世荣	9	《养一斋文集》卷15《记陈烈妇事》
江苏阳湖	刘氏	徐时凤	12	《养一斋文集》卷15《徐节母刘孺人传》
江苏吴江	陆氏	贺邦达	12	《小安乐窝文集》卷4《贺烈妇传》
江苏吴江	金氏	李乙	12	《觚剩》卷3《李妇金氏》
浙江仁和	阚氏	卖菜人	13	《清诗铎》，728页
江苏阳湖	汪氏	李受馥	13	《锡山李氏世谱》卷首之14
湖北云梦	某氏	袁树声	13	嘉庆《芜湖县志》卷12
江苏吴江	陈氏	屠应权	15	乾隆《苏州府志》卷72
江苏吴江	龚氏	凌某	15	光绪《吴江县续志》卷25
江苏吴江	黄氏	张某	15	《嘉树山房集》卷12
江苏江阴	梅氏	李传臻	16	《锡山李氏世谱》卷首之14
江苏镇洋	周氏	许观澜	16	王祖畬《镇洋县志》卷10

① 《绩溪县志》卷1《风俗》。
② 《新城县志》卷1《风俗》。

不到十三四岁的童养媳因年龄小，需等长大再和丈夫成亲，而十五六岁的童养媳，本来可以正式结婚，若不举行，原因就是丈夫尚未成年，即所谓的“小女婿”。如太仓州人“间有未成年之子而娶及笄之女以为养媳者”[1]。这种习俗在直隶中南部更为流行，做父母的在儿子三五岁时，就给他娶了及笄的媳妇，女的把男的带大，然后成婚。[2]这种小女婿的现象和童养媳现象并存，是童养媳制度的两种表现形式。

童养媳小小年纪到婆家，等于是以出卖劳动力为生。直隶及笄女做童养媳的，要干打水、做饭、缝纫等家务活，公婆将她娶来，就是要省下雇工钱，并且好指挥，因此用童养媳干活儿对家长最合算。年幼的童养媳要和成年人一样地劳作。如浙江仁和人阚玉十三岁到了种菜园子的人家，做饭、养猪，到菜园里浇水、锄地，十分辛劳，最后终于病死。[3]吴江庠生朱锦熙夫妇死后，幼女做了人家的童养媳，婆家虐待她达到“无人理”的严重程度，她的族叔朱霞灿看不过去，把她领回家，养为已女，长大了重新择婿成婚。[4]扬州八怪之一的郑板桥在《姑恶》诗中，以艺术的手法，叙述了童养媳的苦难：十二岁的弱女子到了婆家，婆婆让她到厨房做饭，劈柴把细嫩的小手震破，烧火、端热饭菜使得手指干枯。就这样，婆婆仍今日毒骂、明日痛打，使得小媳妇“一日无完衣，十日无完肤”。她的父母来看望她，她强作欢笑，

---

① 徐珂:《清稗类钞》5册,1994页。
② 徐珂:《清稗类钞》5册,1993页。
③ [清]张应昌编:《清诗铎》,728页。
④ [清]柳树芳:《分湖小识》卷5《轶事》。

以掩饰不幸，兄弟看到她身上的伤痕询问她，也不敢直言相告，还说婆婆如何好，唯恐一言不慎，性命难保。[①]这是童养媳生活的真实写照。

童养媳的婚仪要比明媒正娶简单得多，所谓“不能具六礼者”才采用这种方法。男家迎娶童养媳，不出定亲礼，而女方也不陪送，等到正式结婚时，请客人简单地热闹一下，不必兴师动众，大宴宾客。因为六礼不备，童养媳为人所歧视。在社会上低人一等，民谚“养媳妇做媒人，自身难保”，反映了蔑视童养媳的世俗观念。

造成童养媳制度的原因是穷困，男方代替女方把媳妇养大，所以它在婚姻制度上是一种早婚，也是一种变异的领养制度，童养媳在家庭与社会上地位之低下，就是这种制度决定的。

二、鳏夫和寡妇的再婚

太仓州的风俗是：“妻死，夫多续娶；夫死，妇不再适，里有再醮者，乡党宗族引以为耻。”[②]这基本上也是全国的风习，世俗观念认为，丧失配偶的男子再婚是天经地义的，因为他需要传宗接代，同时也需要找女人为之操持家务。

寡妇再婚，会有多种障碍，“从一而终”“饿死事小，失节事大”的观念毒害了许多女子，因此她们在丈夫死后，不管家境如何贫困，坚决不再结婚。无锡有李文一、周氏夫妇，文一临死前希望妻子改嫁，周氏却说：“忠臣无二主，烈女无二夫”，加以拒

① 《郑板桥诗集》，99页。
② 徐珂：《清稗类钞》5册，1994页。

绝，文一死后，父母劝周氏改嫁，她誓死不从。[①]武进郑马氏，二十九岁死了丈夫，家徒四壁，还有四个孩子需要抚养，别人看她无以为生，劝她再婚，她说“宁饿死，不改节”，带着儿女生活。[②]清代社会就有一批这样的寡妇，艰难地支撑着家庭，过着失去欢乐的含辛茹苦的生活。她们不再婚不仅是个人的保节意识，还受着社会舆论的压迫和鼓励。清朝政府旌表节烈，提倡妇女当节妇。宗族为得到表彰，也要求她们守节。在福建，宗族希望族女做烈女，族女一死，“族人欢笑女儿死，请旌藉以传姓氏”[③]。社会和宗族为使寡妇渡过生活上的难关，还给一些资助，如松江府出现的关于寡妇的慈善机构，就有郡城全节堂、辅德堂，华亭崇节堂，娄县恤嫠堂、崇善堂，奉贤恤嫠局，上海全节堂、清节堂，南江恤嫠局、青浦儒嫠局，川沙保节局。[④]此外，社会上歧视再婚妇女也对寡妇产生一定压力，使之难于决心改嫁。

尽管障碍很多，压力很大，但寡妇再婚的也不少。比如上海县，从顺治到咸丰间表彰的节烈妇女多达三千余人，恤嫠机构也极力开展活动，但是寡妇改嫁的要比祠宇里有牌位的多得多，特别是生活贫苦者，即所谓“因穷饿改节者十居八九”[⑤]。

在社会下层，有许多人对守节是不赞成的。这些人讲实际、讲人道、不尚虚名，认为为生存而改嫁是正当的，不应歧视。在

---

① 《锡山李氏世谱》卷首之十三《节妇周孺人传》。
② 《荥阳郑氏大统宗谱》卷2《节妇马氏传》。
③ [清]俞正燮:《癸巳类稿》卷13《贞女说》。
④ 光绪《松江府续志》卷9《建祠》。
⑤ 同治《上海县志》卷24《列女传》。

读书人中也有人持有允许寡妇改嫁的思想。龚炜说："寡妇不夜哭，亦非情理。"[①]承认寡妇要求有夫妻生活的合理性。王有光认为天下雨是阴阳结合，是必然的，寡妇是"孤阴无阳"，要嫁人是"阴之求阳"，是理所当然的。[②]龚炜、王有光从生理上看待寡妇的再嫁，承认它的合理性。王应奎说衣冠之家以寡妇再嫁为耻，却出现偷情现象，与其如此，不如允许再嫁，何况先王也不禁再婚。[③]俞正燮主张对寡妇中的"再嫁者不当非之，不再嫁者礼敬之斯可矣"[④]。钱泳认为孀妇是否守节，要根据情况来定，不必以再嫁与否褒贬她们，他说："宋以前不以改嫁为非，宋以后则以改嫁为耻，皆讲道学者误之。总看门户之大小，家之贫富，推情揆理，度德量力而行之可也，何有一定耶?"[⑤]他们并不主张寡妇再嫁，但是从寡妇生活实际出发，不谴责嫠妇的再婚。这类观点，在传统时代是难能可贵的。

三、贞女的婚事

清人定婚早，未婚夫夭亡后，定过婚的未婚女子的婚事就成了一种社会问题。

有一种女子，在得知未婚夫死后，以自杀方式结束自己的生命来表示贞洁，这种女子被称为"烈女"。广西临桂朱氏，为陈坦德未婚妻，陈死去后她奔丧守节，婆母不答应，她就自杀表明

① [清]龚炜:《巢林笔谈》,54页。
② [清]王友光:《吴下谚联》,53页。
③ [清]王应奎:《柳南续笔》,196页。
④ [清]俞正燮:《癸巳类稿》卷13《节妇说》。
⑤ [清]钱泳:《履园丛话》,612页。

守贞的志向，康熙帝特赐银建立牌坊，以资旌扬。[①]金山人李氏，未婚夫死后即上吊自尽，留下绝命诗：“三年丧礼定先贤，守节聊将性命延。只恐暗添白发苦，几回含泪过亲前。”[②]表达了死前的复杂心情。

此外，在未婚夫死后甘愿终身不嫁做贞女的也大有人在。江西高安人、大学士朱轼之女，许字李某，已择定了婚期，不幸李某死去，朱女守贞。[③]婺源程光家的女儿，幼字汪鸿阶，未婚夫死时才十五岁，本欲自杀，经父母劝止，到夫家守贞，从此不事装饰，四十二年不下楼，左宗棠为之书“此楼千载”四字，予以表扬。[④]

守贞对未婚女子来说是很残酷的一件事，这种生活如同槁木死灰，毫无生气，是陈旧伦理道德观念对妇女残害的又一表现形式。

清朝政府对已许字的未婚女子的殉夫和守贞，既赞扬，又有所保留。在上层社会则有三种议论。反对者认为，未婚守贞“是诡僻之行，显悖乎礼教”，主张守贞是“异端邪说”。[⑤]他们的理由是：根据礼法规定，未婚夫死，未婚妻列入齐衰之服，而不同于已婚者的斩衰之服，且三年丧服一满，即可脱离关系；再则未婚而夫亡，没有经过亲迎之礼，即算不得真正夫妻，故不必守贞。赞成者也大有说辞，钱大昕认为女子只要许字于人，夫妻名分就定了，名分一定就不能改，礼节规定未婚妻服三年之丧，就

① 康熙《石埭县志》卷7《贤媛》。
② 光绪《金山县志》卷30《列女》。
③ [清]朱轼:《朱文端公文集》卷2《书贺烈女传后》。
④ [清]陈康祺:《郎潜纪闻初笔 二笔 三笔》,354页。
⑤ [清]朱轼:《朱文端公文集》卷2《书贺烈女传后》。

表示订婚即是夫妻了。[1]还有一种观点，介乎对立双方之间，如许楣论贞女诗所说："未嫁许更字，守贞任所安。先贤制礼仪，不强人所难。志苟坚从一，岂在结褵间。"[2]对守贞与更字都不责难，各听其便。三种议论都只谈守贞合不合古礼法，而不论守贞合不合情理，就连反对守贞的一派，也未能揭露男尊女卑的婚姻制度压迫女子的实质，因而很难起到制止女子守贞的作用。

未婚妻守贞已属离奇，而更加惨怪的是广东的"慕清"。广东风俗称因未婚夫死而不再出嫁的举动叫作"守清"，"缔婚于已死之男子，往而守节，曰'慕清'"。据说有许姓女要求父母同意她慕清，双亲不答应，她说若遇不上称心的丈夫，不如找一个死鬼做名义上的丈夫，安心地生活，否则就出家做尼姑。因其态度坚决，父母只好依从。恰巧有个姓陈的青年未婚男子死了，就把她许配陈家。陈家小姑和这个嫂子相处很好，也效法她的行为，退了已订婚约，也慕清在家。[3]由于陈旧婚姻制度给许多女子造成种种不幸，因此慕清就成为某些妇女在对幸福婚姻失去希望的情况下的一种消极反抗形式。

四、稀见的婚姻形态

古老的转房婚，在清代的一些地区仍有所保留。陕西汉中地方，兄长死后，遗孀复为弟妻，弟弟若不乐意，嫂子可以向官府

① [清]钱大昕:《潜研堂文集》卷22《记汤烈女事》。
② [清]张应昌编:《清诗铎》,725页。
③ [清]俞樾:《右台仙馆笔记》卷1,上海古籍出版社1986年版。

控告。据说转房婚的现象各省都有，只是在汉中这种现象较多[①]，如甘肃“兄死妻嫂，弟死妻其妇，比比皆是”[②]。

一妻多夫的婚姻也在个别地方流行。甘肃因男多女少，有兄弟数人合娶一妻，生下的儿子，头胎属于长兄，以下的依次归属诸兄弟。[③]

还有典妻、租妻婚。在甘肃，人们多贫穷。有人养不活妻子，愿意将她出租，而有人贫不能娶，又希望有儿子，于是双方立文书，租赁妻子，或二年，或三年，或以得子为限，到期原夫归家，租赁人离去。还有外乡人到甘肃贸易，不带家眷，临时租妻。[④]在浙江的宁波、绍兴、台州等府和福建闽清县，也有典妻的事情，与甘肃情形大体相同。有男子丧妻，无力续弦，或有妻不能生育，于是与他人订立契约，占有其妻，时间长的叫作“典妻”，时间短的称为“租妻”，所生子女，归租典人，契约期满，男女分开，妻归原夫。这种现象多在农村。[⑤]租妻不是正式的婚姻制度，而是婚姻制度的一种变异形式。

招夫养子婚在农村贫穷劳动者中实行，丈夫死了，遗孀及子女无以为生，寡妇为把子女拉扯大，也为自身生活，便招后夫，帮助抚养前夫的子女，这个家仍算是前夫的家庭。我们在第三章讲的福建张子明遗孀詹氏招赘左朝顺就是这种婚姻。

---

① 徐珂:《清稗类钞》5册,1997页。
② [清]赵翼:《檐曝杂记》,76页。
③ [清]赵翼:《檐曝杂记》,76页。
④ [清]赵翼:《檐曝杂记》,76页。
⑤ 民国《鄞县通志·文献志·己编礼俗·婚嫁》;徐珂:《清稗类钞》5册,2004页;民国《闽清县志》卷20《司法·婚姻》。

太监宫女结婚。太监作为刑余之人不可能有真正的婚姻生活，宫女不放出宫也无法结婚，于是太监宫女在宫中各找对象，成为精神上的夫妻。据吴世昌的研究，在汉代，宫女间就有“对食”的现象，即女子间的同性恋，后来有太监与宫女“对食”。对食有临时性的，也有长久的。至迟到明代，宫女太监的对食发展为“菜户”，犹如真正的夫妇，成为长久性的了。臭名昭著的太监魏忠贤即与奉圣夫人客氏结成菜户。[①]清代宫女太监仍有结合的现象，如光绪时太监李荣与宫女游承瀛结为夫妇，后来相继出宫，正式居住在一起。[②]

冥婚是具有一定普遍性的现象。冥婚有两种，一种是未婚夫妇中有一方死亡，抱木主或扶棺成婚；第二种是原来没有婚约而已亡故的青少年男女，由家长选择让亡灵“结婚”。在山西，男方要像儿子在世一样给女方送礼，女方也给男家送奁具。冥婚日，把用纸扎的新人放到彩舆中，迎到男家举行典礼。因为有嫁奁，男家争与富家亡女结冥亲，有时还为此打官司，可见这种婚姻形式的盛行。[③]冥婚的流行，有着深刻的社会原因。做父母的觉得未给子女成亲对不住他们，而且未结婚的不能立后，甚至不能入祖坟，父母更是心里不安，所以要给子女举行冥婚。同时又由于迷信，怕夭亡的子女未毕婚事，前来作祟，会闹得家宅不宁，为慰藉亡灵，而给子女作冥婚。当然，冥婚之后，多了一种

---

① 吴世昌:《关于宫中“对食”》,《故宫博物院院刊》1982年1期。

② 徐珂:《清稗类钞》5册,2110页。

③ 徐珂:《清稗类钞》5册,1996页。

亲戚关系，可能有利于家庭的发展。[①]

这些特殊婚姻虽不普遍，但说明了清代婚姻形式的畸形与变态有其复杂的社会根源和表现。

第四节　婚姻中的社会问题

纵观清代的婚姻制度和婚姻实践，可以发现其中的一些现象已成为社会问题，不利于婚姻的正常进行，不利于青年男女的生活，而终清之世未能解决。

一、包办与自主婚姻的斗争

在清代，极少数的开明家长尊重子女的婚姻意向，而绝大多数父母凭着在家庭中的地位，为着自身及家庭的利益，在为子女选择配偶时，置子女的婚配愿望、利益于不顾，而子女只得奉命为家长、家庭、家族完婚，这种当事人没有选择权利的包办婚姻，是家长制下的产物，体现了父家长的权力。

父母包办婚姻，必然会与子女发生矛盾。矛盾的表现就是青年男女要求自由择偶，反对“父母之命，媒妁之言”。并且有很多青年为争取自主婚姻而进行斗争。他们追求理想中的对象，反对父母包办，甚至与相爱之人有越轨行为，即使遭到维护父权舆论的谴责也不后悔。在清代，这种青年男女争取婚姻自主，反对父母包办的斗争，表现了自由婚姻与包办婚姻的两种制度的斗

---

① 黄华节:《冥婚》,《东方杂志》31卷3期。

争，是一个很重要的社会问题。

守节是对女子单方面的要求，它越被看得神圣，表明女子受的压迫越深重。因此寡妇的再婚，是对守节观念的反叛，它冲击着从一而终的婚姻制度和隶属制度。在再婚与守节的斗争中，社会下层妇女要求生存权利和重建家庭的勇气表现得比社会上层女子要强烈、要有力。

对婚姻问题上的斗争，清代士人中也不乏思想开明者，他们指责父母包办造成子女婚姻的不幸，同情寡妇的生活境遇，不赞成贞女的守节，这些思想在清代是难能可贵的。但是他们毕竟生活在传统社会，思想不能不受到时代的局限，所以不可能冲破传统伦理道德的束缚。

二、婚礼铺张奢华的弊端

清人婚嫁，铺张奢华之风甚盛。由于彩礼重、陪嫁多、请客规模大，有的家庭为办婚事要卖田借贷，甚至倾家荡产。似乎不这样办就不热闹，就丢了面子。有钱有势的人不惜奢华靡费地大办婚事，希望显示高于众人的社会身份，开展社会交际。下层社会人家本应根据自身财力状况来举行婚礼，但是为了求得体面，往往也效仿上层人家，大肆铺张，以致形成了不好的社会风气。

婚事的奢华本来是人们竞相攀比而造成的，但由于铺张程度日增，很多人觉得承受不了。人们本可以量力而行，破除弊俗。但是在传统时代的清朝，联姻的维护家庭利益的性质和社会上的等级制度决定了人们必定会破财办婚事。尽管有人反对奢侈浪费，但是这个习俗总改不了。等级制不破除，家庭的生产单位性质不改变，奢侈的婚事就很难改变。

三、无处不在的男尊女卑观念

和家庭、宗族制度一样，婚姻制度在行为上又表现着男尊女卑观念。婚姻的内容和仪式、寡妇的再婚、贞女的守贞、童养媳制度、大媳妇小女婿的习惯、典妻租妻，处处都体现了男尊女卑。女子作为男子的附属品是女子地位的实质，而要取得附属物的资格，还要以女子的贞操为条件。

清人对女子“从一”的要求，继明朝之后，极其讲究童贞。如果女子在婚前失去童贞，将为丈夫和夫家所不容。新婚之夜如果新娘没有见血，新郎可以怀疑她失去童贞，并退回娘家，否定婚姻，因此在广东就有“完璧”之说与吃烧猪礼。完璧是说新娘确系贞女，男方给女家送烧猪。如果女家迟迟不见送烧猪来，就提心吊胆，怕女儿不贞被送回家，引来耻辱；如果送烧猪来了，就举家相庆，因为有一个好姑娘。[①]在如此要求女子贞操情况下，却有为了获得寡妇的财产继承权，强迫孀妇出嫁的反常现象，这是一种矛盾。财产的继承权，使丈夫要求妇女的贞操；抢夺财产，又使一部分人破坏妇女的贞操。在这个矛盾中，其原则与其说是保护妇女的贞操，毋宁说是以财产（包括妇女自身）的归属为转移破坏妇女的真正贞操。

① 徐珂:《清稗类钞》5册,2001页;民国《番禺县续志》卷2《风俗》。

第七章
丧葬与祭祀

丧葬，对于亡故者、生存者，都是重要的事情。凶礼是五礼之一，是事关伦常的重要礼制。古人认为孝子对父母，生前要孝养，死后要安葬、祭祀，才算尽到了责任。所以丧葬制度和风习，反映家庭和社会中的人际关系，反映伦理道德的水平和社会文明的程度，也反映了人们的一种社会生活状况。

清人有把为老人办丧事称作“白喜”或“喜丧”的习惯。白喜是相对婚姻的红喜而言，婚嫁是喜事，丧葬是哀事，称之为喜，是说死者在世享了福，寿数已高，升天了也是喜庆事，应当像喜事那样大办。①在这种思想支配下，清人办理丧事的特点，一是竭尽财力去操办，二是选“吉壤”停丧不葬。

第一节　丧葬制度和仪式

一、用僧道和乐器的丧仪

清人家庭成员故去，要通知亲友，由死者最近的长亲到场，举行入殓仪式，与此同时，多有请僧道做法事的，时日不定，人

① ［清］钱泳:《履园丛话》,617页;徐珂:《清稗类钞》8册,3540页。

员有多有少。停灵有讲究七七四十九天的，有的出殡安葬，有的浮葬或停放于某个处所，过一些岁月再正式下葬，经历这个过程，丧事就算办完了。当然对死者的追悼并未完全结束，还要依时祭祀以示纪念。过程说来简单，但清人办起来却有许多讲究和习俗。

在北京，病人将要断气的时候，家属要赶快为之换寿衣，否则死人就会光着身子去见阎王爷，这就是子孙的不孝，①其实病人还在倒气，换衣服折腾他，会给他增加痛苦。死前换衣在生理上有一定道理：因为人死后身体会变僵硬，就不好穿衣服了，但清人讲不清这个科学道理，只是从迷信角度来解释这个问题。死前换寿衣，表明寿衣是早就准备好了的。有条件的人家会为上年岁的人早预备下寿衣，这也是清人的习惯。

病人换下来的衣服，在苏州，丧家即予烧化②，这在客观上有防止疾病传染的作用。而在广东，有孝子把殉葬的衣服拿到社坛当众焚烧的习俗，怕的是有人盗墓，侮辱了尊亲尸体。③

死者要由亲人为之沐浴。在苏州，孝子要把洗尸的水喝上三口，④也不顾忌疾病的传染，在今日看来是极不卫生的。广东佛冈厅人家出丧事，立即投纸钱于江中，意思是买水回来给亲人洗浴。⑤

亲人死后，孝子顺孙要立即穿孝服。一般地区都穿白色丧

---

① 徐珂:《清稗类钞》10册,4691页。
② [清]顾伊人:《吴下丧礼》,载[清]陆耀辑:《切问斋文钞》卷5。
③ 徐珂:《清稗类钞》8册,3548页。
④ [清]顾伊人:《吴下丧礼》。
⑤ [清]屈大均:《广东新语》,217页;道光《佛冈厅志》卷3《土俗》。

服，但在昆山，女儿为亡母服丧要穿红色裤子，儿子也有这样着装的，理由是母亲生育时曾有血污之秽，死后要入血污地狱，穿红裤子就可以破除这个不祥。①

入殓是大事，暗含着对正常死亡的认可。在开封，丧主请来三党亲属，由与死者关系最密切的公亲询问病史和死因，认可后才能入殓，若死的是父亲，由族长主问，若死的是母亲，由母党公亲主问，若死的是妻子，则由妻党公亲发问。如果未得公亲允许就入殓了，公亲必然群起反对。淮河流域也有这个风俗，若出嫁女死了，娘家母亲必然率领众亲属去女婿家干预丧事，婿家不等岳家人到齐，不敢殡殓，而娘家人必定多方挑剔，好像女儿是被谋害死的，并要求丧葬办得丰厚，衣衾要好的，棺木要上等的，否则不依不饶。②

守灵期间，头七事最多。淮安人认为这时是死者上望乡台的日子，凡家里的事，死者都能看到，所以家中人需穿着白孝服，通宵不睡，为死者守灵。在头三天里要给本地土地庙送饭，这是因为相信死人在三天内到不了阎王殿，暂住于土地庙中，故往送饭，也有请土地神多照应的意思。③直隶宝坻人有送三的习惯，那天晚上，由妇女抱灵牌步行送到五道庙。④

守灵时丧家不时焚烧纸钱，这既是给死者用的，也是用来贿赂抓人的无常和护送的土地神的。纸钱的样式很多，大多根据阳

① 徐珂:《清稗类钞》8册,3545页。
② 徐珂:《清稗类钞》8册,3547页。
③ 徐珂:《清稗类钞》8册,4546页。
④ [清]李光庭:《乡言解颐》,35页。

间的货币形式制作，有纸钱、纸锭、纸元宝，嘉道时期还有了纸洋钱[1]，这是当时番银在市场上流行的反映。

七七期间，每七日一祭，七个七日而止。这样做是从佛家之说。但是也有别作解释的：认为守灵是生者为死者招魂，希望死者能复活，到了七七之期再不活，即无还魂希望，只好埋葬。屈大均、钱泳就很相信这种说法。

对于装殓死者的棺材，清人都很讲究，为的是防腐朽。棺材多在事前做好备用，特别是老年人。

出殡抬棺用杠夫。杠夫社会地位低下，但丧家得对他们以礼相待，以求丧礼的顺利。在北京，由于达官贵人多，杠房组织很发达。有一家王姓开的永利号杠房，因主人承接能力强，被称为“杠王”。它的杠夫抬灵柩，讲究一个平稳，不管路面如何凹凸不平，绝不让棺柩倾斜，当然要价也很高，荣禄出殡给了永利号工钱一万两银子。而李鸿章的棺柩从京城运到通州，杠王要价一万九千两，丧主想减一千两，杠王就拒绝承接。[2]

出殡是大仪式。比较简单的地方，如诸暨用两面锣开道，后面跟着发丧的队伍。[3]一般的要热闹得多，其情状如曹德馨在《蒿里曲》所咏：“妙选笙歌耀旗帜，忍借亲丧作儿戏。灵輀峨峨游市廛，向晨发引哺未至。”[4]形容出丧如同演戏。丧家将灵柩用绮绣装饰起来，请戏班子在队列前面边走边演戏，后面是孝子队

① ［清］钱泳：《履园丛语》，85页。
② 徐珂：《清稗类钞》5册，2300页。
③ 光绪《诸暨县志》卷17《风俗》。
④ ［清］张应昌编：《清诗铎》，854页。

伍，号喝大哭。[①]

杭州人出殡，有的棺前用和尚、道士、尼姑几百人，后面是旗牌执事、吹鼓手、车马及送殡亲友，多的达到数千人。[②]两淮一个盐商为其父出殡，将所经之地搭盖天棚，用白布做幔，灵柩经过，一路皆白，有上万人观看了他家的出丧。富贵人家在出殡中途会有路祭，即亲友在要道口设祭席，等到灵柩经过时，亲友中为首的出面行祭奠礼，读祭文。

坟地有死者生前选好的，也有死后子孙选定的。预营生圹，也是一部分清人的习惯。坟前应立碑石之类的标志，但是漳州风俗很特别，丧家为显示穹碑，往往不在墓前设置，而树立在要道上，哪怕离坟茔几里地也不顾。[③]

在整个治丧活动中，请僧道做法事是多数人的习惯。浙江人因信人死后为鬼，请和尚念忏悔经，洗却先人的罪过，以超度亡灵。[④]不仅如此，浙江人、湖南常德人还请道士作法术，叫作“建道场”[⑤]。也有一些地方的丧家不请僧道，如顺康之世河南士大夫家，“丧葬不饭僧，不举乐”[⑥]，这是所谓有“古朴之风”的做法。

二、吊丧与演戏宴亲友

清人有了丧事，孝子要赶快通知亲友，否则不仅是失礼，若

---

① 乾隆《鄞县志》卷1《风俗》;《清世宗实录》卷26,二年十一月庚戌条。
② [清]段光清:《镜湖自撰年谱》,150页。
③ [清]赵翼:《檐曝杂记》,78页。
④ [清]张应昌编:《清诗铎》,898页。
⑤ [清]张应昌编:《清诗铎》,598页;徐珂:《清稗类钞》5册,3548页。
⑥ 雍正《河南通志》卷28《风俗》。

三党长亲不到，丧事也办不成。发通知，或孝子亲自去，或托人告知，仕宦之家孝子还以讣闻和哀启来通达。讣闻、哀启有一定的格式，清代前后期还有变化：最初男性死者的讣闻开头是“不孝某罪孽深重，不自殒灭，祸延显考”云云，下叙死者官职、生卒年月日时及享年，权厝及家奠日期；后来改过的讣闻格式，起头是“某某奉养无状，痛遭先考之丧”云云。前种写法令人感觉死者之死是因儿子的缘故，不合实际，责备自身过刻倒显出虚伪来，大约清人觉察出这个毛病，改后的文字就比较实事求是了。讣告的范围是死者的朋友、同僚、同年、世交、同乡、亲戚。①

接到通知的人要去吊唁，同时要有所馈赠。在官场，人们利用丧事从事社交活动，乾隆时左都御史广成病故，在京发丧，散发讣闻，其弟傅恒乃乾隆帝宠臣，所以各部院大小衙门的官员纷纷赶来吊唁，以讨好傅恒。②

有客人来吊唁，丧家需尽情招待，大摆宴席，甚至演戏。在宝坻林亭口，客人来吊祭，有知客到大门外迎接，奏鼓乐，吃饭时奏乐助兴，散席后，再吹号打鼓送行。③在陕西，守灵之家有自备戏曲的，也有亲友送戏的。④这种娱乐与办丧事的气氛极不协调，诗人顾夔璋看不惯这种形式，写诗说：“宾朋杂沓男女哗，笑声翻把哭声遮。不情丝竹搅魂魄，灵鼗路鼓手空挝，此时棺中幸瞑目。”⑤当然并不是各处办丧事都要备席演戏，如北京丧家即

① 徐珂:《清稗类钞》8册,3540页。
② ［清］赵翼:《檐曝杂记》,35页。
③ ［清］李光庭:《乡言解颐》,34页。
④ ［清］陈宏谋:《巡历乡村兴除事宜檄》,载《清经世文编》卷28。
⑤ ［清］张应昌编:《清诗铎》,845页。

不备饭，客人也不扰主家，李光庭认为这样“最合乎情理”[①]，只是这样的情形不多。

开吊，本在丧家、寺院或公共处所进行，到光绪时改变为开追悼会，会所设在广场，男女都可参加，来宾不一定送礼，仪式的主要内容是：报告开会宗旨，宣读祭文，宣读诔词，行三鞠躬礼，述行状，演说，家属答谢来宾，奏乐散会。[②]由开吊演进为开追悼会，是葬仪的变化，反映了丧葬活动中人际关系的演变。

三、等级的丧礼与丧葬中反映的等级制

清朝政府对于丧礼有一整套的规定，准则是按人的身份地位安排。

品官临终前要定遗言，三品以上官员写遗疏。死后家里立丧主、主妇，发讣告。所用棺材，公为彩板，侯以下世爵和各级官员一律用朱漆棺。死者三品以上口含小珠玉，七品以上含金木屑。按品级穿朝服，亡故第二天小殓，加殓衣，第三天大殓。丧主及死者诸子居苫次，即垫蒿席，枕土块，族人各按其与死者的关系服丧服。

品官茔地规定：一品九十步，坟头高一丈六尺，以下递减，至九品地二十步，高二尺。围以垣墙，公侯伯的周长四十丈，守茔四户；二品以上周长三十五丈，守茔两户；五品以上三十丈，守茔一户；六品以下十二丈，守茔二人。公至二品，坟前立石人、望柱及虎、羊、马各二，三品无石人，四品无石羊，五品无

① ［清］李光庭：《乡言解颐》，34页。

② 徐珂：《清稗类钞》8册，3544页。

石虎。墓门树碑，公侯伯螭首高三尺二寸，碑身高九尺，宽三尺六寸，龟趺高三尺八寸，总高十九尺六寸；其他贵族官僚按品级递减，最低的碑高也五尺五寸，宽二尺二寸，趺二尺四寸。妇女随丈夫子孙封赠。

品官出殡，公爵用鞍马八，以下递减至鞍马二，仪从前导用铭旌，上书“皇清诰授某某大夫原任某官之灵柩”，题铭者必为当时知名人士。整个丧期，从发丧到期年小祥，二年的大祥，迁木主人家庙，为时二十七个月。

官员在外闻知双亲亡故，需易服奔丧，丁忧守制。

士庶人丧礼，顺治初年定制：士、庶死亡，用红色油漆的棺材，梓一层，鞍马一，一个月内出殡，三个月内葬讫；士人坟茔周围二十步，墓高六尺，墓门石碣，圆首方趺，庶人茔地九步，封高四尺。①

贵胄、品官、衿士、庶民，因政治身份不同，在殓物、棺椁及出殡时的装饰，坟茔的大小高矮，翁仲的种类、数量及有无，碑碣的雕饰、高度，出殡、下葬的期限，祭品的数量等方面均不相等，从质量到数量，都依身份由高向下递减。清朝的丧制反映了社会不同等级的差别，是等级制度的一种标志。

丧礼中的等级制还表现在男女关系和政府对贵胄高官特有的制度上。上层社会讲究夫妻合葬，但因妻妾名分不同，妾死后不能与丈夫合葬。

清朝对世爵、高官的葬礼，有赐奠制度，或皇帝亲自祭奠，

① 《清史稿》卷93，2722页。

或派皇子代祭，或令大臣代祭，要依死者的身份及其同皇帝的关系来决定。对这类人，皇帝还要赐给谥号，加以表彰和纪念，有的原来给了谥号，后来发现他有问题，又予以取消，可见皇帝对此很重视。赐祭、赐谥与中下级官员没有关系，只有极个别死于王事的除外，但属特赐。从清初到同治十一年（1872），有1688人得到谥号。[①]

四、守丧与嫁娶

清人有在守丧期间婚嫁的，有的民人怕有丧服不能嫁娶，在父母病重时，或在父母死而出殡之前成婚。士大夫家也有这一现象，甚至还有八旗之家效法。[②]在无锡、金匮，男方死了尊亲立即娶亲者叫作“拔亲”，一般是家中缺少劳动力或主持内务的人，急于把媳妇娶过门来做事。该地有的人家在父母病重时娶亲，谓为“冲喜”，意思是以喜事压过邪祟，使病人好起来。[③]丧中婚姻在清代不是个别地方的事，所以各地名称也不相同，有的叫“忽亲”，或称作“拜材头”。[④]守丧期间，尤其是热丧之中举行婚礼的行为，不管有多么充足的理由，也不能为多数人理解，而当事人也往往怕人提起。[⑤]

历朝政府均有反对丧中婚嫁的律令。唐朝对违犯者判徒刑；金朝判离异；明朝对主婚人罚杖。清朝规定：凡子女居父母丧，

---

① ［清］鲍康：《皇朝谥法考》；［清］徐士銮：《皇朝谥法考续补编》。
② 《清高宗实录》卷6，雍正十三年十一月乙巳条。
③ 光绪《无锡金匮县志》卷30《风俗》。
④ ［清］梁绍壬：《两般秋雨庵随笔》，405页。
⑤ ［清］袁枚：《答蒋信夫论丧娶书》，载《清经世文编》卷61。

妻妾居丈夫丧，嫁娶者杖一百；若命妇居丧再嫁，杖之外，追夺诰命，勒令离婚；给他人主婚者，杖八十。[①]由于丧中娶亲的原因较为复杂，违反者颇多，故清政府对法令的执行只能是睁一只眼闭一只眼，认真不得，这是比较现实的态度。

五、丧葬中的靡费

丧葬中讲究仪式，讲究人情，必然产生挥霍浪费问题。康熙时福建的丧葬婚嫁情况，“不敦尚本根，专饰浮文，富者务其繁华，贫者效彼所为，卖田以嫁女，破产以治丧”[②]。乾隆时杨锡绂在《陈明米贵之由疏》讲到丧葬和婚姻的奢靡之风时说，铺张现象不仅出现在通都大邑，连荒缴山僻的农民，也渐习奢靡。[③]从富贵之家至穷苦民众，从城市到乡村，从平原到山区，丧事的办理日趋奢华，以致发展到破家治丧。如天津“丧礼尚奢”，就连破落游荡子弟郛三，为替母亲大办丧事也不惜“卖屋治丧”[④]，有的人为治丧，甚至卖妻鬻子或自卖自身。

清代也有人主张丧事应当根据家庭的经济状况来办理，不要奢靡浪费。事情确实应当如此，既要表示对故世亲人的怀念，又要有利于生者。而清代治丧的铺张奢华，表面原因是丧家怕从简办理会被人瞧不起或落个不孝之名，实质上反映了清人在很大程度上受等级观念的制约，上层社会企图通过奢侈办丧来搞好人际

---

① 光绪《大清会典事例》卷756《刑部·户律婚姻》。
② 《饬禁婚嫁丧葬华奢示》，载[清]陆耀辑:《切问斋文钞》卷4。
③ [清]杨锡绂:《陈明米贵之由疏》，载《清经世文编》卷39。
④ 徐珂:《清稗类钞》5册，2081页。

关系，扩大影响，维护自己家族的等级地位；而下层社会崇尚贵胄家庭的丧习，以大办丧事来满足自己的虚荣心理，以求改变自己的社会地位。于是这种互相攀比、讲究奢靡的坏风气在清代社会始终未得到改变。

第二节　迷信风水与停丧不葬

由于丧事开销大，一些人死去多年而不能入土，这就出现停丧不葬的现象。清人赵怀玉诗云："胡为遗殡掩岁时，子又生孙若罔知。富者常称地难得，贫者复谢囊无资。"[①]说明了出现停丧不葬怪现象的原因，一是觅不到吉壤，二是缺乏金钱。康熙中刑部尚书徐乾学说亲死不葬，即是为子不孝，又有法律禁止，可是"世人往往犯之"[②]。乾隆帝反对"数世不得举葬"的"愚悖之风"，要求地方官多方劝导，"俾得按期埋葬"。江西按察使欧阳永琦建议定出下葬期限，如超过守灵期的二十七个月不葬，举人、贡监生员不得参加乡试、会试，应补应升人员不准请咨选补，违犯者或斥革或罢职，庶民不依限葬亲、杖八十。[③]但他的办法并没有取得实际效果。早在明中叶，江西就有"数十年不葬父母"的现象，江西提学副使邵宝严行禁止，规定士人不葬亲的不得与试，[④]虽有些效果，但并未彻底解决这个问题。可以说停

---

① ［清］张应昌编:《清诗铎》,847页。
② ［清］徐乾学:《亲丧不葬》,载《清经世文编》卷63。
③ ［清］欧阳永琦:《请定例禁疏》,载《皇清奏仪》卷59。
④《明史》卷282《邵宝传》,7245页。

丧不葬已成痼疾。

乾隆帝和欧阳永琦说的亲死不葬的情况一点也不夸张。康熙二十九年（1690），昆山人邵德的祖父母已死二十年，母亲也故亡七年，都没有安葬，委托朱俊买浮葬地，又被委托人吞没二十多两银子。[①]康熙五十四年（1715）大学士李光地请求回籍葬母亲与妻子，时距其父李兆庆死期已三十年，其父的棺柩是浅土封埋，需要起出与母合葬。秋天起程回福建，到次年夏天还没有安葬妻子，原因是一时难于得到吉壤，同时那一年又有禁忌，不便葬妻，故要求康熙帝多给假期，以便把丧事办妥。[②]因为停尸不葬的情况广泛存在，于是出现了集中停柩的地方。有的寺庙附设存棺房，有的会馆的义冢也借人浮厝，有的人家房舍多，特辟闲屋停柩。而杭州尤有制度，亲丧出殡，将棺柩送到西湖边，租小房一间停于其中，每年出租洋银二元。[③]

清人很迷信，出行要先占卜定个吉日，结婚需选好日子，起房造屋要请阴阳家来定方位，甚至建锅灶、改造门户也要请阴阳先生来断定，殡葬的大事，更是要请堪舆择吉壤。

找吉壤、定穴地方向、选择下葬时辰往往不是一年半载所能办完的，故成为停丧不葬的原因之一。前述大学士李光地公务繁巨之中请假前后三年才葬了亲属，就是因为择地择时拖延了时间。浙江按察使段光清祖坟在安徽宿松，被太平军所掘，同治元年（1862）请假回乡葬亲，寻找了两处可以安葬的地方，但由于

① 《清代档案史料丛编》5辑，3页。
② 《清代档案史料丛编》9辑，16、31页。
③ ［清］段光清：《镜湖自撰年谱》，151页。

年月不利不宜下葬，而公务紧急只得回任，次年又请假才了却葬事。[①]达官贵人为安葬亲属不惜多次告假，原因就是笃信风水的迷信观念。

人们争要吉壤势必产生攘夺，为此而打官司的不乏其人，形成了一个社会问题。康熙二十八年（1689），常熟人翁是龙依仗着官至工部尚书的叔父翁叔元的势力，将同县人钱锡的祖坟挖掉，挪走墓碑，抢占坟地，钱家上告，知县惧怕翁家势力，不敢审理。[②]雍正元年（1723）云南贡生何其僔率领仆人强占李为美的坟山，砸碎碑石，平毁李为美的母坟，李见状情急，打死何其僔。[③]

不仅异姓之间，在一个家族内部也会因坟山纷争不已，浙江富阳案牍累累，不少是争坟山的内容。如陆玉书《正风水》诗云："昨者俞氏族，衅因迁葬起。必求官履勘，亲莅众山里。两造互争竞，理各执一是。"[④]嘉庆十九年（1814）仪征张符瑞父亲死，听堪舆说，他这一房不发达，皆因其祖母汪氏的坟墓发了其叔张式封一房，要加破坏，才能发达己房。于是张符瑞雇人在夜间将其父尸权厝汪氏坟前，其五叔张式均看不过去，告到县里，由张式封给他一百两银子、一块葬地，才把厝柩迁走。[⑤]

因为迷信风水，还有起尸改葬的事情发生。江西人最迷信风水，阴阳家遍布各地。该省习俗，不仅停丧不葬，即使埋葬之

① ［清］段光清：《镜湖自撰年谱》，195页。
② 《清代档案史料丛编》5辑，34页。
③ 档案《内阁全宗·雍正朝题本·刑罚类》90号《为恶棍聚族打死人命事》。
④ ［清］张应昌编：《清诗铎》，847页。
⑤ ［清］张集馨：《道咸宦海见闻录》，7页。

后，还要把尸首起出来看看，断定葬地好坏。在江西南部，葬后二三年，掘坟看尸，如果尸为红色，就原坟埋起，若为黑色，迁入新坟安葬，过年再开棺相视，若仍为黑色则再迁，这叫作“洗筋”，又称“检筋”。该地还有另外一种情形，开坟看尸，若是黄色，认为是家庭的吉祥，原样葬好，倘是白色，以为对家庭不利，改葬他处。[①]在广东，也是葬后发掘，骨骼若是黄色，换个棺材埋在原穴中，假如是黑色，把它放在大腹小口的瓷瓶中，名叫“金罐”，别求吉壤再葬，可是“处处风水恶”，以致闹得几十年葬不了。[②]

在直隶大名还有一种刨尸现象。当天旱不雨时，人们认为这是新埋不久的死鬼在作祟，于是掘开坟墓，打烂尸体，说是“打旱骨”，就可以得雨了。清律规定，若发掘他人坟墓，掘出棺椁的杖一百流三千里，开棺见尸的要判绞刑。[③]由于死者在此时负有“作祟”罪名，家属不敢告发，只得任人惨戮其亲的尸体。打尸骨与洗筋的原因不同，但同样反映了清人的愚昧迷信。

信风水、拣吉壤都是在尽孝的名义下进行的，但停丧不葬，甚至葬后改葬，又无法实现丧葬“入土为安”的原则，孝又何在！所以名为尽孝，实为后人迷信，希图借尸发家。其实亲丧不葬，对丧家总是一个负担，所以停丧不葬，死者无知，对生者却没有好处。这种陋风弊俗，清朝屡禁不止，显然是迷信鬼神、命运的恶劣风气造成的。

---

① ［清］张应昌编：《清诗铎》，842页；道光《阳江县志》卷1《风俗》。
② ［清］张应昌编：《清诗铎》，849页。
③ 《大清律例案语》卷55《刑律盗贼·发冢》。

第三节 火葬

顺治五年（1648）四月，清朝政府公布丧葬则例，官民人等“有愿从旧制焚化者，听之”[①]。这里允许官民火葬，主要是指满人而言，因在此以前满人有这个习惯，事实上十几年后顺治帝与孝康皇后、端敬皇后死后都是火葬的，所以《清实录》记载说是把他们从“宝宫”奉安地宫迁升飞天的。[②]入关后，满人逐渐改变葬俗，实行土葬。

在汉人当中，至迟在五代、北宋时期火葬已有所流行，到明末清初顾炎武说“火葬之俗盛行于江南，自宋时已有之”[③]，又说浙江永康有火化弊俗[④]，可知明代一些地区有火葬的风习，清代依然如此。广东的穷人因没有坟地，有实行火葬和水葬的。[⑤]乾隆五十四年（1789），绍兴知府李亨把该府历年禁止的事项一一查核，拣出十件“尤为风俗害者”，勒令禁止，其中有一条就是“焚烧尸棺”。[⑥]乾隆十二年（1747）举人、浙江海盐人吴文晖作《悯俗》诗，叙述他见到的火化情形：孝子将亲尸棺柩抬到坟地，为使死者迅速得进西天，劈开棺椁，把尸首烧化，即所谓“椁毁棺开速厝火，赫然焰起如流虹”[⑦]。他视火葬为一弊俗，可

① 《清世祖实录》卷38，五年四月辛未条。
② 《清圣祖实录》卷9，二年六月丁酉条。
③ [清]顾炎武：《日知录》卷15《火葬》。
④ [清]顾炎武：《天下郡国利病书》卷8《浙江五》。
⑤ [清]屈大均：《广东新语》，500页。
⑥ 乾隆《绍兴府志》卷18《风俗》。
⑦ [清]张应昌编：《清诗铎》，845页。

见火葬现象至少在他的家乡有一定的普遍性。嘉兴府桐乡县人郑敬怀作《火葬叹》，说停丧不葬就可能使尸首委于沟壑，是很可悲的，而“忍心火葬到骨肉”的做法更惨，他认为若不埋葬，死者身子还是完整的，而火葬连尸体都没有了。[①]他是布衣，应当说他的诗反映了他家乡有火葬现象。同治中翰林院侍讲学士钱宝廉说杭州、嘉兴、湖州三府多有火葬之事，有的是已经土葬，到中元节和冬至节开棺烧尸，叫作“明葬”，如果尸身已经腐化，则烧棺材，称作“暗葬”，有的尸首僵化了，就用斧头劈开再烧。火化时请僧道念经，并宴请亲友。[②]福建一些府县有火葬的习惯，继承了明朝人遗风。如福州明代赠尚书林观的族中有二十四人是火葬的，林观将那些骨瓮埋葬[③]；成化间福州知府唐恂禁止火葬，又为此而设立义冢[④]；然而清代福州闽清依然有火葬的习惯。[⑤]乾隆间，古田知县叶世经、罗源令梁翰分别在他们的任所禁止火葬[⑥]，永春州也有火葬现象[⑦]。

以上是一般汉人的火葬，汉人中还有一些特殊情况的人实行火化：一种是殇亡的婴儿、幼儿；一种是无人收葬的野尸。如开封人的二三岁小孩死了，即把尸烧化，骨灰扬于四野，随风飘散，意思是除去祸根，不让他下胎再来作祟。[⑧]北京普济堂、育

---

① ［清］张应昌编：《清诗铎》，851页。
② ［清］钱宝廉：《禁火葬录》，杭州同善斋善春坊光绪丙戌刻本；光绪《大清会典事例》卷400《礼部》。
③ ［明］王应山：《闽都记》卷13。
④ 光绪《闽县乡土志·政绩·兴利》。
⑤ 民国《闽清县志》卷5《礼俗》。
⑥ 同治《上江两县志》卷24中《耆旧》；咸丰《顺德县志》卷25《梁翰传》。
⑦ 民国《永春县志》卷15《礼俗》。
⑧ 徐珂：《清稗类钞》8册，3547页。

婴堂每年清明节时，都要捡拾暴露的骸骨和幼殇的小儿，有时埋葬，有时就加以火化。[①]有一部分和尚死后是烧化的。还有客死异乡的人，家属无力搬取尸体回乡，只得火化。清后期，湘军中有许多人在广东染上麻风病，死后怕运回家乡传染，乃行火葬，因用柴多，致使木柴涨价，广州人因造出“烧贵柴”一词，以骂外地人。[②]

清代汉人中虽有火葬习俗，但实行地区比较少，主要在浙江、江苏、福建、广东一些府县，从整个社会讲火葬不普遍，不是人们的习惯。

火葬出现的原因，首先是贫困，土葬费财葬不起，而不得不火化；其次是受佛教教义的影响；再有这是地狭人稠的地区，解决坟地与农田争土地矛盾的一种办法。如嘉兴府是蚕桑地区，人口众多，需要桑地，乃毁坟焚尸种桑，所谓“乡民无知，坚持蚕桑为重，营葬即有碍种桑之见”，故而有“火葬之举”。[③]

火葬未能大行，在于阻力太大。顺治朝曾允许火葬，而后即不准许了。清律规定，若毁弃缌麻以上尊长死尸者斩监候，这是指尸体在家或在野外未殡葬被焚烧或投水中的情况而言，[④]可见焚化尊亲尸体判罪很重。同时清朝中央和地方政府屡发禁令，不许火葬。同治七年（1868）翰林院侍讲学士钱宝廉特地呈上请示严禁火葬的奏疏，同治帝批准，饬谕浙江巡抚

---

① ［清］潘荣陛：《帝京岁时纪胜》，北京出版社1961年版，14页。

② 徐珂：《清稗类钞》5册，2220页。

③ ［清］钱宝廉：《禁火葬录》。

④ 《大清律例按语》卷55《刑律盗贼·发冢》。

禁止火葬，要求对违令的人按律治罪。[1]政府禁止的原因是认为火葬违背人伦，是不孝行为，关乎着整饬风俗的大事，当时人反对火葬，也是这个道理。同时，古人认为尸体残缺，是被刑戮，是罪人的遭遇，而焚尸比尸体不全还严重，是对先人的侮辱，为人们普遍所不能接受，同时怕火葬后先人不再保佑子孙，带来灾祸。

人们不惜代价要保全亲尸，也是怕落个不孝罪名。生员沈学文是道员的儿子，母死灵柩在堂，突然邻家起火，延及他家，他害怕把母柩烧化，奋力抢救，被火烧死，这种孝行当然受到了政府的旌表。[2]早在南朝刘宋时期，会稽诸暨人贾恩，也是为使母柩免遭邻火焚化，与妻子桓氏抢救，双双被烧死，被政府追赠为天水郡显亲县左尉，他的家乡被命名为“孝义里”。[3]前后相差一千多年，行事如出一辙，原因都是在于全亲尸尽孝道。

火葬形式简单，花费小，在那个以奢葬为荣和停丧不葬的时代，本是可以纠正弊端的一个可行方法，况且可以解决土葬与农业争耕地的矛盾，有利于生产的发展。之所以未被采用，还是由于土葬观念的顽固与强大。但是由于火葬具有许多优点，是一种进步的丧葬方法，所以尽管从五代、北宋流行以来屡遭政府反对，却仍然禁而不绝。

---

① ［清］钱宝廉:《禁火葬录》。

② ［清］张应昌编:《清诗铎》,686页。

③《宋书》8册,2243页。

第四节　祭先人

清朝有皇家的、贵胄的各种祭礼，本节只涉及品官士庶之家的。

清朝规定品官家庙祭礼时所用祭品是：三品以上羊、豕各一只，每案俎二，铏、登各二，笾、豆各六；四至七品，特豕，案一俎，笾、豆各四；八品以下，豚肩，案一俎，笾、豆各二。四时祭礼，三品以上均要进行，四至七品行春、秋二祭，八九品惟春祭。令节所供时新祭品，一至三品，每案果、羞各四，四至七品每案果二、羞四，八九品每案果、羞各二。月朔望供茶、食案二器。未出仕的士人家祭，设祖宗牌位在大堂北边，面朝南，四时祭祀，用粢盛二盘，肉食果蔬四器，羹二、饭二。祭前主祭人斋戒，主妇制作祭品。庶民的家祭与庶士大体相同，只是稍微简单些。①

有些宗族对祭祖也做了详细规定。即墨杨氏除夕祭三世以上祖先，用大馒头、蒸卷各五个，糯米、黍米糕各二大方，牛羊猪三牲各一份，另有茶、酒，祭时烧纸钱；祭四至八世祖，所用馒头、蒸卷，糯米糕、黍米糕数量同于前，另外每位米饭、粉汤五碗，猪肉、鸡、鱼做的荤腥菜五碗，时新素菜五碗，油菜、山果各五个，茶二遍，酒三巡。上元节的祭祀，蒸食五六碟，荤素菜十种，计二十碗，油菜、山果各五个。清明扫墓时，除上述祭品

① 《清史稿》卷87，2611页；光绪《大清会典事例》卷455《礼部·家祭》。

之外，另添韭饼、米糕、米蒸饼，初伏日祭祀的供物有新麦馒头十碟。中秋节祭祠堂用月饼、西瓜。所用供品及器具，都由子孙亲手制作和洗涤。[①]不论是政府的还是宗族的祭礼，很少有人完全遵照规定执行。

在苏州，正月初一家中悬挂祖先画像，点香、蜡烛，供茶果、粉丸、糍糕，家长率妻子儿女礼拜。分别拜三天、五天、十天、十五天不等。在这期间来拜年的至亲，也有去展拜尊亲遗像的，这叫作“拜喜神”。与此同时，还要带着糖、茶、果盒去祭祖坟，叫作“上年坟”。而在杭州，“上年坟”所用供品是菜肴，且烧纸钱，与苏州大不相同。

苏州人把清明、七月半、十月初视为鬼节，端午、冬至、年夜为人节，在这些节日祭祖先，也叫作“过节”。过鬼节的祭品用麦面，烧纸钱和纸锭。如有新丧的亲人，已过七七，但未过年，需在过节时招请和尚、道士念经，以增加冥福，还需至亲去拜灵牌，这个活动称为“新清明”。清明节必去上坟，离坟茔远的驾舟带祭物去，近的提壶、担盒走去，除在坟上添新土，烧纸钱外，另祭山神、祭邻坟。有的人家祭过后，还与本宗族的人在一起吃祭品，既祭先，又睦族。与此同时，还有出会。[②]在宁波，人们清明扫墓，要用鼓乐做前导、用鹅做祭品。[③]中元节夜里，杭州人家家户户“接祖宗”，把门关起来，说是把祖宗请到了，焚以香烛，祭以瓜果，然后又说送祖宗，至于祖宗何处来，到何

① 《即墨杨氏家乘·祭法》。

② ［清］顾禄：《清嘉录》，4—5、47—51页。

③ 乾隆《鄞县志》卷1《风俗》。

处去，只是人们想象而已。[①]有的地方出嫁女为回报双亲陪嫁的恩情，回娘家祭奠亡故者，送来纸糊的香厨，内装纸做的百物，名叫“纱箱”，把它焚化，意思是给亡亲在阴间使用。[②]冬至时，苏州人要买物品祭祖先，少数人家还像过年一样把祖先遗像请出来张挂祭拜。[③]除夕日，陕西人有背祖先回家过年的仪式，据记载是家人到十字路口高声呼叫祖先称谓，称“我背你回家过年”，然后两手作背负物件的样子回家，到中堂所供的木牌房前慢慢放下，然后再去，这样往返几次，把死去的亲人一一“背”回来，真如家庭过去的成员又回来吃团圆饭一般。[④]

清人对祖先的怀念，还有做冥寿的活动。即在死去的祖父母、父母的诞日举行庆祝活动。康熙四十年（1701）二月初二日，婺源詹元相的舅家为舅公做冥寿，元相即备果酒，前去“拜寿”。[⑤]嘉道间杭州举人梁绍壬说，过阴寿的风气以杭州最为严重，二十年以前，是祭奠、念经，至亲来展拜，都穿素服，后来子孙穿着彩衣，设席请客，还演出戏曲，和做阳寿的是一个样了。[⑥]怀念先人，在他诞辰、忌辰的日子进行简单的纪念活动，是人之常情，而像生者做生日那样做冥寿，宴客演戏取乐，并不能体现出对先人的哀思，只是浪费钱财，是不足取的。

---

① [清]张应昌编:《清诗铎》,773页。
② [清]张应昌编:《清诗铎》,886页。
③ [清]顾禄:《清嘉录》,155页。
④ 徐珂:《清稗类钞》10册,4658页。
⑤ 中国社会科学院历史研究所清史研究室编:《清史资料》4辑,215页。
⑥ [清]梁绍壬:《两般秋雨庵随笔》,406页。

第八章
娱乐生活

人们工作、劳动之余，即闲暇时间里，要按照个人爱好进行精神调节，以消遣时间。这种调节主要是通过娱乐实现的，娱乐生活具有欣赏性和自娱性，其形式多种多样，有助于人们智能、体能和技能的提高，可以陶冶性格与情操，是社会生活的重要组成部分。

第一节　民众追求各种形式的娱乐

娱乐生活具有社会性，同人民大众紧密地联系在一起。群众通过各种途径进行多种形式的娱乐活动，娱乐过程中会体现出人们某些价值观念，娱乐活动具有一定的社会效果。

一、岁时节日与迎神赛会

岁时节日是一种流行全国的风俗，在任何人的社会生活中，都必不可少，也构成了特定的生活方式。清代岁时节日主要有元旦、立春、上元、填仓、龙头、文昌、花朝、上巳、清明、浴佛、端午、天贶、七夕、中元、中秋、重阳、寒食、冬至、腊

八、祭灶等二十余种。清代岁时节日的功能与古代社会前期较为单一的情形不同，显示出综合性较强的特征。除了传承的主要特征外，多是融合了农事、娱乐、饮食、交际、信仰等各种功能，其中娱乐是其主要内容。

清代一些重要节日是以娱乐为目的。元旦是清人最隆重的节日，至少持续三五日，甚至延续到正月十五的上元节，易门神、换桃符、更春联、拜贺、请客、逛市场、欣赏各种表演，热闹非凡，纯属为了娱乐。以苏州的新年为例，“城中玄妙观，尤为游人所争集。……观内无市鬻之舍，支布幕为庐，晨集暮散……杂耍诸戏，来自四方，各献所长，以娱游客之目。……余如测字、起课、算命、相面……男女之间灾福者，到处闻膻蚁聚。茶坊、酒肆及小食店，门市如云。……托盘供买食品者，亦所在成市”[①]，这种情形一直持续半月余。上元节以观灯、看戏为主，短则一两天，多则四五日，除了观花灯、猜灯谜外，还有亲朋欢聚、耍社火、荡秋千等娱乐活动。八月十五中秋节，合家团聚，以赏月为主要娱乐形式，其间也吟诗歌唱。以上三个节日以娱乐为主要内容。

还有很多节日同娱乐紧密结合在一起。立春是农事节日，主要内容为迎春和打春，而迎春本身就是人们装扮社火、扮演杂剧的娱乐活动。二月上旬的花朝节，是花王的生日，士人以赏花、饮酒、赋诗等形式娱乐。三月三日的古“上巳”节，要郊游踏青。清明节不仅扫墓祭祖，还流行踏青、荡秋千、放风筝等活

① [清]顾禄:《清嘉录》,10—11页。

动。五月初五是端午节，南方有赛龙舟的风俗。七月初七的七夕之夜，姑娘们要向织女星乞巧，其中也趣味横生。七月十五中元节，为祭祀祖先、怀念亡灵的日子，有举行盂兰盆会的风俗，在江南“选僧为瑜珈焰口，造盂兰盆会，放荷花灯，中夜开船，张灯如元夜，谓之盂兰会。盖江南中元节，每多妇女买舟作盂兰放焰口，燃灯水面，以赌胜负，秦淮最盛”[①]，可见其中已有夜晚灯会的娱乐性质。

岁时节日是清人进行娱乐活动的主要时机，因此杂技、曲艺、歌舞、戏曲、体育、游艺等活动在岁时节日最为盛行，人们通过社会性娱乐活动解除疲劳、调节情绪、开展社会交往。

迎神赛会也是清代大众娱乐的普遍方式，包括春祈秋报和神诞庙会时进行的演出。春秋社和神诞日也可视为一种节日，是更能体现信仰的节日。这些节日的活动最初是娱神，在清代则是娱神、娱人兼有，而以娱人为主的活动了。

春祈秋报要祭祀土地神，广泛流行着春、秋二社的赛会活动。春社是为了祈求丰年而进行的娱神活动，安徽泾县“村落醵钱为会”[②]，福建龙岩州“各里社祀社神，作社会”[③]。而秋天收获后，人们在丰收之余，既要感谢土地神的庇护，又要娱乐，秋报的演出更为热闹。福建建阳县“六月早稻初熟，四乡渐次演戏敬神，有盈月者，有盈旬者，藉报赛之名，又窝赌之实”[④]。陕

① [清]李斗:《扬州画舫录》,江苏广陵古籍刻印社1984年版,131页。
② 嘉庆《泾县志》卷1《沿革·风俗》。
③ 道光《龙岩州志》卷7《风俗志》。
④ [清]陈盛韶:《问俗录》卷1《建阳县·暨公佛》。

西“秋成报赛，敬神还愿演戏……于广阔之地，搭台演唱，日唱不足，继以彻夜，聚集人众，男女杂沓”[①]。这些演戏活动不分昼夜，长至半月甚至一整月，真可谓热闹非凡。

各种神诞庙会的娱乐活动并不亚于春祈秋报。江苏“每称神诞，灯彩演剧……技巧、百戏、清歌、十番轮流叠进。更有投身神庙，名为执役，首戴枷锁，名为赦罪，拉神游市，炉亭旗伞，备极鲜妍，抬阁杂剧，极力装扮。今日某神出游，明日某庙胜会，男女奔赴，数千百里之内，人人若狂，一会之费，动以千计，一年常至数会”[②]。在北京，如遇城隍出巡及各庙会的“过会”，即由“京师游手”扮作开路、中幡、杠箱、官儿、五虎棍、跨鼓、花钹、高跷、秧歌、什不闲、耍坛子、耍狮子之类，随地演唱，观者如堵。[③]

迎神赛会的演出活动可分为两类：一类是某神出游的扮演台阁、杂剧，表演各种杂戏的“过会”；另一类是敬神演戏。河南的情况更明确地证实了这一点：“小民每于秋收无事之时，以及春三月，共为神会，挨户敛钱，或扎搭高台，演唱啰戏，或装扮故事，鼓乐迎神。”[④]迎神赛会由百姓摊钱组织，演出时临时搭台，它集中了多种娱乐形式，受到人们的热烈欢迎，“聚集人众，男女杂沓”“男女奔赴”“人人若狂”“观者如堵”等记载，正是这一情形的真实写照。

---

① [清]陈宏谋:《培远堂偶存稿》卷19《巡历乡村兴除事宜檄》。
② [清]陈宏谋:《培远堂偶存稿》卷45《风俗条约》。
③ [清]富察敦崇:《燕京岁时记》,67页。
④ [清]田文镜:《抚豫宣化录》卷4《严禁迎神赛会以正风俗事》。

二、“百戏”种种

“百戏”一词，早在汉代即已出现，是对乐舞、杂技等娱乐活动的泛称。在清代，有两种专咏“百戏”的著述，一是康熙时期李声振的《百戏竹枝词》，一是乾隆时期文学家李调元的《弄谱百咏》，比较全面地记录了清代“百戏”的种类，从书中的内容来看，清代“百戏”的范围更为宽广，包括音乐、舞蹈、杂技、曲艺、戏剧、体育等形式的娱乐①，基本上代表了清人娱乐生活的门类。“百戏”反映了民间娱乐的特点，即表演简便易行，不受表演场所的限制，各种娱乐形式交织在一起，没有精确地分类，具有综合性。因此，我们可借用“百戏”一词表示清人的娱乐形式。需要指出的是，戏曲在清代得到较大发展，具有剧场化、大舞台化、专门化的特点，所以我们把戏曲单独介绍。还有竞赛性的娱乐，如斗鸡、斗鹌鹑、斗蟋蟀等，往往同赌博联在一起，一些游艺性较强的棋、牌类娱乐主要为了自娱，同大多数“百戏”项目以观赏为主不同，且常常有赌博的性质，故另题专门论述。这样，清代“百戏”余下的内容，就其主要形式来说，大致可分为四大类型。

（一）杂技

杂技表演，主要包括蹬技、手技、顶技、踩技、口技、爬竿、走索以及各种民间杂耍等，通常也把戏法、驯兽等包括在内。“百戏”的主体就是这些杂技，清代以表演杂技为主，近似

① 叶大兵：《中国百戏史话》，浙江人民出版社1985年版，158—161页。

“百戏”的词汇还有“杂要诸戏”“杂要之技”等。这种用语也体现出民间娱乐的特点。北京、扬州、苏州是清代文化较发达的地区，这些地区的杂技表演形式丰富，主要有竿戏（高竿）、顶竿、饮剑、吞火、壁上取火、走索、弄刀、刀山、飞刀、引腹受骲、弄甏（坛技）、飞钱、弄丸、扇技、舞盘、风车、簸米、蹬梯、穿跟斗、反腰、竖蜻蜓、撮戏法、空中取酒、飞水猢摘豆、大变金钱、鬼搬运、仙人吹笙、大头和尚、木人头戏、牵丝戏（影戏）、隔壁戏、百鸟相声、猢狲撮把戏（猴戏）、跳大虫、骗橐驼、马衔鞭、羊车、哈巴狗、驯鼠、麻雀衔旗、调鹦鹉等形式，基本上反映了清代的杂技种类。

丰富多彩的杂技娱乐中，尤以口技和蹬技最为出色。蹬技方面，曾有一位女艺人到江苏青浦县表演蹬双缸，技艺高超。[①]直隶磁州江湖女艺人李氏“有搬坛翻桌诸术”，她的蹬技扣人心弦，可仰卧在相当于树高的台子上，先蹬数十斤重的大缸，然后蹬小木梯，并让一位十三岁的小孩直立梯上，在梯格间翻穿，忽然小孩大叫一声摔下，众人目瞪口呆之际，地上一大汉伸手去接小孩，而那孩子却稳稳地倒立在大汉手上。[②]他们的表演，令人叹为观止。

口技更是名家辈出，清代的口技俗称“象声”“隔壁戏”，曲艺人携带扇子、钱板等，在屏后帐内模仿各种声音，表现人们的社会生活。[③]有一位艺人模仿家庭生活的口技引人入胜，只见他

---

① ［清］诸联：《明斋小识》卷10《绳技》。

② 徐珂：《清稗类钞》6册，2869页。

③ ［清］诸联：《明斋小识》卷11《口技》。

携一扇一尺入空屋中，始为夫妇谈岁暮事，喃喃细语，继而夫持钱到市场上，与各店主人论价低昂，掂斤播两，归来妇正做饭，其中洗灶、汲水、燃火、盛物、摆桌、祭祀一一作了交代，忽有索债人来，先听到虚夸期缓，又有讨店账者、讨会钱者、讨当物者，或男或女，喧挤一堂，初以辩论，渐次口角，终且斗殴，其中击桌声、碎碗声、狗吠声、小孩啼哭声、邻人劝解声、门外爆竹声，学得惟妙惟肖。听众正“倾耳惶惑”之时，而“尺木一声，万声俱寂”。[①]此外，扬州一位叫郭猫儿的口技艺人表演乡村唢呐，北京一位口技艺人表演家庭夜晚生活情形，都绘声绘色，技皆炉火纯青。[②]清代还有以模仿鸟鸣出名的“百鸟象声”口技艺人，如北京的“画眉杨”[③]和“百鸟张”[④]。

清代民间戏法普遍。在北京，有的表演鬼搬运，置物于室，锁上门，不用钥匙开启而使物转移他处；有的表演空中取酒，以空瓶向上，祝之，即得美酝满注。[⑤]在苏州，以毯覆地，变化什物，谓之撮戏法；以大碗水覆毯，令隐去，谓之飞水；置五红豆于掌上，令其自去，谓之摘豆；以钱十枚，呼之成五色，谓之大变金钱。[⑥]清人说：“今世之测变器物及弄碗诸剧，愈出新奇，皆古所无。”“道光初年，以国丧不演戏，大家酒馆，辄以戏法弄

---

① ［清］诸联:《明斋小识》卷11《口技》。

② ［清］平步青:《霞外捃屑》,561页。

③ ［清］昭梿编:《啸亭杂录》,237页。

④ 李声振:《百戏竹枝词·清代北京竹枝词》,北京古籍出版社1982年版,157页。

⑤ 李声振:《百戏竹枝词·清代北京竹枝词》,171—172页。

⑥ ［清］顾禄:《清嘉录》,10页。

碗，杂以诙谐，为佐觞之具，自此风行一时。”[①]可见戏法在清代有所发展，民众对娱乐的追求起到了促进作用。清末唐再丰总结了清代流行的中国戏法，著有《鹅幻汇编》一书，是较为完整的魔术专著。

动物表演是清代较为普遍的另一杂技项目。江南人钱泳曾看到过“蓄猴唱戏，弄鼠攒圈，虾蟆教学，蚂蚁斗阵”等禽兽虫蚁的表演。[②]北京的动物表演更是五花八门，有驯虎表演，一位韩姓艺人能以棒触使虎跳舞，且鸣金助威，名曰跳大虫；有人驭马衔鞭与人，名曰马衔鞭；有的人叫哈巴狗拱蹄作拜状，或呜呜如歌，或设圈十余，令其往来循行，名曰狗钻圈；有的人教雀于笼中衔五色旗向人前，名曰麻雀衔旗，等等，不一而足。[③]

（二）曲艺

曲艺表演，指各种说唱艺术。曲艺是以带有表演动作的说唱来叙述故事，塑造人物，表达思想感情，反映多方面的社会生活。曲艺演出时演员人数少，通常仅一至二三人，使用简单道具，演出方便，是民间娱乐的重要形式。清代曲艺种类繁多，《百戏竹枝词》列有什不闲、打盏儿、鼓儿词、弹词、评话、莲花落、唱道情等，代表了清代曲艺的主要形式。

唱道情早在唐宋时代已有，以道教故事为题材，故名。道情以渔鼓和简板伴奏，故有的地方也叫“渔鼓”“鼓儿词”，在江、

---

① ［清］钱泳：《履园丛话》，333页。
② ［清］钱泳：《履园丛话》，537页。
③ 李声振：《百戏竹枝词·清代北京竹枝词》，175—178页。

浙、豫较为流行，以男演员为多，常在茶室表演。[1]

莲花落也叫“落子”，演唱者通常为一两人，一般仅用四弹词。源于宋代的陶真，清代在苏州、杭州、南京流行，后来传到北京及其他北方城市。表演者大都一至四人，有说有唱，或只唱不说，以琵琶、三弦或扬琴伴奏。清代弹词发展，也产生了很多著名艺人，尤以乾隆时期的王周士、嘉道年间的俞秀山和咸同时的马如飞影响为大。

鼓儿词，即鼓词，主要流行于北方。清代“唱鼓词者，小鼓一具，配以三弦，二人唱书……亦有仅一人者”[2]。到乾嘉时期，在山东、河北等地形成了“大鼓”的说唱形式。曲目题材广泛，以《呼家将》《薛家将》等历史战争故事居多。鼓词艺人多瞽者，在男女有别的清代社会，鼓词是闺中妇人便于接受的娱乐形式。

打盏儿是一种以牙箸击瓷器、唱西调小曲，能与丝竹相和的表演形式。

什不闲原为凤阳花鼓，在木架上装有铙、鼓、钲、锣各一，歌毕，互击之以为节。

（三）音乐舞蹈

舞蹈是通过提炼、组织和艺术加工的人体动作，表达人们的思想感情，反映社会生活。民间舞蹈是自娱兼表演的歌舞娱乐形式，主要在节日里进行。《百戏竹枝词》中记载有属于民间舞蹈的项目霸王鞭、打花鼓、大头和尚、扎高脚、扇技、旱船、龙灯斗、狮子滚绣球等，基本上反映了民间舞蹈的主要内容。

---

① 徐珂:《清稗类钞》10册,4989页。
② 徐珂:《清稗类钞》10册,4941页。

狮子滚绣球，俗称耍狮子。由表演者身披羊毛饰的狮形，滚球跳舞。

龙灯斗，即舞龙灯。龙由竹篾为之，外覆以纱，灯影中舞龙，蜿蜒可观。

旱船是在陆地上模仿水中行舟的表演。清人说：跑旱船是由“村童扮成女子，手驾布船，口唱俚歌，意在学游湖而采莲者”①，这是一种表现游湖采莲的载歌载舞。

扇技，是手持折扇表演的一种扇舞。

扎高脚，亦名踩高跷，舞者双脚踩在钉有踏板的木棍上进行表演。

大头和尚是人戴大面具演出，多表演月明和尚劝导柳翠出家的故事，和尚与柳翠逗趣取乐的形象，受到群众喜爱。

打花鼓流行于安徽凤阳的妇女中，她们表演时还要唱歌。

霸王鞭是手持装有铜线的竹棍击打，发出声响，还要唱曲。

《百戏竹枝词》中说打花鼓又名“秧歌”，扎高脚所唱也是秧歌类，其中没有专列“秧歌”一项，实际上，秧歌是清代流行最广的民间舞蹈，是由表演者手持扇子、手绢，唱歌表演的歌舞形式。

民间音乐的声乐和器乐成就，主要表现在戏曲、曲艺、歌舞中，当然也有较为独立的民歌、民乐。《百戏竹枝词》中包括了民间音乐的很多内容，但没有列出具体项目，就乐器而言，清代也有适应民间婚丧、喜庆、宗教节日及其他典礼场合需要制作的

---

① ［清］富察敦崇：《燕京岁时记》，56页。

民乐合奏。自然，合奏是在单项器乐表演基础上产生的。

前面曾提到江苏的神诞庙会要演“十番”，就是一种器乐合奏，又称“十番鼓”，共有笛、管、箫、弦、云锣、汤锣、木鱼、檀板、大鼓、单皮鼓十种，更番演出，故名十番鼓，后来又增添了星与钹，不止十种，又有粗、细十番之分。[①]

弹套是以琵琶、三弦等弦乐器为主，合以笙、管、笛、箫等管乐器合奏为弦索音乐。其合奏音乐凡十三套，又称《弦索十三套》。道咸年间的王馨远，同光之际的赵德璧最负名望。[②]

除以上较为定型、成熟的器乐演奏形式外，还有很多民间艺人以自己的特长，表演各种器乐。如清代后期北京市面上有表演八音联欢的，其法是八人围坐，各执丝竹，交错为用，有琵琶、胡琴、洋琴、三弦、笛子、鼓等乐器。[③]乾隆时广东有位叫作“锣鼓三”的艺人，每天背着各种乐器沿街卖艺，“或邀之演技，则以草垫席地坐，凡诸乐器环置左右，口吹管龠，手按工尺，左肘摇锣，右拇指扣木槌挝其鼓，左拇指挂小板为节拍，和其歌，其余乐器应手而执，妙无滞机，疾徐缓急，无不中度”[④]。同时期浙江乌程人朱锦山，置二十四种乐器于前，以口及左右手足动之，皆能中节。而且奏南北各大小曲，及仿划拳笑骂等声，皆惟妙惟肖。朱锦山和锣鼓三等人演奏十分熟练，是出色的民间艺人。

---

① [清]李斗:《扬州画舫录》,244页。

② 崇彝:《道咸以来朝野杂记》,北京古籍出版社1982年版,8页。

③ [清]震钧:《天咫偶闻》,175页。

④ 徐珂:《清稗类钞》10册,4923页。

与上述走街串巷表演的艺人不同，江浙地区的艺人还组织乐班，每班用十岁至十五六岁的童子八人，佐以华丽装饰品及九云锣诸乐器，“喜庆之家多雇用之”①。

民歌在清代很普及，娱乐性最强的是产生于休息、娱乐、喜庆等场合的时调、小曲。这些民歌依地区形成不同风格，种类很多，自娱性与表演性兼有。以粤歌为例，“凡有吉庆，必唱歌以为欢乐”。结婚前夕，“男女家行醮，亲友与席者，或皆唱歌，名曰坐堂歌”。②每年正月，还要饰儿童为彩女，每十二人一队，手持花篮，篮中点燃一宝灯，罩以绛纱，用粗绳为大圈，缘之踏歌，唱十二月采茶事情，叫作采茶歌。除了自娱，一些人家有喜庆事辄招盲妹弹唱。③

小曲往往具有时尚性，成为流行歌曲，又体现出群众性的特点。如乾隆末年南京盛行《绣荷包》新调，于是“画舫青楼一时争尚，继则坊市妇稚担夫负贩皆能之，久且卑田院中人，借以沿门觅食者，亦无不能之”④，简直是全民皆唱《绣荷包》了。

由于民歌的流行，清代出现了编纂民歌的风气。最早的清代民歌集，大概是乾隆九年（1744）梓行的《时尚南北雅调万花小曲》一书，所收民歌中，真诚、隽永之作与粗俗不堪的性描写杂糅，体现出俗文化的特点。

---

① 徐珂:《清稗类钞》10册,4939页。
② 徐珂:《清稗类钞》10册,4928页。
③ 徐珂:《清稗类钞》10册,4941页。
④ 徐珂:《清稗类钞》10册,4938页。

（四）体育

体育活动具有锻炼身体、自娱和表演等多种功能，可以看作是一种技能性的娱乐形式。《百戏竹枝词》中所列体育项目有角抵、走冰鞋、射鼓、射天球、踢毽儿、蹴鞠等，除了摔跤，几乎包括整个清代盛行的体育活动内容。

角抵即格斗戏，有南拳北脚之称，又叫“短打”，属于武术的一种。清代武术项目中，拳术发展较大，太极拳盛行，产生了陈氏、杨氏、武氏、吴氏诸支派，而陈氏太极又有老架、新架之别。清代武术项目很多，据宣统年间拳师们列举的武术有六十二项之多，有少林拳、太祖拳、通臂拳、大红拳、小红拳、二郎拳等二十几种拳术，有大刀、单刀、少林双刀、春秋刀、连环刀等十几种刀术，有空手进刀、单刀花枪、双拐进三节棍等对练，还有枪术、剑术、鞭术等技艺。①武术内容丰富，项目日臻完备。

走冰鞋即滑冰，是北方寒冷地区开展较为广泛的冰上运动，有“如星驰电掣”②的速滑，还有“技之巧者，如蜻蜓点水、紫燕穿波”③的花样滑冰。北京的护城河是冰嬉的好地方，有人在木架底下镶上钢条做成“拖床”，坐在上面往来滑动。

射鼓、射天球都是射技表演，而射箭活动受到清政府的提倡。清朝以骑射为基本国策，八旗劲旅就是靠“弓矢”打天下的。清代科举考试的武科有马、步箭项目，加上射本身就是“六艺”之一，因此在政府的提倡、科举的诱惑和传统习俗的作用

① 徐珂:《清稗类钞》6册，3009页。
② ［清］潘荣陛:《帝京岁时纪胜》，37页。
③ ［清］富察敦崇:《燕京岁时记》，91页。

下，射箭活动盛行。射箭作为娱乐方式，有射鹄子、射花篮、射雕、射香火等，士大夫家还设有射圃，以射为娱，同好者“约期为会”[①]。

踢毽儿，即在铜钱眼上缚鸡毛用脚弹踢，是北方冬季民间自娱活动，清代也出现了专门表演踢毽子的艺人。

蹴鞠俗名踢球，踢铁球或石球，多在冬季进行，是自娱性的活动。清末《北京民间风俗百图》第六十四图《踢球图》的说明较详：“二人以石球两个为赌，用些碎破瓦块铺地，用一球先摆一处，二球离七八尺远，每人踢二次，踢中为赢，不中便输。”

摔跤又称“摆架子”，斗者“两人裸体相扑”。[②]

民众对上述种种“百戏”娱乐的追求，不仅表现在多种形式的娱乐内容，还表现在娱乐场所的简便，同日常生活结合在一起。

“串宅门”和“撂地”是普遍的娱乐场所。清代北方像鼓书、道情等演员经常身背弦鼓等乐器，到街头巷尾敲打，然后被人召去演唱，到观众家里或某一大杂院演唱，叫作“串宅门”。这些人或兼习他业，技艺较差，身份较低，在北京“若寻常时调小曲，算命者流，谓之串街先生”[③]。“撂地”是民间演唱更普遍的方式，艺人常在庙会、集市和街头的空地上演出。他们先用白砂土在地上画圈、写字，以吸引观众，意思是画一口饭锅，使演出有收入，借以糊口。一些空地由于经常“撂地”演出，还形成了传统的表演区域。扬州瘦西湖畔，“杂耍之技，来自四方，集于

---

① [清]震钧:《天咫偶闻》,12页。

② [清]顾禄:《清嘉录》,10页;[清]李斗:《扬州画舫录》,253页。

③ 崇彝:《道咸以来朝野杂记》,9页。

堤上”[1]。常州在光绪年间可以看到一位叫鲁麻子的武师“售棒技，时于广场献艺”[2]。

普遍的娱乐场所还有酒楼茶馆。如天津的茶肆，“每于岁底新正，添设杂耍，招徕生意。其名目有弦子书、大鼓书、京子弟、八角鼓、相声、时新小曲等类。茶钱不过三五十文，小住为佳，亦足以消闲遣兴”[3]。道光初年因国丧不准演戏，于是艺人在酒馆表演变戏法。

在南方水乡，很多演出是在船上进行的，如扬州“歌船宜于高棚，在座船前。歌船逆行，座船顺行，使船中人得与歌者相款洽”[4]。表演以歌为主，十番鼓次之，另外还有锣鼓、马上撞、小曲、滩簧、对白、评话之类。

三、戏曲欣赏

由演员扮演角色当众表演故事情节的戏曲，按照角色行当各有唱、念、做、打的不同特点，综合了音乐、舞蹈、武术、杂技等多种娱乐，戏曲的生命根植于民间。

（一）地方戏的兴起

清代是戏曲发展时期。清初，明末以来盛行的昆山腔与弋阳腔处于正统地位，但是已暴露出日益脱离群众的情形，特别是昆腔更为明显。内容上多是讲帝王将相、才子佳人故事来宣传礼

---

① ［清］李斗：《扬州画舫录》，252页。
② 徐珂：《清稗类钞》6册，2966页。
③ 张焘：《津门杂记》，天津古籍出版社1986年版，100页。
④ ［清］李斗：《扬州画舫录》，242页。

教；形式上不外是悲欢离合的套路，艺术僵化。不过流传到民间的昆、弋诸腔同各地的民歌、说唱以及民间小戏结合，向着地方化的方向发展，还有一些是新产生的地方戏。康熙时期，有人说："近今且变弋阳腔为四平腔、京腔、卫腔，甚至……为梆子腔、乱弹腔、巫娘腔、唢呐腔、啰啰腔矣。"[①]到了清中叶，各种戏曲争奇斗妍，绚丽多姿。

地方戏的兴起，与处于正统地位的昆腔发生了争取观众的矛盾，形成了花雅之争。《扬州画舫录》说："雅部即昆山腔；花部为京腔、秦腔、弋阳腔、梆子腔、啰啰腔、二簧调，统谓之'乱弹'。"[②]正统文人和官府认为，昆腔清雅庄严，新兴地方戏淫靡鄙俗，故有花、雅的划分，并且扬雅抑花。而一般群众观昆曲"怏然散去"，遇乱弹则"观者如堵"，说明花部是群众喜闻乐见的一种形式。

北京剧坛演出的变化，基本上反映了清代各剧种的消长。清初，在昆曲盛行的同时，弋阳腔与之争衡并发展起来，但到了乾隆中叶，士大夫已厌弋阳腔嚣杂、娱乐性不强。四川的魏长生把秦腔（即梆子腔）带到北京，"繁音促节，呜呜动人"，一时名动京师，"王公贵位以至词垣粉署，无不倾掷缠头"。[③]接着，各地秦腔艺人继之如云，取代了弋阳腔。到了嘉庆年间，苏州的昆曲、河北的高腔、山东的柳子戏、山陕的梆子腔几大声腔的代表剧种流行北京，有所谓"南昆、北弋、东柳、西梆"的说法。从

① [清]刘廷玑:《在园杂志》卷3。
② [清]李斗:《扬州画舫录》,103页。
③ [清]昭梿编:《啸亭杂录》,238页。

乾隆五十五年（1790）起陆续到京演唱的三庆、四喜、春台、和春四大徽班逐渐发展起来，直到同光年间还在北京演出。其间，四班同来自湖北的汉调艺人合作，以徽调的二黄和汉调的西皮为基础，不断向其他戏曲声腔学习，道光以后形成京剧，中国古典戏曲进入了全盛时期。

（二）戏曲演出的场所与观众

民众欣赏戏曲演出也具有简便易行的特点。农村一般是临时搭戏台，如陕西“于广阔之地搭台演出”[①]，河南“扎搭高台，演唱啰戏”[②]。宗族组织发达的地区，也在祠堂演戏剧，如江西道光《石城县志》载：“邑中祠祀，春祭之日，群集馂余，必演戏剧……借祭祖之名，以观剧为事。”城市的茶馆也是观戏的场所，有人说：“茶馆演戏，京城最盛。”[③]南方往往在船上演戏，南京在乾隆末年有了乱弹表演，“载以舟而娱客”[④]，广东新会“城外河下，日有戏船”[⑤]。

城市富贵人家常开堂会看戏，多是逢喜庆、祝寿时，请演员演出戏曲、曲艺、杂技等。早年的堂会，演员常被邀至主人自己的厅堂演出，一般在主人的庭院里搭个天棚，就正厅前设一木台，后台就是堂屋，故名堂会。除了家庆外，官场的同僚、同年、同乡、游宦等，值年节集会，联谊团拜，某些团体等也有看

---

① ［清］陈宏谋:《培远堂偶存稿》卷19《巡历乡村事宜檄》。

② ［清］田文镜:《抚豫宣化录》卷4《严禁迎神赛会以正风俗事》。

③ ［清］华鼎元辑:《梓里联珠集》,天津古籍出版社1986年版,110页。

④ 徐珂:《清稗类钞》11册,5015页。

⑤ ［清］徐栋原辑:《牧令书辑要》卷6,引王植《敝俗》。

堂会戏的，所谓“公私会集，恒有戏，谓之堂会”[①]。堂会不只在家中厅堂举行，也有在戏园办的。嘉庆时，如果在北京戏园“庆贺雅集”，招待宾客，则名堂会，辰开酉散，其地“度中建台，台前平地曰池。对台为厅，三面皆环以楼。堂会以尊客坐池前近台……右楼为女座，前垂竹帘”[②]。除戏园之外，堂会戏还有在会馆举办的，北京名伶响九霄即在会馆堂会中演过戏。[③]的专演堂会戏的场所，也称为“戏庄”。道光时人杨樊建的《梦华琐簿》记载：“戏庄曰某堂、曰某会馆，为衣冠揖逊上寿娱宾之所，清歌妙舞，丝竹迭奏。”光绪时朱克敬在《雨窗消意录》中指出：“京师梨园最盛，公宴庆祝，别有演剧之所，名曰戏庄。”二人均说戏庄是演堂会戏的。

堂会戏涉及妇女看戏问题。演堂会戏时，楼上可设女座，不过仍要“前垂竹帘”。另据记载：“道光时，京师戏园演剧，妇女皆可往观，惟须在楼上。……妇女欲听戏者，必探得堂会时另搭女桌。……自光绪季年以至宣统，妇女之入园观剧，已相习成风矣。”[④]可见，直到清代中叶北京的妇女才可以看堂会戏，临时在楼上设专座，并在面前垂一竹帘，以示男女有别，妇女入园看戏到了清末才相习成风，而且只在富贵人家才如此。

戏剧的繁荣，必定导致从临时场所演出到固定场所演出，从不定时演出到定时演出，从集资（凑份子）请演员演出到在营业

---

① 徐珂:《清稗类钞》11册,5043页。
② 徐珂:《清稗类钞》11册,5043页。
③ 徐珂:《清稗类钞》11册,5136页。
④ 徐珂:《清稗类钞》11册,5065—5066页。

性场所看戏过渡的趋势，这就带来了戏园的出现和发展。作为清代文化中心的北京，由于清朝实行限制演戏的政策，戏园屡建屡废，内、外城也有所区别，故其发展呈现出步履维艰的局面。康熙十年（1671）清朝曾做出规定："京师内城，不许开设戏馆，永行禁止，城外戏馆，如有恶棍借端生事，该司坊官查拿。"[①]由此可见，这时北京内外城均有戏馆，后内城的戏馆被禁止了，而外城的戏馆存在下来。关于康熙时期戏馆的情况，有记载"京师戏馆，惟太平园、四宜园最久，其次则查家楼、月明楼"[②]，地址在前门附近。这些戏馆大概是康熙十年以前外城存在的戏馆。据《清稗类钞·戏剧类》记载："查家楼者，人简称之曰查楼，在内市，为明巨室查氏所建。"[③]据此可知，北京的戏馆在明代已有，同书又载，雍正时京师戏馆以方壶斋、蓬莱轩、升平轩最著名。到乾隆二十七年（1762）"前门外戏园酒馆，倍多于前"[④]。清初的戏馆后皆改名，乾隆四十五年广和（查家楼）失火后，"旧园重整，又添茶园三处"[⑤]。嘉庆四年（1799）清朝又禁内城戏园，上谕说："向来京城九门以内，从无开设戏园之事，嗣因查禁不力，夤缘开设，以致城内戏馆，日渐增多。"[⑥]外城的戏馆也在增加，道光四年（1824）御史郎葆辰奏："外城戏园戏庄，不下十余处，嗣后毋许再行开设。"他的请求得到了道光帝的批

① 王晓传辑:《元明清三代禁毁小说戏曲史料》,作家出版社1958年版,21页。
② [清]戴璐:《藤阴杂记》,50页。
③ 另参见[清]吴长元:《宸垣识略》,北京古籍出版社1986年版,164页。
④ 王晓传辑:《元明清三代禁毁小说戏曲史料》,42页。
⑤ [清]戴璐:《藤阴杂记》,50页。
⑥ 王晓传辑:《元明清三代禁毁小说戏曲史料》,51页。

准。[①]内城的戏园虽屡遭禁止，却一直存在，清人震钧回忆咸丰时的情形说，内城的戏园“如隆福寺之景泰园、四牌楼之泰华轩皆是，东安门外金鱼胡同、北城府学胡同皆有戏园”[②]。内城的戏园直到同治四年（1865）仍在演戏，以致清廷再下禁令，上谕说：“京师内城地面，向不准设立戏园，近日东四牌竟有太华茶轩、隆福寺胡同竟有景太茶园，登台演戏，并予斋戒忌辰日期，公然演唱，实属有干例禁，著步军统领衙门严行禁止。”[③]除了内城这两座戏园外，据《道咸以来朝野杂记》记载，外城的戏园累计有十四处。外城的戏园以演戏为主，内城的戏园有时违禁演戏，通常演出鱼龙曼衍、吐火吞刀、平话、嘌唱、杂耍、八角鼓、曲词之类的曲艺、杂剧节目。[④]

北京的戏园虽也演出堂会戏，但通常是大众观赏的处所，不同于“戏庄”。《梦华琐簿》记载：“戏园前曰某园、曰某楼、某轩，然茶话人海杂沓，诸伶登场，各奏尔能，钲鼓喧阗，叫好之声，往往如万鸦竞噪矣。”可见戏园是普通的剧场，且兼有茶馆的性质，所以这种“开座卖剧”的戏园又称“茶园”。戏园内的情况是：“大抵午后开场，至酉而散。……其为地，度中建台，台前平地曰池。对台为厅，三面皆环以楼……池中以人计算，楼上以席计算。故平时坐池中者，多市井儇侩，楼上人谑之曰下井。若衣冠之士，无不登楼，楼近剧场右边者名上场门，近左者

---

① 王晓传辑:《元明清三代禁毁小说戏曲史料》,66页。
② [清]震钧:《天咫偶闻》,174页。
③ 王晓传辑:《元明清三代禁毁小说戏曲史料》,78页。
④ [清]震钧:《天咫偶闻》,174页;崇彝:《道咸以来朝野杂记》,8页。

名下场门，皆呼为官座，而下场门尤贵重，大抵为佻达少年所预定。”[①]看来，这种戏园每天下午开演，池中与楼上分别计费，可预定席位。虽然戏园比戏庄低级，但不似戏庄具有包场的性质，因而戏园的观众具有不同的身份，看戏的位置也不同。士大夫们上楼欣赏，而楼上最好的位置又由风流的青年人占据，楼上的席位称为官座。一般市民则在楼下观看，被楼上的人所嘲笑。

除了北京，清代其他城市也有营业性的戏园，它是演出方式变化的结果。先看扬州，“天宁寺，本官商士民祝厘之地。殿上敬设经坛，殿前盖松棚为戏台，演仙佛、麟凤、太平击壤之剧，谓之大戏。事竣拆卸。迨重宁寺盖大戏台，遂移大戏于此”[②]，说明由于演出活动的频繁，已有固定的大戏台取代了临时性的木棚戏台，这个变化发生在乾隆末年。在苏州，明末尚无戏园，“酬神宴客，侑以优人，辄于虎丘山塘河演之，其船名巷梢。观者别雇沙飞、牛舌等小舟，环伺其旁。……船上观客过多，恐遭覆溺，则又中止。一曲笙歌，周章殊甚。雍正时，有郭姓者，始架屋为之，人皆称便，生涯甚盛。自此踵而为之者，至三十余家，卷梢船遂废”[③]。从戏园“生涯甚盛”并有三十余家“踵而为之”来看，这些戏园应是营业性的，演出场所和性质的变化轨迹明显。还有天津，崔旭道在道光四年（1824）所写《津门百戏》说天津的戏园“起于近年，伶人寓此者五十余家”[④]，这些戏园也应当是营业性

① ［清］包世臣：《都剧赋·序》；徐珂：《清稗类钞》11册，5043页。
② ［清］李斗：《扬州画舫录》，103页。
③ 徐珂：《清稗类钞》11册，5045页。
④ ［清］华鼎元辑：《梓里联珠集》，156页。

的。总之，伴随着乾隆以降花部乱弹的兴起，清代的戏曲活动兴盛起来，固定化的营业性戏园便应运而生。

（三）民众的审美情趣

人民群众喜欢地方戏，尤其是地方小戏。如南方的花鼓戏，吴俗名滩簧，楚中名对对戏，宁波名串客班，江西名三脚班，深受民众欢迎，“高台演唱，男妇纷来，习以为常”[①]。道光时江苏人诸联说：“花鼓戏传来卅年，而变者屡矣，始以男，继以女，始以日，继以夜，始于乡野，继于镇市。”[②]看戏成为清人社会生活中的全民性活动。

农村看戏活动的场面十分热闹。特别是妇女，大班演戏看的很少，如果打听到某处有串客小戏，则约妯娌、会姊妹、带儿女、邀邻舍，成群结队去看戏，演多会儿，看多会儿，全然不厌。[③]农民既爱看戏，也喜欢谈戏，“郭外各村，于二、八月间，递相演唱，农叟渔父，聚以为欢”。“天既炎暑，田事余闲，群坐柳荫瓜棚之下，侈谭故事，多不出‘花部’所演。”[④]看戏已是清人闲暇时重要的活动了，戏的内容也成为人们谈话的资料。

这些“大戏”之外的“串客做”“花部”深深地吸引大众是有原因的。从文辞分析，“其词曲悉皆方言俗语、鄙俚无文，大半乡愚随口演唱，任意改更，非比昆腔传奇，出自文人之手”。[⑤]

---

① ［清］余治:《得一录》卷5《禁止花鼓串客戏议》。
② ［清］诸联:《明斋小识》卷9《花鼓戏》。
③ ［清］余治:《得一录》卷5《劝禁演串客淫戏俚言》。
④ ［清］焦循:《花部农谭》序言。
⑤《史料旬刊》22期。

“其词淫亵猥鄙，皆街谈巷议之语，易入市人之耳。”[1]“其词质直，虽妇孺亦能解。”[2]可见其文辞是质朴无华的方言俗语，通俗易懂，极为大众化。从腔调分析，“其音靡靡可听，有时可以节忧，故趋附日众。虽屡经明旨禁止，而其调终不能止，亦一时习尚然也”[3]，“其音慷慨，血气为之动荡”[4]，看来腔调或慷慨悲歌或柔弱舒缓，以情动人。从内容分析，“花部原本于元剧，其事多忠、孝、节、义，足以动人”[5]，“专习淫亵词调，扮演男女私情”[6]，以情爱和伦理内容为多。(这里的伦理是指民众的价值取向，而不是指政府的教化。)无论内容、音腔、文辞，花部都为人民喜闻乐见。

花部受到民众欢迎的社会效果，亦即大众的审美趣味所在，这是由花部的剧情决定的。清人钱德苍的《缀白裘》一书，成于乾隆年间，是现存收录部分清代地方戏曲剧目最早的选刻本，载有当时流行的梆子腔、乱弹腔、西秦腔和高腔的剧目三十种。乾隆时期正是花部初兴时期，这些剧目基本反映了花部民间戏曲的面貌。

---

① [清]昭梿编:《啸亭杂录》,236页。
② [清]焦循:《花部农谭》序言。
③ [清]昭梿编:《啸亭杂录》,236页。
④ [清]焦循:《花部农谭》序言。
⑤ [清]焦循:《花部农谭》序言。
⑥ [清]余治:《得一录》卷5《禁串客淫戏告示》。

《缀白裘》中的地方戏曲一览表

剧目	剧情	来源	特色
买胭脂	王月英与郭华由买胭脂而引起的爱情故事	民间	爱情、插科打诨喜剧
落店·偷鸡	时迁偷鸡	水浒	武戏
花鼓	江湖流浪艺人生活	民间	歌舞、插科打诨
途叹·问路·雪别·度叔	韩湘子度化韩愈成仙事	历史传说	—
阴送	杨七郎阴魂护送杨八姐过山	历史传说	武戏
搬场·拐妻	武大郎、潘金莲事	水浒	家庭、男女关系
思凡	小尼姑思凡	目连救母劝善戏文	向往爱情
送昭·出塞	昭君出塞	历史	讽谏
探亲·相骂	乡下亲家母与城里婆婆间的故事	民间	家庭生活
过关	梁山女将以唱小曲蒙哄郑州城官吏而过关去	水浒	武戏
安营·点将·水战·擒么	岳飞与牛皋擒杨么事	历史	武戏
上街·连厢	内容与花鼓近似	民间	歌舞、插科打诨
杀货·打店	武松的故事	水浒	武戏
借妻·同门·月城·堂断	张古董借妻的故事	民间	家庭、男女关系
猩猩	郑恩砍柴打死怪兽，救出韩老夫人事	民间	武戏
看灯·闹灯·抢甥·瞎混	瞎子逛灯	民间	游戏、打诨

续表

剧目	剧情	来源	特色
清风亭(赶子)	老汉张元秀的继子张继保被其亲生母周桂英认去前后内心的痛苦与矛盾	民间	家庭、父子关系
请师·斩妖	吕祖擒妖事	民间传说	讽刺
闹店·夺林	武松醉打蒋门神的故事	水浒	武戏
征令·遣将·下山 擂台·大战·回山	燕青打擂的故事	水浒	武戏
戏凤	明武宗微行梅龙镇,调戏妇女李凤姐的故事	历史传说	讽刺
私行·算命·写状	何文秀得状元后私访报仇与夫妻团聚事	民间	家庭问题
别妻	花大汉从军别妻	民间	夫妻、科诨
斩貂	关羽斩貂蝉	三国	武戏
上坟·除盗	武松除飞天道人	水浒	武戏
借靴	张三向刘二借靴,受刘二百般刁难	民间	插科打诨,讽刺喜剧
挡马	杨家将故事中杨八姐、焦光普故事	历史	武戏
磨房·串戏	孔怀兄弟在磨房中学戏玩耍	民间	玩笑戏
面缸	县官等官吏调戏已从良的妓女周腊梅,受到周及其夫的嘲弄	民间	插科打诨,闹剧性讽刺喜剧
番衅·败虏·屈辱·计陷· 血疏·乱箭·哭夫·显灵	全名《淤泥河》,唐代罗成为元吉陷害而死	历史	武戏

注：本表的制作参考了张庚、郭汉成主编：《中国戏曲通史》（下）第二章第四节。

通过上表我们看到，三十个剧目中，从故事的来源看，水浒戏有七种，三国、杨家将等历史剧有八种，如果两者皆划为历史剧则为十五种，民间生活的十四种，说明水浒等历史剧与民间生活剧平分秋色。前一项的特色主要是武戏，后一项的特色则是表现爱情、男女关系、家庭生活的喜剧、闹剧，剧中多插科打诨。

民间生活的戏剧以爱情、男女、家庭这些人所最为关心的问题为内容，演的多是日常生活中的事情，通俗易懂，富于大众化，反映现实生活。这些戏以插科打诨的喜剧形式为特色，极具情趣，主要是娱乐性的。就社会效果来说，既有暴露社会畸形世态的一面，也有过于强调色情的一面，反映出大众娱乐的特性。

历史题材的戏曲，多是武打戏，这显然是从娱乐性出发的。但是以《水浒》戏为主的历史戏，反映了梁山英雄武松、燕青、时迁的除暴安良、仗义行侠的行为，杨家将的抗敌事迹，也在一定程度上讴歌了人民的反抗精神。这些替天行道、抵御外侮的历史故事，实际上就是花部的忠、孝、节、义。

《缀白裘》中的地方戏是乾隆以前的作品，或许主要反映的是农村的审美情趣。《清稗类钞·戏剧类》载京师戏园楼上的衣冠之士、佻达少年、妇女“所赏者，率为目挑心招、钻穴逾墙诸剧，女座尤甚。池内（指市井儇侩）所赏，则争夺战斗、攻伐劫杀之事。故日常所排诸剧，必使文武疏密相间，其所演故事，率依《水浒》《金瓶梅》两书，《西游记》亦间有之，若《金瓶梅》，则同治以来已辍演矣”。可见城市上流社会喜欢看表现情爱的文戏，《金瓶梅》颇受欢迎；城市下层社会则喜欢取材于《水浒》等书的武打戏。总的说来，市民同农民所欣赏的大致相同，是娱乐性把他们联系在一起的。

四、游艺与赌博

这里的游艺，是指民间智力、机遇性竞技游乐艺术而言。如果游艺活动以钱、财等论胜负，则成为赌博。竞技游戏的可赌性强，赌博是在游艺基础上产生的，二者密不可分。清代的游艺活动，一般表现为赌博，是一种普遍的娱乐方式，以自娱性为主。

（一）游艺与赌博的方式

按照娱乐的工具和玩法，我们将游艺和赌博的方式分为以下七类。

1. 棋戏

清代的围棋主要在上层社会流行，文人尤着意于此。清代前期围棋活动广泛开展，名家辈出，但“自同、光以来，围棋已无国手，士大夫之事此者日鲜，殆率趋于麻雀、扑克之途矣”[①]。与围棋不同，象棋主要是平民娱乐的工具。棋戏也可用来赌博，这主要是象棋，据记载：“围棋非赌博之事，而象棋则为博具。恒有人设摊于道左，以钱博胜负者。”[②]

2. 斗牌

以各种纸、骨制成的牌，源于唐宋时期的叶子格，清代的这类赌博甚多。

马吊，始于明中叶，用纸做成，上有绘画，因合四十页为一具，亦称叶子戏。牌分十万贯、万贯、索子、文钱万贯四门。四

---

① 徐珂:《清稗类钞》9册,4174页。
② 徐珂:《清稗类钞》10册,4917页。

人同玩，每人八页，余置中央，出牌以大击小。

纸牌的种类和玩法很多，不少清人认为它的形成同马吊牌有关，李斗说："纸牌始用三十张，即马吊去十子（即十万贯）一门，谓之'斗混江'，后倍为六十，谓之'挤矮'。"①《清稗类钞·赌博类》也说："纸牌，长二寸许，横广不及半寸，其制仿马吊牌而损益之，四人合局，曰'碰和'……凡六十页为一具，页各有偶，共三十种，分三门，曰万贯、曰索子、曰文钱，皆一至九，为二十七种，余三种，曰幺头。……万贯皆绘人形，索子、文钱则各绘其形制。"李斗还说这种牌"又倍之为一百二十张"，以后"又增以福、禄、寿、财、喜五星，计张一百二十有五"。②

据说扑克是欧洲人改造中国马吊牌而发明的。晚清时西方的扑克牌传入中国，先在达官贵人中流行，以后商贾士庶也争相效之，打扑克在城市中较盛。

骨牌为宋徽宗宣和年间所设，"骨牌之大者，不及寸许，截牛骨镶竹或木为之，精者间用象牙，故又名牙牌"③。骨牌以三十二页为一具，玩法多样，通常以四人合局。清代在三十二页之外，又有增至八十页、一百零五页等数种玩法。玩骨牌，俗名斗牌或抹牌。清代多将骨牌图形绘于纸上，形制大小，一如纸牌。

麻将牌，由马吊牌演变而成，麻将牌也叫作"麻雀牌"，玩麻将或称"雀戏"。麻将牌多用竹、骨、纸等制成，凡一百三十六块（张），牌分筒、索、万三门，每门一至九，各四块（张），

---

① ［清］李斗：《扬州画舫录》，248页。

② ［清］李斗：《扬州画舫录》，248页。

③ 徐珂：《清稗类钞》10册，4900页。

另加东、南、西、北、龙、凤、白（亦作中、发、白）各四张。四人一局，每人先取十三张，以先合成四组另一对牌者为胜。麻将牌后来流传到西方，称为中国牌。

以上四种牌的形成多与马吊有关，渊源可追溯至唐宋，所以玩法上互有影响，通常有“碰和”“游湖”“打天九”等名目。清代赌博盛行，牌类花样翻新，加之清代地域辽阔，方言众多，各地的玩法和叫法多有不同。另外，制牌所用材料也常是“纸”“骨”互代，所以清代牌类的情况复杂，显得比较混乱。

3.掷骰

骰子用骨或象牙为之，成正方形，六面分刻一二三四五六之数，有四数的为红色，余皆黑色。掷之于盒，视其转止，以所见色为胜负，故也称色子。这是最普通的玩法，骰子还可以同其他玩法结合。

升官图是清代最流行的玩法，升官图是在纸上列京外文武大小官位（也有专载文官的），掷骰子，计点数采色，以定升降。骰子六面以四为德，六为才，以二、三、五为功，以幺为脏。遇德则超迁，才次之，功亦升转，遇幺则降罚。

掷老羊又叫赶老羊，用六枚骰子放于盒内，如果三枚点数相符，即可分胜负。

掷状元筹，以所掷骰子为筹码之得失高下，筹码是用竹子、象牙等物制成，形状像方形的箸，最大者曰状元，为六十四注，其次为榜眼、探花，各三十二注，递之秀才，最小仅二注，局毕计筹，以分胜负。别有一筹，曰场谱，记载规则，以杜争竞。

掷骰有很大的灵活性，还有“掷揽胜图”“掷挖窖”等名目，不过其基本玩法不出以上介绍。

我们来看一个以骨骰赌博的事例。科尔沁蒙古人巴彦仓等将索讨赌债之汉民魏从欣合谋杀死案，据巴彦仓供：他是达尔汉王旗营下人，年三十二岁。父亲早死，母亲王氏年六十五岁。他有胞弟，年十五岁，都没娶妻，别没亲人。在蒙古界两家子屯居住，佣工度日。嘉庆二十年正月里，本屯民人魏从欣邀他往其地窖里去，他去到后见有民人贺大、陈二、李姓都在那里。魏从欣起意掷骰赌博，他同贺大们应允。魏从欣拿出一副骨骰，一共五人，那日傍晚时上场，掷到鸡叫时散局。巴彦仓输钱一百一十千，贺大输钱八十千，陈二赢钱六十千，李姓赢钱六十千，李姓赢钱二十千，魏从欣赢钱七十千。魏从欣还是局家，巴彦仓输赢都是同魏从欣清算。过了几日，魏从欣问巴彦仓要钱。巴彦仓因家贫没钱，给了魏从欣一个木柜抵还输欠钱文三十千，仍欠钱八十千。魏从欣屡向巴彦仓逼讨，巴彦仓被逼没法，就跑到高力沁屯大姑夫张得家去住下，卖工度活，已有多年，总没回家。二十三年十一月十四日午错时，巴彦仓正在高力沁屯白吉户家作活计，魏从欣找见他，追逼输欠钱文。他回说等晚时再说，魏从欣不依。巴彦仓没法，把魏从欣送到嘎山达家去坐歇，他就到张得家去向姑夫、黄大屋说魏从欣来向其要赌债。黄大屋说他也欠魏从欣的赌钱没还。巴彦仓又向黄大屋说，魏从欣并没亲人，不如设法把他推入冰窟杀死，就完结了。[①]于是悲剧发生。巴彦仓以佣工为生，一起赌博的几人，似乎也是一般百姓。

① 杜家骥主编:《清嘉庆朝刑科题本社会史料辑刊》3册,1589—1590页。

4.压宝

用铜钱作赌具行赌也很普遍，通常以铜钱正面带有“宝”字的一面为胜，故称压宝，也叫押宝。这种赌法简便易行，用铜钱赌博还有不少名目。

压扠，用两个铜钱旋转，伺其将定，以手捺之，根据阴阳面的组合情况定胜负。

摊钱，又称番摊[①]，清代律例中也称“抓金钱”。“为首者以一二百钱倾散桌上，以空碗随手覆定，去其在旁者，听人猜压，以一至四为数，压定开碗，用箸一支，四四数之，视余钱若干，若一则压一者赢，压数三倍，否则输去压钱。……以骰子四枚藏盆中，摇而猜之，其点数亦仍以四数”，则叫作摇摊。[②]

押宝赌博的具体事例也有。安徽霍邱县民人李上义殴伤姜恩尚仆人李才孜身死案，据姜恩尚供：“李才孜是乾隆二十八年父亲在田契买为仆，文契遗失。嘉庆五年二月二十八日，李上义、李上受到小的家来，张恕、胡盛雨先在那里，大家会遇闲谈，张恕起意赌钱，因没赌具，小的用钱一文做宝，盖在装烟小木匣内。李上义、李上受、张恕、胡盛雨四人猜压宝字，拿竹片作筹计数，李上义输钱六千，李上受输钱一千六百，胡盛雨赢钱一千六百，小的赢钱六千，张恕没有输赢。因无见钱没有抽头，李上受输钱兑与胡盛雨去收，李上义的钱都是小的赢了，李上义陆续还过钱四千六百文，余欠钱一千四百文。小的屡着仆人李才孜向讨没还。六年正月十七日，小的又着李才孜去讨，隔了一会儿胡

① 徐珂:《清稗类钞》10册,4909页。
② [清]施鸿保:《闽杂记》卷70《摊钱》。

从风来说李才孜被李上义打伤身死。”[①]姜恩尚家有仆人，应是非富即贵之家，似乎是因客人一时聚会用钱猜压赌博。

5. 斗禽虫

动物斗赛往往同赌博相结合。

斗蟋蟀是民间十分普遍的游戏，也是用来赌博的方法。清人诸联说：“蟋蟀戏由来已久，金盆玉笼，聊寄闲情……自以财帛角胜负，而网利之徒，设阱以诱，则戏而为博也。”[②]

斗鹌鹑则是另一种玩法，鹌鹑胆小，斗时最忌旁边有物影摇动，以为有鹰隼之类，于是惊惧而匿，所以斗时放圈下。须人声悄静，各使搜毛完毕，方齐下圈。优劣既分，输赢已定，即下食分开。

设坑斗鸡也是普遍的，这里不再详述。

6. 花会、白鸽标、闱姓

花会赌博流行于浙江、江西、安徽、广东、福建、上海、天津等地，以闽粤为重，道光以后兴盛。

花会赌博的基本方法大同小异，以天津为例，用三十六个人名[③]作为赌博目标，任人投押，会中招募游说、介绍的人，叫作“跑风”，赌博者可以自择其中一名或数名，随意下注，将所压者写在一张纸上，由跑风交于赌场。如押中，赌场当日所开之人名时，即由主方以赌博者所注钱数三十六倍之利酬之，跑风收六成，赌者得三十成；不中，则注钱悉归主方所有。[④]

---

① 常建华主编:《清嘉庆朝刑科题本社会史料分省辑刊》,222页。

② [清]诸联:《明斋小识》卷9《蟋蟀策》。

③ 按:浙江黄岩为三十四个人名,见[清]俞樾:《右台仙馆笔记》。

④ 戴愚庵:《沽水旧闻》,天津古籍出版社1986年版,156页。

开场设赌，任人猜买，设有专人往城乡收票的赌博除了花会外，还有白鸽标（票）等。据记载，白鸽标“以千字文内八十字为字母，每日开二十字，听人猜买十字，以定输赢”，又“往往假托房产买卖，开设山标、田标、屋标等项名目，亦在千字中检取字母，与白鸽标字数虽有多寡之分，而其听人猜买，则大同小异”。[①]白鸽标之类的赌法盛于广东。

盛于广东的还有闱姓，每当乡试及岁科试期，“取闱中之姓赌之，以所赌之姓中多中少为胜负”[②]，其赌法也接近于花会、白鸽标。

7. 彩票

彩票是由国外传入的，如吕宋票“传至中国，由洋行对钱”。同光时期“凡中国二十二省府县，为商贾凑集之所，即设有局。高悬‘吕宋彩票出卖’六字。或悬‘发财票出卖’五字。盖局主每月向吕宋贩来卖于人”[③]。在租界有赛马彩票，上海的外国人赛马时，华人“购其出售之彩票，即视马之胜负以为买票之胜负”[④]。

清朝末年，中国也发行了彩票。据载：“我国之有发财票，自粤商江南票始。迨湖北签捐票出，事事以官法部勒之，而局面为之一变。商办者开彩时，所司登记号码，喝报彩目之人，仅公司一二小司事为之。湖北则由总督委司道代办其事，以示

① 光绪《大清会典事例》卷827《刑部·刑律杂犯》。

② ［清］欧阳昱：《见闻琐录》，岳麓书社1987年版，32—37页。

③ ［清］欧阳昱：《见闻琐录》，37—40页。

④ 徐珂：《清稗类钞》10册，4915页。

郑重。”[①]由此可知，当时称彩票为发财票、签捐票。中国发行彩票始于商人，后来政府为募钱也专门办理，天津就在光绪时有了彩票。[②]

（二）赌博的普遍

清人好赌，“以赌博为消闲之具，日夜不休”[③]，赌博遍及社会各阶层，分布在全国各地，贯穿有清一代。

清初，明代以来的赌博一直流行着，清廷曾多次加以制止，康熙三十一年（1692）“近见赌博愈盛”[④]，康熙时江苏巡抚汤斌也说：“吴中之俗……刻造马吊、纸牌……流传天下，坏人心术。”[⑤]雍正帝上台不久，便说赌博之“风尚未止息”[⑥]。于是实行了严厉的禁赌政策，正反映出此时赌博的兴盛。乾隆帝上台伊始发布上谕，认为天下风俗不正，有四大恶俗，第二条就是赌博。[⑦]时人说：“赌博之风，莫盛于今日。”[⑧]钱泳的《履园丛话》反映，嘉道时期的江南社会以叶子戏等赌博为时尚。而同治、光绪年间压宝、麻将又盛行起来。[⑨]清代的赌风自乾嘉以降愈演愈烈，几乎不可收拾。

赌博遍及全国城镇、乡村。前面提到了江苏刻造马吊、纸牌

---

① 徐珂：《清稗类钞》10册，4893页。
② 戴愚庵：《沽水旧闻》，149页。
③ [清]田文镜：《抚豫宣化录》卷3上。
④ 光绪《大清会典事例》卷827《刑部·刑律杂犯》。
⑤ [清]汤斌：《汤子遗书》卷2《请毁淫祠书》。
⑥ [清]汤斌：《汤子遗书》卷2《请毁淫祠书》。
⑦《清高宗实录》卷14，乾隆元年三月壬寅条。
⑧ [清]龚炜：《巢林笔谈》，107页。
⑨ 徐珂：《清稗类钞》10册，4906、4911页。

并流传天下，浙江、江西、安徽、广东、福建、上海、天津流传花会赌博，陈宏谋因陕西、江西、甘肃赌博之盛而厉行禁赌，李绂说广西人甚至在丧期掷骰斗牌[①]，有关各地赌风甚炽的资料不胜枚举，又以闽粤、江南为盛。

赌博还是遍及全社会的娱乐活动。乾隆时“闾巷小人无论已；衣冠之族，以之破产失业，其甚至于丧身者，指不胜屈”[②]，嘉道时“上自公卿大夫，下至编氓徒隶，以及绣房闺阁之人，莫不好赌”[③]，可见性别、职业、文化、地位不同的各类人皆嗜赌成风。

赌博的场合也很多。有的设赌场于密室，如“江苏地方绅宦当商，倚藉财势，专事开场，以抽头为不竭之生涯，以窝赌为不破之妙计，分布爪牙，深居密室”[④]，有的“每遇集会搭棚开店，外面买卖酒食，内则斗牌、掷骰，名曰赶赴会场，实则招集诱赌。并有公然置桌，或设小席布单于地，聚人押宝，肆无忌惮者”[⑤]。有的在衙门工作中，“竟有以玩牌、掷骰为消闲散闷之举，或官幕同赌，或与家人同赌，以至衙门之内，上则官幕，或同城之员，下则长随书役效尤，分伙聚赌，渐至昼夜流连，肆行无忌，废时失事”[⑥]，简直把官场作赌场了。有的为宴饮助兴，如扬州“画舫多作牙牌、叶格诸戏，以为酒食东道”[⑦]。上述赌

① ［清］李绂：《穆堂别稿》卷48。
② ［清］龚炜：《巢林笔谈》，107页。
③ ［清］钱泳：《履园丛话》，578页。
④ ［清］陈宏谋：《培远堂偶存稿》卷11《申严赌博之禁谕》。
⑤ ［清］陈宏谋：《培远堂偶存稿》卷21《查禁市会聚赌檄》。
⑥ ［清］陈宏谋：《培远堂偶存稿》卷36《饬禁官员赌博檄》。
⑦ ［清］李斗：《扬州画舫录》，247页。

博，赌者皆需要到赌场，而花会、白鸽标等赌者不必亲至现场，故阁中人参与甚多。凡此种种，不一而足。

清代赌风猖獗的原因，陈宏谋认为有两点，一是消遣，二是图利①，这种看法是正确的。赌博是在民间智力、随机性竞技游艺基础上产生的，具有刺激性和趣味性。压宝、掷骰、花会、斗牌等随机性很强，而斗牌等又属于智力型游戏，要求有很高的技巧。一个人要获得游艺或赌博的成功，需要具备机遇和技巧两个因素。游艺的规则对每个参与者是平等的，均有获得成功的可能性，社会上的成功以金钱为标志，而游艺活动极易与作为社会财富的象征金钱联系在一起，使游艺更有吸引力，具有刺激性。人们往往以游艺开始，然后转为赌博。正如雍正帝所说："赌牌掷骰，虽为金钱，然始初多以消遣而渐成者，原来适趣之戏具。"②就赌博而言，赢和输的机会均等，赢者还想赢，输者想翻本，一般情况下金钱是在娱乐者之间循环运动的，使人沉溺其中。当然，也有小部分人由于"运气之神"的不公平，或由于作弊而丧财或致富的。

第二节　艺人生活

艺人，这里指从事乐舞戏谑等表演的各种人，即通常所说的优伶。艺人是演出的载体，民众凭借他们得以欣赏各种表演。艺人由什么人充当，数量多少，社会地位怎样，关系到人们对娱乐

---

① ［清］陈宏谋：《培远堂偶存稿》卷11《申严赌博之禁谕》。
② 光绪《大清会典事例》卷827《刑部·刑律杂犯》。

的追求程度，关系到娱乐的质与量，关系到娱乐在人们社会生活中所占据的位置。欣赏性娱乐又同自娱有关系，一定程度上受着艺人社会地位高低等因素的制约。一个看不起艺人的民族，其生活中便不会有丰富多彩的娱乐，也难有激情和活力。从艺人的生活，可以看出民众的娱乐形态。

一、艺人的种类

艺人由于其隶属各异，演出对象不尽相同，大致可以分为三种类型。

（一）宫廷艺人

中国历史上的各个朝代，都有为国家及皇帝奏乐、娱乐用的宫廷艺人，他们多属于乐籍。清初承明制，户籍中也有专门属于乐户的贱民，康熙、雍正两朝解除中央和地方乐籍，此后，宫廷艺人由良民充任。

清代宫廷艺人，由于所属部门及工作性质不尽一致，大约分为两种。

第一种是隶属于乐部和声署，供国家典礼演乐的艺人。和声署的前身是礼部的教坊司。清承明制，设教坊司，掌奏殿廷朝会宴享诸乐，用女乐二十四名，顺治八年（1651）停止女乐，改用太监四十八名，顺治十二年又改用女乐四十八名，至十六年复改用太监，遂为定制。教坊司艺人“由各省乐户挑选入京充补”，解除乐籍后，“更选精通音乐之人充教坊司乐工”，教坊司的乐人成为良人职业。但由于“民间耻隶教坊，召募不应”，于是雍正七年（1729）朝廷把教坊司改和声署，名实相符，以改变其在人们心目中的印象，进一步巩固了乐户除籍的成果。乾隆七年（1742），清朝设乐部，和声署隶此，由各部侍郎、内务府大臣兼理。

废除乐籍后，和声署中的“世业子弟”仍是从前乐户之人，新当差的五城鼓手皆“民间屠沽之辈”，乾隆七年对和声署的鼓手、乐工做了清理，以后挑选“出身清白通晓者”充任，额定为一百二十名。[①]

第二种是隶属于内务府升平署，是在宫内演戏、奏乐的艺人。升平署的演变有一个漫长曲折的过程，如果按照顺治末年教坊司的定制，在康熙朝，由太监在国家典礼时演唱中和韶乐，以后雍正、乾隆虽又选男乐、鼓手充差，也只是一百多名。但皇帝是绝不会满足于此的，他们的生活离不开声色犬马，于是从康熙朝开始，出现了南府，专门收集民间艺人为宫廷演戏。

南府的名称，在康熙时的文献中已有记载，《掌故丛编》有康熙帝“问南府教习朱四美瑟瑟内共有几调”等问题的话，便是证明，康熙帝还说，“尔等向之所司者，昆弋丝竹各有职掌”，说明宫中有昆、弋两腔的乐工，并有“大内因旧教习口传心授”弋阳腔“故未失真”的说法。[②]清代文献中也披露出康熙帝曾从江南搜括女优。《李煦奏折》记载，康熙三十二年（1693），苏州织造李煦“寻得几个女孩子，要教一班戏送进，以博皇上一笑，切想昆腔颇多，正要寻个弋腔好教习”，恰逢康熙帝专派宫

---

① 《清朝文献通考》卷174《乐二十》；［清］俞正燮：《癸巳类稿》卷12《除乐户丐户籍及女乐考》。

② 《掌故丛编》2辑《圣祖谕旨二》。

廷教习叶国祯到苏州加以训练。可见，康熙朝宫中使用女优，主要演唱昆腔和弋腔。织造衙门负责为朝廷搜求女优的事例还有，杨士凝于康熙六十一年所作《捉伶人》一诗云：“江南营造（当是织造）辖百戏，搜春摘艳供天家。贿通捷径冀宠利，自媒勾致姑苏差。采香中使暂停毂，不劳官府亲擒拿。”[①]就是形象的证明。清人吴振棫也说：“优伶向由织造、监督、盐政等采送至京，并有眷属同居者，谓之外南府。”[②]虽然我们对康熙、雍正时期南府的设置不清楚，但是我们了解到，从江南搜括来的艺人属于南府。康熙、雍正时期宫中女艺人的数量是不少的，乾隆讲到宫中女艺人时曾说“我朝初亦历代沿，康熙年间其数不盈千”“雍正其数更减十之七”[③]，看来康熙约有女乐千人，雍正约有女乐三百人。

乾隆时期是南府的鼎盛时期。南府设在南花园，归内务府管辖，分内三学和外二学，另有十番学、跳索学和中和乐，所选入京供奉内廷的各地优伶，叫作民籍学生，取八旗子弟教之乐歌，为旗籍学生，二者统称为外边学生，隶属外学。内学人员则为太监。大约到了嘉庆十八年（1813），南府机构进行了调整，内学变为二学，外学改成三学，嘉庆时取消了跳索学。

清朝除了南府之外，还在景山安置民籍艺人，其中主要是苏州艺人。景山安置艺人不知起于何时，至迟在雍正时已有，苏州

---

① 邓之诚:《清诗纪事初编》,上海古籍出版社1984年版,449页。

② ［清］吴振棫:《养吉斋丛录》,152页。

③《高宗纯皇帝御制诗四集》卷44《古今礼五十三首丁酉四·上阳白发人愍怨旷也》。

《梨园公所永名碑记》可以为证。苏州艺人因长洲、元和、吴县三县衙门迎春时传唤艺人扮演，上书请求禁止。据碑文说，“直至癸丑冬极，蒙景山总管大人邵暨内廷供奉诸公维植梨园，笃念桑梓”，因同钦差织造海保，“洗除此弊”。碑文所感谢的是：景山总管邵圣嘉、陈黄在及“内廷供奉诸公”周文卿等三十六人。文中所提“癸丑”，即雍正十一年（1733），“笃念桑梓”，表明景山总管和内廷供奉的诸公是苏州籍艺人，所以家乡的梨园公所为之立碑纪念。碑文还记有：“夫以多年不洗之耻，皆邵公为吾辈洗之，积岁□治之荒祠，邵公为吾辈治之。其为吐气于梨园，增辉于老郎神者，为何如也耶。”又提到所谓邵公治荒祠，是指苏州重修并整顿老郎庙的事。事实上，取消梨园迎春扮演和重整老郎庙，是当时苏州戏剧界的两件大事，两事的经理者是时任苏州织造海保。事成之后，苏州戏剧界刻有《奉宪永禁差役梨园扮演迎春碑文》和《梨园公所感恩碑》，第二通碑专为海保所立，说他“为之鼎新庙宇，革除旧弊，整肃规模，绵泽香火”。《梨园公所永名碑记》叙事与上两碑相同，为景山总管以及内廷供奉诸公所立。可见，为前述事情的办成，在京苏籍艺人出了力，大概是向皇帝或有关部门做了请求。据此我们对雍正时期景山的情况可得到了解，当时苏州艺人近五十人到内廷演戏供奉，并由景山总管管理，该总管曾由苏籍艺人担任，所谓“庙上会首”，是指景山的艺人有自己的行会组织，设在老郎庙。[①]乾隆时人吴长元说：“景山内垣西北隅有连房百余间，为苏州梨

① 江苏省博物馆编:《江苏省明清以来碑刻资料选集》,276—280页。

园供奉所居，俗称苏州巷。总门内有庙三楹，祀翼宿，前有亭，为度曲之所。”[①]吴氏所讲是乾隆时情况，也可作为前述雍正时情况的补证。

道光时期，对宫廷演戏机构进行了改革。先是道光元年（1821）正月“将南府、景山外边旗籍、民籍学生、有年老之人并学艺不成不能当差者”[②]，革退三十九名，六月又革退七十名，同时把景山二学归并南府，学生并总管、首领等俱入南府当差，内二学归为内学，外三学合成外学。至道光七年，尽将民籍学生全数退回原籍，旗籍发本旗。于是内廷演戏尽用太监承差，南府也被降格于升平署，视其为膳房之类的小衙署。

乾隆以后，宫廷有多少艺人呢？据近人王芷章估计，乾隆时南府不下一千四百人，嘉庆四年（1799）南府、景山外学约有八九百人，道光元年南府、景山外学约三百四十人。[③]

乾、嘉、道时期宫廷艺人同顺、康时期一样，来自苏州等江南地区。道光元年革退学生时曾说：“民籍学生著交苏州织造顺便带回。”嘉道时人顾禄讲到苏州戏曲时曾说：“老郎庙，梨园总局也。凡隶乐籍者，必先署名于老郎庙。庙属织造府所辖，以南府供奉需人，必由织造府选取故也。”[④]可见，南府、景山的宫廷艺人多出自苏州一带，这种情形一直延续到晚清。

咸丰十年（1860）三月，清廷重新挑选民籍学生进内廷演

---

① ［清］吴长元：《宸垣识略》，347页。

② 周明泰：《清升平署存档事例漫抄》卷3。

③ 王芷章：《清升平署志略》，商务印书馆1937年版，9—10页。

④ ［清］顾禄：《清嘉录》，122页。

戏，其中京师各戏班的名角，使之教授内监，称为教习。陆续添至五十二名，此外还有鼓、笛随手、筋斗人十二名。同时，清廷查取外边戏班名角，指名传入内廷演戏。同治二年（1863）清廷又将民籍学生革退，但随手、筋斗人仍留下当差。到了光绪九年（1883）前例重开，挑选民籍学生概称教习，有时也称为外学。之后人数不断增加，至宣统三年（1911），教习、随手总教习约有一百三十人。光绪中期，慈禧太后嗜戏，除了内外学，将近侍太监组织成本家，还请外边戏班进宫演戏，二者轮值。晚清宫闱演戏又是一番兴盛景象。

（二）隶属官署或私人的艺人

除了宫廷搜罗艺人入宫当差外，清代的官署、豪商以及官僚贵族，凭借着政治特权和经济势力，也有私蓄戏班的。

王公贵族是社会的最上层，北京是贵族集中的地方，清末人说："早年王公府第，多自养高腔戏班或昆腔班，有喜寿事，自在邸中演戏，他府有喜寿事，亦可借用，非各府皆有戏班。"[①]说明王公贵族蓄有私班是较普遍的。如礼亲王邸"旧有关中菊部"，太仓人毕子筠、华珍方客王邸，二人为王写剧，"每一折成，辄付伶工按谱，数日娴习"。[②]再如英亲王阿济格的曾孙、雍正时人经照袭爵辅国公，家有梨园。[③]

清代的一些官署为迎驾，可以养蓄戏班，这些官署都是肥缺部门。盐务是清代的头一肥差，乾隆时代"两淮盐务例蓄花、雅

---

① 崇彝:《道咸以来朝野杂记》,93页。
② 徐珂:《清稗类钞》11册,5050页。
③ ［清］敦诚:《四松堂集》卷4《先祖妣瓜尔佳氏太夫人行述》。

两部，以备大戏”[①]，这些戏班平常供盐官们自娱，乾隆南巡时，则为皇帝服务。所以叫作“内班”。清代前期治河是国家重视的工程，投资不少，治河的官僚们凭着贪污和搜刮发了财，就要看戏享受：“河厅当时之奢侈，乾隆末年，首厅必蓄梨园，有所谓院班、道班者，嘉庆一朝尤甚，有积资至百万者。绍兴人张松庵尤善会计，垄断通工之财贿……霜降后，则以数万金至苏召名优，为安澜演剧之用。”[②]这些院班、道班与盐务的内班当属同一性质。苏州织造府也有戏班，苏州乾隆元年（1736）所立《梨园公所感恩碑》署名为“织造部堂海府内班”，计有褚广文等三十多人。内班参与立碑，说明他们是苏州人。还有督抚藩臬大员利用职权，在官署中自养戏班，嘉庆四年（1799）五月的上谕反映了这种情况。嘉庆帝说：“朕闻近年各省督抚两司署内教演优人，及宴会酒会之费，并不出己资，多系首县承办……嗣后各省督抚司道署内，但不许自养戏班，以肃官箴而维风化。”[③]

外官蓄养优伶在清代是禁止的，早在雍正二年（1724）就明令申禁，上谕所要求的是府道以上官员，看来主要是这些官员私养优伶。[④]到了乾隆三十四年又加以重申，严禁官员蓄养歌童。[⑤]雍正上谕久经刊行，督抚藩臬等并存署交代，而官员仍私养优伶，如“莱州胡中丞有优伶一部”[⑥]。

---

① ［清］李斗：《扬州画舫录》，103页。

② ［清］欧阳兆熊、［清］金安清：《水窗春呓》，中华书局1984年版，41页。

③ ［清］明亮等辑：《中枢政考》卷13《禁令》。

④ 《上谕内阁》雍正二年十二月十八日谕。

⑤ 《清高宗实录》卷845，三十四年十月己巳条。

⑥ ［清］金埴：《不下带编》，78页。

富商凭着自己强大的经济力量和与官府的关系，也往往自养戏班。这在与两淮盐务有密切关系的扬州盐商最盛行，《扬州画舫录》卷5记载："昆腔之胜，始于商人徐志尚，征苏州名优为'老徐班'。而黄元德、张大安、汪启源、程谦德各有班。洪充实为'大洪班'，江广达为'德音班'，复征花部为'春台班'。自是'德音'为内江班，'春台'为外江班。今内江班归洪箴远，外江班隶于罗荣台。此皆谓之'内班'，所以备演大戏也。"这些私家戏班与官署的戏班性质相似，亦称作"内班"。上述记载反映的是乾隆时期扬州盐商的情况，《水窗春呓》下卷说：道光中两江总督陶澍"改票法，扬商已穷困。然总商黄潆泰尚有梨园全部，殆二三百人，其戏籍已值二三十万，四季裘葛递易，如吴主采莲、蔡状元赏荷则满场皆纱縠也"。如此看来，富商自养一个五六人的小戏班更是不成问题的。同书还记载，乾隆时期与河道总督"同时奢靡者为广东之洋商，汉口、扬州之盐商，苏州之铜商、江苏之州县，其挥霍大半与河厅相上下"。这些洋商、铜商富裕地方的州县官大概不少是自养戏班的。

（三）营业戏班和江湖艺人

戏班有的属于富贵之私家，但相当多的则属于私人经营。

农村有不少艺人组织戏班在本地演出，如扬州"城外邵伯、宜陵、马家桥、僧道桥、月来集、陈家集人，自集成班"[①]，被认为是本地的土班。福建仙游县"俗喜歌舞，春秋社及神诞、里巷婚丧靡不演剧，而价亦廉，合飞叉杂技邑六十余班，每班七八

① ［清］李斗:《扬州画舫录》,125页。

人。闽人通称曰七子班”[①]，看来仙游的这种戏班在福建是很普遍的，它们戏价低廉，为村社娱乐服务。农村戏班的经济来源，多是由农家凑份子摊钱。

苏州、扬州、北京等城市都有不少私人戏班，主要靠在戏馆演出获得收入，这些戏班有的是当地组织的，有的是外来的。苏州老郎庙嘉庆三年（1798）《翼宿神祠碑记》讲查禁花部戏曲时，把苏州戏班分外来之班和本省之班两种，并告知戏馆只许演昆弋两腔。扬州有句容的梆子腔、安庆二黄调、弋阳高腔、湖广啰啰腔等戏班，“始行于城外四乡，继或于暑月入城，谓之赶火班。而安庆色艺最优，盖于本地乱弹，故本地乱弹间有聘之入班者”[②]。可见，扬州的戏班也有内、外之分，而且本地戏班还吸收外地戏班蹬梯子杂技的优秀人才。至于北京，前述的四大徽班皆为外地来京戏班，清代后期一直是北京戏剧界的主要戏班。

外地戏班，多属江湖戏班，各处流动，走南闯北，前述扬州的外地戏班，即有江苏、安徽、湖北等地来的。

依据刑科题本的记载，嘉庆时期的民间戏曲演出活动遍布大江南北，其中山西、陕西是演戏活动的繁盛之区。戏曲演出活动在民间社会有着深厚的文化土壤，岁时节日需要演戏娱乐，敬神还愿的演戏既为娱神也为娱人。民间演戏的组织形式一般是村社成员轮值，经费来自公摊，也有惩罚村民出钱演戏的，演戏活动有着村社认同的意义。除了一般的地方戏外，还有皮影戏、独脚傀儡戏等。

---

① ［清］陈盛韶：《问俗录》卷3《仙游县》。
② ［清］李斗：《扬州画舫录》，125页。

戏班活跃于各地。从河南祥符县和广西凌云县的事例来看，戏班艺人的社会流动性较大，戏班有跨府跨省组成的。一般的戏班三四位艺人组成，有管班、管账等分工，山西、陕西的戏班多采取股份制的分配形式。戏曲艺人社会经济地位较低，往往三四十岁尚未婚娶，而且不少人是独子，独身在外拼搏，生活艰辛。戏班内部有时会产生矛盾，发生纠纷，如演员透支工钱与领班的纠纷，戏班掌班与雇工之间因雇工支取工钱发生纠纷，戏班成员之间因借贷产生冲突。①

江湖演出团体除戏班外，还有杂技班子，康熙年间山西陈四一家外出卖艺，逐渐发展成为一个一百三十多人的班子，他们曾在河南、湖广、云贵卖艺。②《虞初新志》记载一个从河南外出的杂技班子挑担步行，在江浙、两广、云贵演出。据陕西提督潘育龙向康熙帝的报告讲："陈四等率领妻子游走于外，凭其走马卖解、踩索算卦为生，俗名卦子。大抵江北各省皆有此类，惟山陕此辈尤多，其父祖子孙辈辈相习，以为生活之计。"③看来杂技演员在北方普遍存在，常是以家族为单位，四方演出谋生。

清代的戏法、杂技、武术及民间小戏中，还有大量个体的江湖艺人，一家或几个人撂地演出。清人的一些诗作对此有所反映，顾我乐在《汾州观太平村妇瓮戏》中说："新年庙会百戏陈，扮演牛鬼兼蛇神。陡见平地累几案，鸣钲四顾招游人。"讲的是

---

① 常建华:《人生如戏:清嘉庆时期民间演戏纠纷及艺人——以嘉庆朝刑科题本为基本资料》,《学术界》2022年3期。

② 《清圣祖实录》卷249,五十年七月己酉条。

③ ［清］刘廷玑:《在园杂志》卷4。

山西的一个村庄新年庙会时，百戏杂陈，一位坛技女艺人在一块空地上垒起案子，进行表演的情景。朱彭《走索行》把表演绳技的一对夫妻在三岔路口演出的情景描写得更为形象："一夫导前鸣铜钲，有妇结束肩随行。三叉路口唤戏索，儿童拍手欢相迎。好事围场敛钱急，堵墙观者群争集"。演毕，"鸣钲又向前村去"。[①]有的平时在外演出，年底回原籍与家人团聚，开春后再出来，有的以农为主，农闲时外出卖艺。河南汝宁府的杂技艺人就是春初四出，"每至冬间，即回本籍"[②]。这些跑马卖解、踏索算卦之人，清代被称为卦子，其中有相当多的人是妇女，所以前述汝宁府的杂技艺人，还被人称为卦姑。《百戏竹枝词》记载北京的跑马表演"妇人驰马之技，即卦子也。山左直省盛甚"，天津的杂技表演中"女筋斗多景州一带人，每年来此售技"。[③]

二、艺人生活一斑

优伶的来源比较复杂。有的源于前明的乐户，在乐户中，优伶和娼妓同列一籍。王士禛于顺治十六年（1659）曾任扬州推官，该地"旧例，府僚迎春琼花观，以妓骑而导舆；太守、节推各四人，同知以下二人。既竣事，归而宴饮，仍令歌以侑酒，府吏因缘为奸利"[④]，《扬州画舫录》亦记其事："国初官妓，谓之乐户。土风立春前一日迎春于城东蕃厘观，令官妓扮社火，春梦

① ［清］张应昌编：《清诗铎》，948、951页。
② 中国社会科学院历史研究所清史研究室编：《清史资料》3辑，210页。
③ ［清］华鼎元辑：《梓里联珠集》，123页。
④ ［清］王士禛：《香祖笔记》，中华书局1982年版，125页。

婆一，春姐二，春吏一，皂隶二，春官一。”“至康熙间，裁乐户，遂无官妓，以灯节花鼓中色目替之。”所谓康熙裁乐户，发生在康熙十二年（1673），“礼部议准：直省府州县迎春，止用鼓吹采亭，其装演故事、台阁，排列金珠，张鼓乐，树旗帜，并科派提取车马优伶等项，严行禁止”①。科派提取优伶在其他地区的例子可看苏州“行春之仪：附郭县官，督委坊甲装扮社火……闻国初犹以优伶、官妓为之。今皆乞儿祗应”②。由此看来，迎春中装社火被人认为是下贱的行为，优伶与官妓充当此役，二者在人们眼里是差不多的，苏州后来以乞丐装社火，优伶则又近于乞丐。而且优伶同娼妓是同在乐户的。所以，雍正年间废除乐户后，不少优伶成为民籍的艺人。

有的艺人出身于破产农民，往往因家庭贫困无法生活而入戏班。《秦云撷英小谱》一书中记载了不少艺人的身世。如陕西渭南人祥麟原是农家子，因当地闹饥荒，大人将祥麟寄邻家，邻人让他干活，不满意则鞭挞，祥麟不堪其苦而逃；又如陇西人银花，家贫，父母早丧，年十二，被人贩子贩卖；再如名叫三寿的艺人自述：被人携至外地，欲归不能，习为伶，实非所愿，而且不堪班主的虐待。③

有的艺人为科举不第者，乾隆时扬州人叶英多“尝三踏省闱而不售”，慕司马迁笔下倡优，又认为倡优不可为，想到泰州柳

① 《清朝文献通考》卷155《乐一》。

② ［清］顾禄：《清嘉录》，1页。

③ 转引自张庚、郭汉城主编：《中国戏曲通史》下，中国戏剧出版社1984年版，155页。

敬亭以说书名于明季，“遨游于公卿将帅间，为所戏笑玩弄，其人仍不脱倡优余习，然不可谓非绝代之艺”[①]，于是弃儒从艺，成为著名说书艺人。对叶氏来说，说书实际上是不得已而为之，不过聊以慕古人出名自慰罢了。

值得注意的是，艺人中有很多人是盲人。《道咸以来朝野杂记》说，丝竹合奏的弹套，“睢瞽师能之，道、咸间有王馨远者，士大夫多延之”。王氏还精鼓书，王氏之后“有瞽人赵德璧者，号蕴山，在同、光之际最负名望，各府第及大员之家，无不走动”。“早年瞽者分两派，王、赵诸人皆走宅门者，外人家招之不往。”“若寻常歌时调小曲、算命者流，谓之串街先生，今之瞽者是也。”李声振《百戏竹枝词》对鼓儿词解释道：“瞽者唱稗史，以三弦弹曲：名八板以按之，闺人恒乐听焉，呼之曰：‘先儿’。其词北方最盛，又名‘说北书先生’。”这些盲人以表演说书和演奏器乐为主，而且多是因生而眼疾，为糊口而操贱业。例如擅弹三弦的王玉峰生而失明，九岁丧父，随母为人佣工，以废视，无所得食，十二岁时从师学艺，艺成以弹唱自给。另一位女弹词艺人王青翰，幼因目眚失视，但明慧过人，擅长弹词。广东盲女弹唱者更多，谓之盲妹，人家有喜庆事，辄演出，其中有生而盲者，有生而艳丽，为养母揉之使盲者。粤人还有娶盲妹为妾的风俗。[②]这些女孩多由于家庭贫困被卖，“养母”们害怕艳丽的女孩逃走，将女孩弄瞎，小时弹琴唱歌为其挣钱，成人后又被出卖成为富豪之妾，任人蹂躏，无论是“生而盲者”还是“揉之使盲

---

① 徐珂：《清稗类钞》10册，4953页。

② 徐珂：《清稗类钞》10册，4995、4948，4941页。

者”，都是艺人中最悲惨的。

由上可知，从艺人的来源分析，他们是良民，但因为从事的是被人认为低贱的职业，所以还是受人歧视的。

清代的戏曲艺人，有自己的信仰和组织。众多的艺人被组织在戏班之内，而戏班又有同行业的组织梨园公所等。以苏州为例，昆腔行会设在老郎庙，老郎，又称老郎神、老郎菩萨，一般认为是唐玄宗。《重修老郎庙捐资碑记》记载：“老郎庙始为苏城昆腔演戏各班聚议之所，大殿供奉祖师神像，每逢朔望拈香。”可见老郎庙是艺人表达信仰和集会的地方。《清嘉录》卷7也说：“老郎庙，梨园总局也。凡隶乐籍者，必先署名于老郎庙。”梨园子弟是要在老郎庙登记的。苏州的戏班还有自己的行会组织，嘉庆年间有如意等十九个会。[①]各会有自己的制度，设有司事等职，订有行规，像如意会“向有旧规”，嘉庆二十二年（丁丑，1817）“重整新规”，规定入业者“须出上会银二十两零五钱整，入庙注簿存贮，以待修葺庙宇创建鸠工之资”。另外还有“每友俸食一钱者，捐利一文，资厚者照例而行。在外营业者，每岁捐利三百六十文，所捐之项，入庙登记存贮，以备棺椁茔葬之费”等规定。梨园公所的老郎庙作为各会的活动场所也有共同的行规，比如“乾隆二年奉织造部堂海保刊刻定例”梨园公所管理艺人的各种事宜，如公置义地，有贫乏身故不能置办后事者，帮助他办理丧事。再如商议公事，“历奉内廷挑选等事差徭，俱在庙会议承应”[②]。苏州梨园公所直接受到织

① 江苏省博物馆编:《江苏省明清以来碑刻资料选集》,296页。

② 江苏省博物馆编:《江苏省明清以来碑刻资料选集》,299—301页。

造府的控制。苏州弹词、评话艺人也有自己的行会组织——光裕公所，成立于嘉庆年间，供奉三皇祖师，“历奉府县备案保护，以年终会费之资，悉数拨充公所经费，办理同业中抚恤孤寡等各项善举”[①]。

艺人的经济收入参差不齐，“茶园酒肆，以及街衢戏伎之类，穷民亦借以谋生”[②]。这些在茶园酒肆表演或走街串巷、撂地演出的艺人，靠人施舍，获资不多，生活没有保障。如有人以为江湖杂技艺人：“耕耘纺织弃不事，轻身重利宁良图。”艺人回答：“……行乞由来非所尚。江田米少征税无，衣食翻悬一绳上。频年踏遍天涯路，泣下吞声难尽诉。”[③]道出了自己的苦衷。清陕西提督潘育龙也说，杂技“皆失业贫民不得已而为之，借以醵钱以资衣食”[④]。戏班的情况有所不同，一般演员收入不多，仅可糊口，但名角收入颇丰。乾隆末年扬州的苏州艺人评判角色优劣，以戏钱多寡为差，有七两三钱、六两四钱、五两二钱、四两八钱、三两六钱之分，内班角色皆七两三钱。人数之多，至百数十人，此一时之胜也。[⑤]这些人都有固定收入，最高者与最低者相差一倍。嘉庆时苏州艺人“贫富不等，往往有家寒身故，至于棺椁无措”，光绪时“同业鳏寡孤独之穷无所归者，比比皆是”。[⑥]这些人的收入很低，大概连前述在扬州的苏州艺人戏钱最低者也

① 江苏省博物馆编:《江苏省明清以来碑刻资料选集》,328—330页。
② 《清仁宗实录》卷244,十六年六月辛酉条。
③ [清]张应昌编:《清诗铎》,951页。
④ [清]刘廷玑:《在园杂志》卷4。
⑤ [清]李斗:《扬州画舫录》,117页。
⑥ 江苏省博物馆编:《江苏省明清以来碑刻资料选集》,299、326页。

不如。

我们知道，宫廷艺人多选自苏州一带，那么他们的收入怎样呢？据清升平署档案可知，“嘉庆时南府、景山各学学生一般每人月食二两钱粮，另外总管等缺，俸银有四两、三两、二两五钱三等，但名额有限。外学每人另给白米十石，按四季发领，作为养家之资。宫廷艺人一般月食二两钱粮，另有大米养家”，这是较高的生活待遇。光绪五年（1879）六月有九名民籍随手替补当差，另加公费制钱一串。光绪三十年宫廷艺人的收入发生了较大变化，这年十月谭鑫培等十六人每人加添二两钱粮米，金秀山等二十七人每人加添一两五钱粮米，杨永元等十八人每人加添一两钱粮米，此外还有加添五钱的。晚清宫廷艺人收入，较之嘉庆时期有所增加，不过这时宫廷艺人不多。尚需指出，艺人，主要是出名的艺人，常有堂会演出，收入比平时高得多。

宫廷艺人中的外学学生还可以带“眷属同居”，其子弟“亦延师受业”。[①]如果学生死亡，“按例在崇文门行恩赏银十两，其家口灵柩，着苏州织造便船带回”[②]。可见宫廷艺人的地位是不低的，非清代以前身隶贱籍的教坊司艺人可比。我们不能把宫廷艺人视为奴仆之类的人员，而且清代后期宫廷艺人的地位较之前期也有了很大的提高。

清代的江湖艺人，往往兼习数业，如习武之人，有的在作武师表演、授徒外，还有不少人充当保镖，武术、杂技艺人也曾习伤科为人看病，甚至有的人还学习算卦测字等。

---

① ［清］吴振棫：《养吉斋丛录》，152页；［清］吴长元：《宸垣识略》，348页。
② 周明泰：《清升平署存档事例漫抄》卷3《外边学生病故》。

但同时，艺人在清代社会也常常是豪商富官所狎的对象，士大夫每以风雅自居，结识名伶，除了便于欣赏其高超演技外，还多从姿色上考虑，视艺人为玩物。在高官显宦居住的北京此风最盛，“京师梨园中有色艺者，士大夫往往与相狎”[①]，具体事例不胜枚举。特别需要指出豪商富官狎优，以狎优童为最。优童大半是苏、扬人，跟从漕船到北方，“老优买之，教歌舞以媚人者也。妖态艳妆，逾于秦楼楚馆。……达官大贾及豪门公子挟优童以赴酒楼，一宴之费，动至数百金，倾家荡产，败名裂节，莫此为甚”[②]。士大夫“挟优驰逐”是普遍现象。

他们常常受贵族官僚欺侮，即使名伶也是如此。《清稗类钞·优伶类》记载：响九霄，色艺兼优，屡为士大夫所辱骂，工部郎中龚才杰在会馆堂会中，见九霄至宴前请安，竟称“兔儿”。甚至会有艺人惨遭屠戮，有一次雍正帝观看一出《郑儋打子》的戏剧，雍正帝很喜欢，便向演员赐食，演员偶问现在谁是常州知府（戏中郑儋是常州刺史），雍正帝勃然大怒说：“汝优伶贱辈，何可擅问官守？其风实不可长。”于是将演员“立毙杖下”。[③]正是这位解除乐籍的皇帝，杀人却如此草率。光绪中叶，提督方曜在潮州看戏，粤剧向来多以男女杂演，正好一对演员夫妇饰生旦，方氏认为同演淫戏，叱下即于戏台前杀死。[④]

江湖艺人云游四方，了解社会下层的状况，熟悉各地交通，

① ［清］赵翼：《檐曝杂记》，37页。

② 《燕京杂记》，北京古籍出版社1986年版，127—129页。

③ ［清］昭梿编：《啸亭杂录》，12页。

④ 徐珂：《清稗类钞》11册，5128页。

见过世面，他们生活艰辛，往往成为反抗清朝的力量。最有名的白莲教领袖王聪儿，就是一位“走马卖解”的杂技艺人。

第三节　清朝的娱乐政策与社会效果

娱乐作为人们闲暇时的主要活动，是社会生活的重要组成部分，娱乐生活影响着社会风尚和社会秩序，反映着一定的意识形态，娱乐生活还可以陶冶情操，塑造一个人乃至于整个民族的性格。一个社会的状况如何，在一定程度上来说，是由娱乐生活反映的。清朝政府为了控制社会，采取了一系列限制娱乐生活的政策。

一、戏禁

清代限制戏曲、曲艺的政策详尽而完备，无论是法律或上谕，还是地方官的政令，禁戏的资料屡见不鲜。

第一，清朝对戏曲、曲艺内容有限制。

如前面介绍的，清代地方戏具有表现爱情、家庭生活与《水浒》等武戏的特点，清朝因而认为它有两个错误，一是诲淫，一是诲盗。因此，从康熙迄于光绪，都实行了戏禁政策，对新兴的地方戏禁止尤严。嘉庆三年（1798）禁演花部诸腔的上谕最具代表性，禁令认为花部诸腔“声音既属淫靡，其所扮演者非狭邪媟亵，即怪诞悖乱之事，于风俗人心殊有关系”，规定“嗣后除昆弋两腔仍照旧准其演唱，其外乱弹、梆子、弦索、秦腔等戏，概不准再行唱演”，除京城“严查饬禁”外，“传谕江苏、安徽巡抚，苏州织造，两淮盐政，一体严行查禁”。[1]可见，扬州、苏州、南京、北京等文化发达地区是重点查禁对象。所谓淫戏有伤风化容易理解，对于“怪诞悖乱”的诲盗，嘉庆皇帝另有详解，他说：民间演剧“每喜扮演好勇斗狠各杂剧，无知小民，多误以盗劫为英雄，以悖逆为义气，目染耳濡，为害尤甚”[2]。

清朝有破有立，提倡的是“谈忠说孝”的昆、弋两腔这些传统戏曲。苏州织造府规定：“嗣后亦必按照史传实事，择其中忠孝节义，足以劝善惩恶者，方准扮演，毋得稍涉淫靡。”并重申演出审批制度，指出“仍于开演之前，将各传奇缮本呈送，以凭去取”[3]。不仅是大的声腔，一些曲艺、舞蹈、小戏和秧歌、高跷、太平鼓、莲花落、采茶、花鼓戏、滩簧等都曾受到禁演。

除了从剧种等对戏曲内容加以限制外，清朝也对戏曲角色加以限制。清律规定：“凡乐人搬做杂剧戏文，不许装扮历代帝王后妃及先圣先贤忠臣烈士神像，违者杖一百，官民之家，容令装扮者与同罪。其神仙道士及义夫节妇孝子顺孙劝人为善者，不在禁限。”理由是帝王等神像“皆官民所当敬奉瞻仰”，如扮演则“不敬甚矣”，而演忠孝节义之人，“事关风化，可以兴起激劝人为善之念者”。[4]

清代对戏曲内容的限制还表现在对剧本的检查方面。乾隆四十五年（1780）下令删改抽撤剧本，认为剧本中“如明季国

---

① 江苏省博物馆编:《江苏省明清以来碑刻资料选集》,295—296页。
② 《清仁宗实录》卷281,十八年十二月癸丑条。
③ 江苏省博物馆编:《江苏省明清以来碑刻资料选集》,297页。
④ 《大清律例按语》卷26《刑律杂犯》。

初之事，有关涉本朝字句……至南宋与金朝关涉词曲，外间剧本，往往有扮演过当，以致失实者；流传久远，无识之徒，或至转以剧本为真，殊有关系，亦当一体饬查”[①]。看来对剧本的检查，主要出于民族关系，即把汉人斥责女真、满族的地方加以修改，以避免民人对清朝的正统地位产生怀疑。修改戏曲剧本在扬州设局进行，由两淮巡盐御史伊龄阿负责，苏州织造进呈词曲剧本。[②]

第二，清朝对戏曲演出有限制。

清朝规定不许晚上演戏，“城市乡村，如有当街搭台悬灯唱演夜戏者，将为首之人，照违制律杖一百，枷号一个月，不行查拿之地方保甲，照不应重杖八十，不实力奉行之文武各官，交部议处”[③]。

又规定不许丧期演戏，乾隆时法令：“民间遇有丧葬之事，不许仍习陋风，聚饮演戏，以及扮演杂剧等类，违者按律究治。”[④]

迎神赛会演戏也受到限制。康熙时禁令甚严，江南道监察御史张莲奏请：“民间设立香会，千百成群，男女混杂……请敕地方官严行禁止。”[⑤]朝廷批准了他的建议。雍正元年（1723）也曾降旨禁止民间神会，不过雍正帝后又说，祀神酬愿民间不能禁止，国法也不曾禁止，不能一概列入禁约之例。[⑥]咸丰帝也曾下

① 《清高宗圣训》卷264，四十五年十一月乙酉条。
② ［清］李斗：《扬州画舫录》，103、106页。
③ 《大清律例按语》卷65《刑律杂犯》。
④ 《清高宗圣训》卷26，雍正十三年十一月丁酉条。
⑤ 《清圣祖实录》卷238，四十八年六月朔条。
⑥ 《清世宗实录》卷67，六年三月癸酉条。

令禁止北京走会装演杂剧。[1]清廷对迎神赛会是反对的，但由于其在民间有深厚的传统难以根绝，并没有绝对禁止，而采取把迎神赛会限制在一定范围的政策。这在地方大吏的执行过程中比较明显，如康熙年间江苏巡抚汤斌禁赛会演戏，雍正三年（1725）田文镜在河南巡抚任上禁各种迎神赛会，乾隆时期江西巡抚陈宏谋禁止赛会敛钱。

此外，清朝还对戏园加以限制，规定北京内城不准设立，并对外城的戏园控制甚严，也曾下令过禁止演出。地方上，太平天国运动平息之后，江苏巡抚丁日昌于同治七年（1868）下令“嗣后城乡内外，不得再如从前之开设戏馆”[2]，希望以此端风俗、正人心。

第三，清朝对观众有限制。

清廷认为看戏是对人心风俗有害的事情，首先禁止八旗官兵出入戏园酒馆，规定：“八旗当差人等，渐改旧习，不守本分，嬉游于前门外戏园酒馆。仍照旧例交八旗大臣、步军统领衙门不时稽查，遇有违禁之人，一经拿获，官员参处，兵丁责革，并令都察院、五城、顺天府各衙门出示晓谕，实贴各戏园酒馆，禁止旗人出入。”[3]乾隆四十一年（1776）更定律条：“凡旗员赴园看戏者，照违制律杖一百，失察之该管上司交部议处。如系闲散世职，将该管都统等交部议处。”[4]清廷的历代皇帝也多次加以申

---

① 《清文宗实录》卷52，二年正月辛巳条。

② 《江苏省例》同治七年。

③ 《吏部处分则例》卷45《刑杂犯》。

④ 光绪《大清会典事例》卷829《刑部·刑律杂犯》。

禁，以保证八旗“国语骑射”的淳朴之风。

清朝对官员看戏加以限制。嘉庆八年（1803）上谕：“嗣后著步军统领衙门五城巡城御史，于外城开设酒馆戏园等处所，随时查察，如有官员改装潜往，及无故于某堂某班某庄游宴者，据实查考，即王公大臣，亦不得意存徇隐。”①认为官员是社会的楷模，不能在公共场所看戏，以做限制戏曲的榜样。清代也确实有不少官员因喜好戏曲而丢官的，如同治时期山东莱州府知府王鸿烈寿辰演戏被革职，高密县知县周用霖因演戏酬神议处。②当然他们被革职的重要原因是，时逢捻军正在山东活动，大敌当前，演戏娱乐显然不合时宜，如果在平时或年节，官员看戏则不会受到什么处分。

妇女看戏也受到了限制。北京五城寺观僧尼借善会开场演剧，乾隆二十七年规定：“倘有设为善会，煽聚妇女者一定将该庙为首僧尼查拿治罪。至有职人员……纵容妻妾入庙，一经查出，指名纠参。”③同治年间又严禁妇女入庙观戏。④很多地方官也在当地禁止妇女看戏，清朝政府认为妇女只能按照三纲五常做“贤内助”，而不能抛头露面，所以便对她们的娱乐行为加以限制。

二、对杂技、武术的限制

杂技、武术属于体能性的娱乐活动，它可以使人强筋健骨，

---

① ［清］延煦等编：《台规》卷25，清光绪刻本。
② 《清穆宗圣训》卷49，元年八月癸酉条。
③ ［清］延煦等编：《台规》卷25。
④ 《清穆宗实录》卷10，八年十一月甲申条。

用于搏击、防身作战，杂技、武术艺人多浪迹江湖。清廷很注意对汉人的防范，因此采取限制乃至禁止杂技、武术活动的政策。

清代奉行严禁习武的皇帝当着推雍正，他通谕各省，严行禁止学习拳棒，既不准武师教授，也不许人投师学习。雍正帝认为武师“多系游手好闲、不务正业之流”，人们不必习武，“人果谨遵国法，为善良，尚廉耻，则盗贼之风尽息，而斗讼之累自消”①，何须学习拳棒以防身？如果习武之人有膂力，勇健过人，应当学习弓马，或参加武科考试，或参军为国效力。雍正帝对武术的态度完全从维护社会秩序出发，不管武术的健身、娱乐作用。地方官则努力贯彻雍正帝的谕旨，如雍正年间有僧人到河南少林寺论拳，“传技尤精，后总督田文镜严禁”②，清代江南大侠、威震武林的甘凤池，即在雍正时期被捕。

杂技的命运也不比武术好，清朝统治者对杂技艺人有偏见，康熙二十年（1681）刑部题有人强奸走马卖解女子姚氏，分别拟绞事。康熙帝认为：“此事甚为可疑”，征求属下的意见，大学士勒德洪说：“圣谕诚然，走马卖解，讵必良善女子。”③君臣二人并没有对事情调查，就认为女杂技艺人非良善之民。

康熙皇帝还在全国禁止杂技演出，令杂技艺人改行。其导火线是前述山西太原陈四外出卖艺，地方官将其抓获。康熙五十年刑部以“鸠党抢夺”的罪名判陈四斩立决，把其他成员及家属男

① 《清世宗实录》卷63，五年十一月庚辰条。

② 徐珂：《清稗类钞》6册，2877页。

③ 《康熙起居注》1册，中华书局1984年版，760页。

女七十二名发配黑龙江为奴，[1]并令各地查禁杂技演出。仅陕西提督潘育龙“遵奉查拿”就陆续“拿获卦子二十八起，合计男妇大小五百八十九名，并马骡牛驴猪羊共六百一十匹头只”。他认为杂技艺人是“不务耕种，游手好闲，寡廉鲜耻之顽民”，建议“穷源除根”。据时人刘廷玑讲，康熙五十一年部复潘育龙“因陈四等一案，题奉前旨，将走马卖解、踩索之人，尽行查拿安”。[2]可见，康熙朝查禁杂技演出，令杂技艺人改行的政策制度化，通行全国，且有一定的成效。

雍正帝也曾下令查拿杂技艺人，指示地方官，杂技艺人多住河南汝宁地区，春出冬归。江西地方官奉上谕于初春杂技艺人四出之时，在各属隘口通衢，派兵役协力稽查。“凡通途要隘，遇有面生可疑，及男女成群扮作医巫等情形诡秘者，即密踩其来踪去迹，飞禀地方县营慎密查拿。”[3]迎神赛会中因多有杂技演出，常常受到地方官的禁止。

在清政府的干预下，杂技、武术难以形成大规模的团体演出，只有一些个体或三五成群的艺人，云游四方，撂地演出。

三、赌禁

清代甚炽的赌风，引起了政府的充分注意，他们认为赌博的危害很大：“荒弃本业，荡费家资，品行日即于卑污，心术日趋于贪诈，父习之则无以训子，主习之则无以制其奴，斗殴由此而

① 《清圣祖实录》卷248，五十年十月丙辰条。
② ［清］刘廷玑：《在园杂志》卷4。
③ 中国社会科学院历史研究所清史研究室编：《清史资料》3辑，210页。

生，争论由此而起，盗贼由此而多，匪类由此而聚，其人心风俗之害，诚不可以悉数。”[①]为此实行了严厉的禁赌政策，其法律规定基本上形成于雍正三年（1725）。[②]

清朝对于偶犯赌博者，采取拘留、杖责的惩罚，规定：“凡赌博，不分兵民，俱枷号两月，开场窝赌及抽头之人，各枷号三月并杖一百。官员有犯，革职，枷责不准折赎……”乾隆五年（1741）将文中“枷号两月”增定为“杖一百”，从重处理。

对于犯有严重赌博行为的，除杖责外，还要判刑。这方面的法律规定，反映了清朝禁赌的主要内容：

一是重惩制造、出售赌具者，以清赌博之源。规定：“凡民人造卖纸牌、骰子，为首者发边卫永远充军，为从及贩卖为首者，杖一百流二千里。为从贩卖者，杖一百徒三年。如藏匿赌具器物不行销毁者，照造卖为首例治罪。地方保甲，知造卖之人不首报者，杖一百。”

二是禁开赌场，实行首告，以息赌博之风。开赌场即“将自己银钱开场”，又分引诱赌博、放头抽头和存留赌博两种情形。前者，初犯杖一百徒三年，再犯杖一百流三千里；后者，初犯杖八十徒二年，再犯杖一百徒三年。为了打击开设赌场，清朝采取了让输钱者检举揭发的办法，规定：“输钱者据实出首免罪，仍追所输之银钱给还。”对于私造赌具和开场设赌，乾隆二十五年又制定了关于左右邻居举报的刑律。

---

① 《清世宗实录》卷82，七年六月丁丑条。

② 光绪《大清会典事例》卷826《刑部·刑律杂犯》，以下凡同此引文者不赘注，出于该年的规定不标年代。

三是约束官员，以收禁赌之效。首先要求官员不赌："若官员无论赌钱赌饮食等物，有打马吊、斗混江者，俱革职满杖，枷号两月。上司与属员斗牌掷骰者，亦均革职满杖，枷号三月，俱永不叙用。如该管上司并督抚容隐属员赌博，及地方官弁疏纵赌博，俱交部严加议处。"其次定官员劝惩之法厉行禁赌，雍正七年规定："嗣后拿获赌之人，必穷究赌所由来，其制造赌具之家，果审明确有证据，出于某县，将该知县照溺职罪革职留任，督抚司道等官，各降一级留任，如本地私造赌具之家，而该县能缉拿惩治者，知县著加二级，知府著加一级，督抚司道等官，著记录二次，将此劝惩之法，永著为例。"[①]该规定的实质，仍重在打击造卖赌具者，不过是通过地方官严行查禁的办法解决。

清朝还特别提出禁止其他形式的赌博，如"凡压宝诱赌及开鹌鹑圈、斗鸡坑、蟋蟀盆并赌斗者，将开场及同赌之人俱照赌博例治罪"[②]。乾隆四十四年对福建花会定了禁赌条例。同、光时期，又对广东的花会、闱姓、白鸽标等赌博采取了禁赌措施。[③]

由此可见，清朝的赌禁可谓严密，诚如地方大吏陈宏谋所说："制造赌具者有罪，贩卖赌具者有罪，窝赌有罪，抽头有罪，赌赌有罪，同赌有罪，又许同赌首告免罪，追还所输之钱，朝廷之法，无外使人知其有害无益，不至干犯之至意。"[④]

我们具体考察一个赌博案的惩处情况。前面在押宝赌博部分

---

① 《清世宗实录》卷82，七年六月丁丑条。
② 此条系雍正三年、乾隆五年分定，乾隆五十三年修并。
③ 光绪《大清会典事例》卷827《刑部》。
④ ［清］陈宏谋：《培远堂偶存稿》卷8《申严赌博之禁谕》。

提到的安徽案例中，安徽按察司按察使认为："姜恩尚用钱盛入木烟匣内作宝，令张恕等猜压，讯系偶然聚会，并非积惯窝赌，亦无抽头情事。姜恩尚、李上受、胡盛雨均照赌博不分兵民枷号两个月杖一百例，俱枷号两个月、杖一百。约保杨有贵等失于查察，应照例笞责。查该犯姜恩尚等及约保杨有贵等事犯到官，在嘉庆六年六月十一日钦奉恩旨以前，所得枷杖笞罪，应于缓免。张恕饬缉获日另结，邻人胡从风等劝阻不及，应毋庸议。姜恩尚等偶然用钱猜压，并非积惯窝赌，邻右俱不知情，应免提讯，无干省释。李上义还过姜思尚钱文照追入官，未还赌账系属虚赃，照例免追。所有失察赌博文职职名系前任霍邱县告病、知县赵敬修相应附疏开报，听候都议。其武职职名见在饬取另参。"[①]赌博者因非惯犯，从轻处理；地方社会职役约保失察照例笞责，但因恩旨缓免；邻右俱不知情免讯；文武职员等候议处。

四、娱乐政策的社会效果

清代的娱乐生活是宋明以来中国社会文化变迁的继续。自宋以后，商品经济有了一定程度的繁荣，打破坊市制后城镇得到发展，在村社文化的基础上，城市居民文化成长起来，中国戏曲的产生，游艺的多样化，表现出追求闲暇娱乐的趋势。

纵观宋元以来的娱乐生活，我们可以看到它具有的某些特征：娱乐生活的开展必须有充分的闲暇；娱乐具有群体性，一般来说人们需要聚集在一起，才能充分表现情感；娱乐生活还有流

---

① 常建华主编:《清嘉庆朝刑科题本社会史料分省辑刊》,223页。

动性，出于人们兴趣的需要，演出团体要经常流动，有文艺表演活动，特别是在农村，人们要从各地流动到一处，正是由于流动性，也产生了娱乐的另一个特征——联系性。

娱乐生活的上述特点与分散、闭锁、稳定的传统农业社会生活是不融洽的，在崇祖尚古的社会，必然同传统发生矛盾，受到统治者的约束。历史恰恰证明，自宋以来，伴随文化娱乐的发展趋势，历朝统治者对娱乐的控制也越来越严，宋明理学正是禁欲主义的社会思潮，上层建筑和意识形态非常僵化。

清朝对文化娱乐的严禁政策，正是中国传统社会伦理政治的表现。这种伦理政治要求人民按照三纲五常要求自己，注重稳定的家庭生活，服从社会等级秩序，充当顺民。清朝由于是少数民族统治，特别注意防范汉人的反抗斗争，娱乐生活群体性、流动性的特点在追求稳定秩序的社会中是格格不入的。再加上满族从氏族社会进入国家社会的历史很短，他们的民族传统和淳朴之风与汉族娱乐的所谓“奢靡”之风不一致，而要稳固地统治汉人，满族就必须保守国语骑射和旺盛的斗志。娱乐流动性、联系性的特征最易加强民族间的交流和融合，大众娱乐无疑是满族统治者上述想法的天敌。基于以上几点，清廷制定了完备的各项禁止娱乐的政策。

律定政策作为社会的调节器，必然要规范人民的社会生活，但清朝的娱乐政策总的来看是僵化的。中国的戏曲艺术的发展遵循它内在的规律，在清代以地方戏为主的形式兴起，反映爱情、男女关系、家庭的生活剧和反映民族关系及除暴安良的武戏是清代地方戏的主要内容，蕴含着弥补压抑、平淡生活的不足，抗议禁欲主义、追求个性的时代精神，清朝政府则对戏曲、曲艺、歌舞、娱乐采取限制政策。武术、杂技活动的开展，可以使人身体强壮，也可培养一个人的坚强向上的品格，清代禁止武术、杂技、武戏的活动，不仅使武术、杂技得不到应有的发展，影响人民的娱乐，也是造成人民身体素质差的原因之一。

各种娱乐的创造来自民间，娱乐生活是大众社会生活的重要内容，清朝限制娱乐的政策，对人民的娱乐生活有破坏作用，但不能根除。所以，尽管政府不断禁止，人民仍冒着各种危险坚持娱乐活动，遂使民族的文化创造得以保存下来。另外，统治阶级最是有闲阶级，追求娱乐、沉湎娱乐与有闲阶级最有联系。清代皇帝基本上都是嗜戏的，乾隆尤盛。除内廷演戏外，乾隆十六年（1751）皇太后六十大寿，举行大庆，“自西华门至西直门外之高梁桥，十余里中，各有分地，张灯结彩，结撰楼阁。……每数十步间一戏台，南腔北调，备四方之乐，侲童妙伎，歌扇舞衫，后部未歇，前部已迎，左顾方惊，右盼复眩，游者如入蓬莱仙岛，在琼楼玉宇中，听《霓裳曲》，观羽衣舞也”[①]，这是何等奢侈的场面！上有所好，下必甚焉，清王朝中期“歌舞升平”的景象，使君臣沉湎于娱乐而不能自拔，所以清朝乾隆中期以后，官员崇尚娱乐，政府的各项政策不能认真贯彻，甚至形同虚设。乾嘉以降，清代各种娱乐都不同程度地得到了恢复或开展。

民众赌博的盛行，同商业的发展有一定关系。经商需要冒

---

① ［清］赵翼：《檐曝杂记》，9—10页。

险，需要竞争，在商品经济具有一定发展的社会，冒险与竞争也会在一定程度上表现为社会的心态。赌博，也可视为这种心态的反映。然而冒险与稳定对立，竞争和等级不容，专制政体下的农业社会，必然会对赌博严禁。

作为对人民生活的规范，清朝的禁赌也有值得肯定之处。赌博源于游艺，游艺活动是正当的，但在清代，游艺活动同赌博合为一体。照理说，在人们一般性的娱乐中，很少量的赌些钱，有理性的人不会走上赌徒之路，但是“赌”的趣味性和刺激性，往往使人走上邪路，赌徒的成长道路大概都是从娱乐和兴趣出发而最终不务正业、嗜赌成性的，这就会造成社会危害，触犯刑律。正常娱乐和越轨赌博的界限实在不易掌握。清朝彻底禁赌的政策，可能会影响到游艺娱乐，确有严厉之嫌，但在清代特定的社会条件下，也无可厚非。

清朝认为地方戏诲淫诲盗而加以禁止，主要是出于禁欲主义，是反人性的。但是地方戏作为俗文化，的确存在着一些不健康的东西，比如清代一些城市上演根据《金瓶梅》中淫秽描写改编的《葡萄架》等戏曲，就有色情的成分。如对这些戏曲限制，还是可以肯定的。不过清朝皇帝把自己打扮成道学家，其娱乐政策主要是一味地压制，所以对“淫戏”禁止的正当性也就被埋没了。

在清代禁戏政策影响下，也出现了为清朝政治服务的文艺作品，道咸年间文人余治编了一个《庶几堂今乐》，载有他写的皮黄剧本二十八出，宣扬忠孝，劝惩诲淫诲盗、善恶果报，以“彰善瘅恶”“化导乡愚”“佐圣天子维新之化”。余治的戏剧甚至凭借官府力量，强制各地剧团演出，但终因“观者寥寥，旋作旋辍，近则如广陵散矣”[①]。这说明娱乐生活有其内在规律，宣传教化的娱乐生活被纳入政治范畴就没有生命力，最终是要失败的。

第四节　清人娱乐方式的形成与状态

清人的消费构成，大体是吃食、衣装、住宅、陈设、交通、婚嫁、丧葬、家庆、文娱、信仰、社交，其中以吃食消费最大，居室、婚丧开支也不小，其余的是量力而行。各个社会层次的人消费水准相差悬殊，劳动群众多是低消费，而达官贵人富商大贾则是高消费的，衣食住行都很讲究。他们的社交、娱乐费用比平民多得多，还买奴婢，置妾媵，这是一般平民消费结构中所没有的。这种不同社会层次消费的差异，实质就是等级的不同。

清代的等级制、崇本抑末政策、纲常伦理、迷信意识都同生活方式联结在一起，这四种因素使人们生活形成一定的规范，也可以说是一定的模式。人们的衣着打扮，衣料的质地、颜色、衣裳的式样、刺绣图案以及佩戴的饰物，都受着人们政治身份的制约；人们住宅的区域，房屋的大小高低，同其主人的身份相一致；人们乘车坐轿以及车轿的装饰，不能任意选择，要依其身份按制度乘坐；婚姻要论门第，讲求门当户对；丧葬祭祀有贵族、百官、士绅、庶民的区分，坟茔规模、祭器多少，均

① 张庚、郭汉城主编:《中国戏曲通史》下,55页。

因人而设；娱乐有不同的社会圈，乃至戏剧本身分出雅部和花部，为不同身份的人享用。总之，清人在选择生活方式时，无不受着社会身份的制约，也即受着等级制度的约束，在各自的规范内生活。

作为平民的富商大贾，在经济上有条件讲究生活的奢华，为了发展其业务也有讲究的必要，但是平民的等级身份限制他们实行贵人的生活方式，同时清朝政府为着推崇本业，坚持实行传统的抑商政策，商人要改变原先的生活方式，只有捐纳为官，这在清代后期并非罕见现象，这时实现上流社会生活方式的商人已兼有官僚身份，看来重农抑末政策制约着清人特别是富有商人的生活方式的选择。

清人生活方式的采定，与伦理观念相一致。君为臣纲的道德，迫使臣民绝对忠于君王，如供奉皇帝的龙牌，把君主诞辰当作圣寿节来过，书写文字要敬避圣讳，夏秋收获要先完纳钱粮，否则不能安心安排自家的经济生活。父为子纲的伦常规范了人们宗族与家庭生活，要参加祠堂的祭祀活动和接受祠堂的教育，以至参与宗族间的械斗活动。人子的生活唯父命是从，娶妻生子、社交应对不出规范，对长上尽孝，晨昏定省。夫为妻纲的伦理，使得服饰、婚仪、丧礼等方面都要体现出男尊女卑，在社交、出游、再婚诸方面，更限制女子生活道路的选择。纲常伦理是人们的社会行为准则，清人的生活方式很大程度上受到它的制约。

迷信也影响着清人的生活方式。人们崇拜祖先、迷信神鬼，以为他们能给自身生活带来幸福或灾难，故在生活方式上表现出对它们的恐惧与祈求。婚丧、迁徙、出行要占卜查历书，以求吉日良辰；建宅起坟要请阴阳，以求好风水；惧怕风雷水旱蝗火灾害，建造各种祠宇，虔诚敬拜。文化娱乐、节日生活中充斥神仙鬼怪戏剧，人类自身的繁衍，也因祈求神灵保佑而生出摸秋、礼拜观世音等生活内容。这是由于清代科学不发达，人们对许多自然现象不认识，因而易接受传统观念，崇拜神鬼祖先，并把它们程式化为生活方式。

以上是我们认识到的清人生活方式的形成与状态，同等级制度、崇本抑末、儒家伦理、迷信意识密切相关。生活方式的产生取决于社会条件，等级制、崇本抑末政策是清代基本社会制度和国策，儒家伦理和迷信是社会意识的主体，这四种因素就体现了社会制度和意识对生活方式形成的重要作用。

另一个影响生活方式的社会条件是社会生产方式。人们能够生产什么，有多高的生产能力，可以向人们的生活提供什么样的消费品，都决定着人们可能采取什么样的消费方式。当生产的稻谷、小麦不能满足人们食用时，人们只好把杂粮中的玉米、白薯用作主食，创造相应的吃法；当精致器皿生产得多了，能够用它为食具的人也就相应增加；生产不稳定，大家庭不适宜发挥家庭成员的生产积极性，家庭规模就不能太大；农业生产季节性强，人们的闲暇时间多在冬季，娱乐生活、节日生活在这时就比农忙季节丰富，而与播种收获有关的春祈秋赛则随着农事的进行而开展；如此等等。

人本身的性别、年龄，所从事的职业，所处的地理环境，也影响着人们生活方式的选择。如男性多在户外活动，女性则多在家内；年轻人喜热闹，老年人图安静；作坊工匠夜间爱好赌博或听戏，农夫则合家相守，早早入睡；北方人喜乘车，南方人好驾船。

归结起来，决定清人生活方式的社会条件，基本上还是当时的小农业生产水平、传统的社会制度和意识，职业、地理环境及人体因素处于次要地位。

由于生活方式关系着物质与精神文明，所以它是社会文明程度的测量器。清人的生活方式，反映出当时物质文明程度不高，生产力水平低，物质不丰富，人们生活简单，所以把节衣缩食当作美德。清人的生活方式，反映君主专制的盛行和伦理道德的水平，反映那个时代政治文化、精神文化的落后。建立科学的文明的生活方式，不是那个时代所能实现的。

清人的生活方式，有相当部分的内容是继承前代的，因为生活方式一经形成，会转化积淀为人们的生活习惯，成为固定模式，从而得以长期延续。清代的等级制、重农抑末、道德伦理和迷信、小农业生产，也基本上承继于明代，所以清人的生活方式与明人没有太多的差异，也就是说清人的生活方式中包含着传统生活方式的大量因素。同样，清人的生活方式也大量地遗传到后世，不仅民国时期如此，中华人民共和国成立后在某些方面也有传承。身份等级制的生活模式的一部分内容在现代社会中有曲折的反映，对人们生活方式的影响甚为巨大。传统生活方式中的陈规陋俗及其观念也大量存在着，家长包办婚姻、换亲、续家谱中排斥女性，冥婚，送葬烧纸彩电、纸冰箱，模型是现代化了，但迷信神鬼却是陈腐的观念。有些地方评选五好家庭，往往还在赞扬妇女的守节及男尊女卑。这些传统生活方式的成分，影响着社会文明和进步，与现代化不相适应，是社会变革的阻力。然而人们本能地要求改善生活，提高生活水平，改变生活方式，这种变革的愿望，会转化为社会改革的动力。在这种意义上说社会生活方式的变革又成为社会变革的先导，为社会变革提供直接动力。

第九章
人口与社会

人口社会，包含着丰富的内容：人口数量、质量、增减速度、性别结构、年龄结构、就业、人口密度，以及因人口而产生的各种社会问题。人口本身也是一种社会构成，它与前面叙述过的社会结构、社会生活方式有着内在的联系。人口的增减会引起家庭结构、宗族结构的变化，人口的增加会出现过剩人口或相对过剩人口的社会流动，人口的迁移会产生相应的社会组织，如会馆。人口数量与住宅、饮食、衣着的状况分不开，影响着饥荒、贫穷及瘟疫出现与否及程度。人口数量和性别比例，还关乎着人们的婚姻，而婚龄的早晚又牵连到人口出生率。人口分布不合理，势必产生人口的迁徙。总之，人口变化与社会结构、生活方式的变化相互作用。

人口的状况，对社会的发展起着加速或延缓的作用，人口增长与物质资料的增加要相适应，人口质量及人口年龄结构要适应社会生产力的发展水平，人口生产应与就业条件相适应，人口分布要适合生产力发展的要求，社会生产才能得到发展，人们的生活水平因而随着提高，人口状况直接关系着人们自身的生活。

第一节　人口增长与人口迁徙

中国历代户口，按各个王朝的统计，明朝以前，多时也在六千万人以内，只有明朝永乐年间达到近六千七百万口，有的研究者据此认为明代实际人口业已超过一亿，即使如此，比起清代道光年间的四亿多人口，还是相差甚远。从不足一亿或一亿多到四亿多，清代人口比历史上的最高人口增长了三四倍，因此学者认为清代是人口爆炸时期，并产生了相应的社会问题。

一、人口增长与人口分布

清代人口增殖状况，根据《清实录》的记载，取每朝最高的统计数字，可以制作成清代历朝人口统计表。需要说明的是顺治、康熙、雍正三朝的统计数字是所谓“人丁户口”，有的研究者认为它就是当时的人口实数，而有的研究者认为它指的是成丁人口数字，并非整体人口数字，只有把它乘以五或四点几，才是当时的人口实数。我们列表时把这两种意见都考虑进来，加以反映。

清代历朝人口统计表

朝年	公元	人口	备注
顺治十八年	1661	19137652	19137652×5=95688260
康熙六十一年	1722	25763498	25763498×5=128812490
雍正十二年	1734	27355462	27355462×5=136777310
乾隆五十九年	1794	313281795	—
嘉庆十六年	1811	358610039	—
道光二十九年	1849	424938009	—

续表

朝年	公元	人口	备注
咸丰元年	1851	432164047	—
同治十二年	1873	277133224	—
光绪元年	1875	322655781	据《清史稿》卷120
宣统三年	1911	239594668	此乃不完全统计,据《清史稿》卷120

由上表可知，清代人口到咸丰初，一直呈上升的趋势，咸丰以后下降。在上升时期，有过一次小的下降，是乾隆六十年至嘉庆九年的十年间，正是在川楚陕白莲教起义时发生的，因而人口减少可能是战争原因，咸丰、同治两朝是太平天国运动时期，战争规模大，从此人口锐减，几十年以后也没有恢复到人口最多时期的数字。上升时期发展最快的是乾隆三十九年（1774）以后的二十年，从二亿二千万人增加到三亿一千万人。另一个快速发展时期是道光朝。清朝人口的增长，以顺治十八年的九千五百万计算，到乾隆五十九年，增长了3.28倍，每年人口增加2.45%；到道光二十四年（1844），增长了4.41倍，平均每年人口增加2.4%。人口增长四倍多，基数是近一亿人，显现出人口暴长问题的严重。倘若不以九千五百万为基数，而径以一千九百万为基数，则到道光二十四年，人口净增四亿，为起点的22.5倍，年增长率高达12.2%，人口的增长速度就更加惊人了。

清代人口增长过程中，各地区的增长速度不同。由于原来人口分布就很不均匀，造成人口密度的差别更大。梁方仲在《中国历代户口、田地、田赋统计》里作有清代各直省人口密度表①，

① 梁方仲:《中国历代户口、田地、田赋统计》第87表,上海人民出版社1980年版,272页。

提供了从顺治朝到咸丰朝各省每平方千米人口的数字，使我们了解到清代各地人口密度的基本情况，为使读者阅读方便，我们把它转录过来，对表的形式略作调整并标明各省区人口密度大小的顺序，及不同时期各地方人口密度变化的增长率。（表见370页）

表中所显示的数字，使我们认识到：

第一，东南沿海，特别是长江三角洲人口密集的局面是较晚近形成的。我国历史上的人口分布，两宋以前以黄河流域为重心，从元代开始长江流域人口超过黄河流域，也即人口密集区由北方转移到南方，这是总的情况。同时人口重心自西向东转移，而最后移到东南沿海地区。在黄河流域，西汉时期陕西、河南、山东人口众多，而后来陕西人口比重下降，山东人口长盛不衰，至清代人口密度始终保持在全国各省区的前四位，河南在前七位，陕西处在十三、十四位；长江中下游的两湖和两江，在南北朝以前，荆州（包括今湖北、湖南辖地）人口多于扬州（包括今江西、安徽、江苏、上海辖地），自隋唐起扬州又多于荆州，而在扬州内部，江西人口比江苏发达。明代改变这一状态，南直隶（江苏、安徽）人口在全国第一，江西第二（有时第三），到清代，江西退至七八位上，人口密度以江苏第一，浙江第二，山东第四，福建第六，广东第九，可见东南沿海省份人口密集，地处长江三角洲的江苏更为突出，它的人口密度，以咸丰元年（1851）统计计算，比第二位的浙江高出45%，比山东高出99%。山东是北方沿海唯一人口密集区，可与东南沿海地区相比。

第二，内地、边疆人口稀少。清代人口密度每平方千米在三十五人以下的省区，依次是广西、甘肃、贵州、奉天、云南、吉

清代各直省人口密度和增长率表

直省别	面积(km²)	每平方千米人口数																				人口密度增长率%(乾隆十八年至咸丰元年)
		顺治十八年		康熙二十四年		雍正二年		乾隆十八年		乾隆三十二年		乾隆五十一至五十六年平均数		嘉庆十七年		道光十至十九年平均数		道光二十至三十年平均数		咸丰元年		
		口数/km²	各行省人口密度位次	口数/km²	位次	口数/km²	位次	口数/km²	位次	口数/km²	位次	口数/km²	位次	口数/km²	位次	口数/km²	位次	口数/km²	位次	口数/km²	位次	
直隶	325296	8.78	7	9.83	8	10.47	9	28.82	7	51.31	9	71.38	11	86.05	10	68.48	12	70.48	13	12.10	13	318
奉天	125064	0.04	15	0.21	17	0.34	17	1.77	19	5.70	17	6.57	19	7.53	19	17.26	18	19.29	18	20.65	18	1167
吉林	754920	—	—	—	—	—	—	—	—	—	—	0.20	21	0.41	21	0.43	21	0.43	21	0.43	21	315
江苏	98820	13.22	2	26.89	2	27.05	2	127.80	1	240.64	1	322.88	1	382.95	1	424.62	1	440.02	1	448.32	1	351
安徽	162324			8.10	10	8.36	10	16.13	13	143.88	4	179.60	3	210.49	3	228.90	3	231.07	3	231.83	3	1437
山西	150984	10.12	6	10.93	7	11.71	7	34.19	6	69.33	7	88.01	9	92.75	9	97.81	10	99.42	10	103.94	10	301
山东	147744	11.91	4	14.22	3	15.42	3	86.43	3	173.51	2	155.48	4	196.01	4	211.42	4	219.60	4	225.16	4	248
河南	159408	5.76	8	8.99	9	12.86	4	44.63	4	103.90	5	132.98	5	144.52	6	148.59	7	149.48	7	150.11	7	337
陕西	189540	3.57	10	11.83	5	11.42	8	20.32	10	38.77	12	44.54	13	53.85	13	63.10	14	63.54	14	63.36	14	312
甘肃	482760			0.57	16	0.63	16	4.42	16	23.90	14	31.41	14	31.47	16	31.86	16	31.94	16	31.98	16	723

直省别	面积（km^2）	每平方千米人口数																				人口密度增长率%（乾隆十八年至咸丰元年）
		顺治十八年		康熙二十四年		雍正二年		乾隆十八年		乾隆三十二年		乾隆五十一至五十六年平均数		嘉庆十七年		道光十至十九年平均数		道光二十至三十年平均数		咸丰元年		
		口数/km^2	各行省人口密度位次	口数/km^2	位次	口数/km^2	位次	口数/km^2	位次	口数/km^2	位次	口数/km^2	位次	口数/km^2	位次	口数/km^2	位次	口数/km^2	位次	口数/km^2	位次	
巴里坤乌鲁木齐	327240	—	—	—	—	—	—	—	—	—	—	0.36	20	0.49	20	0.66	20	0.76	20	0.85	20	23.7
浙江	97200	27.98	1	28.29	1	28.38	1	89.12	2	170.00	3	227.61	2	270.13	2	292.97	2	301.67	2	309.74	2	348
江西	181440	10.72	5	11.72	6	11.97	6	27.86	8	63.60	8	107.52	8	127.02	7	134.91	8	135.08	8	135.12	8	485
湖北	181440	1.88	11	2.44	13	2.50	12	25.18	9	46.29	10	108.64	6	150.85	5	177.68	5	184.31	5	186.34	5	746
湖南	223560			1.36	14	1.53	13	19.40	11	39.84	11	72.95	10	83.43	11	87.86	11	90.76	11	92.36	11	476
四川	532980	0.03	16	0.03	19	0.77	15	2.57	12	5.55	18	16.67	17	40.22	14	65.57	13	77.35	12	83.97	12	3268
福建	116640	12.48	3	11.96	4	12.25	5	40.38	5	69.40	6	108.43	7	126.71	8	154.34	6	166.24	6	172.31	6	427
广东	223280	4.29	9	4.76	11	5.61	11	17.01	12	29.74	13	69.34	12	82.19	12	105.64	9	115.95	9	121.69	9	715
广西	226800	0.51	12	0.79	15	0.89	14	8.71	14	20.75	15	28.58	16	32.25	15	33.34	15	34.10	15	34.49	15	396
云南	456840	0.26	13	2.88	12	0.32	18	2.20	18	4.70	19	7.76	18	12.17	18	14.73	19	15.78	19	16.21	19	737
贵州	178200	0.08	14	0.08	18	0.12	19	7.96	15	19.31	16	29.00	15	29.68	17	30.22	17	30.43	17	30.50	17	383
各直省合计	5352480	4.93	—	5.48	—	5.92	—	24.06	—	49.15	—	55.49	—	67.57	—	75.32	—	78.70	—	80.69	—	335

林，都处于东北、西北、西南边疆地区。这种状况的形成是历史性的：西汉十三个行政区，以凉州、朔方两州人口为少，唐代十五道，岭南、黔中、陇右三道人口密度最小，元代九个行省，人口比重最小的是辽阳和甘肃，明代南北直隶和十三个布政司中，以广西、云南、贵州人口最少，其次是广东、福建，至清代粤、闽人口上升，而内地、边疆人口稀疏的状况一直延续下来。

第三，人口密集的区域是江苏、浙江、安徽、山东、湖北、福建、广东、河南，其众多人口的来源，除地区原有人口增殖以外，可能是吸收了其他地区的移民，但正是由于本地人口繁盛，又会有大量的居民迁徙出去，所以这些省份又有两个类型，像江苏、湖北是吸引移民区，而山东、河南、广东、福建、安徽则是居民输出区。具体情形将在居民移徙子目中说明。

第四，人口增长率以边疆为高。表中人口密度增长百分率是乾隆十八年和咸丰元年人口密度的比。取乾隆十八年的数字，而不考虑顺康雍的，是因为前三朝的人口数，梁方仲是依原始资料的数字计算的，未作人丁抑或人口的区分，而乾隆十八年的数字可以确定就是人口数，故以乾隆十八年数字算起。计算结果，人口增长率最大的是四川，达32.68倍，其次是安徽，为14.37倍，依次是奉天11.67倍，湖北7.4倍，云南7.37倍，甘肃7.23倍，广东7.15倍。四川增长率高，是因经过明末清初的战争，人口减少太多，基数小，后来人口恢复，故而大增，奉天、甘肃、广东皆因基数小，人口一再增殖，比值就大。

清代人口大量增加，而分布又很不均匀，于是出现耕地紧张的问题，在人口密度大的地区尤为严重。乾隆帝对此很敏感，五十一年，他说看圣祖实录，得知康熙四十九年民数二千三百多万口，乾隆五十年民数与前相比，增加了15倍，从而形成了“生之者寡，食之者众”的局面；他还看到，户口骤增，庐舍所占田土加倍上升，致使耕地减少的问题严重，甚为担忧。他认为可以宽解的是清朝开辟了疆土，“小民皆得开垦边外地土，以借暂谋口食”[①]。乾隆帝既正视问题又对问题的严重性认识不足。提出人口增加所产生的耕地和民食不足的问题，表现了他的重视，以为百姓去边疆开垦就可以解决问题，是把事情看得过于简单，忽视了人民迁移边疆条件的缺乏。人口增长后民众生活困窘的现实，老百姓和关心民众事务的官僚、士人的感受比乾隆帝更深刻。一些人认为“生齿日繁，地之所产不敷口食”[②]，洪亮吉、汪士铎都看到人口增长超过了农业生产发展的速度，感到人多给社会带来的危害。

人口的增长速度与生产力水平不协调，是乾隆以后的严重社会问题，其表现就是人口流亡。与土地分离的人口大量出现，是人口多、耕地少的必然结果和表现。在游民中有一种流民，他们离开家乡，希望找到一种职业以维生。

二、居民移动及其方向

清代居民流动方向很杂，也有比较集中的地方；各地都有人口流动，有相向的交流，也有进多或出多的区别；流动的原因主要是失业农民寻找耕地，并有其他职业者就业的种种因素。

---

① 《清朝续文献通考》卷25《户口》。

② ［清］包世臣：《安吴四种》卷26《齐民四术·庚启杂著二》。

（一）向皖、浙、苏、赣丘陵地流动

安徽南部、浙江西部、江西及江苏南部，多是丘陵地，也多少有一些山区。丘陵地适宜于垦种，吸引了大量的移民。道光初年御史朗葆辰的奏疏反映，浙江、江苏、安徽等省，“凡深山穷谷之区，棚民曼衍殆遍”[①]。他所说的棚民，就是向浙皖等省丘陵地进住的外地居民，因到新地区，尚未建立牢固居室，只是搭盖棚屋栖身，故被称为棚民。他们漫山遍谷，人数众多，如浙江的衢州府，接近福建、江西、安徽等省，来这里开垦山地的无业游民到雍正年间已达数万人。[②]

江西棚民很早就有，人数众多，还在清初就发生过反对政府压迫的武装暴动。吴三桂叛乱时期，有的棚民与吴军配合，占据萍乡。[③]江西棚民多是福建、广东的移民，康熙末年袁州万载，有棚民三万人。[④]

（二）向川、陕、鄂边境大山区进军

四川、陕西、湖北交界地区，高山连绵，溪流众多，可垦地不少，元明以来各地人民纷纷向这里迁移。明成化年间出现流民起义后，大量流民冲破政府封禁，陆续来到这里，清代民人继承这一传统，不断涌来。长期在陕南做地方官的严如熤说：“山南阆夔郧宜，坤舆奥区也，山区深阻，三楚两粤滇黔流徙之民，多寄籍其间，五方杂处。”[⑤]在陕西南部的汉中府、兴安府，四川东

---

① ［清］陶澍:《陶文毅公全集》卷26《查办皖省棚民编设保甲附片》。
② 《朱批谕旨·桂性奏折》雍正六年九月二十八日奏折。
③ 同治《萍乡县志》卷6《艺文》。
④ ［清］李元度编撰:《国朝先正事略》卷52《施筠瞻明府事略》。
⑤ ［清］严如熤:《三省边防备览·序》。

北部的夔州府、保宁府，湖北西部和西北部的郧阳府、宜昌府的连接部，有来自安徽、湖北、湖南、江西、广东、广西以及云南、贵州各省的人民。严如煜又说：川陕边境，百分之八九十的人口是外来人，其中有一半是湖北、湖南人，安徽、河南、江西人约占三四成。①因移民多，当地人口骤增，如陕西兴安到嘉庆间人口多达数十万，清政府加强管理，乾隆四十七年（1782）将兴安州改为府，嘉道间又设定远厅、佛坪厅。各省人到三省边区，首先是寻找沃土，以便开垦。瘠土的川东北，外地人也愿意去，因为那里“地广赋轻”，可以广开耕地。②三省边境的山区可以说是移民区。

（三）“湖广填四川”

我们在直省人口密集表中，已知四川原来人口密度最小，后来大增，居于各直省的第十二位，达到中等水平。而其密度增长，咸丰元年竟是乾隆十八年的三十二倍多，真可称为人口激增，这是由于大量的移民才造成的。

到四川的移民，来自四面八方，其中两湖最多，陕西次之。早在康熙后期，康熙帝就说“湖广、陕西人多地少，故百姓皆往四川开垦”。湖广人到了四川并不一定在一处定居，可能是在一地开垦几年，到政府要收税时，再转移到另一地方，但是他们不离开四川，已成为四川的新居民。③湖广人入川，往往卖掉一点田产，贩点土货到四川，或种田，或做小商贩，感到这里能存身

① ［清］严如煜:《三省山内风土杂识》。
② ［清］严如煜:《三省边防备览》卷8《民食》。
③ 《清圣祖实录》卷256，五十二年十月丙子条。

了，再卖掉故乡存留的家产，举家迁来，也有的一开始就“泛宅齐入川”[①]，表现了移居的决心。四川吸引两湖移民，嘉道间川中已经人口大增，但去的人仍很多，人们纷说四川已有人满之患，得耕地不易，但湖广人还是毫不动摇，去四川落户。因为相比之下，四川还是地广人稀，可以容纳大量的狭乡地区的民众。由于两湖人民充斥四川，产生“湖广填四川”的民谚，反映了这种移民的现实。

（四）向东北和北部边疆移动

民国前期，山东、直隶民间有“闯关东”的俗语，表明这里人前往东北和今河北北部、内蒙古东部是一种普遍现象，本来山东与辽东眺渤海相望，在明代辽东一度属山东布政司管理，两地来往方便且密切。直隶与东北也只有一条长城相隔，往来得地利之便。

康熙帝于四十六年（1707）七月秋在塞外期间，说他巡行边外，到处都见到山东人，有种田的，有做生意的，达数十万之多[②]，几年后他驻跸热河行宫时又说：山东民人往来口外垦地，多至十余万[③]。康熙以后到关东及口外的更多，于是乾隆帝要加以清理，于十六年（1751）派兵部侍郎、军机处行走刘纶去口外处理移民问题，决定把移民所买的旗地由政府赎回，允许久居的移民在当地种田或当长工。[④]乾隆朝的处理，恰好反映去关东和

① ［清］张应昌编：《清诗铎》，554页。
② 《清圣祖实录》卷230，四十六年七月戊寅条。
③ 《清圣祖实录》卷250，五十一年五月壬寅条。
④ 《武进西营刘氏宗谱》卷6《绳菴府君行述》。

口外是民间自发的重要的移民活动。乾隆五十七年，直隶等省大旱，山海关副都统德福奏请，准许“无业平民出关觅食”。嘉庆六年（1801），直隶等省又遭大旱，山海关副都统韦陀保、来仪遵循旧案，放出携眷民人。由于出关者人数较多，清廷为避免流民私垦土地影响东三省旗人生计，重新制订章程，从嘉庆八年十月初一日起，对“携眷民人出口之处永行禁止”。但是，只身佣工贸易民人及商旅载货民人，则可以凭票出入山海关。[①]乾隆后期，奉天（今辽宁）有居民八十二万，咸丰元年（1851）增加到二百五十八万人，宣统三年（1911）骤增到一千一百万人。同时期吉林、黑龙江也是人口激增，民国以来东北人口继续集聚。人口学家胡焕庸说二百年来东北人口增长九十倍，“这虽然仅是国内地区性的人口迁移，但就其人数之多，对全中国来说，也应该算是一次巨大的人口迁移运动了”[②]。

山、陕人民多迁移河套，即今内蒙古地区，或耕牧，或做生意，或佣工。去河套开始于乾隆时期，而道光、咸丰间络绎不绝，大多数是山西北部人，其次是陕西北部人，其他地方的人也有。光绪间邢台人王同春到河套办大农场，雇佣山西、陕西、直隶、河南来的农民耕种，据说受雇者有几万人，可见往那里的移民之众。[③]

---

① 常建华:《生活与制度:清中叶东北奉天地区的移民与日常生活》,《河北学刊》2019年6期、2020年1期。

② 胡焕庸等:《人口研究论文集》2辑,华东师范大学出版社1983年版,39—40页。

③ 徐珂:《清稗类钞》5册,2273—2274页。

（五）两广寮民

寮民，指两广搭寮居住的人民。寮棚也是简易住房，寮民大致和棚民一样，只是其间有些不同的情况。寮民主要是本地人，向山区发展，搭寮开荒种植，即所谓“近地穷民”，作了短距离的移动，这是一种情形；也有来自远方的移民，嘉庆间“广西多客民，依山为寮”，因人数不少，才引起巡抚钱楷的注意。①

（六）闽粤人民移居台湾

台湾是富饶之地，“野沃土膏，物产利溥，耕桑并耦，渔盐滋生，满山皆属茂树，遍处俱植修竹，硫磺、水藤、糖蔗、鹿皮，以及一切日用之需，无所不有”②。宝岛吸引着大量的大陆居民，特别是邻近它的福建、广东人。早在雍正二年（1724）闽人兰鼎元就说大陆到台湾的移民有数十万人之多，成为台湾的开发者。由广东潮州府、嘉应州等地去的人，称为“客子”，他们聚居的村落，称作“客庄”，名义上是客，表示是外地迁民，但他们人数众多，逐渐成为土著。③到乾隆二十四年（1759）福建巡抚吴士功更指出迁居台湾的单身男子人数已超过数十万，并建议允许他们的家属迁往台湾，得到中央政府批准，此后去台湾的闽粤人更多。④

东南人民不仅迁往台湾，也移居附近岛屿，属于宁波府象山县的南田岛有四五千名移民，他们多是台州临海、黄岩、温州平

① ［清］任兆麟：《有竹居集》卷8《安徽巡抚钱公传》。
② 嘉庆《台湾县志》卷6《奏疏》。
③ ［清］蓝鼎元：《鹿洲初集》卷2《与吴观察论治台湾事宜书》。
④ 嘉庆《台湾县志》卷6《奏疏》。

阳人，象山人却不多，而且多是全家迁入，少数是单身男子。[①]

沿海人民，尤其是粤闽两省人民出洋的很多，有的定居国外，有的一段时间后回归祖籍。

（七）经济文化发达地区的吸引移民

商品经济发达地区能够容纳更多的劳动力，吸引人；文化发达地区为人所向往，也招致人；如果兼而具备这两个条件，人们更向这里流动了。

清代商品经济的发展，主要是手工业生产兴盛和商业繁荣，而不是表现在农业商品生产方面。江南工商业区，扬州、汉口商业区，杭嘉湖手工业商业区，景德镇制瓷业区，云南冶铜业区，广州工商业区，运河沿岸的淮安、临清等地，需要大量劳动力和从业人员，当地一部分农民转到工商业方面，而外地流入的劳动力，进入作坊的很多。江南的苏松既是工商业和文化都很发达，外来人多，所以“五方杂处”成了形容这里人员来路复杂的必用词汇。这里染踹业的踹匠，仅苏州府城就有一万多人，“均非土著，悉系外来”[②]，他们是江北、安徽及附近镇江等府来的，而非本地人。

文人学士也奔向江南，桐城派的鼻祖方苞不在故乡停留，而盘桓于江宁，这反映了学人的动向。与他同时的直隶蠡县学者李塨，每每和师友颜元等谈到，北方鄙陋，而江宁“地廓人文”，宜于居住。李塨让儿子李习仁带着儿媳到江宁跟从方苞学

---

① ［清］朱桂：《论南田山开垦状》，载《清经世文编》卷34。

② 江苏省博物馆编：《江苏省明清以来碑刻资料选集》，43页。

习，并以蠡县的财产在江宁附近高淳换了田业，以便定居。[①]顺天府宛平人王昆绳让儿子迁到江南金坛居住，并到江宁拜方苞为师。[②]

陶都景德镇“五方群萃，商贾纷驰”，聚拢四面八方之人，制瓷分工很细，用人甚多，樵房、匠作、坯行、车坯行、画行、彩行、茭草行、柴行所需之人，动以万计，这些工匠，“率多别籍异民”。[③]云南冶铜业的商人和工匠（硐民）大多来自长江流域，所谓“硐民皆五方无业之人”到此就业。[④]

三、移民的生活方式和人际关系

移民在迁徙过程中的生活不同于定居时期，到了新的居地与土著发生关系，异于故乡的老邻里关系，所进行的生产有的也不是原来熟悉的，总之生活方式变化较大，很有特点。

有些移民以两个步骤完成迁居历程。他们对于迁移没有把握，想到外乡谋生，又怕不能成功，不敢贸然全家出动。于是先由成年男子独身出去，一旦在外闯出生路，再把家眷接去定居，迁徙才全部进行完毕。前述闽粤人到台湾，几十万个男子离开自己的父母、妻子、儿女，只身渡海，长期在台过独身生活，乾隆中清政府允许其搬迁家属以后，他们才阖家迁移。清政府的政策使迁台人民移徙过程拖得很长，但移民不敢开始时举家一致出

① 《恕谷后集》卷8《长子司仁行状》。
② ［清］方苞：《望溪先生全集》卷10《王生墓志铭》。
③ 凌燽：《西江视臬纪事》，载中国社会科学院历史研究所清史研究室编：《清史资料》3辑，215页。
④ ［清］王太岳：《铜政议上》，载《清经世文编》卷52。

动，和在内地是一样的。

皖南的棚民，打算定居的，要租种山地，与山主订立契约，规定租佃年限，未打算定居的单身佃客，不同山主订立租佃合同，“时去时来”，没有长期性。他们大体上是开春从故乡出发，到亲居地播种，秋天收获完毕，把明年夏收前所需口粮留足，多余的粮食担到集市上卖掉，带上钱回家过冬，这就是“春来秋去”①。江西、福建到浙江衢州开山的棚民，“春来佃麻，秋则弃去”②。春来秋返的棚民的故里离新居虽非遥遥千里，但是也有数百里的路程，他们往返奔波，历尽辛苦，变卖余粮所能带回来的银钱极其有限。这样做最大的收获是有新土地可以耕种，不致失业，但与荒山为伍，孤独寂寞，劳动艰辛，漂泊不定，所付代价是沉重的。

有的移民是举家行动，但并没有特别理想的固定处所，往往“今年在此，明岁在彼，甚至一岁之中迁徙数处”③。移民不能立即定居，也是环境所迫，因为他们是开垦荒地，地利不一定好，需要一年半载的生产实践来认识它，不好的地方当然只能弃去，再去寻找。又由于他们是开山地，遇到雨水可能把垦田冲坍，成为荒壤，就不得不再次寻找可以谋生的落脚之处。移民的迁徙无常，不是他们好动，实在是被自然环境和生产条件所逼迫。移民分两个步骤完成迁徙过程，首先是他们摆脱故土故园的思想束缚才迈出了脚步，其次是付出长途跋涉和开垦荒地的艰巨劳动。这

① 道光《徽州府志》卷4《道宪杨懋恬查禁棚民案稿》。

② 嘉庆《松江府志》卷58《张德纯传》。

③ ［清］严如煜:《三省边防备览》卷11《策略》。

种移民的精神，是令人赞叹的。

移民举家迁徙，要历经艰辛，有人甚至付出极大代价。如前往川楚陕山区的人民，白天走在荒山小路上，夜晚在祠庙、岩洞里安身，或者露宿在密林里。以极简陋的伙食充饥。找到地方住下后，向地主租种荒地，如果可以生活，就定居下来，否则还要再上路。①两湖民人去四川，有的坐小船沿长江而上，全家人和鸡狗同舱，快到吃饭时，船停到岸边，人们下船拾柴做饭。路上或者会碰到官府检查，被诬不是良民，从而耽误上路的时日。有的人家走的日子长，路费花完了，只好卖儿卖女，以便完成行程，找到新居地。②福建到湖广的棚民，在迁徙路上缺衣少食，衣裳破旧、头发散乱，处境艰难。③移民的行程真是一步一泪、举步维艰，但是强烈的求生欲望，使他们最终进入新的地区生活。

移民到新地方，首先要同土著居民打交道，发生人际关系，其次在移民内部也有人际关系，而这一切都同他们的生产、生活联系在一起。相当多的移民承租土地，当佃户。皖南租种山地的棚民，先向山主交银子作为押租，订立契约，言明租种年限，每年仍要交纳地租，贫穷者无力交押金的，也同样议定承租年限和交租，耕种的工具、籽种都是棚民自备。④川陕鄂交界荒地多，棚民租山，不一定论田亩，而是指一片山地，一户棚民可能种不

① ［清］严如熤:《三省山内风土杂识》。

② ［清］张应昌编:《清诗铎》,554页。

③ ［清］张应昌编:《清诗铎》,430页。

④ 道光《徽州府志》卷4《道光杨懋恬查禁棚民案稿》。

了，后来的移民向他承租，这就是所谓“先来佃招佃”[①]。移民耕作的荒山僻岭，土地税轻，佃户交纳的地租也要比平原少[②]，他们才可能存身。

时间稍微一长，移民佃户与地主就会同土著居民间的主佃关系一样，出现不协调或是对立的关系。移民佃户与地主打交道，在宗族势力兴盛的地方，还不简单是个人的事情，因为他们所租种的山地，往往是一个宗族的。宗族的一个或几个成员，为了得到押金和地租，偷偷地把宗族公共的山地租给棚民，时间一长，族人发现，提出质问，要求撤佃，赶走移民佃户，可是押金已经被租佃人花掉，又不能退押，承租人当然不走。还有的宗族成员为了白赖押金，故意制造宗族成员与棚民的矛盾，以便赶逐，甚至焚烧棚屋，抢收禾苗。这都使得棚民与宗族发生冲突，扩大了矛盾。[③]

地主以外，土著居民亦同移民屡屡发生纠葛。移民开垦山地，山上可能有土著居民的祖坟，他们会认为开山破坏龙脉风水，是一大祸害，以此要求政府禁止移民种山。[④]土著欺生，故意欺凌移民，移民不甘受侮，也联合起来，与土著抗争。温州人到松江府川沙、南汇垦种沿海荒滩，当地人开始不予理会，咸丰间南汇王姓倡议驱逐移民，于是当地人把移民房屋尽行烧毁，移民逃走，图谋报复，也未成功。[⑤]移民到新地稍久，亲族牵引而来，加之生儿育女，人口增多，也形成宗族势力，就有了与土著

---

① ［清］严如煜:《三省边防备览》卷17《艺文·棚民叹》。
② ［清］严如煜:《三省边防备览》卷11《策略》。
③ 道光《徽州府志》卷4;嘉庆《黟县志》卷11。
④ ［清］梅曾亮:《柏枧山房文集》卷10《记棚民事》。
⑤ 光绪《川沙厅志·补遗》。

对抗的力量，竞争也就多了起来。土著与移民严重冲突，往往表现为打群架，有的造成命案。土客民之争是移民区长期存在的一个问题。移民由于贫穷等原因，也会有不良行为，给新居地带来一些不安宁的因素。

在移民内部，新老移民之间也有人际关系问题。所谓“佃招佃”就是一种移民关系，移民中出押金租地的不是穷人，他们“奈作苦，似甚贫；挟重赀，又似甚富”①，“此种棚民本与贫无所归者悬殊”②，可以称作富棚，有的还雇工生产。如嘉庆二年（1797）潜山人吴宗哲与涂季元在祁门、休宁两县交界处合伙种山田，雇佣桐城人魏坤山、潜山人金大占、张学青、刘得上等四人耕作。③四川荣县人刘仕顺，迁居云南石屏州，佃种陈玉翥土地，向沈荣松租赁耕牛，雇赵帼华帮助种地，沈荣松也是从荣县来的移民。④这些个案表明移民中有雇工经营的人，出现雇主与佣工的关系，他们之间你我相称，同坐同食，是平民间的东家与伙计关系，而其中“挟重赀”的移民雇主，则在向租地农业家方向转化。⑤很多移民之间在生活生产中有较多的互助。移民在东北挖掘人参，组织团体，推举一个首领，称为老大哥，众人听命于他。担任老大哥的，必须为人公正，受众人尊敬，不论年龄大小。团体有严格纪律，严禁内部斗殴，如若杀死人，

① ［清］方椿：《楚颂山房杂著》，道光《徽州府志》卷4。

② 《国朝汪梅鼎驱逐棚民奏疏》，道光《徽州府志》卷4。

③ 档案《内阁全宗·刑科题本·土地债务类》嘉庆三年第68包。

④ 档案《内阁全宗·刑科题本·土地债务类》嘉庆二十年第49包。

⑤ 冯尔康：《试论清中叶皖南富裕棚民的经营方式》，《南开大学学报》1978年2期。

要偿命，同时杀牛设酒祭奠被害者。[①]因为纪律严格，内部保持团结，能顺利进行生产，保证生活。在四川的移民中，出现了会馆组织，团结原籍同乡，与土著和其他乡贯的移民斗争，维持团体利益。

移民的农业生产，因地区而有所不同。山区生产的大体为杂粮和经济作物两大类，稍带一点手工业生产。到浙江的移民种植麻、菁、烟、香菰，此外还利用山区的木材原料烧炭、造纸。[②]江西万载的夏布闻名遐迩，其原料苎麻亦是当地生产，但生产者是来自福建和湖广的移民，他们也因为种麻，其居所被称作“麻棚”[③]。各地棚民还有开炉炼铁的，广东寮民有经营烧炭业的。[④]

在皖南和川陕鄂边区的移民开始多种高粱，后来认识到它产量低，得利不如玉米，于是改种玉米。移民也种大麦、荞麦、燕麦、红薯，但数量较少，水稻因受水利条件限制，种者更少。[⑤]由于棚民的耕作，皖南诸县增加了农产品种类，如绩溪县，乾隆时所修县志在卷2《食贷·物产》备书该县所产各种谷物，其中没有玉米，至嘉庆朝编新县志，在卷3《物产》内写道：“包卢……邑多山，近为皖人（安庆人）垦艺，所产不少。”包卢是当地对玉米的称呼，这就是移民带来的新作物。不仅如此，绩溪土著居

① ［清］姚元之:《竹叶亭杂记》,76页。

② 《朱批谕旨·李卫奏折》雍正五年四月十一日折。

③ ［清］施闰章:《愚山先生诗集》卷19《麻棚谣》。

④ 《清通志》卷85《户口丁中》。

⑤ 同治《宁国县通志》9《艺文》;光绪《宣城县志》卷2《疆域形势》;［清］严如煜:《三省边防备览》卷8《民食》;［清］严如煜:《三省山内风土杂识》。

民也学种玉米，因而使玉米生产有所推广。温州人到奉贤，栽种山芋，当地居民效法，无形中推广了白薯的种植。①

到口外和河套地区的移民，从事农耕和放牧两种营生。东北移民，主要生产粮食，兼挖人参。山区移民生产的粮食多，吃不了，出卖又不方便，所以多豢养家畜，有的人家养有几十头猪，需要用钱时把它赶出山卖掉，或者宰杀后腌成咸肉出售。②因山区移民养猪多，学者包世臣特为此作出规划，他说“凡棚须备二三间养猪，山谷之下者饲之，岁出二槽，收利既重，又资其粪”③，好处很多。

移民的生产，与市场联系较为密切，他们所生产的粮食，本身消耗之外，多余的拿到市场出卖；副业产品家畜也不乏投入市场的，农牧区的牲畜生产更是本来就为了出卖；经济作物并非为自家享用，系为他人生产，基本上投入市场，万载棚民种植的苎麻，麻秆堆积如山，有商人来采买，售价较高，比粮食作物收益大。④冶铁、造纸、烧炭等手工业生产，更为市场所需，因此移民的生产有相当一部分是商品生产，他们活跃了商品经济。本来山区经济不发达、商业不发展，移民的开发使山区呈现新的生机。由于同市场的联系，移民不仅在其内部，而且与出租土地的地主、土著居民，甚至外来的商贩增强了联系，扩大了社会交往范围。

① 光绪《奉贤县志》卷19《风土》。

② ［清］严如熤：《三省山内风土杂识》。

③ ［清］包世臣：《安吴四种》卷25《农政·任土》。

④ ［清］施闰章：《愚山先生诗集》卷19《麻棚谣》。

移民种山田有五个好处：一是山地税轻，而且没有杂派；二是易于垦种，不需要牲畜作动力，也用不着犁耧等大型生产工具；三是遇到小旱也不怕；四是作物早熟，容易度过青黄不接的时日；五是粮食品种虽然不好，但食用方便，不像稻米要舂砻。[①]这些好处是对移民而言，与他们发生关系的土著居民从自身的感受与土著的观念出发，则认为移民种山田有八大害处。第一是破坏原有农田，棚民开山，使山上光秃，雨水没有阻挡，加之夹带泥沙石头，因而毁坏了附近耕田，致使屡屡发生歉收的灾害。第二是阻碍海道，使人们失去水上交通的利益，也是因为山成为秃山，下雨时水流很急，而无雨时使河道缺少水源，影响船只通行，同时泥沙俱下，河床升高，也不便于行舟。如奉化的镇亭江、奉剡溪的航行能力，在棚民开山之后大大减弱，有的地方已经不能通航。祁门县的河道，因开山后不能蓄水，经常不通舟楫，而人们原来依靠水上交通交流物资，这时不得不改作陆路运输，费用大增。第三是山上失去草木，人们失去山林之利，其中最严重的是缺乏烧柴。第四是因为发水灾，经常出现泥石流冲垮山下居民住宅的事情。第五是山上有土著祖坟，易被破坏。第六是出租宗族公共山地的人，是一些不肖之徒，他们的行为，为宗族的另一部分人所不满，于是形成宗族内部纠纷。第七是移民中什么样的人都有，可能有不良分子隐藏在内，这会给当地治安带来问题。第八是移民与土著的纠纷，常常闹到官府，有钱棚民贿赂胥吏，从而损害

① 同治《宁国县通志》卷9《艺文》。

吏治。[①]

上述诸说有正确的，也有偏见。以为移民活动只对其本身有好处，而对当地有害，并非全面的看法。移民必然会从自身的迁徙中得到好处，否则他何必离开故土家园历尽千辛万苦到异乡开荒，而且所得补偿并不理想，如主食是杂粮，生活水平很低，即使总结他们得到五利的人也说他们的吃食，“其性不足以益人，品不足以供客，聊可充饥”[②]而已。移民也给当地带来一些问题，主要是对农田、水利和交通的不利影响。关于这一点，人们有个认识过程，当土著提出这个问题时，安徽巡抚董教增认为，开垦能养贫民，而土著保风水、保坟墓之说是陋习，不值得同情，他是看到了事情的一面，未从这些说法中看到开山对水土、水利的破坏。梅曾亮开始也赞成董教增的观点，但他到宣城实地调查之后，认识到开山确实造成水土流失和破坏原有农田的弊端，于是他在允许或禁止棚民开山问题上，分辨不清，不知如何是好。[③]梅曾亮的矛盾值得后人很好地研究，以求得正确的解决。无计划的开山，对维持生态平衡、水土保持、水上交通会产生恶劣的影响，清代就提出了这个问题的人是有见识的，并非反对移民的顽固分子。在人多地少的情形下，为使人口分布合理，促进生产发展，移民是有必要的，只要是处理好移民所产生的各种问题。

---

① 嘉庆《黟县县志》卷11《政事》；道光《徽州府志》卷4《水利》；[清]梅曾亮：《柏枧山房文集》卷10《记棚民事》、卷12《中宪大夫两淮盐运使王君墓志铭》；《宜兴筱里任氏家谱》卷9之6《初堂公传》；光绪《奉化县志》卷30《杂记》；同治《祁门县志》卷12《水利志》。

② 同治《宁国县通志》卷9《艺文》。

③ [清]梅曾亮：《柏枧山房文集》卷10《记棚民事》。

四、清朝政府对移民的政策

清政府对于民间自发的移徙，大多采取先禁止、驱逐，而后部分承认的政策。

清政府禁止人民到沿海岛屿去，闽粤人去台湾多属偷渡，为不合法。去了之后，当然不能回乡探亲和搬迁家属，又不许在当地与土著结婚，已经结婚的，被政府发现，即强迫离异，所以在台移民大多为单身男子。但是时间一久，移民在台湾开垦田园，有了产业，自然不能舍去，又不能与家人团聚或另建新家庭。如不解决这一矛盾，可能会出现反抗斗争，有鉴于此，雍正时允许在台湾置有产业、守本分的移民回原籍搬取眷属。此令实行后，陆续去台之人，又有要求迁移家属的，乾隆朝又予批准，但同时重申："只身无业之民及无嫡属在台者一切男妇，仍遵例不许过台，有犯即行查拿"，押送回原籍。①对于去其他岛屿的移民，也是同样的禁止政策。乾隆帝于五十七年（1792）发现山东沿海岛屿有居民二万多人，由此推断其他省小岛上居民也不会少，因此下令不准在海岛上建造房舍，以防止移民集聚。清朝不许人民下海，怕的是有反抗力量潜往聚集，"勾结匪徒，滋生事端"②。

清政府严禁人民去吉林，因为那里是满族的发祥地，又出产人参，政府需要加以垄断。前述挖参的移民有严密组织，一方面是为在深山老林生产及安全的需要，另一方面也是加强团结，与

---

① ［清］吴士功：《题准台民搬眷过台疏》，载嘉庆《台湾县志》卷6。

② 《清史稿》卷120，3483页。

政府的清查作斗争。

移民与土著发生纠纷，政府多站在土著一边，因土著是纳赋百姓，棚民开山造成农田水利的破坏，就会直接影响到赋税的征收。而且移民是外来人，地方政府认为如果没有移民，那些纠纷不会发生。为了社会安定，因此在发生移民问题后，政府往往采取驱逐的办法，强制移民返回原籍。嘉庆朝即发生驱逐皖南棚民的事件。休宁人程元通到北京告棚民，嘉庆帝命令皖抚初彭龄办理，初彭龄派人逐棚清查，凡是单身移民，即使交了租山押金，定有租佃年限并未到期的，也要地主退回押金，勒令回归原籍，并且把棚屋拆毁，以免棚民再来居住。清朝政府也注意到惩治出租山地的宗族成员，以免棚民再来。嘉庆十二年（1807）特定条例：凡将宗族公共山场出租给外籍棚民的，照子孙盗卖祖遗祀产至五十亩例，发边远充军，不及五十亩者减一等治罪。对移民，所出押价没收归官，而且不论租山面积大小，还要照强占官民山场律，杖一百流三千里。①嘉庆中只驱逐了部分棚民，有的留下来了，以后还有陆续到来的。道光十六年（1836）御史陶士霖以棚民开山种植“病农藏奸”为由，请求禁止，道光帝令两江总督陶澍封山驱除。陶澍除按嘉庆十二年定例施行外，还对山主作出惩办的补充规定，企图以此全面清除棚民。②

清朝政府对移民居留时间久，又未发生社会问题的，有时

---

① 道光《徽州府志》卷4《道光杨懋恬查禁棚民案稿》；[清]陶澍：《陶文毅公全集》卷26《会同皖抚查禁棚民开垦折子》；光绪《大清会典事例》卷755《刑部·户律田宅》。

② [清]陶澍：《陶文毅公全集》卷26。

从实际情况出发，允许就地著籍，逐渐给予土著居民的待遇。前述江西兴国县的“山民”，居留了半个世纪之久，至康熙后期编审户口，才承认他们为合法居民，编入户籍，不得再称“山民”。[①]在川陕鄂山内种植水田的移民，政府为了征税，将他们编入户籍内，以屯田户看待。[②]雍正年间对寮民按保甲法加以编制，承认其合法性，但用寮长加强管理。[③]同时期认可一部分棚民的迁徙，也依保甲法编入册籍，但这是棚民簿册，过二十年，棚民在属地有了田产坟墓，即可转入当地民籍。再过五年，即可参加文武科举，政府在当地入学名额之外，酌量增给名额，予以录取，这样不占本地学额，不致引起土著的反对，是政府特给移民的“恩惠”。[④]编保甲是对棚民的防范，同时政府还有两项管理措施：一是责令租地的地主管理承租的移民，移民雇主管理移民雇工，保证治安；二是提高有棚民地方的官员任用条件，如衢州“多有棚民聚处”，定为“紧要”缺分，如福建沿海州县官，若再加有棚民的条件，三年俸满即可升转，比没有这项条件的地方官升迁得快。[⑤]

---

① 同治《兴国县志》卷46《杂记》。

② ［清］严如熤:《三省边防备览》卷11《策略》。

③ 光绪《大清会典事例》卷775《刑部·户律户役》。

④《清世宗实录》卷34，三年七月辛丑条;《清通典》卷9《户口丁中》;［清］凌燽:《西江视臬纪事》，202—203页。

⑤《清世宗实录》卷60，五年八月甲申条;《朱批谕旨·李卫奏折》五年四月十一日折、六年十二月十一日折。

五、移民的性质

上述事实表明，清代的移民实际上是剩余劳力寻找耕地，向山林进军，向边疆处女地进军。清代人口激增，而生产力提高缓慢，与人口的增长不相适应，更使广大农业人口与生产资料——土地相脱离。为求生，为得到可供生产劳动的土地，人们远走他乡，四处寻觅。丘陵、山区及边疆，或人烟稀少，或尚未垦辟的土地多，因而吸引了大量的移民，使一部分失业农民重新与土地结合起来，脱离游民状态，成为政府编户齐民。失业农民到城镇矿区谋求职业，充当工匠，这种情形比起回到农业上的移民要少得多，所以移民主要是农业移民。农民自己解决自身的生存问题，去克服重重困难，不屈不挠地生存下去，他们仍然附着在土地上，持续原先的生产方式和生活方式，对大多数移民来说，从一个农业区搬迁到另一个农业区，职业不变，只是作了空间的转移。这种与土地的重新结合，从全社会范围讲，也是维持固有的社会秩序。

移民对于生产的影响，业已显示出来。他们发展了粮食作物、经济作物及部分手工业的生产，对玉米、白薯的种植作了推广，为解决当时人民的口粮问题做出了贡献。在生产技术上也取得了新经验，如开山、种梯田等，自发移民中的开山，确实破坏了水土的保持和林木，影响到已垦农田和水利交通，如果能发展多种经营和有计划地垦荒，这个后果是可以避免的，但是那时贫穷的移民未能做到，政府又只知消极禁止移民，因而不能解决移民出现的社会问题。

移民的生产，无论是农业的、家庭副业的、手工业的，都有一部分或全部投入市场，活跃和发展了商品经济。而清代已经有了资本主义生产关系的萌芽，因此移民发展商品经济，对资本主义萌芽发展有利。不仅如此，在移民内部，出现的“挟重资”雇工生产的现象，其中的雇主没有脱离旧时农民的范畴，但基本上是为出卖而生产，剥削雇工，已不是纯粹的旧式农民，他们与雇工的关系，是平民之间的有产者与出卖劳动力者的雇佣关系，资本主义农业的生产关系就是从这里产生的。所以说移民的生产，对于改变清代社会结构和资本主义萌芽的发展有着积极意义。

就清代移民总的状况讲，移民主要不是农民离开乡村到城市充当工人，不是资本主义社会中农业人口向都市集中，而是从一个乡村到另一个乡村，是通过农业内部的空间移动，解决失业农民重新与土地结合的社会问题。

第二节 妇女、儿童与老人

人口的不同的年龄结构，即儿童、青年、壮年、老年，是生理差异，人口的男女性别区分，也是生理上的差别，这些生理差异是自然属性，不是社会属性，但是人们生活在社会之中，要受种种社会制度制约，自然属性中的各种年龄层次的人和不同性别的人与社会制度结合，就产生了各种人口社会问题。

一、女子的缠足与生产劳动

汉人女子缠足，是世界历史上的怪现象，如果说它出现于五代南唐宫廷，那么历经两宋，至元明业已流行。据明人徐祯卿记载，洪武朝南京街头出现漫画。画面是一赤足妇女怀抱西瓜，为洪武帝所见，气愤地寻找作画人，没找到，就把一街人都杀了，原因是他认为这幅画讽刺了他的马皇后：怀抱西瓜是说她为淮西妇人，赤足表示她是大脚，整幅画意为大脚的淮西妇人不足以母仪天下。[①]这个故事的真实与否我们不去考证，但反映了在明人的观念里，鄙视天足，贵重小脚，可见缠足的盛行。清朝继续了这一情形，只是在清初的二三十年里稍有不同。

满洲妇女不缠足，第五章发型制度曾说到，崇德三年（1638）清太宗下令，禁止臣民穿明人衣服及妇女“束发裹足”[②]，既反对汉人缠足，也是保持满族女子的天足。终清之世，满族妇人不裹脚，在当时观念中也即不修饰脚，所以有“修头不修脚”之说。汉族女子则又是一番情景，顺治二年（1645）下令，自此以后，满汉人所生女子不得缠足。康熙三年（1664）重申禁条，规定：若康熙元年以后所生女子违法裹足，其父有官者交吏、兵二部议处；兵民之家，则交付刑部责四十板，流徙；十家长不行稽查，枷号一个月，责四十板；该管督抚以下文职官员有疏忽失于觉察者，听吏、兵二部议处。[③]如此严格地禁止裹足，与“留头不留发”的严令几乎相同了。但它与汉人士大夫思想和民情严重不合，礼部员外郎王士禛条上八事，请“宽民间女子裹足之禁”为内容之一，礼部尚书黄机同意他的观点，将这一条及另一条请

---

① ［明］徐祯卿：《剪胜野闻》。

② 《清太宗实录》卷42，崇德三年七月丁丑条。

③ ［清］钱泳：《履园丛话》，630页；［清］吴振棫：《养吉斋丛录》，268页。

复八股的内容转呈。[①]当时士大夫对禁缠足令的抵触情绪之大，由一个关于王熙的传说故事可知：王熙在康熙五年至七年间任左都御史，正是严厉贯彻禁缠足令的时候，他上疏附和，并表示从自己家属做起。《桐荫清话》的作者为此写道："奏疏中有足发噱者，康熙中左都王熙疏禁女子缠足，前云'为臣妻先放大脚事'。"[②]嘲笑王熙的举动。这个传说不一定真实，但是反映汉人反对禁止缠足令的情绪。由于禁缠足令难以推行，政府于康熙七年松弛了这项禁令。

禁令松弛之后，汉族妇女继续缠足。"足之小者，莫如燕赵齐鲁秦晋之间"[③]，这些缠足地区，城乡有所不同，大体城市普遍，而乡村则有例外。在广东、广西、福建、贵州、云南、四川等地唯有士大夫之家崇尚缠足，而一般平民是天足。在四川，人们见到妇女也有浓妆艳抹的，但不缠足，光着脚，出入市中，不以为意。广东妇女穿木屐，只有天足才能做到，到外地做官的人，回到故乡，以弓足为美，才让家属缠足，而他们的奴婢则仍赤足；[④]在福建的泉州、漳州，根本看不到小脚女人；[⑤]江苏北部女子也多天足，她们中有很多人到江宁城中做女仆，"皆不缠足"[⑥]。缠足的方法，是在女孩四五岁时，就用布条将脚裹紧，使脚不能长大，到六七岁已缠成型，脚便不能再长大了。有的地

① ［清］王士禛：《池北偶谈》，55页。
② ［清］独逸窝退士辑：《笑笑录》卷6。
③ ［清］钱泳：《履园丛话》，629页。
④ ［清］刘銮：《五石瓠》；［清］吴震方：《岭南杂记》。
⑤ ［清］王沄：《漫游纪略》卷1《闽游》。
⑥ ［清］袁枚：《随园诗话》卷10。

方做父母的开始可怜女儿，到六七岁再裹，孩子疼痛号哭，父母又非要把脚裹小，就打骂女儿。缠足生生使脚骨趾不能生长和变形，对于女子是绝大的痛苦。[①]

父母摧残女儿，强迫缠足，在今天看来丧失天良，在清代社会则认为是合乎情理的，几乎整个社会也都这样认识。那时女子若是天足，“母以为耻，夫以为辱，甚至亲串里党，传为笑谈，女子低颜，自觉形秽”[②]。父母要女儿缠足，丈夫要求妻子小脚，是因为社会舆论耻笑大脚，缠足成了女子的道德标准。而缠足在社会上层家庭尤为流行，在下层则流行程度较弱的事实表明，不同阶层的人对缠足有不同的看法，社会上层尤其欣赏它，更有甚者，有的地方不许低层社会妇女缠脚，所谓“下等之家女子缠足则诟厉之，以为良贱之别”[③]。因此，一方面社会要求女子缠足，另一方面又不许下层社会女子实现这一要求，这是为区别女子良贱不同的社会地位。从这里我们深切理解到，在清代缠足是上层社会女子的修饰和标志，天足则是下层社会女子的本色和标志。缠足分出社会地位，缠足者就是大家闺秀，即使原本不在这个范畴的人，缠足后也有可能进入这个行列。在清代，男方娶妻要问女子是弓足还是天足，上流社会的男子不接受天足的女子，这样的女子就进入不了上流社会。这是以弓足为有妇德，才配得上上流社会的丈夫。

弓足何以会成为妇德？《女儿经》上讲：“为甚事缠了足，不

① ［清］钱泳：《履园丛话》，629页。

② ［清］福格：《听雨丛谈》，中华书局1984年版，139页。

③ ［清］吴震方：《岭南杂记》。

是好看如弓曲，恐他轻走出房门，千缠万裹来拘束。”《清苑诗谣》上说：“裹上脚，裹上脚，大门以外不许你走一匝。”说得很清楚，是男子为了实现“别内外”，以弓足让女子行动不便，不能出门到社会上活动，在内宅之中，既可操持家务，又可保持贞操，所以这是男子制服女子的手段，是女权的丧失。男子把缠足说成是妇女应具备的品德，以便她们服服帖帖地照办。

《女儿经》说弓足不是为好看，强调缠足的妇德作用，而否定妇容的意义，这不合清人实际。当时男子要求女子缠足一方面是为着利于玩弄女性。他们认为女子缠过足，走起路来步子小且慢，表现了女子的端庄文静，还显得轻盈飘洒，姿态优美，如同赵飞燕那样轻巧，也如同古诗所云“纤纤作细步，精妙世无双”[①]，他们或看小脚女人打秋千、骑马、雪中行走，别具姿态，以为奇趣。再则小脚妇人，行动不便，男人看了易生出怜惜之心，以为增加情欲，小脚脚背弓起，多肉，清人有爱摩抚它的陋癖，以为玩乐。[②]清人以脚越小越美，号称“三寸金莲”，而且欣赏瘦尖型的，不喜肥胖。在山东农村，每有“瘦削端正”“不足三寸”的金莲。[③]在直隶宣化还出现“小脚会”，每年五月十三日城隍庙会时，演出戏曲杂技，男人往游的众多，在庙前数里长街上，不逛庙会的女子或去后返回的女子，端坐在大门前，五六个人一伙，十几个人一群，各穿新鞋，一天还要换几双，令过往游人观看，品论一番，被称赞为纤美的小脚妇人，自己以为荣誉，

① 《孔雀东南飞》。
② ［清］李渔：《笠翁偶集》；［清］钱泳：《履园丛话》，629页。
③ ［清］孙兆湚：《风土杂录》，载《古今笔记精华》卷4《鲁俗纪略》。

家庭以为增光。[①]

崇拜小脚的同时，舆论批评大脚，方苞说他在雨天里见农妇光着脚干活，“形骸若鸟兽”[②]，体现了他对天足女子的鄙薄。男子以弓足为美，是把女子当作玩物，即弓足更便于其欣赏、玩弄。小脚是人为地破坏正常生理发育，是一种病态，可见崇尚弓足的清朝人具有的是一种病态审美观，实际是把丑恶当作美丽，所以它不是美学，是对美学的糟蹋。

缠足的不道德，引起有识之士的反对，到清末更出现了反缠足运动。嘉道时期的钱泳是对缠足抨击比较激烈的人，他认为脚的大小与妇德、妇容本来没有关系，不仅如此缠足还是违反仁义的，因为“天下事贵自然，不贵造作，人之情行其易，不行其难”，要人缠足，违背人的本性，矫揉造作，且无益于民生，当然是不仁义的。他更进而认为裹足有碍于身体健康，影响子孙发育，对国家兴盛不利，他说“妇女裹足，则两仪不完；两仪不完，则所生男女必柔弱；男女一柔弱，则万事隳矣！”这实在是“系于天下苍生”的大事，应该像清朝初年那样禁止缠足。[③]钱泳从民族体质和国计民生出发，反对缠足，具有很强的说理性，是那个时代的认识所能达到的最高。与钱泳持同样态度的龚自珍，作诗说“娶妻索得阴山种，玉颜大脚其仙乎”。李汝珍也在《镜花缘》中表达了对缠足虐待女子的痛恨。郑观应在《盛世危言·女教》、林琴南在《闽中新乐府·小脚妇诗三道》中都指斥裹足

---

① 徐珂:《清稗类钞》7册,3485页。

② ［清］方苞:《望溪先生全集》卷17《甲辰示道希兄弟》。

③ ［清］钱泳:《履园丛话》,629—631页。

的弊害。戊戌变法中，维新派着力反对缠足，康有为上《请禁妇女裹足折》，于光绪二十二年（1896）在广州组织不缠足会，会员达万余人。次年，谭嗣同、梁启超等在上海建立戒缠足会。谭嗣同与唐才常等于下一年又在长沙组成戒缠足会，潮州、福州的戒缠足会也相继出现，其要求是禁止妇女裹脚，凡参加戒缠足会的男子不娶弓足女子。不缠足风气一开，受女子欢迎，其先进者不再裹缠，已缠的放脚。这时先进人群的审美观也改变了，以天足为美、弓足为丑。缠脚是中国历史上女子的奇耻大辱，也是中华民族的耻辱，可是在清代，还要以弓足、天足区分贵贱，竟然把对女子的迫害变成为一部分女子的“权利”和美德，事情的颠倒竟至于此！

女子天足或弓足，与参加生产劳动有很大关系。光绪间编修的《奉贤县志》说该县“妇女不裹足，不避寒暑风雨，能肩负自三团至南邑（按指今上海南汇区）界，几及十里市镇及村庄塘内外”[①]。广东大埔妇女“向不缠足”，身体健壮，整天打赤脚，参加各种生产劳动，百分之七八十的农村女子务农，参加种稻、植烟、种蔬菜、做小贩、上山打柴，甚至做挑夫。[②]天足的女子参加生产劳动，弓足女子很难胜任，所以天足、弓足不同的流行地区，妇女参加农业生产劳动的情况也不同。

纺织业是清代社会重要的手工业部门，妇女是这个行业的主力军。女子在农忙以外，“暇则纺织”[③]。直隶产棉多，蠡县农妇

① 光绪《奉贤县志》卷20《杂志》。
② 徐珂:《清稗类钞》5册,2211页。
③ 乾隆《铜陵县志》卷6《风俗》。

庞魏氏一天能织布一端；[①]在纺织业中心之一的苏松地区，“小家妇女多以纺织为业”[②]；湖南的妇女皆事纺织，出产枲集棉葛；[③]山东乡间女子最勤纺织，七八岁开始纺线，冬闲时，男子带孩子，让妇女尽力纺织。[④]植桑地区农家采桑养蚕、缫丝织绸，主要是女子的活计。浙西种桑，户户养蚕，其时“陌上女盈盈，采桑出户庭”[⑤]。农村家庭的棉纺织及丝织产品，大多是供自家消费，只在商品经济和纺织业同时发达的地区，产品才较多地投向市场，换取货币以补助家用，有的还可以养活自己，像苏松女子“七八岁以上即能纺絮，十二三岁即能织布，一日之经营，尽足以供一人之用度而有余”[⑥]；然而从全国范围及农家的全部收入看，女子纺织所创造的价值有限，大多数不能成为家庭收入的主要来源，所以女子尽管是家庭纺织业的主力，但不能改变其非社会主要劳动者的地位。

妇女还进行其他的生产劳动，如江苏南汇女子参加食盐生产，健壮者能担盐行走百里，“赖以给衣食”[⑦]；湖南平江女子拣茶，不下两万人，该地有茶庄数十家，每天在集市上收茶；[⑧]浙江钱塘的风习，女子勤于制作，每日络丝、褙纸、缝纫，以挣钱

---

① ［清］李塨:《恕谷后集》卷6《庞魏氏传》。
② 嘉庆《黎里志》卷4《风俗》。
③ ［清］孙嘉淦:《南游记》。
④《古今笔记精华》卷4《鲁俗纪略》。
⑤ ［清］张应昌编:《清诗铎》,180—184页。
⑥ ［清］尹会一:《敬陈农桑四务疏》,载《清经世文编》卷36。
⑦ 光绪《南汇县志》卷20《风俗》。
⑧ 同治《平江县志》卷9《风俗》。

糊口；[1]各地刺绣、做针线的妇女不少，松江城内的女子“勤针黹，燃脂夜作”[2]；有的女子到有钱人家当用人，等等。这些多是琐碎细小的劳动。

总起来看，女子干活很多，很辛苦；农忙时务农，勉力从事繁重的体力劳动；还有笨重的或琐细的家务劳动。她们的辛勤劳苦，已为当时人所指出：“农妇之劳，甚于男子”[3]，“妇女馌饷外，耘获车灌，率与男子共事，故视他郡虽劳苦倍之，而男女皆能自立”[4]，参加生产劳动提高了妇女地位。但是她们作为男子助手参加的一些生产劳动所创造的价值，在其家庭经济收入中不占主要比重；所进行的家务劳动，是为家庭、为丈夫服务，不是社会性生产劳动，不直接创造社会财富。清代女子没有财产所有权，不掌握生产资料，甚或失去生产手段，无法成为生产主力，因而没有独立的经济能力，生活上依靠男子。她们之所以在家庭中处于被支配地位，关键在于缺乏生产资料所有权和直接创造社会财富的生产劳动不够。

妇女在社会上处于弱势，但并不缺乏聪明才智，只是在清代不合理的社会中，不能发扬她们的智能。女子心细，善于观察，也善于表达，文学和艺术是她们表现才能的阵地。钱泳说“自古妇人工诗画者甚多”[5]，清朝也是如此，以钱泳书中所记录的，就有布政使叶世倬孙媳沈佩玉的诗句为“士林传诵”，常熟女史

---

① 雍正《浙江通志》卷99《风俗》引《钱塘县志》。
② 嘉庆《松江府志》卷5《风俗》。
③ 同治《萍乡县志》卷1《风俗》。
④ 嘉庆《松江府志》卷5《风俗》。
⑤ ［清］钱泳：《履园丛话》，657页。

邵广仁著有《吟秋阁遗稿》，同县王岱妻工诗，“传颂艺林”，华亭人王昆藻的诗“尤为绝妙”，嘉兴人许英作《清芬阁吟稿》，又善画，其女沈彀也精于书画，同郡人李瑶著《倚阁吟》，合肥女史赵景淑撰《壶史》《香奁杂考》，此外还有诗评家如皋熊琏作诗话四卷，又有词集《长恨编类》，仁和吴藻著《苹香词》，被称作清代的李清照，等等。清代有名的女学问家如山东福山人王照园，乃学者郝懿行妻，她的著述“文辞高旷，得六朝人遗意”，与丈夫切磋学问，为他的著作写题识，又自撰《列女传补注》，校正《列仙传》，集《梦书》。[①]女子中文艺家很多，但是没有什么出名的，原因之一是她们作品很少流出，缺乏正确的评论，也即遭到不公正待遇。自古说“女子无才便是德”“女子无才便是福”，闺中人不敢显露自己才华，诗词书画不愿外传，怕被人议论，而且妓女中多有能诗画的，被嫖客吹捧，如果清白妇女把作品拿出来被不相干的男人评论，要入倡优行列，便会招致侮辱。

女子不能参政，但也颇有政治见解。康熙中杭州黄夫人顾若璞著《卧月轩文集》，其中有好多篇是讲经济的，她与女友交谈，也是讨论河漕、屯田、马政、边备等国家经济政策的重大问题，王士禛称她为一奇人。[②]光绪中北京李姓老妇人，每天早晨提一篮子到市街，无处不走，边走边骂，“凡政府之阙失，士夫之败检，行阵之弗武，有司之不职，风俗之侈，人心之险，一一指陈无少讳”，因诋毁政府被捕入狱，释放出去后，继续指斥时政。[③]

① 《清史稿》卷295，14051页。
② ［清］王士禛：《池北偶谈》，353页。
③ ［清］震钧：《天咫偶闻》，213页。

她的见解在一般人之上，能看到时政的弊端，而当政者不敢承认，反以疯人诬蔑她，以消除她的影响。

女子中还有一些参加反政府活动的，包括民间秘密结社中的女信徒及起义中的女战士，太平军最初的成员中就有一批女战士，她们“大半不裹足”，相信为起义而战死会上天堂，作战勇敢，甚至过于男子。①

清代女子的才能得不到发挥，这是妇女的不幸，她们的生活因此丧失许多情趣，平淡庸俗，还要受到男子的欺凌、社会的歧视。女子要想摆脱这种境地，关键是解决好妇女与生产资料所有制和生产劳动的结合问题，女子只有和男子一样拥有生产资料所有权，参加社会性生产劳动，才可能摆脱被压迫的地位，生活才可能变得真正幸福。

二、溺婴

中国古代社会，始终存在着溺杀婴儿的社会现象。早在战国时代，就有“产男则相贺，产女则杀之”②的事情，这是杀女婴。汉代男孩三岁就需缴出口钱，贫苦百姓因拿不起，“生子辄杀”③，这是杀男婴。此后“生男不复举养”④，“世人多不举女”⑤，此类记载不绝于书。但是自元代起风俗变异，再讲溺婴，则是专说溺女而不及男儿，重男轻女更加严重。清代继承了元明

① [清]明心道人:《发逆初记》,载《太平天国资料丛刊》4册,451页。
② 《韩非子·内储说·六反》。
③ 《汉书·贡禹传》,3078页。
④ 《晋书·范宁传》,1984页。
⑤ [北齐]颜之推:《颜氏家训》,上海古籍出版社1980年版,62页。

的这种风习。

清人特别重视男儿，在生育以前，育龄妇女摸秋，即摸北京正阳门中门门钉以盼望生儿子，或者在绍兴禹庙水池投石预卜生男孩。还有亲友在正月给久不生育的人家送红灯，集会饮酒，祝愿早得贵子。一旦男婴问世，视为喜事临门，大肆庆祝。如云霄人生子必须宴请亲友，叫作“办丁桌”，凡六十岁以上的宗亲，不论什么人，一定要请到。有的人家为办喜酒，变卖家产，或者卖女儿，甚至于有卖掉长子给幼子办丁桌的，否则族人会提出责难；生女孩，家长不高兴，还累及产妇，因为生儿子母亲有好饮食，若产女则只能得到产儿的一半待遇。[①]

女婴问世后还会碰到父母要不要她，能不能活下去的问题。清代有一些省区不愿养女儿，或者不愿意多养女儿，女婴降生，即行淹毙。其间情况可见下表。

溺女婴流行风习简表

地区		状况	资料来源
江西	于都	溺女相沿已久，皆以为然	同治《雩都县志》卷5《风俗》
	宜黄	民俗多溺女	孙星衍《平津馆文稿》下《王艺出行状》
	乐平	生女多溺之	嘉庆《松江府志》卷57《朱衮传》
	石城	溺女，邻郡皆然，石城为甚	道光《石城县志》卷1《风俗》
	兴国	溺女之习由来已久，同治间较少	同治《兴国县志》卷1《风俗》
浙江	金华	溺女之风尤甚	钟琦《皇朝琐屑录》卷35《风俗》

① 民国《云霄县志》卷4《风土》。

续表

地区		状况	资料来源
浙江	永康	俗产女多溺	嘉庆《松江府志》卷57《沈藻传》
	浙东	有溺女恶习	民国《歙县志》卷3《吴恩诏传》
	镇海	俗生二女辄不举	光绪《嘉定县志》卷16《张骏业传》
	永嘉	俗溺女	光绪《永嘉县志》卷6《风俗》
	长兴	俗多溺女	光绪《无锡金匮县志》卷25《行义》
安徽	和州	俗多溺女	民国《吴县志》卷68《宋思仁传》
	泾县	女多辄不举	乾隆《泾县志》卷1下《风俗》
	芜湖	喜男厌女，弃者众	嘉庆《芜湖县志》卷20《育婴堂碑记》
	宁国	俗多溺女	光绪《嘉定县志》卷16《程本候传》
	旌德	女多辄不举	嘉庆《旌德县志》卷1《风俗》
	徽州	俗多溺女	道光《徽州府志》卷12《余铭传》
	铜陵	旧习产女有勿举者	乾隆单修《铜陵县志》卷6《风俗》
福建	尤溪	生女多不育	乾隆《尤溪县志》卷9《恤政》
	福安	俗不举女	光绪《福安县志》卷38《杂记》
	古田	俗溺女	同治《上元江宁两县志》卷24《叶世经传》
	漳州	俗多溺女	乾隆《尤溪县志》卷9《恤政》
湖南	常德	知府禁民溺女	民国《吴县志》卷68《彭希郑传》
广西	陆川	中等以下之家多溺女	民国《陆川县志》卷4《风俗》
广东	佛冈	生女多者溺之	道光《佛冈厅志》卷3《风俗》
江苏	句容	产女者多溺之	光绪《句容县志》卷10《曹之辛传》
	苏州	吴俗溺女	光绪《无锡金匮县志》卷25《华久藻传》
	吴县	多溺女	民国《吴县志》卷70《葛以位传》
	高淳	溺女风习酷烈	光绪《高淳县志》卷21《溺女戒》

表中所列八省的府县，是溺女风习严重的地方，成为一个社会问题，引起了地方官和当地人的重视。

溺女风习流行，有着深刻的社会原因，乾隆三十七年（1772）江西按察使欧阳永琦在一份奏疏里作了专门论述："因家计贫乏，虑日前之抚养维艰，即家计稍丰，亦虑将来之遣嫁滋累，并或急望生男，恐为哺乳所误，迟其再孕，往往甫经产育，旋即淹毙。"[①]过了将近一个世纪，光绪四年（1878）翰林院检讨王邦玺奏疏讲了与欧阳永琦大体相同的话，他说："民间生女，或因抚养维艰，或因风俗浮靡，难以遣嫁，往往有淹毙情事，此风各省皆有，江西尤盛。"[②]说明溺女的原因有三：

其一，家贫，养活不起女婴，只好生下来就把她溺毙。

其二，害怕陪嫁及女儿日后成为累赘。清代社会风气重视嫁妆，穷人或不太富裕的人预计到陪嫁不起，或者不愿意因嫁女而使家庭经济受到损害，于是淹死女婴。同治间修的《雩都县志》说该地人"为制奁之艰，而甘为杀女之事"[③]。

其三，希望早得男孩。有的家庭头几胎生的是女孩，而家长盼望早日抱儿孙，可是有吃奶的孩子妨碍母亲迅速受孕，因此家长立即处理掉女婴，好使女人尽速怀孕，或许能得个男儿。[④]据学者俞樾说，宁波有一人家连生两个女孩，都淹死了，第三胎又是个女儿，怕只用水淹她，她又作怪来投胎，下一个还要生女

---

① 《皇清奏议》卷59《请定例禁疏》。

② 《大清律例统纂集成》卷28《刑律斗殴》。

③ 同治《雩都县志》卷1《风俗》。

④ 道光《佛冈厅志》卷3《土俗》。

孩，就改变方法，先用火烧，然后坠上石头，将女儿沉入江中，好使她永远不得出世。据说那家人这样做时，有数百人在围观，但是没有一个人出来制止。[①]可见做事的虽是一人，但民众整体在思想认识上和感情上是相同的。

养男孩及娶媳妇同样要花费，而且比养女儿更费钱，可是清人却不淹毙男婴，这主要是因为清人认为男子是家庭的传宗接代人，是家庭延续的基本条件，而女儿却是人家的人，为家庭利益，再穷也要养活一个男孩，这反映了清人重男轻女的封建思想。

溺女是极其残忍的事情，要说做父母全不伤感，那是不合实际的。社会上也有人看到这种事情的严重后果，做出一些禁溺的努力，有的官员倡导禁止溺女，也有个人从事劝助，希望消除这一恶习。顺治十六年（1659）左都御史魏裔介条陈四事，其一是因福建、江南、江西等省甚行溺女之风，请皇帝下命严行禁止。顺治帝接受这一建议，要求地方官查办。[②]有清一代，各地方官不时实行禁止溺女的政策，乾隆时尤溪令吴定燮“出示严禁”溺女，又作“作歌晓谕”，希望民人知晓溺女的害处和官府的查禁态度。[③]嘉庆时金华知县刘陆遵因俗多溺婴，“为立条约，时于地方耆老谆切劝诫，并捐产创建育婴堂，以恤贫困”[④]。江宁府生员曹之辛教村塾，见村中多溺女者，作文劝止，其文用韵语写

① ［清］俞樾：《右台仙馆笔记》卷3。
② 《清世祖实录》卷125，十六年闰三月丙子条。
③ 乾隆《尤溪县志》卷5《吴宜燮传》。
④ 《武进西营刘氏宗谱》卷6《涧楠府君行述》。

成，使人读了上口，以便流传知晓，他又以金钱资助穷人，不让他们溺女。[①]康熙时翰林院侍讲施闰章作《溺女歌》，劝人存女为善。有些宗族祠堂和上层人群也参加禁溺女婴活动。泾县庠生王元右倡捐银钱，创立“好生堂”，抚养宗族中穷人家的女婴。[②]清代各地出现育婴堂，是劝止溺女的手段。

清人溺女，成为男女性别比例失衡的一个原因。我们查阅清代文献，从男女人口数量的记载中发现，无论是全国，还是各府县，女子要比男子人数少得多。清季普查人口，已经上报的北京、顺天府、吉林、黑龙江、直隶、山西、浙江、江西、四川、贵州等地的统计数字，男口均比女口多10%以上。[③]女口数字少，与社会轻视妇女，对她们不认真统计有关系，但是不能相差那么大，实际上女子就是比男子少，这应当是溺女的恶果之一。到清末人们感到人口多的负担，有人以人满为患，认为溺女是好风气，应当提倡，[④]这只看到人口问题严重的一面，却提出错误的解决办法，当时中国有三四亿人口，社会制度若合理，国土资源是可以保证这些人生活的。提倡溺女，无疑是荒谬的观点。

三、老年人的生活

清代贫穷人家的一部分老年人尚可过着贫寒的晚年生活，也

---

① 光绪《句容县志》卷10。

② 嘉庆《泾县志》卷19上《懿行》。

③《清朝续文献通考》卷25《户口》。

④ 徐珂:《清稗类钞》5册，2194页。

有鳏寡无靠的老人生活艰难，养济院只能收养极少数人，解决不了那么多孤老的生活问题。资料中保存有清代老人生活状况的多是经济上较宽裕的人家，记录了一部分老人晚年的生活。

（一）做寿

过生日不只是老人的事，但对五十岁以上的老人更重要，是一件大事。子孙给老人做寿表示孝道，为老人增添了生活情趣。康熙朝大学士王掞说："民间家长生日，子孙僮仆尚不惜出所有以宴饮娱宾。"[①]给年迈人做寿，亲朋送礼，主家设宴招待，富贵者还要办堂会，以娱客人。做寿有大小生日之别，逢十为大生日，举行隆重的庆祝，但对古稀耄耋之人，则不必逢十。清初广东和江西宁都人以逢十一大庆，意思是十加一，前十年过去了，后十年已有了，就会满数，意即可以延寿；[②]而在杭州，人们以九为数，逢九按大生日过，[③]时至今日江苏有的地方依然如此，七十九岁就说过八十岁，也是表示益寿延年的祝愿。

做寿方式大体相同，具体内容随家境、年龄及寿主的个性而定。乾隆五十一年（1786）六月，扬州农夫姚仁和过一百岁，到各寺庙烧香祈福，由两个六十岁左右的孙子给他抬轿子。八十岁的儿子背着钱袋，作上香钱用。途中到饭馆小憩，寿星独吃半斤肉，改为步行，儿子因背钱袋走得汗流浃背，差点赶不上他。他头发还黑，看着不过六十岁的人。当地人要以人瑞把他报告政府请求旌扬，他不同意，说我一个农夫，活得很自在，

---

① 徐珂:《清稗类钞》2册,585页。
② [清]屈大均:《广东新语》,294页。
③ [清]梁绍壬:《两般秋雨庵随笔》,312页。

我没受表彰的福气，不要折了我的寿，[①]看来他为人淡泊寡欲，懂得颐养天年。康熙三十九年（1700）二月十六日婺源人詹以献八十岁，全宗族给他庆寿，在祠堂内摆酒席、演戏、族亲送礼，到三月十二日族亲演戏，请他观看，叫作“回戏”。[②]康熙时宣城人施誉过生日，侄儿施闰章为他办事，大集亲戚上寿，施誉因为一件小事而不舒心，躺倒了不起来，侄儿在他床前长跪不起，这才起身受众人拜贺。[③]有的家长对子孙有意见，乘亲友会集，故意闹气教训儿子，如果生日没过好，亲友将责怪子孙不孝，做后人的这时是要当心的。官员及其亲属过生日，又是一番景象。嘉庆二十五年（1820）四月十四日大学士英和五十寿辰，时年六十的嘉庆帝赐其祝贺诗章和文铸荷包等物，在此以前臣下没有五十岁生日得到这种赏赐的，他以此为殊荣。[④]北京人的风俗，亲戚做寿，必须送烧鸭、烧豚以示祝贺。礼部侍郎达椿过生日收到很多礼物，他以烧鸭为贵重，把它切成方块，放在簸箕里，一边和客人座谈、吃饭，一边用手抓鸭块吃，以此为一乐事。[⑤]

在人们热衷于做寿的同时，也有少数人认为做寿徒费精力，不如讲求养生之道。嘉庆八年正月二十日，时届四十岁生日的阮元，离开浙江巡抚衙署，到海塘工地巡视，以免家人僚属为其做寿。自此以后，无论是大小生辰，他都外出避客，于山水古刹盘

① ［清］陈康祺：《郎潜纪闻初笔 二笔 三笔》，781页。

② 中国社会科学院历史研究所清史研究室编：《清史资料》4辑，189页。

③ ［清］王士禛：《池北偶谈》，121页。

④ ［清］姚元之：《竹叶亭杂记》，113页。

⑤ ［清］姚元之：《竹叶亭杂记》，111页。

桓一日，观览风景古迹之外，煮茶作诗，他将这一做法叫作“茶隐”，并坚持到晚年。

阮元不做生日的原因有两条：一是谢却寿礼和虚热闹，用他的话说是不以“屏幛宴乐为美”；二是为讲求养生之道，把精力放在保养身体上。他同唐朝诗人白居易生日同时，白于四十岁时作诗云及自己身体，阮元步其韵为诗，亦讲健康道：“人生四十岁，前后关壮衰。我发虽未白，寝食非往时。”知道在年龄变化的关键时刻，应当注意爱护身体，又考虑到“百事役我心，所劳非四肢。学荒政亦拙，时时惧支离”[①]，所以他到壮年，不沾沾自喜于过往的功名学业成就，而是研究如何“却老病”，以健壮的体格去做事和度过后半生。

做寿成为人生的一件大事，也是人际交往的重要内容。人们纪念诞辰并不是坏事，问题是怎样去过，怎样更有利于晚年的生活。阮元享年八十六岁，不能不说同他淡于虚荣上寿、精求益寿延年之道有关。他的过生日方法确有值得借鉴的地方。

（二）老年婚与重拜花烛礼

老年丧偶的清人基本上不存在再婚的需要，特别是妇女，但是也不排除新的婚配。江苏狼山镇总兵官肖福禄，乃回族人，七十二岁死了妻子，想续弦，托人向嘉兴马姓之女求婚。马女三十八岁，亦回族，贪图嫁过去可做二品夫人而允婚。不到一个月，肖福禄升任浙江提督，上任路经嘉兴，马氏回门，参将以下军官和三千余名标兵列队跪迎，旌旗成林，鼓乐喧阗，上万人围观，

---

① ［清］阮元：《研经室集·四集·诗集》卷6。

马夫人出尽了风头。[①]乾隆间青浦富人徐翁鳏居，有子结婚半年死去，媳妇吴氏守寡，觉得家里没有一个传宗接代的人，劝公公再结婚，徐翁以年老不同意，吴氏则自行给他定亲，徐翁婚后三年，生了两个儿子。[②]山东东平州王时中老妻亡故，儿子王宏典请求乃翁续娶，于是同曲阜秀才孔毓的女儿结婚。[③]看来老年丧偶再婚，要得到子女儿媳支持，才能比较美满。

清人有齐眉夫妇重拜花烛的习俗。湖广人以为，结婚六十年以上健康的夫妇，如同两世伉俪，到成亲一个花甲之年，子孙强求老人饰作新郎新娘，重行结婚典礼，一切礼仪，如同初次结亲一样大宴宾客，只是叫作“重谐花烛”。广东人冯成修进士出身，官至学政，老年致仕家居，乾隆四十七年（1782）八十岁，与夫人同岁，恰好又是结婚六十年，身体还强健，亲友和门生齐来祝贺，重行花烛交拜礼，自撰门联“子未必肖，孙未必贤，屡忝科名，只为老年娱晚景；夫岂能刚，妻岂能顺，重烧花烛，幸邀天眷锡遐龄”[④]，对夫妻的晚年生活非常满意。

（三）高年会

老年人因一个机缘，举行聚会，以增添生活情趣。康熙三十三年（1694）三月初三日上巳节，昆山人尚书徐乾学及其弟徐秉义、盛符升，常熟人钱陆灿、孙旸，长洲人尤侗、何棅，太仓人黄与坚，华亭人王日藻、许缵曾，上海人周金然，无锡人秦松

---

① ［清］钱泳:《履园丛话》,618页。
② 徐珂:《清稗类钞》5册,2064页。
③ 乾隆《东平州志》卷15《王宏典传》。
④ ［清］梁绍壬:《两般秋雨庵随笔》,349页。

龄，十二人通计年龄八百四十二岁，平均七十岁，他们在这一天聚会。后世流传《遂园耆年禊饮图》，描绘他们禊饮情状。[①]康熙四十七年内阁学士沈涵约、佥都御史劳之辨、户部侍郎汪晋征、礼部侍郎孙岳颁、刑部侍郎张寇睿、顺天府丞朱近庵，都年在七十以上，到陶然亭集会，用“人生七十古来稀”起句，各赋诗一首，以为消遣。乾隆三十八年（1773），侍郎曹秀先在米市胡同住宅约请都御史张若琍、刑部尚书崔应阶、兵部侍郎蒋元益及程景伊、嵇璜，仿照文彦博耆英会，作诗绘图，希望老年得有童年的天真之乐。[②]

（四）清朝的优老政策与老民生活

清朝对老年人有优待政策，诸如高龄生员赐举人、官员全俸致仕、科甲人员的重赴鹿鸣宴、旌表人瑞。这些待遇使一部分老人有了盼头，生活别有滋味。宝坻人赵五最善制苇笆，当地人形成“赵五来打笆——细活”的歇后语。他一生积攒了一点钱，嘉庆元年（1796）八十岁，按清朝规定可以申请老民顶戴，即可以穿官员的服装了。但申请要向衙役送礼，于是他向老伴要积蓄使，老妻很不高兴，认为辛苦一辈子赚的钱这样花掉不值得，还不如留着它做买棺材钱。但是赵五却一本正经地说：我花这几两银子，你就是夫人了。得顶戴并不是做官，妻子也不能称夫人，因此人们把他的这一行为当作笑谈。[③]老民顶戴的虚荣，虽然有人觉得好笑，却使赵五一类的人生活增色。康熙二十六年

① ［清］陈康祺：《郎潜纪闻初笔 二笔 三笔》，373页。

② ［清］陈康祺：《郎潜纪闻初笔 二笔 三笔》，126页；［清］戴璐：《藤阴杂记》，95页。

③ ［清］李光庭：《乡言解颐》，44页。

(1687)，浙江海宁人陈云生母亲林氏，高龄一百零八岁，还勤勤恳恳地从事纺织，巡抚金研给她申请表彰，礼部发给银两，给她建立“贞寿”牌坊。[①]嘉庆十五年，致仕居家的原任贵西道（四品）赵翼，因中举人整六十年，皇帝特赐三品顶戴，准许重赴鹿鸣筵宴，赵翼高兴异常，除照例写奏折谢恩外，特在《檐曝杂记·续》中记录。这时他已八十四岁，到八十六岁尚能作诗消遣，[②]八十八岁故世，享尽了人生乐趣。广东番禺人诸生屈鹏，清初已九十多岁，在乡里设塾，教授村童，不时地到田间散步，有心得，晚上挑灯作记，著《野语》十四卷，屈氏冬至祭祖，他率领千余族人祭祀，到九十八岁故世。[③]

---

① ［清］王士禛:《池北偶谈》,232页。
② ［清］赵翼:《檐曝杂记》,126、128页。
③ ［清］屈大均:《广东新语》,231页。

第十章
社会救济

天灾、人祸、老幼、疾病、瘟疫都会使一部分人，甚至使一大批人丧失维生的能力，这些人需要社会的保障、他人的援助，但是社会保障、人道主义是随着社会生产力的发展和个性解放而加强的，在古代尚无社会保障可言。仅有微量的社会救济是存在的，它的主要功能是应付天灾，其次是赈济老病贫民，从事这种事业的有政府和地方人士，在政府是当作荒政进行的，个人则是乐善好施的事情。此外，人民互助是自古就盛行的，似乎越是古代人越淳朴，越乐于帮助他人，但个人间的帮助仅限于亲邻，范围小，规模也小。清代的救济事业比前代有发展，体现在各种类型的慈善团体相继出现，这种发展是受灾民众的反抗斗争换取的，统治者对灾害带来的社会动乱感受得更深刻，深知如不注意会越发加重这种社会问题的严重性，因而试图解决。

第一节　灾荒与抢米、抗粮

清朝两个半世纪的统治中，大的战争唯有初期的统一战争和后期的太平天国起义，其次还有川楚陕白莲教起义，其他较大的战争是在边疆少数民族地区进行的。总的来看，战争给人民带来的灾难并不算多，可是自然灾害却很多，它又同清朝政府强制实行的赋役政策和吏治的败坏结合起来，造成灾荒的严重。

一、天灾与瘟疫、逃荒的同时出现

清朝版图辽阔，气候又多变，或此地灾变伤农，或彼处旱涝失收，不时还出现大范围的灾祲。如康熙七年（1668）宣城县蝗蝻大发，遍布田野；八年连日大雨，大水浸没居民住宅，冲毁桥梁堤岸，淹死人畜无数；九年夏季大雨，水田被淹，冬季大雪，居民多被冻死；十年夏天大旱毒热，居民多有中暑死亡的；十一年，春天大饥；十三年大旱；十六年大旱不雨；十七年又是旱灾；十八年干旱有农灾；十九年大水。①宣城在这十几年中几乎是年年闹天灾，和它邻近的泾县，在康熙后期灾害也很严重：四十六年秋天旱螟虫吃了未成熟的庄稼；四十七年五月，下了一整月的雨，雨水多得浸入城内，淹没田宅无数，七月二十三日又是瓢泼大雨；四十八年大饥。②

雨旱不时的并发症是疾病的流行，此时疫病传染快，死伤人多，康熙三十九年婺源干旱，七月份开始流行暑气病，接着痢疾病发生，庆源村人大多数都感染上了，有人死亡，到八月份传遍全村。③泾县在康熙四十八年的灾年，秋天发生瘟疫，传染特别迅速，死者枕藉，有的全宗族的都死光了，死尸没法安葬，只好

---

① 光绪《宣城县志》卷36《祥异》。

② 嘉庆《泾县志》卷27《灾祥》。

③ 中国社会科学院历史研究所清史研究室编：《清史资料》4辑，197、199页。

挖大坑埋掉。[①]光绪二十年（1894）广州闹瘟疫，流行了几个月，死亡上万人。[②]

天灾发生后农业歉收或者颗粒无收，农民本来普遍缺乏存粮，届时没有食粮，只好以草和树皮充饥。康熙中官员魏象枢在去山海关的路上，见一老一小拿着铁器剥榆树皮，问他们在干什么，说去年天旱，附近人都死了，剩下他们靠榆树皮充饥，[③]榆树皮有黏性，可以做面条，在灾荒中还算是好食品，有时连树皮也没有。[④]康熙四十六、四十七年，无锡人连遭水旱奇荒，树皮都被吃尽。[⑤]福建人蔡世远约在康雍之际，见漳、泉二府人民，因久旱无粮，采食草和树叶。[⑥]乾隆十六年（1751）歙县大旱，稻子不长粒，人们把稻秆磨成粉充饥。[⑦]乾隆十七年、嘉庆十九年（1814）泾县干旱大饥馑，人民挖蕨根压成粉食用。[⑧]糠、菜、野草、树皮，就是人民灾中的吃食，人们靠此充饥，以求活命。

灾中不仅没有吃食，政府还要收税，天灾和人事，迫使灾民离开故土，流亡四方，企求活路。清初曹溶《悯荒》诗云："游民轻去乡，担釜卧沟侧。未知何方好，奔走昧南北。无乃吏政苛，聊欲避所逼。"[⑨]道出了灾民流亡的原因和茫无去向转徙沟壑

---

① 嘉庆《泾县志》卷27《灾祥》。
② 民国《番禺县续志》卷44《余事志》。
③ ［清］张应昌编：《清诗铎》，440页。
④ ［清］张应昌编：《清诗铎》，443页。
⑤ ［清］黄印：《锡金识小录》卷1《米价》。
⑥ ［清］蔡世远：《与浙江黄抚军请开米禁疏》，载《清经世文编》卷44。
⑦ 民国《歙县志》卷16《祥异》。
⑧ 嘉庆《泾县志》卷27《灾祥》。
⑨ ［清］张应昌编：《清诗铎》，439页。

的惨景。逃荒灾民的生活十分艰难。道光十一年（1831）夏天，江西、湖南、湖北大水，数十万名灾民流亡他乡，今日此县，明日他镇，风雨中露宿于荒郊野地。在城里，当地官员劝赈开粥厂，尽管恶吏克扣白米，粥多掺水，毕竟有粥可喝，而到乡村则无处讨吃。有的人卖妻子，做奴做妾任听买主之便。还有的死于道路，仅在岳阳城边，一天就堆积死尸几百具。①在陕西黄沙滚滚的大路上，饥民成群结队，他们悲天号地，见人就哭诉，一个老翁说家在渭水北边，连遇三年大旱，禾苗枯死，于是十家有五家逃亡。②

二、灾荒中的平米价斗争

自然灾害与人际关系的不协调，不仅造成饥民逃亡和瘟疫流行，同时由于粮价暴涨，激起民众的平米价斗争。逃亡是消极的，而平米价斗争则是积极争取生存权利。

雩都县风俗："贫者以'找不敷'为能，富者以拒籴为能。""找不敷"是卖田人第二次或第三、四次向买地人要求找补田价，与我们所要叙述的事情无关；拒籴是有粮人囤积不卖，等待旱涝时期出售，希冀"一岁获两岁之值"③。康熙帝所说的"豪强富室，田土既多，收获亦丰……又轻值籴藏，以待重价"④，讲的是地主囤积居奇，诗人沈德潜说的"年来旱潦余，十室九悬磬。

① ［清］张应昌编:《清诗铎》,459页。
② ［清］张应昌编:《清诗铎》,444页。
③ 同治《雩都县志》卷5《风俗》。
④《清圣祖实录》卷121,二十四年五月戊子条。

而何奸邪徒，手握贵贱柄”[1]是指商人囤积居奇，要发一笔横财，事实上他们也是这样做的。康熙四十六年（1707）苏州、松江、常州、镇江四府大旱，米价由每升七文涨到二十四文，涨了三倍半；乾隆二十年（1755）这里发生虫荒，米价每升又从十余文高涨到三十五六文，增长百分之三百多。[2]嘉庆二十三年（1818）吴江丰收，糙米每石二千文，而在十九年（1814），不大的旱情下糙米竟是四千多文一石。[3]

商人、地主的乘灾打劫，激起平民的不满，他们反对米价上涨，要求平价。乾隆十三年四月二十四日，正值青黄不接之时，苏州米价忽然高涨，贩夫顾尧年倡议平准米价，他把自己捆绑起来，口衔小刀，到巡抚衙门申诉，自缚衔刀表示自知这样闹堂有罪，但宁死也要为饥饿的贫穷人表达他们的心声。民众跟着他行动，齐集抚院，号呼动天，发难群众在各街巷粘揭帖，写着“吉甫如来天有眼，禄山不去地无皮”等话（吉甫指两江总督尹继善，禄山指巡抚安宁）。乾隆帝得报，令尹继善前往苏州与安宁会办此事，安宁派兵驱赶闹事群众，逮捕三十九人，五月间杖杀顾尧年、陆文谟等人，把曹大、陆高等人永远枷号。这一次平米斗争虽然失败了，但影响很大。乾隆二十年泾县也发生了类似事件，三月间，因去年大旱而米价腾贵，饥民买米争价，市面人情汹汹，后被知县压服[4]，这次斗争没有苏

① ［清］沈德潜:《归愚诗钞》卷5《百一诗》。
② ［清］钱泳:《履园丛话》,27页。
③ ［清］柳树芳:《分湖小识》卷6《灾祥》。
④ 嘉庆《泾县志》卷16《名宦》。

州的规模大。在平米价的斗争中，人民把矛头指向囤积居奇的奸商，幻想得到政府的帮助，而清朝政府认为平米价斗争扰乱了社会秩序，反而镇压人民。富人也害怕平米价斗争，是因为怕贫民愤而抢夺他们的粮食。

三、灾荒中的抢米、吃大户

平米价是饥民进行的温和斗争，无钱买米的饥民则径直到米铺和有钱人家强借、强要。雍正四年（1726），广州人民聚众抢米，殴伤官弁，喧闹公堂。①次年春天，湖北人民因去年水灾，结伙到囤粮户家中强借稻谷。②乾隆十三年（1748）温州乐清春荒，贡生郑奇斌家藏粮谷，郑图南等族人向他商借，不答应，遂强行挑走，同乡人效法，向富户强硬借粮。处州松阳人徐坠广储粮米，佃户孟季祥等求借不允，即自行开仓挑去。③同年，山东穷民因连年灾荒，抢夺富人粮食，案件繁多，巡抚阿里衮为此请求减轻饥民掠夺罪，乾隆帝斥责他宽纵养奸，仍要对饥民按律治罪。④五十二年夏天大同府干旱饥馑，粮价腾贵，来这里做佣工的陕西、直隶人与当地贫民一起到富人家强拿粮食和财物，一天之内有几十户被索之家告到官府。⑤嘉庆九年（1804）苏州发生了大规模的抢米风潮，五月连下了二十几天大雨，不能插秧，乡民眼看秋季无收，苏州所属九县乡民结伙抢劫富户仓粟和衣箱物

---

① 《清世宗实录》卷44，四年五月丁巳条。

② 《朱批谕旨·福敏奏折》10册，五年三月十六日折。

③ 《清高宗实录》卷315，十三年五月壬寅条。

④ 《清高宗实录》卷319，十三年七月癸卯条。

⑤ ［清］汪志伊：《荒政辑要附论六条》，载《清经世文编》卷41。

件，到政府报案的有一千七百五十七起，抢米为首者余长春被官府杀害。[①]同时期广东阳江人民一遇灾荒，男男女女一群一伙地到有钱人家强索资助，并将这一行为称作“分饥荒”。[②]嘉庆六年（1801）夏天，道光九年（1829）春天，同治九年（1870）夏天，萍乡县人民因天灾米贵，先后发生饥民夺食的事情。[③]灾荒民饥，抢米是不可避免的，尽管清政府严厉镇压，饥民为生存，不得不抢米维生。

四、灾荒与抗粮抗租

灾年歉收，官府若再催交赋税，地主若再催收地租，往往出现灾民抗税、抗租斗争。

乾隆十一年（1746）江苏宿迁遇灾，人民要求地方官报十成灾，以求免税，并得到赈济，地方官不顾民间疾苦，人民议欲罢市。[④]十三年五月，山西万泉、安邑人民聚众拒交钱粮，并与衙役对抗拒捕，万泉人张世禄、张正惠，安邑张远、李林水等主要人物被清政府杀害。[⑤]乾隆三十三年江阴遇灾，丁墅、桃花、利城等四镇居民二百余人，乘知县赵秉忠外出，突然冲进县衙，要求缓征漕粮，有几十人进入内宅，砸毁公案桌椅，常州府和江阴

---

① ［清］钱泳：《履园丛话》，380页；同治《苏州府志》卷149《杂记》；［清］柳树芳：《分湖小识》卷6《灾祥》。

② 道光《阳江县志》卷1《风俗》。

③ 同治《萍乡县志》卷10《祥异》。

④ 《清高宗实录》卷273，十一年八月壬辰条。

⑤ 《清高宗实录》卷314，十三年五月丁酉条；［清］王先谦：《东华续录》卷25，乾隆十三年五月己酉条。

县拘捕汤绍武等一百余人。灾民进署以前，桃花镇保长沈添益与丁墅镇保长黄公茂、吉尔法等商议，要求政府缓征漕粮，同时要求地主减租，他们写传单，知会众人参加，故而一呼百应。清朝政府将沈添益斩首，吉尔法绞死，但被迫缓征漕粮。[①]政府的终于缓征表明，灾民的要求是合理的。

地方遇大灾害，官员上报后，有时会准许减免赋税，康熙帝和乾隆帝也多次普免钱粮。普免、减免只有地主得好处，而受灾的佃农仍然要向地主交租。佃户本已无食，再要交租，既不合理，也不可能，所以佃户多在政府减免赋税时要求地主减免田租。乾隆十一年福建上杭佃农罗日光、罗日照等因政府普免，要求佃农均沾实惠，提出“四六均分”纳租的办法，地主不答应，他们持械殴打地主，地方官派兵丁差役拘捕，他们把守村庄，不许捕人。[②]

自然界的干旱及雨水不均匀，是造成农业歉收的基本原因，也是招致农民贫困的重要因素，但是陷农民于饥饿、逃荒、卖妻鬻子状况的，还有人为的原因。地主土地所有制和地租、赋役使人民贫穷而失去抗灾的能力，也失去度荒的能力，而豪商富户的囤积居奇，地主的逼租，政府的催征，把人民逼上死路。自然灾害就变成了灾荒。邓云特在《中国救荒史》一书中说：“所谓灾荒者，乃以人与社会关系之失调为基调，而引起人对于自然条件控制之失败所招致之物质生活上之损害与破坏也。”[③]说得极是。

---

① 档案《军机处全宗·录副奏折·农民运动类·反清斗争项》3226号之4、6、7。

②《清高宗实录》卷273，十一年八月壬辰条；乾隆《上杭县志》卷12《杂志》。

③ 邓云特：《中国救荒史》，商务印书馆1993年版，3页。

被害的灾民在抱怨老天爷之外，自然也会把怨恨投向乘灾打劫的商人、富户和不恤民情的官府，为求生存，而进行抗粮、抗租、抢米、平价的斗争。政府看到灾民反抗的严重性，就要设法消弭，从而讲究荒政。

第二节　赈灾、社仓与善堂

清朝政府和富人，面对着灾荒、饥饿、瘟疫、抢夺的社会问题，筹措补救的方法。他们考虑到灾难未发生时如何预防，临灾时如何赈济，这样就使人民的生活与社会救济联系起来。

一、常平仓、社仓和义仓

康熙帝于十九年（1680）下令，常平仓粮归本州县备赈，义仓、社仓留本村镇备赈。[①]常平仓、社仓、义仓的仓粮来源、管理，使用范围各有所不同。

（一）常平仓

常平仓储粮，由清政府根据州县的大小、历来储存的情况，确定额数，要求地方官按数经理。义仓是政府劝导民间创办的，自然没有定数。

常平仓由政府拨库银买粮储存，平粜后收价银再进行采买存积，由州县官直接管理，作为政绩内容，也是前后官员交接的移交项目之一。按照这些规定，应该说清政府是重视它的。湖广是

---

①《清史稿》卷121，3555页。

米乡，可是雍正帝发现该地常平仓只有几十万石储存，不敷本地受灾及他省受灾前来采购之用，因而下令该地督抚动用布政司库银十余万两买粮储仓，同时要求江苏、浙江巡抚斟酌库银丰盈情况，决定是否拨银增加仓储，如若增添，可以一面采办，一面奏报，给了地方官便宜行事的权力。[①]常平仓在藩库拨给之外，政府开捐，由官员、富人、读书人交纳粮食或银钱，给他们以相应的官职、功名或顶戴。乾隆四年（1739）四川云阳县遵令收捐常仓粮，纳捐者得为国子监生，因而储谷甚富。[②]

常平仓粮，在平常年份的青黄不接之时，拿出一部分存粮，平价卖出，秋收后再买进贮存，既保持一定储藏量，又使陈米出仓，新米进仓，以保障仓米不致霉烂。在荒年，则多拿存粮出售或赈饥。婺源县于康熙四十二年（1703）灾荒，次年粮价上涨，三月谷价每斗一钱二分，五六月涨至一钱八分，五月二十三日，婺源县知县把常平仓稻谷交给城内店铺舂米，出粜救荒，定价每斗一钱四分，比私价低二三成。[③]仓粮平粜，官价格比私价略低，又不太低，为的是不使有钱者买去倒卖，或防止售价不及买进价格，难于继续采买以维持仓储。

从整体情形看，尽管有上述各项规定，但清朝常平仓办得并不好，一是仓储少，各地都不足额定数目。如甘肃皋兰县额储十万石，乾隆五十六年所存仅及定额一半。[④]不足额的重要原因是

---

① 档案《雍正朱谕》第7包。
② 民国《云阳县志》卷19《仓储》。
③ 中国社会科学院历史研究所清史研究室编:《清史资料》4辑,256—260页。
④《清高宗实录》卷1373,五十六年二月甲戌条。

地方官不愿经办此事，因办理出粜买补，难免收支不能相抵，所缺粮额地方官要赔补，所以他们以仓粮越少越好，免得麻烦。①仓粮不丰富，平粜的粮食少，灾民很难得到实惠。

二是官吏以仓粮牟利，克扣小民。仓粮出借，本来是收微利，可是广西镇安府常平仓谷，定例春借秋还，借时用竹筐称量，每筐五十斤，筐重五斤，借者实得四十五斤，还时按五十斤实重交纳，另加筐五斤，息谷五斤，又折耗五斤，共交六十五斤为一称，民已加十五斤，33%的高利率，实质是高利贷。老百姓当然不满。②

（二）社仓、义仓

义仓至迟出现在唐代，清朝在康熙十八年（1679）下令乡村建立社仓，市镇设置义仓。因其在村镇设立，不必像常平仓一定在府州县城，它由民间来办，与常平仓的官办也不同。但这不是说地方官全不过问，它由官员提倡，绅民创办，报官备案。具体做法是，依各家各户的经济力量，出一定的钱或粮，交给公举的社仓管理人，以备平粜、借贷和赈济。如乾隆时歙县教谕刘大櫆所议，佃农每佃田一石出谷三升，自有田者一石出谷八升，有钱人家不限数量，随其意交纳。③义仓也是众人集资，但往往由有钱的绅衿和富人捐建，不要一般人凑钱，所以“义”的成分较大。

---

① ［清］李卫：《钦遵圣谕条例事宜》，载［清］田文镜：《钦颁州县事宜》，《宦海指南》丛书本。

② ［清］赵翼：《檐曝杂记》，59页。

③ ［清］刘大櫆：《乞里人共建义仓引》，载《清经世文编》卷40。

社仓、义仓在不少地方出现。乾隆五年（1740），遵化州桂大德捐谷五千石，设立义仓。[①]六十年南海佛山生员张遇阳等用一千六百两银子建立义仓。[②]雩都义仓是乾隆二十一年由知县高泽叙倡建的，嘉庆二十年（1815）县令张渭又劝士民捐谷，定额四千六百八十石，因未收足，张渭捐俸五百两买足，建仓一所，内有八廒。[③]松江府娄县、华亭二县绅士和商人捐田七百八十六亩，于嘉庆二十三年建成华娄义仓。[④]道光十五年（1835）苏州丰备义仓出现，后来发展为一个大仓，开始时当地人光禄寺署正韩范捐田一千一百亩建仓，经两江总督陶澍、江苏巡抚林则徐申报中央备案，道光二十二年郡绅陆仪等续捐五千一百亩，不久该义仓拥有田地一万四千九百亩，经过太平天国战争，至同治三年（1864）冯桂芬、潘遵祈等经办还有田一万一千多亩，十三年后又购进二千二百余亩，并存粮三万八千多石。[⑤]

社仓、义仓有其管理方法，丰备义仓于同治五年订立了十六条管理规则，要点是：详造义仓所有田地的清册四份，分别上交户部、江苏巡抚、布政司和苏州府存案；义仓管理由绅士负责，其人选由巡抚、藩司同郡绅会议决定；义仓设立仓房一所，以储备食粮；义仓开仓要由藩司派人与绅士共同办理；规定义仓司事和执役人数；仓田收租，一律由承佃人上仓交纳，规定交租期限，逾限不完，饬差追纳；仓中所存积谷要推陈出新；义仓银钱

---

① 乾隆《遵化州志》卷16《人物》。
② 广东省佛山市博物馆编:《明清佛山碑刻文献经济资料》,96页。
③ 同治《于都县志》卷4《公署》。
④ 嘉庆《松江府志》卷16《义仓》。
⑤ 民国《吴县志》卷31《公署》。

存典生息，扩充仓田，只收好田，不要次地，并以在长洲、元和、吴县境内为限。[1]华娄义仓规条亦甚严密：管理权归董事，民间经理，但一切米谷银钱出入事项，要报府县核实备案；董事每届由二人组成，从华、娄两县绅士中选“身家殷实、才干具练者”[2]，报知府批委，专管收租、完粮及平粜采买各事；仓粮存典生息，再置产业；平粜价格，照市价酌量减少，但要经知府同意，出粜时分图保给票，持票者交钱买米；义仓佃户依期完租，否则县差追催。

义仓、社仓的粮食，在青黄不接时平粜出贷，或大灾荒时散赈施粥，或供贫民贷用，经管得好的，贫民尚有所得益，但有的董事用它作为剥削穷人的工具，使得义仓、社仓根本起不到预想的作用。如无锡、金匮二县在乾隆五年（1740）建设社仓，由各乡富有的秀才、监生管理，社米在青黄不按时出借，秋后加一分利偿还。可是有的管理者非要四五分利，县城北部的袁某以社米重利盘剥，被朱姓监生揭发，而且证据确凿，但袁某用一万两银子贿赂知县王允谦，王为他掩护，反而以诬告罪处置朱监生。[3]

常平、社、义储仓的平粜粮，饥民要用钱买，没有钱还是不行，所以嘉庆中金匮知县齐彦槐说它“但能惠次贫，不能惠极贫”，饥民所能采购的数量不过升斗而已，可是仓地离住处远，饥民也不可能去采买，因此齐彦槐又说它“但能惠近民，不能惠

---

① 民国《吴县志》卷31《公署》。
② 嘉庆《松江府志》卷16《公建义仓规条》。
③ ［清］黄印：《锡金识小录》卷1《社米》。

远民”[①]。这些仓作为荒政内容，对灾民生活不能说毫无意义，但作用不大，对贫穷者尤其如此。对极贫者的度荒生活有点价值的，大概要算是散赈了。

二、散赈

散赈见效最快，为灾中人心之所望。清朝政府荒政中也有这一项内容，私人也以散赈义行为美德。康熙四十七年至四十八年间，桐乡旱涝相继，汪文桂设立粥厂、药局，施粥、施药。雍正四年（1726）当地水灾，又首倡赈济，以食饥民。[②]雍正五年漳州、泉州大饥馑，仙游县太学生徐方宝出米八千余石，主持分给饥民，操劳过度而死。[③]嘉庆十九年（1814）江南北大旱，赤地千里，督抚大吏令各州县劝捐赈济，无锡知县韩履宠劝捐到十三万千文，金匮令齐彦槐捐到十二万四千千文。他们采取的是图赈法，即各图（乡以下行政单位）人所捐之钱，赈济本图之人。各图贫富不一，富图所捐钱多，抽一部分余钱给贫穷的图，使各图饥民都能得到救济。同时各图举一人经理此事，捐钱人的钱存于自家，不入公局，用时经理人去取，免得经手人和公局侵蚀。图里人少，互相知底，发放也较公平。这样赈济的主要事项不经县里公局，本图人接济本图人，有钱者乐意捐输，本图人也得到实惠，图赈法收到了好效果。[④]道光三年（1823）夏秋之交，浙江

---

① [清]齐彦槐:《图赈法》,载《清经世文编》卷42《户政》。
② 徐珂:《清稗类钞》7册,3203页。
③ [清]陈康祺:《郎潜纪闻初笔 二笔 三笔》,203页。
④ [清]齐彦槐:《图赈法》,载《清经世文编》卷42。

嘉兴、湖州连下三月大雨，田禾淹毁，人们濒临断顿，这时桐乡县马国棠打开仓库，将一万零七百石粮食分两月发放给饥民，据说七万多人得到他的好处，得以延续了性命。清朝政府为此赏以四品官衔。①

放赈的方法，有的是发放钱文，兼及施粥的图赈法，有的是设米厂散米。嘉庆九年浙西大水，次年春麦和春蚕又失收，人民困窘，巡抚阮元开粥厂赈济，所用钱谷、煮粥、发放诸事，委托绅士办理，不令胥役插手。在海宁惠力寺设的粥厂，请在籍郎中马珏、原任知县华端潢主持，在寺内搭大芦棚，不使饥民淋雨日晒，所煮的粥，放在布巾里不渗水，即要黏稠，不能稀薄，司事者同饥民吃一样食物，也不作弊。到这个粥厂领粥的，每天有数万人，没有发生事故。粥厂是为极贫的饥民供饭食的，比散米好。②办得好的粥厂，不让胥吏经手，免得他们克扣粮米，落入私囊，如果由他们管理，就会出现“官赈给民凭纸易，一纸吏索小钱百”③，“即使开仓吏中饱”④的现象，开仓施米施粥，胥吏得实惠，所以真想办赈的官吏，像阮元式的，都用绅衿，摒却胥吏，绅衿在灾中要顾名誉，不似胥吏趁灾作恶。

更多的情形是赈务办理不善。有的地方空嚷开厂施粥，灾民拖着饥饿身躯赶去，仍然是空灶，原来是官员不愿捐俸，富民迁延出资，却大讲他们存心济众好得阴骘。⑤有的地方粥厂只开几

① ［清］张应昌编:《清诗铎》,819页。
② ［清］阮元:《硖川煮粥图后跋》,载《清经世文编》卷42。
③ ［清］张应昌编:《清诗铎》,481页。
④ ［清］张应昌编:《清诗铎》,482页。
⑤ ［清］张应昌编:《清诗铎》,466页。

天，饥民扶老携幼再去无望，官员却为自己树立了“德政碑”[①]。顺德举人陈份亲见乾隆三十八年（1773）广东风灾后根据乾隆帝的命令开办粥厂，东门粥厂设在校场，场里白骨累累，死者众多。所煮始为米粥，继则掺和白泥，再则就熬树皮了。赈米被煮粥吏和监粥官侵吞，他们赚了大钱，领粥的饥民嚼泥啮皮，生命难保，真是“嚼泥啮皮缓一死，今日趁粥明日鬼”。[②]更为凄惨的是祁寯藻在北京长椿寺所见的少妇怀抱垂死婴儿领粥的事情：长椿寺粥厂施粥，不问大小口，按人发给，一个十九岁的少妇，怀中抱着半岁的婴儿，每天来打粥，婴儿已经快死了，而她抱着来是为多得一口粥救孩子，眼见孩子在怀里气息奄奄，少妇也不敢大声哭泣，怕人知道了领不成粥。[③]

清代荒政的败坏，是与吏治的败坏相联系的，最典型的事例就是嘉庆十三年（1808）的山阳冒赈案。这一年淮阳大水，嘉庆帝发帑银几十万两赈济灾民，山阳县令王伸汉冒充饥户，将赈银装入腰包。上司派试用知县李毓昌查赈，李查出王冒领赈银，王要同他分肥以便隐瞒，事不成，就买通李的长随李祥等人毒死主人，假以自缢上报，淮安知府因得赃，包庇王伸汉，不予申明。后来王伸汉的罪行败露，嘉庆帝说是“从来未有之奇”[④]，这“从来未有”，正说明清朝吏治败坏下的荒政是很糟糕的。

---

① ［清］张应昌编：《清诗铎》，534页。
② ［清］张应昌编：《清诗铎》，540页；咸丰《顺德县志》卷32《杂志》。
③ ［清］张应昌编：《清诗铎》，546页。
④ ［清］赵翼：《檐曝杂记》，112页。

三、善堂兴办

除赈灾这种社会救济外，需要社会救助的事情还很多。早在唐宋时代就出现了常设的救济机构，如收养贫穷者的福田院，给病者医疗、施药的安济坊、惠民局，收养弃婴的慈幼局，施棺殡葬的漏泽园。这些机构在历代旋建旋废，并不能正常地开展救济事业，而且数量极少，规模又小，自然无助于贫民。清代这类机构较前代普及，但也是兴废相寻。同时，救济类型增多，特别是救济寡妇和流民的慈善团体，受到西方影响的，劳动教养的机构也逐渐产生，而富有时代特色。各地的社会救济事业发展很不平衡，各种善堂只出现在少数地方。

（一）收养贫病无靠老民的普济堂

清代的普济堂，相当于唐宋的福田院、元代的惠老慈济堂、明代的养济院。

北京广宁门外有普济堂，收养外地来的孤贫残疾人，冬天施粥，夏天施茶。①康熙帝对它表示关怀，赐匾额，立碑石，希望它能办好。②扬州普济堂建立于康熙三十九年（1700），收养无靠贫民，它有圩田百亩收租，乾隆九年（1744）起，政府在商捐项内每年拨给一百二十两银子，资助其经费。③苏州普济堂由陈明智、顾和龙等人于康熙四十九年建成，收养男性贫病者，又名男普济院，康熙帝于五十五年赐“香岩普济”匾额，乾隆二十五年

---

① ［清］潘荣陛:《帝京岁时纪胜》,14页。
② 档案《雍正起居册》二年五月十三日条。
③ 嘉庆《扬州府志》卷18《公署》。

苏州府拨给没官房价银，买田八百四十四亩，绅士捐田二百六十亩。[①]雍正十二年（1734）山东东平州知州马兆英建置普济堂，官绅捐田近二百亩。[②]河南确山知县葛世英与绅商共建普济堂，有田数百亩，房十八间。[③]乾隆六年松江普济堂成立，拥有大量田产，并不断增加。[④]乾隆十二年台湾普济堂建成，有田二十五亩，房舍二十间。[⑤]淮安人程钟捐田一千多亩建堂，乾隆帝赐给他匾额。[⑥]夏口邬光德捐田、银建堂。[⑦]

如上所述，普济堂建设之时，就有绅商捐献田地、房屋和银钱，有的还有官拨的土地、银两，出赁田房收租，银钱存典取息，有固定收入，用于收养人员的吃穿用度。

普济堂同义仓、社仓一样，由绅士经管、地方官监督，订有详细的堂章，规范堂民的生活。松江普济堂定额收容老民二百二十人。入堂的人年龄要在五十岁以上，确实是茕独无依靠，经董事批准进堂生活，年壮者一概不得混入。老民每天早晚喝粥，中午吃干饭，每人每天定量米八合，盐菜钱两文，午饭有豆腐菜，初一、十五改善吃豆皮。老民在端午节前后各领席、扇钱三十四文，冬至后领床柴钱十四文，布袄钱一百文，端午、中秋两节各领赏钱二十文、新年三十文。老民病故给棺木一口，支销钱二千

① 乾隆《苏州府志》卷15《义局》；民国《吴县志》卷30《公署》。
② 乾隆《东平州志》卷6《恤政》。
③ 乾隆《确山县志》卷4《艺文》。
④ 嘉庆《松江府志》卷16《公建》。
⑤ 嘉庆《台湾县志》卷2《公廨》。
⑥ ［清］沈德潜：《归愚文钞余集》卷4《淮安普济堂记》。
⑦ 民国《夏口县志》卷14《人物》。

八百文，抬埋钱二百文。若遇歉年堂中收入少，只供稀饭，其他一切用度和赏钱停发。老民若有就医探亲事故，准许告假外出，但不能在外发生事端，否则再不能进堂。堂规要求老民“安分度日”，若倚老卖老，嫌恶伙食不好，供给缺少，就是“无良之民，立行逐出”[①]。堂民要谨小慎微地服从管理，否则就会被开除。松江普济堂是大堂，各样规矩细密，其他地方的堂院就没有这么多规定。番禺普济堂每天给堂民八合米，三文菜钱，三斤八两柴草，四钱盐，对新入堂的人冬天给棉衣一件，老堂民三年给一件，有病死的，给棺木银九钱二分。[②]普济堂大抵在初建之时，有产业，还像点样子，所谓“卧室洁清，器什无缺，医药预储，董事有职，奔走使令有人”[③]，这样说自然是理想化的。进孤老院的人是一贫二病，只能说仅得栖留之地，供给稀薄，谈不上安度晚年，不过比那些不能入内的人还算有幸。

（二）收养弃婴的育婴堂

反对溺婴者认为，有力措施是建立育婴堂，以便收养弃婴。育婴堂在清以前已有一段历史，南宋慈幼局的出现标志着育婴堂的正式建立。清初北京有育婴堂，孝庄文皇后以禄米资助[④]，同时期扬州、苏州、松江、杭州、绍兴、通州等经济文化发达地区也有它的身影，但还不普遍，康熙帝于四十五年（1706）接受副都御史周清原的建议，下令各地设置育婴堂[⑤]，从而促进了这种

① 嘉庆《松江府志》卷16《建置》。
② 同治《番禺县志》卷15《建置》。
③ ［清］沈德潜:《归愚文钞余集》卷4《淮安普济堂记》。
④ ［清］陈康祺:《郎潜纪闻初笔 二笔 三笔》,70页。
⑤《清圣祖实录》卷224,四十五年三月丙戌条。

善堂的普遍。

育婴堂与普济堂一样有田业房产，取租以维持开支。其产业由绅商捐助和官府拨给组成，管理也是设有董事和经办人，由绅衿充任，并听从地方官监督。

育婴堂同样议定规则，有收养婴儿的办法。有的备有房舍，将弃婴收留在堂，雇乳妇喂养；有的把婴儿交给乳母带回家抚育，按月发给生活费。无论在堂与否，均给衣服。如松江府育婴堂把女婴放在佃户家抚养，给予钱米，管理人每月初到佃家验视，因此金浩作《松江衢歌》咏："水云亭（按：育婴堂所在地）畔义堂开，不复传闻虎乳孩。记得城东收弃子，佃农月旦望门来。"但各地育婴堂由于经济力量有限，所能收养的婴儿甚少，弃婴问题不能得到彻底解决。

（三）义葬的锡类堂和义冢

送葬是清人的一件大事，穷人因没有钱置棺材，也没有茔地而无法安葬，社会上便出现相应的善堂，帮助穷人安葬和收埋野尸。

苏州收葬善堂很多，雍正十三年（1735）知府姚孔钠倡建，很快有田近六顷，有价值二千八百多两银子的房舍，主管掩埋尸体。广仁堂于雍乾之际建成，费廷俞等募置堂产，设有义冢，辅助锡类堂的收尸。[①]府郭的长洲、元和、吴县三县也有同类性质的善堂。元和昌善局由顾汧等创办于康熙四十六年（1707），舍施棺木，并代埋葬，不久废败，乾、嘉、道三朝均有人整顿重建。永泽堂建于雍正十三年，有义冢十七亩。乾隆间有积善局、永仁堂、

① 乾隆《苏州府志》卷15《义局》。

仁济堂、同仁堂；道光间有同善局；咸丰时有安仁南局、仁济堂；吴县在光、宣间建立的有体仁局、存仁堂、推仁局等。

其他地方也有收埋义堂出现、光绪后期，北京建立了京师医局，二十八年（1902）五月给事中吴鸿甲因见流入北京的乞丐死在路上的很多，请设立医局施药医治，慈禧太后令吏部尚书张百熙、左都御史陆润祥办理，并发帑银数万两为经费，直隶候补道吴懋鼎捐助二万两。[①]四川云阳县浮尸会，乾隆间，由山西商人与县人合办。凤鸣镇乐善堂，道光初由马光瑞等捐建，开始施棺，每年定额一百具，后来增加施药项目。[②]咸丰九年（1859）浙江按察使段光清在杭州钱塘捐买义地两处，听人家自葬，并助杭州城内无力安葬者殡葬，计葬二百余具。[③]

（四）其他善堂

有的善堂同时经办几种事务，常熟唐市从善公局，道光元年（1821）由里民公捐田亩建立。有田五顷，职监邵渭洪、监生包梅等经理，从事施药、收尸；职监柏昌续捐田二顷，专作抚恤寡妇之用，每年定额三十人。[④]长洲芹香堂，由马学易等设置，有田一顷余，用于保婴、义塾、惜字。[⑤]此外，仍有一些专事某一项慈善事业的。

恤嫠堂是救济孀妇的善堂。乾隆间，元和彭绍升等建近取堂，赈济孤寡，嘉庆时陈修创设元和清节堂，收养青年嫠妇，曹

① 《清代档案史料丛编》11辑，280—282页。
② 民国《云阳县志》卷20《惠恤》。
③ [清]段光清：《镜湖自撰年谱》，150页。
④ 道光《唐市补志·善举》。
⑤ 民国《吴县志》卷30《公署》。

恂愚建立节孝祠、敬节局，有田四百七十亩，专门抚恤儒士寡妻。冯桂芬建成安节局，只收名门寡妇。[①]常熟县王元钟等于道光初开办儒寡儒孤总会，到光绪时有田三顷余，额收一百九十名，按月发放救济。同治时季耀煃母邹氏捐田四顷、刘屺望续捐五顷办清节堂，收贫苦节妇，并设义塾教育寡妇儿子。光绪中李玉麟等建儒寡儒孤局，有田四顷余，资助儒士寡妻、媳，每人每月五百文，儒孤二百五十文。[②]值得注意的是在恤嫠堂中有的堂专门抚恤有功名人家的妻女，表明主办者最怕这类人家寡妇再婚，所以从经济上给予特殊照顾，希望她们能够守节。

栖留所。为安插灾荒和失业产生的流民大军，一些地方设立善堂。嘉庆时北京五城各设有栖留所，按日给钱米，隆冬季节酌量发给棉被，病故的给棺埋葬。安徽太湖县嘉庆初年塞场保建立近仁堂，道光中庠生杨钟秀增置田业，赈济过境流民，并收尸。[③]京师必然流民多，皖北灾多民贫，流民也多，所以赈济流民的事业相对发展。

自救善堂是由老人组织起来的自救团体。江苏溧阳养老堂，入堂老人自带田产（没产业的老人也可进堂），雇工耕种，堂中经费全由田产经营所得。该堂没有绅士捐助，也没有政府拨银拨田，[④]因无田老人也可进入，具有慈善性质。不过清代这类善堂极少。

---

① 民国《吴县志》卷30《公署》。
② 光绪《常熟昭文合志稿》卷17《善举》。
③ 同治《太湖县志》卷4《公局》。
④ 嘉庆《溧阳县志》卷6《养育》。

习艺所，出现于清后期，苏州有恤孤堂、抚孤堂两所，一面抚养孤儿，一面令其学习劳动技能。咸丰十年（1860）毁坏，同治五年（1866）两堂合并为恤孤局，有官拨田三顷，成员仍行习艺，以便成年后能有技艺谋生。长洲原有栖流所，收养老病流民，后改为贫民习艺所。[①]光绪三十一年（1905）京师习艺所成立，隶属工巡局，次年改归民政部，收容轻罪犯人及少量贫民，内设考工处和教授科，成员一边劳动，一边学习艺能，它对一部分成员有一定的惩罚性质，而对无罪的贫民则是救济性质。习艺所生产自救性质更加明显，而且教授谋生技术，对以后贫民自立具有价值，所以它比单纯的救济善堂更有积极意义。

以上各类善堂之外，还有少量不同类型的慈善机构，如同治十年，苏州冯芳植建立洗心局，官府也拨银赞助，它收容所谓“旧家子弟之不肖者”，即浪荡公子、败家子，家庭宗族管不了，自身又不能约束，就只好由善堂对他们实行半强制性的管教。[②]

四、政府对善堂的支持

前述各类善堂的建立，或由清朝官员的倡导，或者政府发给田房银两，或者政府派员监督善堂的经营管理，这些都表示政府对善堂的支持。政府还以下述方针和措施支持善堂的兴办。

清政府有收养鳏寡孤独的方针，法令要求地方官照料失去生活能力的民人，否则要以失职论处：“凡鳏寡孤独及笃废之人，

---

① 民国《吴县志》卷30《公署》。
② 民国《吴县志》卷30《公署》。

贫穷无亲族依倚，不能自存，所在官司应收养而不收养者，杖六十；若应给衣粮，而官吏克减者，以监守自盗论。”雍正十二年（1734）又因举办养济院一事对州县官提出具体要求：需要添建和维修的，报明督抚，在布政司库内拨银承办；若遇升迁事故，交代事项中有善堂经理一项，不合要求，新任官可不接受交代，不给印结，他就不能离任，也即不能去赴新任；平时要亲自去养济院察看，监督散发口粮。①对关照贫民的要求不能不说是严格的。

对捐献田房银两给善堂和建设、主持善堂事务的绅衿富民，给予多种鼓励，希望他们把善堂办好。奖励之一是免去善堂董事的杂差。乾隆二十三年（1758）江苏嘉定知县奉护理巡抚的批示，竖立“禁派育婴堂董杂差碑”，作为永久性的布告，免除育婴堂董事差徭。嘉庆十五年（1810）、十七年，该县先后两次立了与乾隆间同样的碑石，②说明在执行这一政策时遇到阻力，但是政府对堂董优免政策不变。

奖励之二是给乐善好施者以表彰，雍正九年定例：地方绅衿富户捐谷十石以上至三十石者，分别给以花红匾额；二百石以上至四百石者，分别给以顶戴。③有个时期，凡因此得了匾额之家，也免去差徭。④

奖励之三是给予功名：加职衔，议叙。雍正十年议定，凡

---

① 光绪《大清会典事例》卷753《刑部·户律户役》。
② 光绪《嘉定县志》卷29《金石》。
③《清世宗实录》卷107，九年六月丁巳条。
④《清世宗实录》卷131，十一年五月己丑条。

捐资赈灾的秀才监生，被承认为贡生；捐资多的候补候选官员加级，若捐献特别多则照本职加衔；地方官捐俸买粮，广行赈济，依其捐纳多少，分别议叙；因公罚俸、降级、停升的官员，捐资赈济，准予开复。[①]这次措施的实行，议叙的官员甚多，引起了争议。监察御史郭石渠认为乐善好施的捐助得议叙，与捐纳基本相同。候补候选官员一经捐助即可得到实缺或提升，也不合理，容易使有钱的人假借捐助的手段，博得好善的虚誉，走上仕途和加官晋爵，因而反对捐助议叙。大学士张廷玉认为捐助与捐纳是两回事，坚持捐助议叙。[②]清朝对于捐助的奖励，超过了前代，侍郎李绂指出，旌表义行，“大者授以秩官，视有明之所以劝者尤厚”[③]，它确实反映清朝政府提倡社会救济的态度。

但是也应注意到，清政府主要是要求民间去做，没有把它看作是政府行政的重要内容。雍正十二年署理江南总督赵弘恩上奏折报告，南昌的育婴堂有名无实，普济堂尚未设立，遵照皇帝以前的谕旨，现在动用盐规银和劝官员捐俸，请绅士办理普济堂，同时江宁不能下葬的停尸，也都捐资安葬完整。雍正帝就此批示：“育婴、普济固属应行善举，然亦不过妇女慈仁之类，非急务也。”[④]在清朝皇帝中最重视社会救济的可以说就是雍正帝，而他在密折上的朱批所言，暴露了他的真实看法。

---

① 《清世宗实录》卷118，十年五月辛未条。
② ［清］张廷玉：《澄怀园文存》卷4《议复好善乐施奖励叙用疏》。
③ ［清］李绂：《穆堂别稿》卷24《尚义左氏族谱序》。
④ 《朱批谕旨·赵弘恩奏折》二月十八日折及朱批。

五、社会救济事业所反映的清代社会

（一）贫困的社会

经理从出生到死亡事务的各种善堂的出现，表明这方面的社会问题很多，而且严重到不能不加以解决的程度。如穷人家因无力抚养婴儿而造成的溺婴现象；贫苦之家失去男性主要劳动力后寡妇孤儿的生存问题；穷苦百姓的生老病死问题；旱、涝、虫、风等天灾给穷苦人造成的饥馑问题等。清人办各种善堂，有的是富有同情心的有钱人办好事，有的是有钱人借此博取美名达到仕途顺遂的私利。不管出于什么目的，他们兴办善堂，并不能说明清代穷人遇到的生活困难有人管，反而说明穷人生活困难太多太重，因此有人才可能借行善谋利。

（二）善堂具有地主性质

善堂由绅衿富商捐赠田地钱财，并归他们管理，他们采用地主租佃制的方法，将土地出租给佃农耕种，收取地租，佃农若有拖欠，善堂就要告到官府。清后期苏州人陶煦把善堂与私人地主的私租做过比较，指出其可恶之处，他说，善堂或名“清洁”，或名“保婴”，而收租子那样凶狠，“独不思租重而农无以为生，虽有节妇，饥寒迫而失守，虽有婴儿，势亦不得不溺，岂所谓做善者也?”[①]除了那种生产自救的善堂，其他善堂尽管做了一些好事，但从生产关系和经济来源看，仍是封建地主性质的。

---

① ［清］陶煦:《租核·重租论》。

（三）善堂有鲜明的地域性

有些地方善堂出现很多，有的地方几乎没有。苏州、松江慈善事业发达，当时人总结道："吴中富厚之家多乐于为善，冬则施衣被，夏则施帐扇，死而不能殓者施棺，病而无医者施药，岁荒则施粥米，近时又开乐善好施坊例，社仓、义仓给奖议叙，进身有阶，人心益踊跃矣。"[①]地方所出现的善堂，一是客观环境需要，二是社会条件允许。如南方溺女的现象严重，因而客观上要求有拯救的方法，育婴堂遂应运而生。商业繁盛的地方外乡人多，就有外乡人的社会问题，于是在寄籍之处设置善堂——地方性的义园。善堂在各地发展很不平衡，注意到这一点，就不易产生清代四处都有繁荣的社会救济事业的误解。

善堂的出现总是好事，尽管善堂是地主阶级性质的，接受其资助的人要受其严格管束，但善堂还是救助一些人的生命，减少他们疾病、流亡、饥饿的痛苦，因此总体而言清代救济事业具有积极意义。

近代慈善事业有发展，有其时代性，这一点将在本书最后一章叙述。

---

① 民国《吴县志》卷52上《风俗》。

第十一章
少数民族的社会生活

清朝是一个多民族的国家，各少数民族一般居住在边远地区，生活环境差别很大，文化传统和文明程度不同，生活方式各异，交织成一幅绚丽多姿的社会生活画卷。对这众多的少数民族难以一一尽述，我们仅就满、蒙古、回、维吾尔、藏、苗、彝、壮、高山等民族的社会生活进行简略的探讨。

第一节　占人口少数的统治民族——满族

这里说的满族，是狭义的，即指由女真人演化而来的满族人。

清军入关建立了对中原的统治政权后，人口并不多的满族成为统治民族，随之，便影响到满族的社会生活。为了维护自己的统治，大批八旗成员从关外移入关内，其中的一半人口聚居在北京附近，另一半分别驻防在德州、开封、太原、西安、荆州、成都、南京、镇江、杭州、福州、广州等城市。八旗官兵也带来了他们的家口。在这些城市，又分出满汉二城或旗民界限，形成满人的聚居区。还有一部分满族仍聚居在东北地区。保卫故土和统治中原的政治需要，改变了满族的分布，使之呈现出在全国大分散、小聚居的居住特点。满族人口少，生活在汉族的包围之中，尽管千方百计保持自己传统的社会生活方式并力求以之影响汉族及其他民族，但是他们的社会生活还是越来越受到汉族的影响。雍正帝曾指出："我满洲人等，因居汉地，不得已与本习日以相远，惟赖乌拉（今吉林市北）、宁古塔（今黑龙江海林市）等处兵丁不改易满洲旧习。"[①]关内外满族的社会生活由于环境不同产生了很大差异，关外的满族较之关内的满族保留了更多的民族传统，所以对满族社会生活的探讨，将予关外满族较多的注意。

满族的等级结构是同八旗制度和统治民族的地位分不开的。清军入关后，满族的最高统治者成为全中国的皇帝，世袭爵位的宗室王公成了贵族，他们与八旗官员构成社会的上层。满族的正身旗人，即八旗兵和余丁，也因统治民族的政治地位，按丁分拨旗地五垧，旗兵月饷银一两五钱至四两，岁米二十四斛至四十八斛不等。受优待的正身旗人，生活上有保障。入关前八旗亦兵亦农，入关后则只保留了单一的军事职能，脱离了农业生产劳动。清廷还规定旗人不能从事工商业，阻塞了正身旗人自谋生计的出路。东北地区还在一定程度上保持了八旗兵农合一的方式。

满洲的贵族、官员以及正身旗人中的领催、富裕亲军、马甲等通过役使户下人（亦称旗下人、旗下家人）生活。户下人主要是汉人，他们没有自己独立的户籍，附属于主人的户下，主要有家内奴婢、庄田上的壮丁、各项差丁，从事农、牧、采、猎等生产劳动，交纳自己的收获物。还有一部分家奴担负家内劳动。户

① 《上谕八旗》雍正二年七月二十三日条。

下人主要隶属于皇帝、贵族、官员，正身旗人的户下人是不多的。满族当兵有定额，清军进关前夕是三丁抽一，康熙年间是五丁一兵，乾隆年间八丁一兵，清末东北地方为二丁一兵。据李中清、罗纳特对奉天北郊村社道义屯18世纪晚期人口职业的研究，“全部男丁不从事农业生产的不到10%，4%在八旗服役，3%从事工匠业，绝大多数是八旗土地上的农民”[①]。

佐领是八旗的基层组织，也是该组织的头领称号，佐领掌握户婚、田产、兵籍、粮饷等事务。八旗具有行政组织的功能，佐领与佐领下人的关系，类似于汉族地区州县官与辖区民众的关系。

婚姻与家庭方面，满人早婚较为普遍，康熙时宁古塔地区“结婚多在十岁内，过期则以为晚”[②]。乾隆时期道义屯地区早婚普遍，除童养媳外，入赘也很盛行。关于结婚的过程，黑龙江的满族男方选择门第相当的，先求老人为媒，如果女方同意，男方的母亲至女家视其女，并送给簪珥、布帛作为礼物。女家没有意见，男方的父亲便率领其子至女方的姻戚家叩头，姻戚家也无意见，就率领其子侄群至女家叩头，女家受而不辞，即表示定下这门亲事，然后男方下茶请宴席成亲，女家要做些陪送。[③]受狩猎经济的影响，聘妇时“例纳牛马”[④]。昭梿的《啸亭杂录》对满族嫁娶礼仪做了详细介绍，大致程序与上述婚俗相同，不过烦琐

① 转引自杨珍：《〈十八世纪满洲人口和家庭的状况〉介绍》，《清史研究通讯》1985年2期。有关道义地区的资料，不再赘引出处。

② ［清］杨宾：《柳边纪略》，载《龙江三纪》，黑龙江人民出版社1985年版，108页。

③ ［清］杨宾：《柳边纪略》，108页。

④ ［清］方式济：《龙沙纪略·风俗》，载《龙江三纪》，黑龙江人民出版社1985年版，211页。

一些，有特色的是结婚前“男家赠银于妇家，令其跳神以志喜”，结婚时，“新妇既至，新婿用弓矢对舆射之”，后者是满族抢婚习俗的遗留。满族的家庭结构比较复杂，18世纪末期道义地区有十分之一的家庭是单身式的；四分之一是一夫一妻的简单家庭；五分之一是一对夫妇加上亲戚的扩大的家庭；将近一半是夫妇与已婚儿子在一起生活，已婚兄弟在一起生活，既有已婚兄弟又有已婚儿子，甚至包括其他家庭在一起生活三种类型的复合家庭。

族制是满族社会结构的另一重要方面。满族由原始社会到封建社会的时间跨度很短，本民族富有特色的氏族制残余，深深地保存下来。满族氏族社会的血缘团体是哈拉（hala姓，部落）、穆昆（mukun族，氏族），随着社会的演进，哈拉已解体，但穆昆一直沿袭下来，并组成佐领，穆昆达（族长）任世袭佐领。牛录组织是由氏族组织转变来的，为了保证世袭佐领的继承，清朝设置了世袭家谱。八旗的管理实际是两套系统，与牛录制共存的还有族制，“设族长，以教其族人”[①]。乾隆四十一年（1776）明定：“八旗佐领各设族长，责令管束同族之人，独户小族并令兼营”，三年考核一次。[②]咸丰时福格说：“八旗庶姓，皆设族长，各于尊属闲官，或闲散望重者，举之于官。凡涉及公私事宜，得与佐领平章赞画，虽无秩禄，亦官身也。……各宗族长之外，八旗又各设总族长领之，例以王公显爵奏请简用，每届三年一换。”[③]至于皇族，也有族的组织，设有族长。族是满族的社会组织，族与佐

① 光绪《大清会典》卷84。

② 《户部则例》卷1《户口·族长》。

③ ［清］福格：《听雨丛谈》，132页。

领制共存，族长的职责是管束族人，诸如族人生卒、婚丧、过继、财产继承等事务，但侧重于族务。满族重视血缘关系，本身具有传统的血缘凝聚力，需要指出的是，满族的族制在清代受到儒家文化较深影响，现在保存下来不少满族所修的族谱，大部分是用汉文所修或满汉文合璧，其体例和精神是汉化的，满族族制中融进了汉族宗族制的因素。

满族的衣食住行也有自己的独特方式。东北地区气候寒冷，山区与平原相间，生长着茂密的森林。辽沈地区的满族以务农为主，而吉林、黑龙江地区的满族生活中，采集和狩猎占有重要地位，因此这种农业与采集、狩猎、畜牧各业结合的生活方式影响着满族人的生活方式。宁古塔的满族“四季常出猎打围。有朝出暮归者，有两三日而归者，谓之打小围。秋间打野鸡围，仲冬打大围”[①]。因此，满族的饮食中肉类占有一定的比重。宁古塔宴会，满族“例用特牲，或猪，或羊，或鹅”[②]。特别喜吃猪肉，《宁古塔纪略》记载：“将猪肉、头、足、肝、肠收拾极净，大肠以血灌满，一锅煮熟，自用小刀片食。”黄米在饮食中也有一定比重，满族人喝“米儿酒”，喜欢吃用黄米面做的黏米糕。还喜欢吃甜食，东北产蜂蜜，“贵家购之以佐食”[③]。

满族人的衣着同寒冷的气候和狩猎有关。衣服较紧，既暖和，也行动方便，喜穿袍，皮制服装占了很大比重。

---

① ［清］吴桭臣：《宁古塔纪略》，载《龙江三纪》，黑龙江人民出版社1985年版，250页。

② ［清］杨宾：《柳边纪略》，84页。

③ ［清］方拱乾：《绝域纪略·饮食》，载［清］徐宗亮等：《黑龙江述略（外六种）》，黑龙江人民出版社1985年版，113页。

满族散居在东北广袤的土地上，村庄称作“嘎山”，规模不大。光绪初宁古塔城四周的村屯户数情况，请看下表[①]：

规模	不足10户	10户以上	20户以上	30户以上	40户以上	50户以上	60户以上	80户以上	150户以上
数量	10	25	25	22	11	1	3	2	2

宁古塔地区村屯共101个，姑以100计，这些村屯中，户数最少的为3户，最多的是151户，49户以下的占93%，其中10户至39户的最多，又占总数的72%。所以，宁古塔地区每村屯的户数大致在10户以上、40户以下。各村屯之间的距离，一般在30里以内，以间距5里、10里最多，换言之，通常在十几里以内。

满族人的居室以木为骨架，外覆以泥、草。屋皆南向朝阳，以开西窗为多。“屋无堂室，敞三楹，西南北土床相连，曰卍（万）字炕，虚东为燃薪地，西为尊，南次之，皆宾位也。”[②]睡觉时，头临炕边，脚抵窗，无论男女尊卑皆并头，如果脚向人，则认为不敬。[③]屋内的围炕与屋外侧面的烟囱相通，不像汉族将烟囱设在屋顶上。

东北设有很多驿站，远近不一，一般距离在七八十里之间，以马为工具。在山区，平时用牛车运输，雪深冰冻，则改用爬犁。满族好客，顺康时期，“凡出门不赍路费，经过之处，随意

① 据光绪十二年稍后，佚名《宁古塔村屯里数》所制，参见［清］徐宗亮等：《黑龙江述略（外六种）》。
② ［清］方式济：《龙沙纪略》，223页。
③ ［清］杨宾：《柳边纪略》，115页。

止宿，人马俱供给”①。

满族的丧葬也有特色。满族贵族的丧葬，郑天挺先生考证其俗有截发、丹旐、殷奠、百日薙头、摘冠缨、殉死等项。②满族民间的丧葬与此有同有异。黑龙江地区的丧葬情况是：葬法多样，有火葬、水葬、土葬，“初多火葬或近水置之，随江涨而没”。对于汉族的土葬，“土著乃渐效之”③。除汉族影响外，满族的火葬还因受到政府的禁止，逐渐变成土葬。火葬的具体情形为：入殓前夕亲友俱集终夜不睡，叫作“守夜”，丧家盛设食品相待，俟殓后方散，七七内必内殡，火化而葬，棺材盖尖而无底，内垫麻谷芦柴之类，仍用被褥，以便燃火。父母之丧，服孝一季而除，其间不剃头。④另据《绝域纪略》记载：“死则以敝船为椁，三日而火。”其中在棺材内放麻谷芦柴、被褥是女真族的“燃饭”旧俗，同时燃的还有衣服等其他祭品。此外，还要挂红旐，即“俗有丧，树木杆于庭上，挂长幡以示远近”⑤。具体来说，章京以红缎制成，拨什库用红布，再下则以红纸。殉死也是满族故俗，男子死，则必有一妾殉葬，当殉者在生前已定，既不容推辞，也不容僭越。当殉者不哭，艳妆坐于炕上，“主妇率其下拜而享之，及时以弓弦扣环而殒”，倘如不肯殉死，则大家将她缢杀。⑥

---

① ［清］吴振臣：《宁古塔纪略》，243页。

② 郑天挺：《探微集》，中华书局1980年版，73—77页。

③ ［清］徐宗亮等：《黑龙江述略（外六种）》，82页。

④ ［清］吴振臣：《宁古塔纪略》，250页。

⑤ ［清］徐宗亮等：《黑龙江述略（外六种）》，82页。

⑥ ［清］方拱乾：《绝域纪略·风俗》，112页。

满族有祭天祭祖的习惯。满族重视血缘关系，祭祖是生活中的大事，居室内供奉祖宗神板，祭祖时还要跳神，西炕上设炕桌，罗列食物，上面横牵一线，线上挂五色绸条，或扎如佛手状，似乎祖宗依在其上，叫作“祖宗”，过节或还愿都要祭祖。① 满族也极重祭天，表现为祭祀“索罗”神杆，在墙院南隅树丈余细木，木棍上面置斗，叫作“杆”。祭时在斗中放肉，乌鸦啄食斗中的肉，被认为是神享。供祭用猪肉和黏谷米糕，跳完神把糕遍馈邻里、宗族，而肉则拉于家食之，吃尽为止，不尽则以为不吉祥。②祭祀的时间一般为春秋祭、岁祭。

祭祖同信仰是连在一起的，满族的上述祭祖祭天也是信仰萨满教的表现。萨满，又作萨麻、叉马、插马，意为“疯狂的人”，即巫师，以女萨满为多，通过萨满的跳神、降神、驱妖，祈求转危为安。萨满的帽子如同兜鍪，缘檐垂五色丝绸条，条长蔽面，丝绸条外悬两个小镜，如两只眼睛的形状。身穿绛布裙，鼓声喧阗，应节而舞。据说萨满能飞镜驱祟，又能用镜治病，遍体摩擦，遇疾就陷在肉内不可拔出，用力振荡小镜，骨节皆鸣，便可祛除疾病。③

在娱乐生活中，满族人喜欢民间歌舞，宁古塔地区，“满洲有大宴会，主家男女，必更迭对舞，大率举一袖于额，反一袖于背，盘旋作势，曰莽势；中一人歌，众皆以‘空齐’二字和之，

① ［清］张缙彦：《宁古塔山水记·杂记》，黑龙江人民出版社1984年版，32页；［清］吴桭臣：《宁古塔纪略》，248页。

② ［清］杨宾：《柳边纪略》，109—110页。

③ ［清］方式济：《龙沙纪略·风俗》，212页。

谓之曰‘空齐’，盖以此为寿也”[①]。莽势，又作莽式，有男莽式、女莽式，两人相对而舞，旁人拍手而歌。常在新年或喜庆之时进行。[②]冰上运动较为普遍，其中的踢形头是一种体育游戏。形头是用熊皮和猪皮缝制成的球，内装绵软之物，或将猪膀胱灌鼓做囊，大小如同今日的足球，多在冬季旷野河冰上蹴踢，以高远为佳，也可以分成双方对踢。[③]噶什哈游戏也有意思，噶什哈是剔出獐、狍、麋、鹿前腿前骨，灌入锡，把三五个堆在地上，击之中者，尽取所堆，不中者给予堆者一枚。满族把成百上千的噶什哈放在袋中，供玩耍，儿童多玩此戏，岁时闲暇，成年人也有玩的。[④]

社会生活中值得一提的还有尊老尚齿、热情重礼的风气。满族相见拉手，送客垂手略弯腰。如久别重逢，彼此相抱，还要执手问安。见到幼辈，两手抱其腰，长者用手抚其背。妇女以右手抚其额，点头为拜。跪而以手抚额点头，为行大礼。妇女相见，以执手为亲，也有偶尔拜的。[⑤]满族人称年老者为玛法，即爷爷，年长者为阿哥。过新年卑幼见尊长，必长跪叩首，尊长坐着接受。年少的人到了老年人家，虽是宾客也必坐在墙角，外出在道上遇老人，必鞠躬垂手问好，如果乘马必下，等老人过去，老人让他乘，才敢避开老人乘上。[⑥]满族的上述礼俗，大概是氏族社

---

① ［清］杨宾:《柳边纪略》,91页。
② ［清］吴振臣:《宁古塔纪略》,248页。
③ 白希智:《沈城足球之始——踢形头》,《满族研究》1985年创刊号。
④ ［清］杨宾:《柳边纪略》,114页。
⑤ ［清］吴振臣:《宁古塔纪略》,247页。
⑥ ［清］杨宾:《柳边纪略》,108页。

会重血缘、敬长上风俗的余绪。

东北的满族虽然较多地保留了民族传统，然而也受到汉族越来越大的影响。清朝为了保持“龙兴之地”的经济利益和满族不受汉族影响，禁止汉人进入东北，但是清朝将许多政治犯流放东北，特别是关内大批汉民为生活所迫，纷纷到东北私垦荒地或偷采人参，不少人到此安家落户，加强了同满族的交往，使东北满族的生活方式出现汉化的倾向。

关内的满族汉化更为严重。清朝禁止满族从事民间职业，又由于满族人口的增殖和统治民族追求享乐、耻于劳作的寄生性，生活入不敷出，生计问题严重。特别是京城的满族，出入戏园、酒馆，赌博成风，生计问题尤为突出。雍正帝追述设置天津满洲水师营初衷说：此项兵丁原因京师难得官差，未免度日维艰，是以于天津设立水师营，令其披甲前往驻防。如此，不得钱粮口米之满洲闲散幼丁亦得食钱粮口米。从天津满洲水师营解决兵丁生计的各种努力来看，八旗生计在雍乾时成为困扰清廷的严重问题。[①]不仅兵丁，宗室也有生计问题。乾隆四十二年盛京将军宗室弘晌提出清朝京城闲散宗室移居奉天设想，嘉庆十三年清廷又探讨宗室移居盛京，嘉庆十八年实行移居。嘉庆皇帝声称其移居宗室于盛京的决定来源于阅读乾隆帝《盛京赋》的启迪，其实质或许是为移居宗室于盛京寻求正当性。嘉庆帝认为闲散宗室逾闲荡检是缺失教化，移居是对宗室施之于“教”，使其崇实斥华。宗室移居盛京其实就是培植根本，令宗室不忘国语骑射。盛京对

---

① 常建华:《清雍乾时期天津满洲水师营考略》,《史学集刊》2023年1期。

于移居宗室采取集中化管理，生活不太自由，移居者缺乏内在动力。移居盛京的举措对宗室教养兼备，儒家治国理念实践中蕴含着保存满族纯洁性之目的，这是嘉庆帝心中的宗室文化意象。[①]满汉两族人民在社会生活中的广泛接触，使得满族加速汉化，满人习尚汉语，改用汉姓，八旗秀女衣袖宽大，仿照汉装，甚至像汉族妇女一样缠足，等等。道光时大学士英和便指出“旗民久已联为一体，毫无畛域”[②]。在此情况下，清朝不得不加以变通，同治年间终于推广道光时所定旗人赴各省营生例，“以裕旗人生计”，准予愿出外营生者在外省落业，甚至“其愿入民籍者，即编入该地方民籍”[③]，承认了满汉融合的事实。到了清末，关内各地居住的满人与当地汉人已经差别很小，满汉两族融合在同一文化中了。

第二节　草原游牧生活的蒙古族

清初的蒙古族地区，以大漠为界，分为漠西、漠北、漠南三大部分，各部分又有许多小的集团（部）。漠南蒙古东起今吉林，西至贺兰山，南接长城，北临瀚海，大致为今内蒙古地区，该部分部落众多，察哈尔部是其名义上的宗主部。在今蒙古人民共和国一带，是漠北喀尔喀蒙古，分土谢图汗、札萨克图汗和车臣汗三部。漠西厄鲁特蒙古分四部：和硕特部，16世纪居住乌鲁木齐

① 常建华:《清嘉庆朝宗室移居盛京问题新探》,载故宫博物院编:《紫禁城建成600年暨中国明清史国际学术论坛文集》,故宫出版社2022年版。
② [清]英和:《会筹旗人疏通劝惩四条疏》,载《清经世文编》卷35。
③ 《清穆宗圣训》卷9,同治四年六月甲午条。

一带，17世纪迁往青海；准噶尔部，居住在伊犁河流域；土尔扈特部，居住在塔尔巴哈台一带，明末清初西迁伏尔加河下游，18世纪返回，被清朝安置在准噶尔盆地附近和科布多；杜尔伯特部，居住在额尔齐斯河流域，后迁至科布多。漠南、漠北、漠西三大部分蒙古族都先后归属清朝。

蒙古族社会结构与其原有的社会制度、清朝推行的旗制相联系。最初，各大部分蒙古拥有大领地叫作“兀鲁思”，又称为“土绵”（万户），由大的部落集团构成，如17世纪厄鲁特蒙古的四部即是。兀鲁思之下又分为若干鄂托克（汉文史籍记载为营、枝、部、部落等）地缘结合体，所有蒙古人都加入一个鄂托克，受领主的役使和保护。鄂托克中，又有爱玛克的社会组织，它是游牧于同一地区的同族阿寅勒集团，爱玛克是近亲家庭的结合。阿寅勒，即牧户，组成爱玛克和鄂托克。蒙古贵族有汗、济农、诺颜、宰桑等名号。后来，每当蒙古归附时，清朝便在蒙古原有社会组织鄂托克或爱玛克的基础上，改编成新的组织“旗”，划定疆界，从蒙古贵族中选任旗主——札萨克，管理旗务。旗下辖基层组织“佐”，每佐额定兵员一百五十人，按规定，蒙古男丁（十八岁至六十岁）都有服兵役的义务，佐内五十人为现役兵，一百人为预备役兵，统称箭丁。佐以下分户，每十户设“什长”一人，受佐领的统帅。除了札萨克旗外，还有直属清廷的总管旗和上层喇嘛管辖的喇嘛旗。旗制的建立，由于对人员的调整和地域的划分，削弱了蒙古部、鄂托克、爱玛克的血缘氏族关系。①

---

①《蒙古族简史》，内蒙古人民出版社1985年版，156—159、230、234页。

与上述社会结构相连的是蒙古社会的等级。清廷对于蒙古归附者，比照满族贵族的爵秩，根据其原来的地位和功劳，分别授以亲王、郡王、贝勒、贝子、镇国公、辅国公等爵位；又根据蒙古社会尊重“黄金家庭”的习惯，授成吉思汗兄弟后裔为台吉，成吉思汗妹妹的子孙为塔布囊。担任旗札萨克和协理台吉的，称为执政王、公、台吉、塔布囊，不担任札萨克的称闲散王、公、台吉、塔布囊。不论执政与否，旗是他们共同的领地，对旗内牧民有一定的占有权，牧民不经他们许可，便不能离开领地。领主们被允许豁免赋税、徭役，执政台吉、塔布囊和辅国公以上都有俸禄。蒙古贵族和旗内佐领以上的人都有一些人专门供其役使，叫作“哈木济勒嘎”，即随丁。旗内大部分牧民属于封建国家所有，担负国家的赋役，这些人叫作“阿勒巴图”，就是箭丁，有服兵役、防守卡伦（哨所）、维护驿站等负担。箭丁也有自己的个体经济，主要是牲畜和简单生产工具。随着经济的变化，箭丁内部出现分化，产生牧主和承牧户。蒙古族信奉喇嘛教的人很多，喇嘛教内部也有等级。哲布尊丹巴是漠北蒙古的教主，章嘉呼图克图则掌管内蒙古的各寺庙。寺庙的住持（活佛）等是喇嘛的上层，他们拥有喇嘛旗，大部分出身于世俗封建主。专供喇嘛上层役使的牧民，叫作“沙比那尔”，是为庙丁。喇嘛旗中的其他人地位类似箭丁。总之，喇嘛上层和领主是蒙古社会的上层，箭丁、随丁、庙丁以及领主的家奴构成蒙古社会的中下层。

蒙古族的草原游牧生活形成了特有的生活方式。服饰方面，普通男女衣服略同，男服色多蓝紫，女多红绿，富者衣绢，贫者衣布。衣服的式样为窄袖长袍，长带束腰，冬天则穿羊皮袄。男子头戴皮帽或毡帽，女围头巾。男女皆穿皮式布制的长短靴子。男子剃发结辫如同满族，妇女“蓄辫二条，垂于左右，饰以珊瑚真珠，蒙古族男式袍耳悬圈环，手套金钏镯，若已嫁者，发辫惟一，头戴珊瑚银板，以别于处女”[①]，喇嘛的僧服，则“衣尚黄紫”[②]。

饮食方面，以牛、羊肉和乳制品为主食，也吃一点谷物和蔬菜。王公台吉多食肉类，贫苦的人逢年过节杀一只羊而已，而且是数户轮流杀羊，然后分给各家。寻常度日，以牛马乳为主，每天早晚都要喝奶茶，先把茶熬熟，去掉渣子，倒入乳、盐再煮，每人各喝二碗。[③]所喝的茶是从内地运去的砖茶。

居住在传统的蒙古包内，包为圆形，先用木作支架，外面覆以毡子，阻寒暑、御风雪，蒙古族的游牧生活是逐水草而居，转徙无定，蒙古包十分便利。蒙古包旁边，堆些枯柴，为群畜夜间栖息之所。蒙古包内以毡铺地，坐卧皆在其中。中央放一火炉，以畜粪为燃料，供饮食取暖用。[④]在接近汉地的半农半牧区，居住情形发生了变化：人多定居，建筑房屋，只是结构粗糙，土茅相杂，有圆形的，有方形的，设土炕铺毛毡，壁悬画像，近似汉地，生活用品也比较齐全。[⑤]

清朝为控制蒙古，康熙时期在蒙古地区大规模修建驿站，内

---

① 光绪《蒙古志》卷3《风俗》。

② 徐珂:《清稗类钞》13册,6152页。

③ [清]赵翼:《檐曝杂记》,16页。

④ [清]姚元之:《竹叶亭杂记》,139页。

⑤ 光绪《蒙古志》卷3《风俗》。

蒙古共建立喜峰口、古北口、独石口、张家口、杀虎口五路驿站，设站五十八个。蒙古内从四子王旗经八十余站，可至恰克图。驿站的设立使交通方便了许多。蒙古族的交通工具以马匹为主，也用驼、牛及车辆运载。

清代蒙古族的人口问题值得注意。关于三部蒙古人口的总数量资料不全，不过通过现代关于内蒙古人口问题的研究，可知乾隆时期，内蒙古各盟旗蒙古族总人口数约100万人。每户平均人口数，根据理藩院户籍报告档案，乾隆时期，锡林郭勒盟乌珠穆沁户均4.39人；左旗户均3.65人；东浩特旗户均3.06人；阿巴哈那尔左旗户均5.1人；右旗户均3.3人。蒙古车臣部的24旗中，户均3人的有14个旗；4口以上的有9个旗；只有车臣汗户均5.3人。上述户籍报告的总户均数为3.88人，似乎户均数偏低。到了清末宣统年间，内蒙古各盟旗蒙古族平均每户有4.57人；伊犁将军所属各部蒙古族平均每户4.71人。据修正民国元年内务部汇造宣统年间民政部调查户口统计，当时蒙古族人口总数为877946人。研究成果表明，清代蒙古族人口总数乾隆以来基本保持稳定，户均人口不高。同期汉族人口膨胀，而蒙古族却持平或略有减少，原因主要在人口构成方面，喇嘛人口占了相当大的比重。就清末的情形来说，蒙古族每三丁中有一人为喇嘛，五丁则有二人。内蒙古的喇嘛庙约有1000座，喇嘛有12.8万余人，加上不食国家俸粮者，共有15万之众。近半数的男性人口成为不事生产和生育的喇嘛，这是其人口得不到发展的主要原因，加上清廷不断征调蒙古兵丁参加战争，造成很大损失，医药卫生缺乏，性病和其他疾病使人口的生育得不到保证，单一的游牧经济、封建主的剥削使普通牧民贫困，加之自然灾害的影响，所以人口便没有增长。[①]

在清代，由西藏传来的喇嘛教，已成为蒙古族广泛信仰的宗教。人们唯喇嘛之言是尊，“遥望见之，辄免冠叩首，喇嘛手摩其顶，即喜悦欢舞”[②]。去寺庙朝佛是生活中的重要事情，甚至一步一拜到寺庙，将积累的财富布施给它，以求佛的保佑。蒙古人婚丧嫁娶、移营出门、祈福解祸，都要请喇嘛念经，以为吉凶祸福，无不出于神佛，因而产生了许多禁忌。

蒙古族同满族一样为通古斯民族，先祖皆信萨满教，因此尽管喇嘛教在蒙古族信仰中占主要地位，但萨满教仍在民间流行。重要表现为鲊答和鄂博。《蒙古志》说蒙古人“祷山祀川，风行全部”，即是萨满教的表现。“额鲁特、土尔扈特人等遇大山则祭之，途间别无为敬，或插箭一支于地，或掷财物些许而去，谓之祭鄂博。”[③]鄂博实际上是一堆垒石，过路人随手插箭或掷物，以求神灵保佑他们一路平安。鲊答，即祈雨石，据《西域总志》记载，鲊答像石头一样坚硬，青黄赤白黑绿各色不一，大小也参差不等，生在牛马腹中，而以生蜥蜴尾根及野猪头腹中的最好，土尔扈特、额鲁特人等多在暑天长途旅行时，用鲊答解烈日之酷，叫作下鲊答。喇嘛下的最好。红色的鲊答置盂水中，水尽赤，取出鲊答则依然清澈无色，其他颜色的鲊答皆然。祁韵士《西域竹

---

① 张植华:《清代至民国时期内蒙古地区蒙古族人口概况》,《内蒙古大学学报》1982年3、4期;沈斌华:《近代内蒙古的人口及人口问题》,《内蒙古大学学报》1986年2期。另,张文中清初的资料,据其行文,可知为乾隆时期,笔者径以乾隆时期资料处理。

② [清]七十一:《西域总志》卷2《西陲军事》。

③ [清]七十一:《西域总志》卷1《殊方风土》。

枝词鲊答》诗小注也说：“回人及厄鲁特祈阴晴辄下鲊答，喇嘛为之尤验，风雨能归掌握中。”鲊答虽然由喇嘛所下，但其来源系萨满的祷雨。蒙古大陆性草原气候，天气变化大，喇嘛、巫师利用自然规律，用下鲊答预知晴雨，进行祈雨等活动。

婚姻一般由媒人合年庚介绍而成，以羊马为聘礼，“牲畜之数向奇，起一九至九九而止，如贫不能九数者，亦必三五七等数”①。蒙古族家庭主要是一夫一妻制，男子也可以娶妾。蒙古社会还有兄终弟妻嫂，父死子娶后母，子死翁收子媳，招婿入赘，名义夫妻等习惯。

丧葬形式有多种。主要是野葬，人死用毡裹尸弃于野，如果禽兽残食，认为是“亡者无罪”②。还有按五行之法丧葬的：金葬，置尸于山；木葬，悬尸于树；火葬，焚尸于火；水葬，沉尸于河；土葬，埋尸于地。至于丧礼，厄鲁特蒙古“自亡日起讽经，四十九日不杀生，不剃发，有以剪发为孝者，每忌日设果食湩乳以祭。遇草青时，子孙思其祖、父，亦酹奠于野”③。

岁时节日是蒙古族生活的重要组成部分。蒙古族也过春节，称为“白节”。将农历正月称为“白月”，这是蒙古族以白为吉祥的缘故。每逢白节，要拜两次年，三十晚上行辞岁礼，初一行新春礼。初一要请喇嘛到家中诵经祈福。有的家庭则到寺庙祈求吉祥，人们要在寺庙周围绕圈，少则三五圈，多则数十圈，并进寺向喇嘛叩头。人们也骑上马到亲友家拜年。

---

① 徐珂：《清稗类钞》5册，2004页。
② 光绪《蒙古志》卷3《风俗》；[清]七十一：《西域总志》卷2《西陲军事》。
③ [清]汪廷楷编：《西陲总统事略》卷12《厄鲁特旧俗纪闻》。

祭鄂博（敖包）。也是节日，每年春秋两季举行。敖包常设在风景宜人之处，男女老幼从四面八方来到敖包处所，萨满巫师或喇嘛念经致祭。祀毕，青年男子摔跤、赛马以角胜负。每年七、八月还有传统的节日那达慕大会。届时，由王公贵族和大喇嘛主持，举行射箭、赛马和摔跤比赛。那达慕在蒙古语中的意思是“娱乐”“游戏”，那达慕大会为一年中重要的娱乐形式。

从具体的娱乐内容来看，跑马和赛马等体育娱乐活动源于蒙古族的日常生活，蒙古人不论男女老幼，都会骑马。每当祀毕鄂博要驰马：年轻人各自选择善跑名马，集于预定之处，近则三四十里，远或百余里，准备比赛，听到开始的角声，便鞭马向鄂博疾驰，先至者谓之夺彩，奖赏分为五等，各得银币若干。[①]会盟时要跑马：会盟原名跑马大会，借此习练马足，尽马力之所及兼程而至，事后择旷野纵辔奔驰，以角胜负，对胜者，大家用红布覆马首以示区别。[②]

摔跤也很流行，祀鄂博毕，年壮子弟都要掼跤：分东西两列，各出一人比赛，胜者必须将负者按捺于地，使负者不能挣持再起，才分胜负。胜者扶负者起，官长高座监斗，连胜十人者为上，以次至五等，分别奖赏。[③]

蒙古族还是一个喜欢歌唱娱乐的民族，歌时，必男女多人和着音乐齐唱，也有专以歌唱为业的人，常应旷野旅客的招聘，乐

---

① 徐珂:《清稗类钞》6册,2989页。
② 徐珂:《清稗类钞》6册,2991页。
③ 徐珂:《清稗类钞》6册,2989页。

器主要有笛、弦二种。[①]

蒙古族游牧生活的特点，制约着它社会生活的各个方面。从旗制的建立、旗内的生产关系、衣食住行，到婚丧风俗、娱乐形式等等，都是如此。另外，清代喇嘛教也给蒙古族的社会生活带来重大影响，蒙古族作为满族的同盟军，在清代诸民族的地位中仅次于满族。这些都是我们认识蒙古族社会生活必须注意的。

第三节　伊斯兰教影响下的回族

回族是清代人口众多、分布广泛的民族。陕西、甘肃、宁夏、青海、云南以及华北、中原、江南的交通线附近，都有回族的聚居区，形成大分散、小集中的分布特点。

回族信仰伊斯兰教，并因此影响其社会生活的各个方面。清代回族的社会生活同中国伊斯兰教的教派与门宦制度有着密切的关系。穆罕默德创立了伊斯兰教，在他死后，由于在继任者问题上伊斯兰教发生内部争执，以及后来对教律的解释不同等多方面的复杂原因，分裂为代表不同利益的几大教派，这些派别内部又有分歧，产生众多小的派别。虽然中国穆斯林从大的方面来讲，都信奉逊尼派，但细分起来，又有若干派。伊斯兰教苏菲派及其分支旁系传入中国后，在清代形成了门宦制度。

门宦是外人对伊斯兰教一些制度的称谓，“表明一种家族或

① 徐珂:《清稗类钞》10册,4924页。

一种集团势力”①，具有世袭身份的特权。门宦有自己的称呼，大门宦称虎夫耶、哲赫林耶、朵德林耶、库不忍耶。小门宦的命名或以地名，如毕家场、北庄等；或以创始人姓氏，如刘门、杨门等；或以创始人形象，如胡门、疯门等。人们常把门宦的创始人和继承人称为教主，而门宦家则叫道主、老人家和太爷等。门宦的特点，“主要是神化、崇拜教主，鼓吹教主是引领教徒进入天堂的人，促使教下绝对服从；信仰拱北，即在教主坟地建立亭屋，号召教下上坟念经，加以崇拜；教主只能以始传者的子孙世袭相传，别人无权继承；一个门宦的教主，管辖许多清真寺，各寺的教长，由教主委任并直接管辖，教主与教长之间，完全是隶属关系”②。分属于不同教派、门宦下的回族人民，宗教活动与社会生活都有所不同。教派、门宦之间经常发生争执，甚至演化成械斗，也影响着回族的社会生活。

实行门宦制度的地区，树立起层层隶属的等级制度，使教坊与地主阶级更加结合在一起。教坊阿訇把教徒奉献的大量宗教收入用以购置土地，租给农民耕种，进行地租剥削。教坊的掌教、阿訇同时成为地主，宗教等级便转化为地主与农民之间的阶级对立关系。

居住在农村的回族人主要从事农业，兼营畜牧业和商业，如乾隆时期“西安回民大半耕种畜牧及贸易经营”③，即是这种复

① 勉维霖:《宁夏伊斯兰教派概要》,宁夏人民出版社1981年版,20页。
② 马通:《中国伊斯兰教派与门宦制度史略》,宁夏人民出版社1983年版,107—108页。
③《回族简史》,宁夏人民出版社1978年版,22页。

合型社会经济结构的写照。在城镇居住的回民，多从事商业和手工业。清末民初的一些方志记载了回族的职业情况，如甘肃洮州厅的洮堡，“土著以回民为多，无人不商，亦无家不农”①。永登县城南关回民“以宰牲、铲皮、贩缨、杂货为生，间亦有为农者”②。青海大通县回民“生性能耐劳苦，喜作零星贸易，兼充经纪牙侩，邑中金厂为所充斥，煤矿亦占多数”③。即使云南昭通县的回民，“住城中者，皆聚积东南岗，以造毡子做皮货为生计”④。回族经商具有普遍性，且以从事屠宰、制毡、皮货、杂货等与畜牧业有关的行业为多，一般是小商小贩。其对商业的态度与贱商的汉族很是不同，究其原因，与回族的来源有信仰伊斯兰教的阿拉伯、波斯、中亚商人及游牧民有关，传统是一个巨大的力量，加上清代人口急剧增加，耕地减少，遂使回民为了生活，更多地经营商业。

信仰伊斯兰教的回族，其生活方式也具有自己的特色。服饰方面，男子喜欢戴无檐的白色或黑色小圆帽。妇女要戴盖头，就是戴一顶大帽子，从头顶垂到肩上，把伊斯兰教视为羞体的头发遮在里面。盖头的颜色也有讲究，少女戴绿，中青年妇女戴黑，老年妇女戴白。有的地区妇女还要戴面纱。男子多喜欢穿白布对襟褂子，外套黑色坎肩。注意修饰面容，十分整洁，因受教派和年龄的影响，胡子留否、形状都有讲究。饮食方面，回族遵从

① 光绪《洮州厅志》卷2《风俗》。
② 民国《永登县志》卷2《风俗志》。
③ 民国《大通县志》第2种《种族志》。
④ 民国《昭通县志稿》卷6。

《古兰经》的戒律，不吃猪、马、驴、骡和一切凶猛禽兽的肉，禁食血液，以及自然死亡的动物，也不喝酒。回族以米面为食，吃认为可食的牛、羊等动物和家禽时，要请阿訇或可信的本族人去杀。回族人喜欢饮茶，其泡有糖、枣、芝麻等食物的盖碗茶，更是名闻遐迩。居住方面，聚居在农村相连的一片村庄，或城镇一定的地段和街道。陕西西安、同州一带："回民多聚堡而居"①，如前引资料中，甘肃永登县回民居于南关，云南昭通县回民住在东南岗。这种小聚居是为了加强团结，增强民族的内聚力量，也同回族特别讲卫生有关。

回族的婚姻家庭受伊斯兰教的影响不小，伊斯兰教规允许多妻，但不提倡多妻，还严格禁止乱婚。回族实行一夫一妻制，也存在个别多妻现象。伊斯兰教还规定女孩九岁，男孩十二岁为"出幼"，就是成年，即可成婚，所以回族早婚现象比较普遍。"伊斯兰教对回民婚姻的影响，主要表现在结婚时请阿訇写依扎布（婚书），请阿訇念经，结婚仪式有的在清真寺举行。"②受伊斯兰教影响，回族新婚房事后要冲洗周身。在甘肃固原州（今属宁夏），回民议婚，先请媒妁通姓氏，不避同姓。议妥，男方送给妇方茶果、耳环，祗告寺神，不立庚帖。再择日送衣料、奁物，告诉女家婚期，至期媒妁到女家接婚，送羊、麦、清油等物。新娘上门用车轿马驴，视富贫而异。结婚的晚上，先告上天，必请阿訇念经，然后合卺。次日，新人均先盥沐，用水壶自顶至足以水直盥毕，见翁姑、尊长、邻居以揖。宴客喜欢吃"油

①《回族简史》，22页。

② 李松茂：《伊斯兰教和回族风俗习惯》，《中央民族学院学报》1981年4期。

香”，并分送亲朋。[①]固原的上述婚俗，基本上反映了回族从缔结婚约到结婚的过程。对于聘礼的情况，其他也有记载比较详细的。在青海循化，富者要送马二匹或马二匹、骡一匹，后送被面料布二匹，被里料白布二丈。贫者先送牛，临期又送红梭布一对、绿梭布一对、蓝布裤料布一匹、蓝布裙料布一匹、桃红布主腰料一匹。[②]回族也有多种旧式婚姻形式，如妻嫂和妻弟媳的婚姻，在甘肃海城县“聚众抢夺寡妇为尤甚，而兄故嫂为妻，弟故弟妇为妻，一若分所应然”[③]。

丧葬方面，伊斯兰教规定：丧葬时，需将死者身体洗净，用白布裹身，进行宗教祈祷，实行土葬、速葬；一般葬不隔夜，最多不超过三天；葬不用棺，禁火葬。回族的丧葬基本遵守伊斯兰教规。在固原，家中妇人始死，其子、夫必告舅、岳之家来视，用水洗尸，请阿訇诵经，殓不用棺，不着衣，只用布缠尸，缠毕，使用各庄清真寺的公置木匣“塔布”，运到各寺公地下葬，有名望者或建拱拜。每祭日周年，必请阿訇诵天经，散油香。祭用羊，葬不择期，不得逾三日，请阿訇多各从门宦。葬法是首必北枕，面必西向，亲丧三年释服，期功均如例。至助葬费名曰“念经钱”，还要请阿訇写经字一幅，横贴尸前的，叫作“都娃”。[④]对于回族埋葬的过程，墓坑、念经、孝服等，青海循化地区的记载更详，同固原记载相互印证、补充，基本上可以反映出

① 宣统《固原州志》卷11《轶事志》。

② 道光《循化厅志》卷7《风俗》。

③ 光绪《海城县志》卷7《风俗志》。

④《固原州志》卷11《轶事志》。

清代回族丧葬的全貌。①

回族的节日生活源于伊斯兰教，世界穆斯林的三大节日：开斋节、古尔邦节、圣纪节，也是回族的节日。伊斯兰教历九月是斋戒的月份，称为斋月，按照该教中五功之一的斋功规定，斋月期间白天禁止饮食，夜间吃喝，斋戒期满，十月一日为开斋节，举行庆祝活动。开斋节清代亦称“大尔的”，新疆地区又称肉孜节。每逢开斋节，回族要沐浴礼拜，炸油香、摆馓子送亲友，相互拜节祝贺。西北地区的回族有的称开斋节为“过年”。据青海《循化厅志》记载，开斋节是这样的：“其闭斋之一月鸡鸣用饭，至日落复用饭，日中即水亦不饮，然惟诵经，及老成能之，其余三日五日或私开矣。过年之日，先至寺礼拜总掌教，以油香食之，遂至坟上诵经。乃至本庄拜年，互食油香，贫者麦仁饭，次日乃至各庄。”

古尔邦节是回族人民的又一重大节日，“古尔邦”意为献牲，又称宰牲节，清代亦称“小尔的”“小过年”。一般在开斋节后七十天即十二月十日举行。这也是出自伊斯兰教的“朝”功，教历每年十二月上旬，有条件的教徒要去麦加朝圣，朝觐活动的最后一天——十二月十日，宰牛举行庆祝。据说，此节还源于这样一个故事：先知易卜拉欣夜梦安拉命他杀自己的儿子伊斯玛仪献祭，天明后，易卜拉欣便要动手，于是感动了安拉，安拉送来一只羊代替了伊斯玛仪的牺牲。后来便出现了宰牲节，每逢此节，回族都要沐浴礼拜，有牛羊的还要宰杀，接待宾客，馈赠亲友，

---

① 道光《循化厅志》卷7《风俗》。

作为纪念。教徒要到清真寺观看宰牲仪式。在青海循化厅，“开斋之后七十日，谓之小过年，如汉俗之清明，亦至寺礼拜，坟上诵经。富者杀羊或杀牛，散送本庄”。

圣纪节是回族的第三大节日，以纪念穆罕默德的诞生与逝世，时间为回历的三月十二日。回族的节日活动有诵经、赞圣、讲述穆罕默德的历史等。

回族社会生活中的人生礼俗值得一提。婴儿出生之后，要在三天之内请阿訇举行宗教仪式，为婴儿命名，其仪式是，首先阿訇对着婴儿念大、小宣礼词，然后在婴儿耳上吹一下（男左女右），接着从伊斯兰教所尊崇的圣人中为婴儿选出一个名字，即为婴儿的经名。从此，婴儿便是一个穆斯林了。男孩子一般到十二岁，至迟不超过十五岁，要举行割礼。根据伊斯兰教规定，男孩子到十二岁就要承担宗教义务，履行“天命”和“逊奈”的宗教功课，因此要割包皮，开始他的宗教生活，由此看来，割礼也可以说是一种成丁礼，清代也有把这种割礼叫作“耐损”的。在举行仪式的日子，“亲友咸贺，有以礼物赙遗者。富家乃置酒馔，留贺者饮食”①。

受伊斯兰教的影响，回族还非常讲卫生。伊斯兰教规定，凡教徒有房事、遗精、月经和产期血净后必须冲洗周身（包括漱口和洗鼻孔），称为“大净”，一般礼拜之后也要做大净。回族大净所用的工具为特制的吊罐，高悬屋内，地下设一个水池子，有水道通往屋前。伊斯兰教还规定，教徒在呕吐、流血或睡眠之后做

① ［清］姚元之:《竹叶亭杂记》,82页。

礼拜时，须洗手、洗脸、洗肘、漱口、洗鼻孔，用湿手抹头，冲洗双足等，如厕后，还须洗下身，称为小净。回族在日常生活中总是干干净净。①

清代的回族使用汉语汉文，长期生活在以汉族为主体的社会中，生活方式受到汉族的一定影响，要保持一个具有共同心态的民族，信仰伊斯兰教起了很大作用。以回族婚俗为例，请媒妁提亲议婚、通礼下聘，显系吸收汉族婚俗的结果，而请阿訇写婚书、念经，婚礼在清真寺举行，则是受宗教的影响。正是因为回族社会生活中遵守着宗教规定，才构成了鲜明的民族特点。

第四节　能歌善舞的维吾尔族

维吾尔族也是信仰伊斯兰教的民族，常以白布缠头，清代汉文的记载，把他们称作“缠回”，以区别于回族。清代的维吾尔族居住在相当于今天新疆的地区，主要集中在天山南部，因此对新疆南部维吾尔族居住区，清代又称“回部”。清初，天山北部地区被厄鲁特蒙古的准噶尔汗国控制，到18世纪中叶，清朝平定准噶尔，才真正控制了这一地区。天山南部地区，清初由叶尔羌汗国统治，不久便被准噶尔长期控制，准噶尔汗国被清朝灭亡后，清朝控制了这一地区。这里我们主要探讨18世纪中叶以后维吾尔族的社会生活。

天山南部地区，维吾尔族人口的总数，清朝统一前没有完整

① 李树江:《回族民俗概述》,《宁夏大学学报》1986年4期。

的数字，统一后对维吾尔族人口进行了调查，载于乾隆三十一年（1766）官修《西域图志》一书的卷32。据此，我们将18世纪中叶维吾尔族人口的分布概况列表如下：

地区	户数	口数
哈密	1950	12163
伊犁	6406	20356
辟展(今鄯善)	2937	10373
哈喇沙尔(今焉耆)	1130	5390
库车	1112	4260
沙雅尔(今沙雅)	673	1898
赛喇木	500	1627
拜城	563	1735
阿克苏	7560	24607
乌什	822	3158
喀什噶尔	14056	66413
叶尔羌	15547	65495
和阗	13642	44603
	总计:66898	总计:262078

统一初期的统计是不准确的，但可以说，此时维吾尔族人口至少有26万人，主要分布在天山以南喀什噶尔、叶尔羌、和阗等州县。按照这个官方统计，户均人口数为3.9人。清代维吾尔族人口增殖较快，据清王朝最后一年（1911）所修《新疆图志》卷43至44有关新疆户口有1944588口，其中绝大部分是维吾尔族。

如上所述，维吾尔族主要居住在一些大的城镇，这是新疆社区特色决定的。天山南路“大小回城数十，回庄小堡千计”①。

① ［清］魏源：《圣武记》上册，中华书局1984年版，161页。

一千个左右的村庄，都是散布在各个城镇的周围，村庄里主要居住着农民。中心城镇情况不同于内地，清朝统一南疆后，实行民族隔离政策，把清朝驻军与维吾尔族居民、汉族百姓与维吾尔族百姓隔离开来。在喀什噶尔、叶尔羌、阿克苏、吐鲁番、和阗、库车等地修筑了新的城郭，取名新城，原有的城郭叫作老城。老城是维吾尔族官员和百姓的居住区，也称“回城”；满、汉两族的官员、驻军以及百姓则居住在新城，所以新城也称“汉城”。“汉、满百姓、驻军不得随意进入回城。划定汉回两城之间的某一地段为交界的场所，称作买卖街。”①中心城镇是大区域的贸易、文化中心，农业、牧业、园艺业发达的维吾尔族村庄居民，从四面八方来到中心城镇，同经营手工业、商业的市镇居民进行物资交易，城乡人民一般每七日举行一次市集，被叫作“八栅”。以叶尔羌为例，“八栅尔街长十里，每期会，货如云屯，人如云集。回汉所需，无不充裕，异宝奇珍；往往而有。牲畜粮果，不可枚举”。②

维吾尔族的社会结构涉及伯克制度。所谓伯克，维吾尔语的本意为头目，如果把职业和工种之后缀以“伯克”一词，表示某一官职。清朝统一天山南部之前，维吾尔族社会的汗之下，设有各级世袭的伯克，他们都有一定数目的亲随、家仆和农奴，构成维吾尔族社会的不同等级。统一后，清朝顺应维吾尔族习惯，在

---

① 刘志霄:《维吾尔族历史》上编,民族出版社1985年版,514页。

② [清]七十一:《西域总志》卷3《叶尔羌列传》。又,人口与社会问题可参见冯家昇等编著:《维吾尔族史料简编》下册,民族出版社1981年版,244—253、422—425页。

原来伯克制的基础上，设立了新的行政建制，废除世袭伯克制，伯克成为政府的流官。清朝任命总理城、村的阿奇木伯克以及分掌农业田亩、园艺、水利、农业赋税、手工业、军备、商业与税收、司法与治安、军事、通信、交通、宗教、教育等各级伯克三十一种之多。[①]身为朝廷命官的伯克，经济上受到清政府的优厚待遇，据《西域图志》记载，对不同品级伯克拥有的土地和佃户清政府的规定如下：

品级	土地(以帕特曼计)	佃户(称燕齐户)
三品	200	100
四品	150	50
五品	100	30
六品	50	15
七品	30	8

另有“密喇布的伯克各员专司灌溉，原有例分地亩，不另拨给，止给种地人各五名”。表中授予土地的单位帕特曼，是指能播种一定数量籽种的土地范围，一帕特曼，合内地五石三斗。称为“燕齐”的种地人，实际上是伯克的佃户。后来，清廷对各级伯克的待遇又作了部分调整，减少了土地和种地人的数量，占地改为10到150帕特曼，佃户则从2户到80户不等。伯克受到的经济损失，由清廷以“养廉费”的形式给予弥补。此外，伯克的子弟如有军功，即可豁免一切田赋和差役；并可得到“翎顶”和“世袭罔替”等待遇，伯克是维吾尔族社会的上层等级，是地主

① 冯家昇等编著:《维吾尔族史料简编》下册,228—232页。

阶级。广大维吾尔族人民还要承担伯克的“养廉费”，向清政府计口交税，这加剧了贫富分化，使阶级关系趋于明显。至于充当伯克佃户的燕齐，不仅种地，还有不少人在伯克家内服役，人身依附严重，其社会地位相当于农奴。值得注意的是，伯克们因相沿日久，将燕齐任意增至数百户，“每户只纳该伯克年例，藉免官差徭役，其本身应纳官粮分派各田户名下补交。该阿奇木伯克唯利是求，其私自充补者，皆系熟知富户。富户渐贫，又指唤殷实之户回众，贻累无穷”①。说明大量的农民为求得拥有政治特权的伯克的庇护，解脱官差徭役，反而沦为伯克的燕齐，农民地位的降低和伯克奴役人口的增加，是维吾尔族社会结构变化的重要内容。②

维吾尔族服饰多彩多姿。人们平时常戴小帽：无边，分作数瓣，瓣有棱，顶微锐而无结，质用彩绸或棉布，常绣上花。另有一种礼帽，男的高胎卷边，无舌，顶圆，缕金刻绣；女的帽顶尖圆，中腰稍细，后翅稍垂；其质夏用绸缎，冬为皮质。③妇女受伊斯兰教影响，普遍蒙面纱。男子头形不从满式，不蓄发辫，不剃髭须，常为络腮胡。女子发辫十分美观：“辫发数十，嫁后一月则梳发后垂，以红丝为络，末缀细珠宝石、珊瑚之属，贫、有丧者则否。”④女子还喜欢画眉、染指甲、戴项链、戴耳环、首饰、戒指等，讲究打扮。男子外衣多长过膝，窄袖、无领、无

① ［清］那彦成：《那文毅公奏议》卷77。
② 冯家昇等编著：《维吾尔族史料简编》下册，14、17章。
③ 冯家昇等编著：《维吾尔族史料简编》下册，448页。
④《西域总统事略》卷12《回俗纪闻》。

扣、腰系长带，下幅两旁无衩，束带佩小刀于左。女子普遍穿连衣裙，外罩西装背心或上衣，即所谓敞前襟、内衫及膝。靴和鞋都由牛、羊皮革制成，以红、黑二色为多，头稍尖，底有木跟，钉铁掌，所以“履地极响”。

饮食内容很丰富，主食以麦面、黄米、小米为主，稻米次之。家常主食是从特制火炕中烤出的面饼，称为馕。小米、黄米或做干饭，或煮粥下馕。最讲究的主食是抓饭，用大米、羊肉丝、鸡蛋、清油、胡萝卜为主料，佐以油盐椒葱做成，盛于盘中，用手指抓着吃。副食主要是牛、羊肉，蔬菜种类较少。其他食品还有黄油、乳酪、塔儿糖等。饮料以茶为主，名为府茶，①也有喝奶茶的。维吾尔族甚爱喝酒，有桑酒、桃酒、大麦烧酒、糜子烧酒、沙枣酒、牛马乳酒、葡萄酒等，种类繁多。

住所也有特色，房室多土木结构，样式为平房粉垣，门多北向，四壁绘画，室内有土炕。屋子的设计，主要有“务恰克”，穴墙为灶，直达屋顶，与地平置，生火御寒，类似壁炉；“务油克”，穴墙穿洞为阁，贮藏物品，实为壁龛；“通溜克”，屋顶开天窗一二处，利于采光、通风。另外，“屋顶正平，居人可于其上往来，及为晒曝粮果之地”“屋旁多有圆地一区，广植果木花草，开伯斯塘以避夏暑”。②

维吾尔族外出，有一种“圈车”值得一提，该车极宽，大轮尤高，有人说：“远行最稳是圈车，簿笨垂帷体态舒。”③

---

①《西域总统事略》卷12附《西域竹枝词》。

②［清］七十一：《西域总志》卷1《殊方风土》。

③《西域总统事略》卷12附《西域竹枝词》。

家庭结构方面，主要是一夫一妻制家庭。早婚普遍，婚姻的缔结多为父母尊长看好，请媒人说合的形式，还有宗教的天定与自由恋爱等形式。清人王曾翼《回疆杂记》说：“回俗鳏男寡女，每于齐集吗哈木窨敏坟礼拜之日，以婚姻叩问阿浑，阿浑翻阅经典，指众人队内一人云，此天已配定，勿误良缘！即将男女头上小帽互相换戴，虽非甚愿，无敢违者，是名天定。亦有男女互相慕悦，径自成婚”。维吾尔族的结婚过程大致是：男方邀请媒人至女家，“以连襟为词，不直言议婚”；女方既许诺，男方则宰一羊，放在绸上，用被盖好，送女家作为定婚礼物；娶亲前三天，“婿宿女家而不入内，届期女家延阿浑诵经，以毡毯抬女出门，抱之上马，至家先拜灶神，泼油于灶门，然后入房，或半年一年新妇始去障面，出见舅姑”[①]。维吾尔族离婚自由，夫妇不和，随时皆可离异，叫作“扬土尔”。丈夫提出离婚，家间什物，任妻取携而去，妻子提出离婚，不能动室中任何东西。所生子女夫妻分认，夫得男，妻得女，离异一年之中，其妻若遇生子女，夫皆承认，逾年则认为不相干。复婚和离异后保持私人关系的情况也普遍，“有离异数年，妇更数夫而前夫仍与之合者，亦有离异后又复私相往来者”[②]。至于再婚和复婚，则有一些习惯，再婚需离婚百日后方可进行，如果是在离异后复婚，夫妻则必须与别人假婚后，方可复婚。家庭财产继承法是：有子者，财产归子，女与前妻之子可以分子的一半；无子有女者，财产归女；子女俱无者，不定嗣；抚养他人之子不得分财产，由兄弟及亲戚均分；

---

① 《西域总统事略》卷12《回俗纪闻》。

② ［清］七十一：《西域总志》卷1《殊方风土》。

其妻无所出者，只分女所分财产之半。子先父母死，父母财产，照例不得由孙继承。[①]

维吾尔族人死后，请类似香火道人的“海兰达尔”数人在屋上念经，丧家戴白色孝帽，身着黑布，叫作“挂孝”。人死的当天或次日，抬至郊外掩埋，无棺椁衣衾，仅白布缠身而已。死者的亲戚等往吊念经，各以所有资助丧家。掩埋之时，请阿訇人等念经，凡亲戚所资助及死者衣服，皆散于众人，以求冥福，认为散财多寡，则得冥福厚薄。子为父母，妻为夫，兄弟亲戚皆挂孝四十日，春秋佳节，以羊肉糜墓祭。[②]

维吾尔族人能歌善舞，文化娱乐生活充实。乐器很多，以羊皮鼓为主，琴有提琴、洋琴、胡琴等等，还有管乐和苇茄木管。“声音之抑扬高下随鼓起落，而鼓舞之节奏盘旋，亦以鼓为则”。歌舞常是在宴客欢乐之时进行，所谓“回乐各器，男女杂奏，歌唱回曲，酒酣，回女逐对起舞，群回拍手呼叫，以应其节”[③]，这种舞蹈，清人称为“偎朗”。维吾尔族音乐、舞蹈最杰出的代表是十二部套曲的《木卡姆》，并由此分蘖、派生出一系列地方性的大型编组调式。维吾尔族舞蹈丰富，有徒手舞，在婚礼喜庆、盛大节日、亲友欢聚时，徒手舞《赛乃姆》十分适宜。《麦西来甫之夜》的舞蹈，具有聚餐性质，在夜间举行，大家一起即兴舞蹈。还有化装舞等，惟妙惟肖，趣味横生。维吾尔族民间百戏很多，有筋斗、杵戏、舞刀、舞盘、踏铜索、赛马、叼羊等，

① ［清］袁大化修，王树枏等纂：《新疆图志》卷48《礼俗》。
② ［清］七十一：《西域总志》卷1《殊方风土》；《新疆礼俗志》卷48《礼俗》。
③ ［清］七十一：《西域总志》卷1《殊方风土》。

形式多样，在叶尔羌尤为盛行。

维吾尔族的主要节日也是伊斯兰教的三大节，与回族相似，这里不赘述。需要指出的是维吾尔族有拜天送日的风俗：于城东架木楼，每天下午五点，楼中鼓吹送日西入，毛喇、阿訇人等西向礼拜讽经，叫作“纳马兹”。“纳马兹均于日未出，日将入及五鼓己未等时，日凡五次，率以为常”①。

此外，相见礼也有特色：平民相见，无跪拜礼，遇尊长交手抚胸，俯首诵“赛拉玛里坤贴斯列海”再合手摸面以为亲敬，“女子相见以靥相抚掩，尊长与卑幼相接以唇。”②

维吾尔族的社会生活受伊斯兰教的影响很大，但同回族的社会生活仍有不小的差别。维吾尔族来源于回纥，与回族不是同一族源，汉化也不及回族深。人们使用本民族的语言文字，有特有的生活方式，聚居在新疆地区的城镇及其周围的农村社区，这些社区多在有水的绿洲，有着特定的生态环境。显而易见的是，维吾尔族能歌善舞，生活丰富多彩；而回族的娱乐生活不多，似乎更注重吃苦耐劳。

第五节　政教合一社会制度下的藏族

清代藏族居住地区分为五大部分：卫（前藏）、藏（后藏）、阿里三部归清驻藏大臣管辖，分别以拉萨、日喀则、噶大克为行政中心；喀木（康），在今西藏东北和四川西部地区，归四川雅

---

①［清］七十一：《西域总志》卷1《殊方风土》。

②［清］袁大化修，王树枏等纂：《新疆图志》卷48《礼俗》。

州府管辖；甘肃青海地区的藏族归西宁办事大臣管辖。不同地区的藏族，在清朝的称呼不尽一致，西藏地区的称土伯特，甘、青一带的称唐古特，甘、青、川的藏族还被称为番或番子。

藏族信仰藏传佛教。明朝以来其流派之一、由宗喀巴创立的格鲁派在藏族中取得了统治地位，格鲁派的领袖达赖和班禅是藏族信仰的中心。此外，另一支派宁玛派也有一定的势力。西藏寺庙林立，教徒众多。据清乾隆二年（1737）统计，居住拉萨布达拉宫的达赖掌管百姓121438户，寺庙3150座，僧人302560人，平均每户2.5人当僧人；居住在日喀则扎什伦布寺的班禅掌管百姓6752户，寺庙327座，僧人13671人，户均2人当僧人。总计格鲁派拥有百姓128190户，寺庙3477座，僧人316231人。由此，我们也可大概知道乾隆时达赖、班禅控制的总人口数和格鲁派僧人占总人口的比例，如果以每户四口和五口计算①，百姓数分别为512750人和640950人，加上316231名僧人，总人口数则分别是828981人和957181人，僧人约占人口的三分之一，相当于百姓的二分之一。藏传佛教的另一支宁玛派管辖百姓40000余户，寺庙120座，僧人25000人，户均0.6人当僧人。按照上述计算方法，属于宁玛派的人口约为185000人和225000人，加上格鲁派所属人口，合计为1013981人和1182181人。②总之，乾隆时期，藏族人口约百万之众，藏传佛教的势力很大，僧人约占西藏总人

① 据四川阿坝1952年调查，毛尔盖牧区户均4.53人，农区户均4.23人，中阿坝地区户均3.7人，嘉绒地区不过4.5人。见《四川省阿坝州藏族社会历史调查》，四川省社会科学出版社1987年版，62、178页。基本反映了藏族社会的家庭规模，其他资料类似，姑以4—5人为家庭平均人数。

② 《西藏志》，西藏人民出版社1982年版，47页。

数的三分之一，家庭“子女多者，必有一二为僧，女为尼者”[①]。僧人集中在寺庙里，以格鲁派论，根据前述统计可知，平均每90.9名僧人拥有一座寺庙。寺庙是僧人生活的地方，也是藏族社会生活的重要场所。

从达赖、班禅到寺庙负责人，是藏族的宗教领袖，属于社会的上层。此外，西藏噶伦、戴本、营官、第巴等官员与藏族世家贵族也是社会的上层。藏族地区分农业和畜牧两种经济形态，除了僧侣人员外，藏族人主要从事农业和牧业。西藏的土地分别掌握在政府、贵族、寺院手中，农民则分属其下。统治阶层与属下百姓的关系是明确的：“各世家本身属下百姓，及噶伦、戴本、营官、第巴各人属下百姓，及各寺庙种香火地者，各为初息百姓，此三项百姓，虽较之达赖属下百姓差事稍轻，其内寒苦之人，亦难保其必无。”[②]属下百姓耕种主人的庄田或香火地，每家给藏房一所，各处庄田有主人派来的庄头管理，大约给籽种一克（相当于汉地一斗），百姓根据土地肥瘠的上、中、下，分别交粮五克、七克、十克不等。剩余粮食，庄头自收食用，不给乌拉颗粒。（所谓乌拉，只指农民出人、畜代种庄田所作的无偿劳役，遂使农民本身农作耽误。）庄头派出的“番目”又千方百计从中剥削农民。其他乌拉差役也很多，当时人说：“百姓穷苦之故，原因乌拉、牛马、人夫、柴草、差事繁多所致。”[③]牧区有牧主与雇牧、赁牧的社会经济关系，也有自牧的社会经济形式，牧民要

①《西藏志》，29页。

②《卫藏通志》，西藏人民出版社1982年版，460—461页。

③《卫藏通志》，456、457、473页。

承担马差、牛差等乌拉差徭和畜税。总的来说，西藏实行的是领主制，农、牧民与统治阶级的隶属关系较强，处于农奴的地位。

藏族服饰富有鲜明的民族特色，由于分布的地理环境与经济形式不同，农、牧区服饰有所差别。农区的服装有藏袍、藏衣、衬衫等，藏袍的质地为氆氇，形制为大襟，且在右襟下钉一个纽扣，或用红、蓝、绿的带子相结。男式藏袍以褐色为多，在领、袖、襟和底边镶上彩条绸、布。女式藏袍多是黑色、对襟，夏秋穿不带袖的藏袍。腰间扎有色彩鲜艳的腰带，前面系一条有红褐色或各色绸缎横条的围裙。男子的长袍长于一个人的身长，过长的部分用腰带系于腰部，垂下去的部分刚过膝盖，在腰部形成一个大口袋，日常用品诸如木碗、小糌粑袋、酥油盒等，可放入其中。晚上睡觉时把腰带解开，藏袍脱下去，刚好把全身盖起来，成为临时的被盖。藏衣也大多是氆氇做的，分上衣和裤子，男子为黑白二色带大襟，女子为黑色对襟式样。藏衣多是劳动时穿。衬衣男女有别，男为高领白衬衫，女为翻领花衬衫。女衬衫的袖子比其他衣袖长出一块，长出部分平时挽起来，在跳舞时放下，伴随着舞蹈的动作，袖子翩翩飞舞于空中。牧民的服装与农民服装式样、颜色相同，差别是牧民服装质地不同，大多为皮革质地，这主要是适应牧区一般地势高、风沙大、气温低的需要，加之皮子来源方便。牧民的皮袍皆为带襟羊皮所制，比较肥大。藏族穿袍的习惯特殊，一般只穿左袖，右袖从后面拉到前面，然后搭在右肩上，天热时左袖也不穿，把两袖拉到前面，分在腰间。

帽子式样很多，男女各有不同，一般男戴红缨毡帽，女戴红毡凉帽。妇女“头发从顶分两旁，搓如绳交脑后，稍以绳束之。

女子未嫁时，脑后另分一辫，以宝石、珍珠、珊瑚之类戴辫上；若受聘，则将夫家所定之金镶绿松石一大块戴头顶上；嫁为妇则不复辫发”①。

饰品方面，喜戴戒指，左手戴银钏，小时在右手戴砗磲圈，到磨断为止，认为这样可以死后不迷路。还戴耳环、耳坠，男女皆喜手持素珠，不拘贵贱，皆颈挂素珠一二串及一个银盒，内装护身佛、子母药之类，胸前必挂银镶珠石环。妇女还常用酥油涂面，以保护皮肤。男子多佩带腰刀、火镰、鼻烟壶等饰品。藏族均穿靴子。

僧人的服饰形制与普通藏民基本相同，“一为袍，一为袈裟，戴僧帽。初固以其色之黄、红分别教派，后亦有黄教而衣红者。……至其冠，则冬为平顶之方毡帽，夏为平顶之竹笠”②。

藏族的饮食别具一格。高原气候的农牧业经济，同饮食紧密相连，农业区主要种植作物有青稞、小麦、胡豆、豌豆、菜籽，牧区饲养牛羊。所以藏族饮食以糌粑、酥油茶为主。糌粑是用青稞或豌豆炒熟磨成面，吃时用茶或酥油拌和，“用手调匀，捏而食之”。饮食随便，每人随身携带木碗，吃糌粑以手抓，“老幼男女皆随地坐卧饮食”。③糌粑携带方便，在地广人稀、寒冷的高原，便于充饥。用餐前后要饮数碗酥油茶。“晚餐或熬麦面汤、芋麦面汤、豌豆汤、元根汤。如仍食糌粑，亦饮熬野菜汤下之，

① 《西藏记》，25—26页。
② 徐珂：《清稗类钞》13册，6160页。
③ 《西藏记》，23页。

或以奶汤、奶饼、奶渣下之。”①因西藏蔬菜极少，所以便吃野葱、野蒜等野菜。酥油是将牛、羊奶放入桶中，用木棍搅打使其浮于表面，取出便成。酥油茶是在盛有用砖茶熬成的很浓的茶汁中，加入酥油和盐巴用木棍调融而成。牛奶取出酥油后，剩下奶水，热熟后放入罐中，数日后变酸即成为奶汤。把奶汤用布包好，经数日，水滴干而成奶饼，日久变碎，则成奶渣。酥油茶等奶制品能产生很大热量，喝后可抵御高原地区的寒冷。藏民杀牛、羊用绳，使牛、羊的血悉在腹中，把血贮于盆，放上糌粑与盐调和，装入牛、羊的大小肠，叫作“血灌肠”，微煮而食，或赠亲友，以为上品。藏人一般不吃鱼类和禽类（认为鱼类雀鸟吃葬后的尸体），也不太喜欢吃兽肉。藏族所食酥油、牛、羊等均是高脂肪食品，故特别爱喝茶，以消食解腻。茶主要从四川输入，成为生活中不可或缺的东西。还喜欢喝青稞酒。农区以吃糌粑为主，牧区则以食肉、奶类为主。

藏族的居住情况不同于内地。农业区都住房屋，“房皆平顶，砌石为之，上覆以土石，名曰碉房……凡乡居之民，多傍山坡而住”②。这种房子低矮，一般为二三层，上层住人，下层饲养牲畜，放置柴草杂物。有的地方冬天住底层，夏天居二层，冬暖夏凉。盘腿而坐是藏族的习惯，坐卧都用垫子。牧区居住以帐篷为主，和蒙古族不同的是，帐篷多为方形，用木棍在中间架起，上覆黑色牦牛毛毡毯，四周系以粗毛绳拉拽，钉在地上，帐内中间置火灶，灶后供佛。

---

① 徐珂:《清稗类钞》13册,6250页。

②《西藏记》,32页。

西藏地域辽阔，气候寒冷，交通运输比较困难，牦牛是长途运送货物的主要工具而水上交通主要用牛皮船。[①]

西藏城镇的面貌涂上了政教合一社会制度的浓重色彩，影响着藏族的社会生活。拉萨、昌都等大城市均是以佛殿经堂或寺院为中心发展起来的，城镇与寺庙结合在一起。地方政府叫宗（相当于县），很多城镇以宗为主体，居住区、寺院围绕宗山建筑，宗政府占据山头，居民区簇拥在山下，寺庙或位于城镇一端，或建于山腰，日喀则、江孜的布局均是如此。城镇中的寺庙不仅是宗教活动的场所，也是一个地区政治、经济、文化的中心。寺庙主要进行修习经论等宗教活动，还要进行语言文字、医药、天文历算教育，垄断了藏族社会的文化事业，这些都由寺庙附设的学校进行。寺庙还要管理宗族，属民甚多。寺庙有独立经济，占有庄园，拥有耕地、牧场和农、牧民。庄园既是贵族住宅，又是庄园管理中心，庄园城墙一般设有防御性设施，园内拥有大量仓库，磨坊等工场，还有惩罚农奴的牢狱。庄园主与家奴的居室优劣差别极大。[②]

藏族的婚龄通常为十五至二十五岁，妻往往长于夫。婚姻为阶级内婚和血缘外婚，首重门户相当[③]，“王室及阀阅之家，其女不适下级人民，苟不得相当之偶，宁送其女于僧院尼庵”[④]。同一祖先的后代严禁通婚，母系亲属传七世以后，才可通婚。藏族

---

① 龚思雪:《西藏风情》,四川民族出版社1985年版,108—121页。

② 《西藏风物志》建筑部分,西藏人民出版社1985年版。

③ 《西藏志》,28页。

④ 徐珂:《清稗类钞》5册,2011页。

多实行包办婚姻，即“婚姻之始，男女家皆由父母主持”①。婚姻多由媒人介绍而成。贫家结婚不用媒妁，男女各适所好。表明通婚之意时，要将哈达献上。家庭的构成有一夫一妻、一夫多妻和一妻多夫三种形式，其中一夫一妻的家庭最为普遍。一夫多妻家庭又有姐妹共夫、母女共夫两种情况，前者多是男方缺少劳动力所致，后者多为男子续娶，妻方带有女儿形成。至于一妻多夫家庭有三种情况：一种是兄弟共妻，这是一妻多夫家庭的主要形式，“一家弟兄三四人，只娶一妻共之。如生子女，兄弟择而分之。其妇人能和三四弟兄同居者，人皆称美，以其能治家”②。一妻多夫家庭同财产继承有关，“父有数子时，但为之娶一妇，长子死，则令次子继之为夫，以次递传，以便共守祖之遗产而不分”③。第二种是父子共妻，由父亲丧偶与子妇或继母与前妻之子形成，但“父或叔与其子或侄共妻，虽有之而绝少”④。第三种是朋友共妻的家庭。藏族的离婚、续娶、再嫁较为自由，男女均视再婚与初婚同样，两者的婚礼没有什么差别。⑤藏族无姓氏，没有宗族组织，无祖先崇拜风习，儿子多的家庭，或出家当僧人，或入赘别家。儿女婚后，一般另立家庭，独立生活。妇女是家务、生产劳动的主要承担者，家庭和社会地位并不很低。僧侣中格鲁派禁婚，其他僧人可以结婚。

藏民的丧葬方式种类不少。塔葬，只限于达赖、班禅等大活

---

① 徐珂:《清稗类钞》5册,2011页。
② 《西藏志》,28页。
③ 徐珂:《清稗类钞》5册,2012页。
④ 徐珂:《清稗类钞》5册,2012页。
⑤ 严妆娴主编:《中国少数民族婚姻家庭》,中国妇女出版社1986年版。

佛，将经过脱水和涂上各种药物、香料处理后的尸体放在灵塔内。火葬，是上层僧人和达官贵人死后，将其骨灰制成舍利宝塔供于殿内或拨散。地葬，有绳缚尸，使其膝口相连，两手交叉腿中，以死者旧衣裹之，盛于皮袋，悬之梁上，招僧人诵经，数日后送至剐人场，碎尸喂狗，其骨以臼捣碎，和糌粑抛之。水葬，藏族认为水葬卑贱，只有乞丐、疯子、赤贫或患有传染病和孕妇、没有孩子的妇女才使用这种葬法。遇有丧事，“亲友吊问，穷者助以银钱一二枚，富者以哈达慰问，并送茶酒。其孝服男女，百日不穿华服，不梳不沐，妇人不带耳坠素珠而已，他无所忌”①。

藏族的丧葬习俗与佛教有关。释迦牟尼死后香木焚身，故藏族有火葬等葬法。

藏族节日众多，藏历元月初一是新年，商民停市三天，各以菜、酒、果、肉等食品相互馈送，见面互致吉祥如意。初二，布达拉宫前有杂技表演。元月期间拉萨大昭寺举行祈祷大会，各大寺的僧人皆集中于此，法会期间要进行布施。元月十五日为灯节，观赏酥油花灯，视天上之阴晴雨雪，及灯焰之晦明，占卜来年丰歉。二十三日到月底有赛马、赛跑和跳神驱鬼仪式。二月三十日，挂大佛亮宝于布达拉山，僧人分列成行化装下山，手执旗幡宝品，供人观赏。四月十五日是佛祖纪念日。五月十五日为林卡节，林卡即园林的意思，此节有逛林卡娱乐的活动。七月初一至初五是雪顿节，即酸奶子节，清代该节常演出藏戏，并逐渐变成雪顿节的主要内容，故又称藏戏节。七月十五日或八月为望果

① 《西藏记》,29页;徐珂:《清稗类钞》8册,3553页。

节，庆祝丰收，节后开始秋收。七月十三日到八月五日是沐浴节，人们将凉棚帐房设于河边，遍请亲友，不分男女，同沐于河，以此除病。十月十五日为仙女节，有多种降神活动，据说这天是文成公主诞辰，此节是为纪念她。十月二十五日为燃灯节，因是格鲁派创始人宗喀巴圆寂日，各家以及寺庙窗户、墙壁间皆燃灯，并以灯焰之色卜来年吉凶。十二月二十九日是驱鬼节，各寺院跳神驱鬼，“至晚绕召放枪呐喊，以为驱邪逐鬼……各寺院俱有会，男女皆华服盛饰，群聚歌饮，带醉而归”①。

藏族的文化娱乐生活较为丰富。时令杂戏有“选幼童十余人作跳钺斧戏”、翻竿、竞马、赛跑、跌打、舞蹈、摔跤、举重等。藏族也是能歌善舞的民族，喜唱民歌，且多伴舞。“锅庄”是普遍流行的群众性自娱歌舞，锅庄是藏语“果卓”的变音，即圆圈之意，男女分班拉手走圈舞蹈，轮流唱和，甩袖以应节步。藏戏是群众娱乐欣赏的重要形式，在藏族歌舞、说唱表演和宗教仪式的酬神谢鬼等娱乐生活、宗教生活的基础上于清代形成。

总之，藏族的社会生活受到两大因素的制约：一是政教合一的社会制度，二是高原的生态环境，遂造成了藏族僧、俗一比二的人口构成，生活以寺院为中心，社会经济结构主要为高原农、牧业与寺院结合的庄园农奴制，衣食住行、婚姻丧葬、时令节日也表现出宗教与生态结合的特点。

---

①《西藏志》，20—22页；徐珂：《清稗类钞》1册，10—13页。

第六节　服饰多样化的苗族

清代的苗族，广阔地分布在贵州、湖南、云南、广西、四川、广东等地，大分散、小聚居，与汉、土家、侗、布依、彝、壮等民族的村寨交错居住，各地生态环境差异很大。苗族社会的发展很不平衡，边缘地区受其他民族影响较大，汉化明显，聚居区的中心地带，保持本民族的传统较多。

在湘西和黔东南苗族聚居区的中心地带，被清朝称为“生苗”“生地”，其社会组织主要是“合榔”“合款”的农村公社组织，榔款有大、小之别，集一个或几个村寨为一小款，集几十个至百余个村寨为一大款，方圆数里至百余里。榔款的各级首领由公众推举产生，负责统辖各部落、处理纠纷、裁判罪犯、主持祭礼、指挥战争。各榔款独立存在，不相统属，没有统一的首领和行政机构。榔款的首领多是地主和部落头人，阶级分化明显。榔款规约，对内维护社会秩序，不准抢劫偷盗，不准谋财害命，不能翻悔买卖田地，不得怠慢寨长、头人；对外保护本区安全，各村寨互相支援，抵抗外族和官兵侵犯，也负责召集族众，外出掳掠财富，或打击敌对者。民间发生纠纷，大的由榔头、款首解决，小的由“行头”解决，有“三老四少”参加，一般按当地人情和习惯法处理。[①]还有一些资料把村寨组织记载为“乡老”。贵州的东苗、西苗等“惮见官，有不平，惟

① 中国科学院民族研究所、贵州少数民族社会历史调查组编:《苗族简史简志合编》,中国科学院民族研究所1963年版,37、47—48、87页。

从乡老决之”[①]。云南苗族各村寨内部“不论人口多寡，皆立乡老”[②]。这种乡老与榔款当属同一性质，处理苗族的内部事务，改土归流并不能取缔之。

清代的苗，作为族称，一般泛称西南等地部分少数民族，如仲家苗、侗家苗、水家苗等，实际上这些苗人分别为布依族、侗族和水族。狭义的苗族，根据各地苗族服饰颜色的差异，划分为花苗、红苗、青苗、白苗等。不同地区的苗族服色不同，以女服尤甚。

在贵州，花苗男女服装用破旧布条织成，上衣无襟。用青蓝布裹头，少年在前额缚楮皮，婚后去之。妇女挽束头顶的头发较长，另掺杂些头发或马尾成为好像斗笼的发式。衣服用蜡染法制成花纹，所以叫作花苗。在云南，花苗男子青布裹头，短衣跣足，妇女束发戴五色花冠，耳缀银环，着紫布短衣，系绣花布裙，跣足，能织苗锦。

贵州的红苗，衣用自织斑丝，男椎发髻，束红帛，女戴紫笠，短衣绛裙，以锦缘边，垂带。湖南的红，男蓄发去须，衣缀锡片，领、带俱尚红，出入佩刀。妇髻插银梳，衣短衫，系绣裙。

又如青苗衣尚青，在贵州，男子戴竹笠，穿草鞋佩刀，妇女用青布包头，缀以珠石，短衣短裙。在湖南，青苗妇女插木梳，不着裙裤。

还有贵州的白苗，男子不戴帽，赤脚，妇女把头发盘在头

① ［清］田雯：《古欢堂集·黔书》；［清］傅恒等：《皇清职贡图》卷8。
② 乾隆《镇雄州志》卷3《风俗》。

顶，插长簪，衣尚白，短仅及膝。[①]晚清人徐家干考察黔东北后说，苗族穿短衣，尚青色，妇女上衣小袖无襟，下穿裙子，没有重衣，用青棉布做百褶裙，束腰带，冬夏无异。

苗族无论男女都喜饰银器，戴耳环、项圈，妇女各戴手钏。[②]

总而言之，苗族服饰的基本特征是：男女绾髻插簪，裹以头帕，或戴笠。男装是短而小的无襟上衣和裤子。女装为小袖无襟短衣，喜穿裙。男女一般赤脚，或穿草鞋。妇女喜戴耳环、项圈、手镯等银饰。苗族服装所用布，都是苗族妇女自织自染。

苗族以耕为主，兼事畜牧，普通的膳食以杂粮和野菜为主，喜吃荞麦，常把它用作正餐。乾州的红苗一日三餐，粟、米、杂粮并用。盐特别贵，苗族视如珍宝。[③]贵州花苗所食多以麦稗杂野蔬，间或有些稻子，都储存起来准备交赋税，或招待客人。有的人终生吃不上谷物。苗族喜吃酸菜，坛子菜和酸汤每家必备，这与长期缺乏油盐有关。嗜酒在苗族很普遍，甚至“苗妇多好饮，或置酒召之，则老幼偕至，饮次唱歌为乐，群以酒奉召者，受之则兴高色喜，否则歌止随罢而去”[④]。

在居住方面，部分地区是“民苗杂居”，多数为苗人聚族而居。苗族聚居地叫作寨，每二三百家或百数十家不等，依山傍涧、刀耕火种，形成的大小村寨，是苗族普遍的情况。不过

---

① [清]田雯:《古观堂集·黔书》;[清]傅恒等:《皇清职贡图》卷3、7、8。

② [清]徐家干:《苗疆见闻录》卷下,贵州人民出版社1997年版。

③ 徐珂:《清稗类钞》13册,6251页。

④ [清]徐家干:《苗疆见闻录》卷下。

寨中房屋建造的地点，房屋所用建筑材料、式样等各地是有差别的。如黔南花苗散处山谷间，“诛茅构宇，不加斧凿，架木如鸟巢，寝处粮炊爨与牲畜俱。夜无卧具，掘地为炉，燕柴而反侧以炙，虽隆冬稚子率裸而近火”①，他们所住的是建于山脚或山腰的茅房。湘西辰州苗族分布在崇山峻岭中，其居住“俱卜宅悬岸上，凿石窍以栖，间有编篁架木者。其以瓦覆屋者，每屋三五间，每间五六柱，无层次定向，亦无窗牖墙垣，缭以茅茨，檐户低小，出入俯首”②，这里的房屋有茅草房和竹、木起架屋顶盖瓦的房子，但多数人居在山洞里，人们的居住条件相差较大。

苗家婚姻的缔结，有自由恋爱和父母包办两种。每逢起场、节日及喜庆时，青年男女进行公开的社交活动，以唱歌、跳月为媒介。如贵州的花苗、白苗、东苗“每岁孟春择平地为月场，男吹芦笙，女摇铃，盘旋歌舞，谓之跳月。相悦则共处，生子乃归夫家”③。再比如，湖南辰州苗族，俗以三月三举行跳月活动。未婚者悉盛服往野外，男女各成列，坐在山脚下，轮流唱歌。苗族把未婚男子叫作马郎。“女先唱以诱马郎”，歌毕，男子依次续唱相和，女子对某男子有好感，便根据马郎歌中意思续唱。歌未唱完，男子坐于女子近处，相距二尺许，女子询问男子的情况，男子告之姓氏里居，“女起，曳其臂，促膝坐”。然后再唱情歌，表示彼此难分的情感。“抵暮，男负女去，诘旦，偕女诣外舅家。

① ［清］田雯:《古欢堂集·黔书》。

② 徐珂:《清稗类钞》1册,192页。

③ ［清］傅恒等:《皇清职贡图》卷8。

其聘资以妍媸赢缩，凡三等，均有定额，贫者亦必取盈。”[①]父母包办的婚姻，通常由亲友说合。许多地区实行姑舅表婚，舅家可优先娶外甥女，如贵州的黑苗，“婚嫁，以姑女家为舅媳。舅无子，必重献银钱于舅，曰外甥钱，无则终不得嫁”[②]。苗族有新婚不落夫家的习惯，“生子乃归夫家”。离婚比较自由，严如煜《苗疆风俗考》说：“夫妇不相得，则夫弃其妻而别娶，妻弃其夫而别通”。双方都可提出离婚，往往是谁先提出，谁就要向对方赔财礼。苗族的家庭，“父子兄弟无共处一室者，子长分爨，架数椽为屋，即另一户矣”[③]，可见其家庭结构是夫妻与未成年子女的小家庭。家庭系一夫一妻制婚姻，男子有家产继承权和赡养父母的义务。

贵州花苗遇有丧事，则宰牛招戚属，亲朋从各处带着酒食来奔丧，环哭尽哀。葬不用棺，“敛手足而瘗之。选择葬地要占卜，方法是把鸡蛋扔在地上，鸡蛋不破，则以此地为吉”[④]。湖南乾州红苗有丧，“不设木主，葬无棺椁，以筊卜地，浅瘗而封之，宰牲墓祭。过三年，不顾视。初丧受吊，椎牛设饮，谓之送哭”[⑤]。一般来说，苗族多行土葬，不用棺椁，丧葬仪式由巫师主持，进行占卜，选择葬地。

苗族重祀祖祭神，各地情形又有不同。湖南永绥等处红苗“俗尚鬼，每亥、子两月杀牛祭礼”。贵州白苗“岁以牯牛祀

---

① 徐珂:《清稗类钞》5册,2015页。
② 徐珂:《清稗类钞》5册,2018页。
③ [清]严如煜:《苗防备览·村寨考》。
④ [清]田雯:《古欢堂集·黔书》。
⑤ 徐珂:《清稗类钞》8册,3557页。

祖，惟主祭者衣青，先期择牝者与各寨牛合斗，胜即为吉”。西苗“俗以十月收获后，每寨出牝牛三五只，延喜歌祝者，著毡衣大帽履革靴前导，男妇悉青衣彩带，吹笙蹈舞随之，历三昼夜，乃杀牛以祀，名曰祭白号”。黎平黑苗“以腊月辰日为岁首，每周一纪，以牝牛祭神，谓之吃牯脏”[①]。都匀等处黑苗，“每十三年，畜牝牛，祀天地祖先，曰吃牯脏”[②]。这种杀牝牛祭神祀祖的活动，举行日期不一，称为“吃牯脏”“祭白号”。收获后进行这种活动，又有庆祝丰收的意义。“吃牯脏”使耕牛损失不少。鬼神迷信表现为多方面，苗族称巫为鬼师，病不服药，用鬼师祈祷，鬼师乘机敲诈苗民杀牛宰鸡，极贫者也如此，往往因此破产。而且遇事必卜，“或折茅或熟鸡，取其胫骨与脑验之”[③]。

苗族的岁时节日具有地区性，各地节日的名称、时间和内容差别较大，节日主要在农闲时举行。有苗年，在农历九月、十月或十一月的卯、丑等日，盛行于黔东南和广西大瑶山地区。不少地区还过春节。四月八日是个以社交欢乐为主的节日。五月初五有的地区为龙船节。六七月间有吃新节。总之，苗族聚居区多本民族传统节日，杂居区则同汉族及其他民族的节日有共同之处。节日里，苗族的娱乐形式以唱歌、吹芦笙、踩鼓、斗牛、赛马和打秋千等为主。民间音乐丰富，几乎人人都爱唱歌，唱情歌为人所必备的才能。民族乐器以芦笙为主，凡唱歌以笙和之。此外

① ［清］傅恒等:《皇清职贡图》卷3。
② 徐珂:《清稗类钞》13册，6251页。
③ ［清］田雯:《古欢堂集·黔书》。

鼓、箫、笛、唢呐也是常用的乐器。舞蹈以芦笙和鼓伴奏为多，常在节日中集体进行。贵州苗族跳月盛行芦笙舞。苗族还有一种踩鼓舞，“每于平地置鼓中央，以老妇击之，年幼男女则皆周环行走，且歌且笑，亦蹈亦舞”①。

苗族社会生活保留了较多的原始社会习俗，如榔款与乡老的村社组织，跳月择偶、不落夫家的婚俗，杀牛祭神祀祖的信仰等。苗族服饰多样化，娱乐生活较丰富，是一个活泼的民族。

第七节　黑白二彝的社会生活

彝族，清代文献常以“倮㑩”“倮倮”“㑩㑩”等名称之，居住在相当于今天四川南部、贵州西北部、云南各部以及广西西部地区。川、滇、黔交界地区的彝族，在雍正末年人口已不下数十万。彝族社会发展不平衡，四川凉山地区的彝族尚处于奴隶社会，其他地区的彝族基本上已进入封建社会。

雍正、乾隆时期，四川西昌、凉山，贵州毕节，云南昭通、楚雄等地区，实行着奴隶制度，彝族社会分为三个等级：地位最高的是土司、土目、黑彝头人，他们蓄有家奴，是奴隶主贵族；次于黑彝的白彝是被统治的中间等级；家奴可被任意买卖、打死，是最低下的等级。土司和土目（彝称兹莫）一般指曾受过清朝封赠的所谓“熟番”首领，黑彝（彝称诺）一般已纳入土司控制之下，极少数是腹心地区未接受土司控制的所谓“生番”。土

① ［清］徐家干:《苗疆见闻录》卷下。

司及黑彝，占有辖区的全部土地，在不同情况下占有所属白彝与家奴的人身。土目是执行土司统治权力的代理人，黑彝与土司、土目有直接联系或不接受控制，他们基本同属于一个等级。但在土司、土目能够进行强力控制的地区，黑彝对土司有一定的隶属关系，处于同一等级内不同的等第。白彝的地位与土民相当（凉山彝称格节或曲诺），他们与土司、土目有着强烈的人身隶属关系，彝族土司还奴役着地位和白彝或土民基本相当的其他民族，使他们逐渐同化于彝族。清中叶，黑彝在凉山腹心地区发展，将土司势力逐渐排斥至边沿地区，统治大量的白彝。婢仆亦称家奴，凉山彝族自称濮节，水西彝族自称为濮兹，意为女奴和男奴，有单身奴隶，也有配婚成家的分居分食的奴隶。此外，奴隶主家庭还有从毗连地区居民掳掠来的部分单身奴隶。土司（土目、黑彝）、白彝与濮节三个等级在清代分化，云南、贵州等地区还出现了乾啰啰（即刚夷）成为继黑、白彝之后的第三等级。清代中后期，随着改土归流，彝汉杂居区的扩大，在凉山以外地区，奴隶制被封建制所取代。①

家支制度。今人对解放前彝族家支制度研究甚多，家支组织具有连续性，基本特征与清代相同，由此，我们得以窥见清代家支制度的面貌。凉山彝族的家支是一种按照父系血统纽带组成、内部不通婚的集团，大体相当于汉族地区的氏族。家支制度分为黑彝、白彝两种：黑彝的家支，有楚加，汉译为家。下面分支出许多楚吉，汉译为支，也就是黑彝氏族下面分支出许多家族，一

① 胡庆钧:《清初以来彝族奴隶制度的变化》,上海人民出版社1981年版。

般传世几代到十几代，传世长者为大家族，又分出若干传世较短的小家族，再下为个体家庭，彝族称为布，它是彝族社会的基本生产单位，也是以婚姻和血缘关系为基础的社会细胞组织。黑彝大都认为他们系古候、曲涅两兄弟世代相传形成。白彝也有自己的氏族和家族，一般来讲，白彝氏族必须置于黑彝氏族控制之下，因此不能聚居一地，而分散隶属于各自的主子，小股分居在黑彝氏族范围之内。总之，家支具有共同的特点：每个家支都有命名的称号；都有世代相传的父子连名谱系；具有家族公有地与火葬场；实行氏族外婚；氏族内部实行相互援助与保护；对同氏族成员违反习惯法的事件要严厉制裁；等等。氏族组织的主要工作体现在头人所进行的公务活动，适应处理日常事务，调解纠纷以及组织动员的需要等。彝族还有集会制度，集会一般由头人主持，由各类群众分别或共同参加。黑彝氏族机构除保留某些对氏族成员一视同仁的民主权利外，主要根据习惯法对奴隶群众进行统治。①

在婚姻方面彝族实行等级内婚制，清初以来日趋严格，表现为土司、土目、黑彝、曲诺、安家（分居奴），基本上只能在各自的等级或等第范围内联姻。尤其是土司与格节、黑彝与白彝之间，严格禁止婚姻关系或性关系，这成为彝族社会习惯法的一项重要内容。彝族的婚姻也讲求聘礼，并有媒妁牵线，在云南东川府，“聘妇议银币，娶议牛马，轻重多寡，凭媒妁口，贫者不易得妇”②。云南峨边黑白彝婚姻不同，黑彝嫁女给羊皮一张、绳

① 胡庆钧:《凉山彝族奴隶制社会形态》,中国社会科学出版社1985年版。

② 光绪《续云南通志稿·南蛮志·种人》,以下该书引文不赘注。

一根，作为背负之具；白彝以牛为聘，及期来女家夺其女而归。[1]这种抢婚现象还有其他的记载："倮倮娶妇，则请兵于官以劫之，妇家亦以兵守。"[2]彝族除少数土司和黑彝头人实行一夫多妻外，基本是一夫一妻的父权家庭，不过妇女的家庭及社会地位较高，据法国传教士的调查，19世纪后期，彝族妇女"如果受到虐待，她就逃回娘家，其夫就会受到舆论的严重谴责，也不能再娶其他的女人。如果他逼得妻子自杀，那就得赔女人的身价，为他的兽行付出代价——被扔进河里或在原始森林的一棵树上吊死。最轻的处罚是像对待叛变的战士那样从家里除名……成了一个穷途潦倒无依无靠的人，处于受辱和极端贫困之中"。妇女在家庭会议上，"有决定权，她对卖房、卖地、卖牲口直至卖家禽都拥有否决权。她的决定任何人也不敢违抗"，丈夫"对妻子不忠实并且虐待她，无须判决，两即可分手，其夫得让她回娘家去。……离婚之后双方均可以按照自己的心愿自由地选择配偶"。[3]彝族家庭男女分工也有所不同，云南一些地区"女人挑担，男子抱儿炊爨"[4]。

服饰方面，男女头饰的特征是椎髻，用青布裹头。椎髻在地方志中常记作绾发、椎发，其形状"若角状""形若笋"，具体情形是"绾发时，以木四五寸，竖顶中为结，以布勒之，如独角兽然"[5]。裹头，即所谓"以布蒙首"，云南弥勒县男绾发，插骨

---

① 民国《嵋峨县志》卷2《种人》。

② [清]刘献廷:《广阳杂记》,34页。

③ 转引自胡庆钧:《凉山彝族奴隶制社会形态》,316页。

④《嵋峨县志》卷2《种人》。

⑤ [清]刘献廷:《广阳杂记》,43页。

簪，其头戴长布一条，绕头三周，余下部分垂于脑后。宣威州男椎发，头缠黑布，女辫发盘于头，用黑布缠之，垂两端于后，一般戴笠。彝族男女有戴耳环的习惯，黑彝男子“戴圈坠双”，宣威州黑彝“左耳戴金银环”。女子“耳穿大环”，嶍峨白彝“妇人耳带铜环”。[①]女子还有其他头饰，或“以红绿珠杂海贝砗磲为饰”，或“缀海蚆、锡铃为饰”。彝族男子剃须，身上佩刀。

服装的颜色尚青，其形制记载不太一致，一般认为男女穿短衣。如宣威州男女“衣短衣大领袖”，女子下穿筒裙，裙不及膝。四川宁远府，男彝“被体者，仅一衣一裤，外披羊毛擦耳瓦一袭。妇女同之，惟下身以布横连作裙”[②]。但是弥勒县妇女“穿布袍，前及膝，后曳地，无开襟。服之，自首笼下，不穿裙”。束腰带也是彝族习惯，不过有差别，宣威州黑彝男子“着铜腰带”。而嶍峨白彝女子“常以草带系腰”[③]。不少地方的彝族“不分男女，俱披羊皮”[④]。彝族群众还有赤脚的习惯。

饮食方面，四川彝族居住区“产青稞、包谷、油麦、苦莜、萝卜、红稻，以多畜马、牛、羊为富，不善种植，专掳汉人代耕”[⑤]。云南彝族“种甜、苦二荞自赡，善畜马牧养蕃息。……路南者能为乳酪”。景东厅“食荞稗杂粮”。在师宗州，当地把彝族分为数种，有罗武倮嶍，“种苦荞麦稗，多用弩弓”，白嶍倮“瓜蕨为食”，朴腊倮嶍“畋猎为务”，阿㑪嶍“种植谷

① 《嶍峨县志》卷2《种人》。
② 徐珂：《清稗类钞》13册，6163页。
③ 《嶍峨县志》卷2《种人》。
④ 光绪《武定直隶州志》卷4《风俗》。
⑤ ［清］魏源：《圣武记》下册，483页。

荞、野麻”。[1]总的看来，彝族是以农为主、畜牧为副兼有狩猎的民族，其食品主要是荞稗杂粮和一些肉类食品，饮用大、小麦及稷配成的酒。[2]彝族还有杂食的习惯，贵州白彝“无论鼠、雀、蚳、蝝蠕动之物，攫而燔之”[3]，喜欢吃蚱蜢，或油炙或晒干下酒。[4]

居住方面，四川彝族“皆岩栖穴处，盛暑则移避老林，故屋宇皆架板为之，随时拆徙，而平旷之处，往往反虚无人”[5]。云南彝族，居住或依山谷险阻，或依山箐，或居村落，“其居处斫木代瓦，名曰苫片”。师宗州阿蝎嶍“树皮为屋，掘硐作篱”[6]。总的看来，彝族居住环境依山傍岩，房屋多为木制，也有部分穴居，房屋里“中堂作火炉，男女围绕而卧”。

彝族通行火葬，人死之后，多用皮革裹尸而焚，骨灰或弃或葬于山。云南宣威州黑彝的丧祭是：人死，覆以毡、缎，不用棺木，缝大布帐，用五色帛为云物，谓之远旌帛。将生前所用衣物全部展开挂在尸体旁边，事毕烧掉。杀牛、羊、猪祭祀，过三、五、七天抬尸体到山上焚烧。然后请必磨（男巫）用锦裹竹叶草根，缠以彩绒置竹筒中，插篾篮内，供在屋里深暗处，三年，附于祖庙供奉，叫作“鬼桶”，杀牛、羊、犬祭祀祖先，叫作“祭鬼”。白彝丧祭情况与此类似，不过简单一些。关于祭祀，《皇清

① 雍正《师宗州志》卷下《土司考》。
② 徐珂:《清稗类钞》13册,6251页。
③ [清]田雯:《古欢堂集·黔书》。
④ 徐珂:《清稗类钞》13册,6498页。
⑤ [清]魏源:《圣武记》下册,483页。
⑥ 康熙《师宗州志》卷下《土司考》。

职贡图》说："祭用丑月，插山榛三百枝于门，谓经罗拜"。

彝族迷信鬼神，作为男巫的必磨在社会生活中很重要。"病不医药，用必磨翻书，扣算病者生年及获病日期，诧有牛羊猪鸡等畜，即照所注祷之。""楚雄府性畏鬼，亲死既葬，遇有疾，即谓父母作祟，开冢取骨而视之，以验吉凶。"类似的记载还出现在武定州、嶍峨县等地。彝族事无大小，必请巫师判断吉凶祸福，以求得保护。巫师的占卜方法很多，有的投木棒于空中，视其下落方向进行判断；有的烧羊骨，视其灰烬预知吉凶。避凶事则以竹片插鸟翼，投之屋上，以卜凶事所至的方向，而杀牛马羊代人受祸。如遗失宝器什物，穷搜不得，巫师辄派人到各地，召集土人，每人给黑米一把，限以定时，令置口中，咬碎吐出，米中出现血点者，即指为行窃人。[①]必磨使用的法器主要有驱鬼时所用的铜质法铃，占卜一般用草或禽畜之骨，即所谓"其视以铃，其占卜以钯钱草签，或鸡羊骨为之"[②]。具体方法是"取雏鸡雄者，生刳两髀，束之，细剖其皮骨，有细窍刺以竹签，相多寡、向背、逆顺之形，以占吉凶；或取山间草，齐束而拈之，略如蓍法"。

彝族的娱乐生活主要体现在节日、婚礼和其他欢庆场合。嫁娶的喜庆，载歌载舞，以芦笙伴奏。云南宣威州"嫁女，主家泡酒数坛，聚男妇会饮，老者坐于其上，少者男女牵手罗舞而唱，一人吹笙以导之，轮次饮酒，至三五日乃止"。景东厅也类似，"嫁以牝牛陪随，男家作乐，以酒瓶、火炉居中，围绕歌舞，吹

---

① 徐珂:《清稗类钞》10册,4564页。

② 光绪《武定直隶州志》卷4《风俗》。

芦笙相和”。彝族的节日，主要有农历六月二十四日或二十五日的星回节和农历十二月的彝历年，除了祭祖外，就是进行娱乐活动。在云南，“以腊月为春节，竖长竿设横木，左右各坐一人，以互落为戏”。“星回节列炬吹笙趺坐，以歌和之，饮酒为乐。”星回节又称火把节，节间“男女齐会，四面绕坐，脍豕肉，饮酒，歌舞杂踏，以趁盛节”。彝族青年也有跳月的娱乐活动，跳左脚是其特色，伴随芦笙、月琴、口弦，手和左脚的“俯仰合曲谱之抑扬”进行歌舞。较射、秋千和摔跤是彝族喜爱的体育娱乐活动。

彝族社会生活受奴隶制影响较大，四川凉山地区直到解放前仍是奴隶社会，其他地区虽在改土归流后多过渡到封建社会，但传统的力量仍然很大。彝族等级观念强，黑、白彝的差别体现在生活的各个方面。此外，家支组织在社会中也很重要。

第八节　壮族的社会生活

壮族，在清人的记载中，写作“獞”，带有侮辱性质。壮族与汉、瑶等族杂居，分布在今广西壮族自治区及与邻省交界的地区。清初沿明制，广西大部分地区由土官管理，康雍乾三朝实行改土归流，除个别地区仍用土司外，基本上建立起同内地一样的行政建制，由流官管理，广西境内大约十分之八是山地、丘陵，水面和耕地大约各占十分之一。气温高，湿度大，雨水充足，河流众多，夏长冬短，生态环境直接影响着壮族的社会生活。

壮族基本是一个农业民族。桂林府灵川“惟事耕渔，不知商贾”，全州“以耕渔为业”；柳州府雒容“力耕而食”，怀远“女兼樵织”，象州“不事蚕桑，以绩麻织布为业”；庆远府河池“务农业，鲜蚕桑技艺”，思恩“火耕水耨，畎亩不粪”；泗城府“皆凿水以耕”，西林“遇水则种植于山巅”；南宁府“俗惟种田，田惟蕉葛”；迁隆“不贾惟农”；镇安府奉议“业竹木种畲”，都康“专事耕稼”。[①]总之，壮族主要从事农业，水利资源充足地区兼营渔业，很少有人从事工商，妇女兼纺纱织布，畜养猪、鸭、牛等家畜、家禽在生产中也占有一定比重，属于自给自足的自然经济。壮族社会土地私有，并产生阶级分化，有自耕农、地主、佃农。土官往往是占地很多的地主，属于富有阶层。[②]

壮族老人的社会地位很高，农村实行寨老制。一般每个村屯公推众人所服的老人担任寨老，有的地区的寨老是自然形成的。寨老平时也从事劳动，遇事被请到现场处理，凭着社会习惯和威信做出判断，不要报酬，负者请寨老吃饭为谢。在庆远府河池，“有争，以年高为寨老判断，不能平者，始告诸官”。通常的纠纷，不经官断。壮族遵从农村习惯法，乡约有很大的约束力，如柳州府怀远，“民间条约甚严，里中鲜有为盗者”。

壮族社会的传统和生态环境，造成了它特有的生活方式。服饰方面，男女喜用布裹头或戴笠，衣色尚黑，经常赤足。女子发型为髻，项饰银圈，镇安府归顺的女子用茜草染齿。女子喜穿短

① 嘉庆《广西通志·舆地·风俗》卷87、88。清代壮族的社会生活以该书记载详备，故本节主要据此写成，引文不赘注。

②《壮族简史》，广西人民出版社1980年版，55—59页。

补长裙，也有“花帛兜肚，裤仅蔽膝”的。[①]衣裳俱缘锦绣，所镶花边，壮语叫作“阑干”，这是其服饰的特色。有的女子穿绣花鞋。男服主要有无领偏襟和胸襟两种，穿长裤，扎腰带，或穿布鞋。服装所用衣料多为自织的“壮锦”。

饮食方面，以糯米、大米、玉米杂以芋头、薯类和其他杂粮为主，经常喝稀饭。如镇安府都康“终岁一收，不足则佐以芋栗”；南宁府果化“啜薄粥，食蒿萍”；庆远府思恩“日惟两粥，宴会始饭”。壮族的饮食风尚为“席地而炊，抟饭而食……宴客，人置一器，食余则各携去”[②]。

居住方面，建筑干栏式建筑，即“葺茅作屋而不涂，衡板为楼，上以栖止，下顿牛畜，谓之麻栏”[③]。这种“麻栏”为二层楼，上层为居室，下层豢养牛、羊、猪等牲畜。建筑材料基本是木、竹、草，也有砖木结合的。庆远府等地壮族穴居。民居的麻栏或“散处山林”，或“结茨山顶，依傍岩穴”。居民的选址和分层反映出栏房建筑尽量节省或不占用耕地、适应山区地势不平环境的原则。栏房楼上住人，可避免因气候湿润，天气多雨，地面潮湿对身体的不利影响。

壮族的婚姻家庭有些方面类似汉族，但民族特色也很鲜明。男女婚前常通过抛绣球、对歌交友，也可借此发展婚姻关系，如太平府“婚姻以唱歌、踏青为媒”，不过婚姻一般要通过父母并托媒人进行，有说亲、合命、定命、成亲等仪式，整个缔婚过程

---

① [清]傅恒等:《皇清职贡图》卷4。
② [清]傅恒等:《皇清职贡图》卷4。
③ 雍正《广西通志》卷92《诸蛮·獞》。

中，聘礼、迎亲、请客等都富有民族特色。壮族婚姻不重财，婚礼中使用槟榔。议婚和聘礼的情况，在镇安府，“婚姻得庚帖，或鸡卜或酿酒验甘苦以决成否，用槟榔、乌饭、鸡、酒、猪、牛为聘”。关于娶亲，庆远府“婚姻女巫为导，新妇支伞徒行”；平乐府“女母扶女，用雨盖蔽面”。嫁女撑伞徒步上门，用巫占卜，男方不事亲迎，属于壮族的婚俗。最具特色的是妇女婚后不落夫家的风习，即妇女过门后，仍回娘家长住，以后每逢农忙或节日，才回夫家住几天。这样长住娘家，短住夫家，等三年左右才离开娘家，在夫家长住下来。雍正时曾任广西巡抚的李绂记述了这一情况：“每有娶妻入门，男女竟不同住，新妇即于本日急回母家，公然与别男子结拜同年，以唱歌为勾挑之由，以手巾为赠答之具，迟二三年后，即怀身孕，始回夫家，丈夫不以为怪，翁姑且以为喜，邻人咸以为贺。”[①]壮族还有姑表婚、同姓婚等习惯，在柳州府怀远，姐妹有女，必嫁兄弟之子。泗城府西林，有同姓嫁娶的风俗。不少地区入赘现象较为普遍。壮族的家庭主要是一夫一妻的父系小家庭，家中男闲女劳，家务和大多数农活由妇女承担，男人农活较少。

丧葬比较简单，主要有火葬和土葬。南宁府宣化远乡壮民火葬，永淳城厢土葬，乡村火葬，果化实行火葬。大约近城实行土葬，远乡实行火葬。土葬简便，甚至在尸体旁围些石子就算完事。壮族有“丧逾百日始吊唁”的习惯，在庆远府阳山，遇亲人死，过宿即葬，不用浮屠、堪舆，百日后孝子开斋，亲戚才来吊

---

① [清]李绂:《穆堂别稿》卷48。

唁。镇安府归顺的丧俗较为特殊，“父母死，阖室子女舂杵臼，闹击成声，谓为死者舂行粮”。热心助丧流行于壮族中，如镇安府遇有丧葬事情，“比邻共为哀恤扶助，戚友闻讣，吊以香烛，至戚供素饭，名曰帮斋”。

节日与娱乐活动在壮族生活中占重要地位。壮族节日颇多，主要有正月的春节、二月的社节、三月的清明节和新魂节、四月的牛皇诞节、五月的端午节、六月六日的祭田节，七月的中元节、八月的中秋节和社节、九月的重阳节，十月的尝新节，十一月的冬至节、十二月的灶节和除夕。除个别民族节日外，多数节日与汉族相同。就壮族固有的节日来说，新魂节在三月初三，为祭祀死后未满三年、灵魂不能归宗的人而设。牛皇诞节或在四月初八，或在六月初六，“六月初旬，杀豚分烹，祭牛栏，男女用小鸡五色饭诣田野牛寮内，团坐而食，曰收牛魂”。这天不管农活多么繁忙，都要免除牛的劳役，让其休息一天。

壮族的节日中，多有群众性的歌唱活动，以春秋尤多，有春歌、秋歌之分[①]，甚至被人称为歌圩节。每当举行歌圩时，附近男女青年云集一处，成百上千，进行娱乐和社交活动，歌声此起彼伏，有赛歌、对歌等，有时一唱就是几天。唱歌的应用范围很广，甚至“以歌代言”。唱歌还有串寨的习惯，某寨的姑娘或小伙子被邀到另一个寨子唱歌。抛绣球是春节里的娱乐和择偶活动。届时，男青年先在约定的地点唱歌等待，姑娘和未落夫家的妇女来到，手持绣球，向心爱的小伙子抛去，双方往返嬉戏，也

① 徐珂:《清稗类钞》10册，4934页。

可对歌，有的发展为情侣关系。春节还有抢花炮的娱乐形式，选一特制花炮，炮响下落时众人争抢，得者获奖，受人尊敬。

壮族也有戏曲娱乐，有壮剧、木偶戏、师公戏等。师公戏是从跳神演变而来，师公戴面具，边跳边舞，表现驱鬼、祈福、消灾、酬神等内容，雏形大约在同治年间形成。木偶戏出现于清中叶。壮剧分为北、南两路，其中北路壮戏是在民歌、唱诗和民间杂耍板凳戏的基础上形成的，乾嘉时已有，并出现了专业戏班。舞蹈娱乐最著名的是扁担舞，每逢节日男女相对而舞，相互碰击。在广西西北山区，春节期间有掷毽子的游戏，参加者各为三至七人不等，依次轮流掷击别人，以掷中为乐。此外，壮族还有射鸡、打棍、打陀螺等娱乐活动。

壮族普遍迷信神鬼，信仰巫觋。思恩府“俗信巫鬼”，桂林府“笃信阴阳，尚巫卜”，太平府“病鲜求医，专事巫觋”，镇安府“疾病不事医药，杀豚犊割鸡凫禳之，名曰祭鬼”。巫觋渗透到社会生活的各方面，如婚丧、灾病、生子等，都有一些巫觋跳神、符咒、签神等活动。壮族的占卜有很古老的传统，盛行于社会生活中，南宁府“俗尚鸡卜，轻医药重鬼神”，庆远府“占卜甚多，有鼠米卜、箸卜、牛卜、骨卜、田螺卜、鸡卵卜、篾竹卜，俗尚鬼故”。此外，壮族普遍存在着自然崇拜和祖先崇拜，祀自然神、祭祖是其习惯。

壮族的社会也保留了较多的原始社会习俗，寨老制是原始村社的长老制，姑舅表婚、入赘婚、歌圩对歌、不落夫家都是古老的原始婚俗的遗留。在壮、汉杂居地区，也受到汉俗的不小影响，如婚姻程序和岁时节日等。岭南特殊的生态环境，形成了壮族的生活方式。

第九节　生活在台湾的高山族

高山族居住在祖国的宝岛台湾，台湾岛的中央是南北走向的大山，把岛分为东西两部。高山族在清代称为“番”，分布在岛西平原的称为“熟番”，分布在岛中部山地和东部平原以及兰屿上的为“生番”。生番不与汉族接触，熟番和汉族杂处，懂得汉族的语言①，这是根据高山族汉化程度划分的。熟番也被叫作界内番，生番叫作界外番。清人还常说高山族归化或未归化，所谓归化，是指向清朝输饷，②生番归化以后，便逐渐成为熟番，因此生、熟番的划分又有是否纳入清朝统治的含义。生番又叫高山番，大体上是现在的泰雅人、赛夏人、布农人、曹人、排湾人、鲁凯人、卑南人、阿美人、雅美人；熟番也称平埔番，大体上是现在的平埔人。③我们所说的高山族，包括生番和熟番。清朝在台湾设南、北两路理番同知，故高山族也被分为南路和北路。高山族社会发展不一致，生番过着采集、狩猎的原始社会生活，熟番以农耕为主，狩猎为辅，受汉族社会影响较大，出现了阶级分化。生、熟番的社会生活有差别。

“社”的生活。社有两个意思，一是指聚落，清人称社是“聚族而居之处”“番所聚处”“聚居各社，如内地之村落”。关于社的规模，据成书于光绪初年的《台湾小志》记载，生番大约二

① ［清］鲁之裕：《台湾始末偶记》，《清经世文编》卷48。

② ［清］邓传安：《蠡测汇钞·台湾番社纪略》。

③ ［清］黄逢昶：《台湾杂记·驱寇论》。

万人，村落很多，大的千人，小的五六十人。而社的数量，另据约成书于康熙时代的《台湾始末偶记》说，总计台湾的社，有三百五六十个。二是指社会组织，每社八九户至几百户不等，有头目，或“众推一人约束”，或世袭。[①]另据记载，每个社有一个由十二人组成的会议来决定重大事情，如有关大众的重大事务，还要召集全体人员来讨论。每个人都处于平等地位，没有主仆关系，人人都尊重老人。[②]有些地区社中“两家因事支吾，择长老三四人出为排解，往往一语而服”[③]。

熟番以及部分归化生番的社被纳入清朝的统治系统之中，康熙时的资料记载，“各社本有番人以为社长，社中之事令其催办；自有通事之人，社长毫无经营”，通事初用番人，后改为居台习久的汉人充当，负责传递公文、催办钱粮诸务，“社中诸事，无不在其掌握”。[④]道光时，这种情形仍在继续，[⑤]当时社的具体情况是，北路番彰义有十三社，彰化三十三社，淡水三十六社，每社有通事、土目，约束其众，废置皆由北路同知。此外归化生番，嘉义有内优六社、阿里山八社、崇爻八社、彰化水沙连二十四社，淡水的蛤仔难归噶玛兰厅，其中除“内优通事尚由官置，余如土司之世袭”[⑥]，南路的卑南觅也有官置的社首。

---

① 嘉庆《大清一统志·台湾府·番民》。

② 陈国强:《郑成功与高山族》,江西人民出版社1984年版,62页。

③ [清]龚柴:《台湾小志》,载[清]王锡祺辑:《小方壶斋舆地丛钞》9帙。

④ [清]吴桭臣:《闽游偶记》,载[清]王锡祺辑:《小方壶斋舆地丛钞》9帙。

⑤ [清]陈盛韶:《问俗录》卷6《鹿港厅》。

⑥ [清]邓传安:《蠡测汇钞·台湾番社纪略》。

高山族的衣、食、住生活，有共同点也有差别。服饰方面，嘉庆《大清一统志》记载各地生、熟番的服饰较详，大致熟番剪发着衣，腕带铜、铁环，女子着衣穿裙。生番披发裸体，间或以鹿皮、树皮遮羞。共同点是赤足，喜装饰。有人对高山族的服饰进行了考察，认为高山族甚重装饰，装饰之物多于衣服。衣服原料多为麻织番布，或以狗毛混织的“达戈纹”布。裙有多种，简单的是男子用一幅方布系于腰前，女子用两幅方布系于腰的前后。衣饰有套袖、头巾、腰带、裹腿、布袋、帽等。饰物男子多于女子，质料有贝珠、贝片、兽牙、羽毛、兽皮、银、铜、竹、木等，分为头饰、额饰、耳饰、胸饰、臂镯、手镯、脚镯、鞋等。①

饮食方面，生番以采集、渔猎为主，清人常说他们茹毛饮血，“所食系鱼、果与鸟、兽肉”②，这类生番多居腹地。临近平原、受汉族影响的界内生番“渐种五谷，具农器。薄种薄收，岁有余粮。外多煮芋为食，嚼米为酒，以手攫食，不用匕箸”③，实际上这种归化生番已同熟番相差无几了。熟番的饮食，“或将糯米蒸熟，舂为饼饵”④；或用粳米熬粥；或以糯米做饭，“熟则各以手捏团而食”⑤；或“卤浸鱼虾供馔”⑥。高山族嗜酒，邝其照《台湾番社考》记载：“用黍浸米水，越宿浸碎，和以麹，三

① 刘如仲:《清代台湾高山族的衣与食》,《中国历史博物馆馆刊》总第8期。
② [清]龚柴:《台湾小志》。
③ [清]陈盛韶:《问俗录》卷6《鹿港厅》。
④ [清]邝其照:《台湾番社考》。
⑤ 康熙《台湾府志》卷5《土番·风俗》。
⑥ 嘉庆《大清一统志·台湾府·番民》。

五日发气，水浸饮之。一将糯米饮热，伴置桶内，逾三日发汁蒸酒。”所饮酒是米酒，做法分生、熟两种。总的看来，高山族的食物有稻、黍、薯芋等农产品渔猎之物，加上采集的瓜果及其他调味品。

居住方面，生熟番也有区别，生番在深山巢居穴处，熟番居于竹、木、茅为材料建成的房子。熟番的居室“高地五六尺，以木梯之而上，其形似船，狭而深，自前至后，无所遮蔽”，其实就是干栏式房屋，室内“无被褥，即以衣为覆，无厨灶，以三足架架锅于地”。①

婚姻形态处在对偶婚及向一夫一妻制的过渡时期。关于生番的婚姻，因生番有对外族戕杀猎首的习俗，故外人一般难以得其详情，龚柴《台湾小志》说：“生番婚姻，男往女家如中国赘婿然，故父母期生女，不重生男”。另据嘉庆《大清一统志》记载，凤山县归化生番“婚姻则歌唱相合而成”，看来生番的婚姻大致处于氏族群婚和女娶男嫁的对偶婚。

有关熟番婚姻的记载较多，黄叔璥《台海使槎录》对各社熟番的婚姻做了详细记录，综合起来，大致可分为定聘的从夫居和自择的从妻居两种形式，该书卷2《北路诸番三》记载：“自幼订婚用螺钱，及笄，女家送饭与男家，男家亦如之。定婚期，番媒于五更引婿至其家，天明告其亲，宴饮称贺。亦有不用定聘，薄暮，男女梳妆结发，遍社戏游，互以嘴琴挑之，合意遂成夫妇。……其俗惟长男娶妇于家，余则出赘。”反映了婚姻形态的两种形式。关于

① 康熙《台湾府志》卷5《土番·风俗》。

前者，同条又载：“车螺社，幼时两家倩媒说合，男家用螺钱三五枚为定，娶时再用数钱。或姊妹、妯娌迎新妇入门……三日后，新妇随姑请母氏会饮。”再如卷6《北路诸罗番十》说：“自幼倩媒以珠粒为定；及长而娶，间有赘于妇家者。……夫妇相聚，白首不易。妇与人私，则将奸夫父母房屋拆毁，倍罚珠粒分社番，以示家教不严。未嫁者不禁。”第一条说男女年幼时即请聘说合，以螺钱或珠粒为定的婚姻，已非随意的“野合”，婚姻虽有出赘，但是长男会娶妇于家，其婚姻生活为从夫居。第二条是男家迎新妇，新妇随婆婆请母亲会饮，可见婚姻是从夫居，“妯娌”关系说明男方是父系家庭。第三条反映出婚姻以从夫居为主，入赘是间或有之的事情，结婚后则白首偕老，群婚的野合与对偶婚中的自由选择已不允许。发生私通事件要严惩奸夫，表明丈夫要求独占妻子，不容他人染指，惩罚连及奸夫父母，可见已有父亲对儿子负责任的父权，人们承认父系血缘关系。总而言之，自幼定婚的婚姻，程度不同地破坏了从妻居的赘婚，出现了从夫居的父系家庭，开始由对偶婚过渡到一夫一妻制。

不过高山族中自幼定聘的婚姻尚属少数，大多数的婚姻是自择形式，如卷7《南路凤山番一》载：“不倩媒妁，女及笄构室独居，番童有意者弹唱嘴琴逗之。……意合，女出而招之同居，曰牵手。逾月各吉于父母，以纱帕青红布为聘（富者用纱帕，贫惟青红布）；女父母具牲醪，会诸亲以赘焉。……夫妇反目，夫出其妇，妇离其夫；不论有无生育，均分舍内什物，各再牵手、出赘。”显而易见，这种自择的婚姻是从妻居的母系家庭，缔婚和离婚自由，离婚均分财产，男女基本平等，属于对偶婚制。清代熟番的婚姻家庭不少处于由从妻居的母系家庭向从夫居的父系家庭的过渡状态，如不少地方的婚姻是或娶或赘。[①]这种情况既表现为区域性，如北路较南路多，也表现在子女的长幼、多少上，有的地方“如有两女，一女招男生子，则家业悉归之；一女即移出。如无子，仍同居社寮”[②]。有的地方“一女则赘婿，一男则娶妇。男多则听人招赘，惟幼男则娶妇终养；女多则听人聘娶，惟幼女则赘婿为嗣”[③]。这里的幼男娶妇正与前述长男娶妇相反。从妻居向从夫居的过渡，还反映在离婚和通奸处置中，呈现出从惩罚男子到男女平等再到惩罚女子的趋势，但并不是说，过渡是纯粹的、线性的，而是互相交织在一起，过渡不仅是过程，同时也是一种形态，熟番的婚姻正处于这种过渡形态。

丧葬在生、熟番中也有两种情形。生番的丧葬不得其详，据《台湾小志》记载：“人死，即葬于死所，死于路者，葬于路，死于床者，葬床下。掘地深数尺，然后埋之，其生平所用剑戟同瘗穴中；附食物少许，以为祭奠之仪。此外，别无丧礼。”熟番受汉族丧葬习俗的影响也实行土葬，具体情况多种多样。从葬具及葬所考察，有的用棺埋厝内，除木棺外，有用大窑缸作棺的；有的厝内筑石洞以葬，石板封固，或用石板四片、筑四方穴，屈曲尸膝，坐埋于中，上盖石板，覆土；有的用板四片殓葬，竹围之，内盖一小茅屋，上插鸡毛和小布旗；有的以草席或鹿皮裹尸用土掩埋。在尸体入葬前，许多地方有沐浴的习惯。从殉葬的物

① ［清］黄叔璥：《台海使槎录》卷5《北路诸罗番五》、卷6《北路诸罗番八》。

② ［清］黄叔璥：《台海使槎录》卷5《北路诸罗番六》。

③ ［清］黄叔璥：《台海使槎录》卷6《北路诸罗番九》。

品来看，有的地方将逝者生前所用之物俱葬，多数地区是葬一半。服丧时间有三日、十日、十二日、一月、三月、一年不等。丧期一过，寡妇大多自由改嫁，有的须通知父母后再嫁。丧服颜色有白色、黑色两种。前者衣白褂、围白布。后者或丧家披皮，帛布裹头面，止露两目；或俱着皂衣；或披乌布于背。①

高山族有多种娱乐生活。嘴琴是著名的乐器，各地形制不同，有的“琴以竹为弓，长可四寸，虚其中二寸许，钉以铜片；另系一小柄，以手为往返，唇鼓之”②，还有的琴“削竹为弓，长尺余，以丝线为弦，一头以薄篾折而环其端，承于近弓肖，弦末叠系于弓面，咬其背，爪其弦，自成一音，名曰突肉”③，演奏嘴琴多是在谈情说爱时。高山族的歌舞，据蒋毓英《台湾府志》记载：“有番歌唱，则群番携手成围，呜呜呼呼，咮咮嗞嗞，摇头颠足，如扮戏状。”另据记载：“遇吉庆，辄艳服簪野花，连臂踏歌，名曰番戏。”④丰年祭是著名的节日，一般在农历七八月间举行，届时有一定的神仪，然后全体尽情歌舞，往往持续数天。此外，还有狩猎祭、出草祭、成年祭等节日，特点是以祭祀的形式，娱神的同时娱人。山地生活使高山族素习长跑、攀缘，渔猎活动又使其善于射箭和掷标枪。在这些活动里，经常伴随着竞赛和表演，成为体育娱乐生活的重要组成部分。

清代以前的台湾，人烟稀少，土地荒芜，高山族过着原始生

① ［清］黄叔璥:《台海使槎录》。
② ［清］黄叔璥:《台海使槎录》卷2《北路诸罗番三》。
③ ［清］黄叔璥:《台海使槎录》卷7《南路凤山番一》。
④ 嘉庆《大清一统志·台湾府·生番》。

活。自从郑成功收复，特别是清朝统一后，大批内地人渡海赴台，开发此地。高山族与汉族的接触大大加强，汉番交界或杂居地区熟番越来越多，他们学习汉族先进的农业技术，在原有的“社田”上，“学汉人筑圳，疏引溪流，以灌溉”[①]。高山族生产方式变动的同时，生活方式也发生了很大变化，从前述内容便可看到熟、生番的区别。生番向熟番的转化，既是汉化的过程，也是由原始社会向封建社会过渡的过程。

第十节　少数民族社会生活的特征

作为多民族的统一国家的中国，是在清代最后形成的。清代少数民族众多，我们出于掌握的资料、学术界已有的研究成果以及少数民族在清代社会历史上的地位与作用等原因，选择了九个少数民族作为讨论的对象，其他少数民族的社会生活也各有特色，限于篇幅，不能一一道及，然而通过对上述各民族社会生活的探讨，大致可以反映出清代少数民族社会生活的特征。

清代少数民族具有社会发展的不平衡性和社会生活的多样性。各民族的社会发展情况不一致，满、蒙古、回、维吾尔、壮、苗等民族，作为群体较大、与汉族联系较多的少数民族，已进入封建社会后期，社会经济形态主要是地主制或牧主制；藏族尚处在封建社会早期，领主制是其主要的社会制度；大、小凉山的彝族，奴隶制还处于统治地位；而台湾的高山族，原始社会仍

---

① 康熙《台湾府志》卷14《番社风俗》。

未全部解体。各民族内部，由于受汉族的影响不同，边缘地区与腹心地区、聚居区与杂居区的社会状况也有差别，多发生固有的社会形态向封建社会形态的过渡。又由于一些民族的社会制度转变速度很快，而社会生活又具有相对稳定的特点，这些民族内部氏族社会和奴隶社会的残余较多。社会发展的不平衡，加上文化、生态环境等因素的制约，各民族的社会生活便具有多样性，千姿百态，异彩纷呈。

从社会组织看，高山族有氏族的公共权力机构——社；其他的民族阶级，等级结构形成，已纳入清朝的官僚政体之中，但保留了浓厚的氏族制残余，如满族的穆昆，苗族的榔款，彝族的家支，壮族的寨老；其中彝族的家支在社会中影响最大，家支之间还常发生械斗，这是其奴隶社会的性质决定的，氏族制在奴隶社会的残留，较在封建社会的残留要大。

从婚姻家庭看，多数民族实行一夫一妻制，而高山族基本是对偶婚，同时还存在群婚。壮、苗、彝等民族婚前性生活自由，蒙、藏民族的婚姻关系和性生活伦理限制较弱，都留下了受社会发展制约的痕迹，特别是婚姻中还体现出母权制与父权制斗争的残余。壮、苗、彝等族有不落夫家的风俗，新婚之喜，没有洞房花烛夜；长住娘家的女子，仍然谈情说爱甚至保持性自由，体现出早期社会中女子不情愿由自由生活到父系家庭男尊女卑，以及家庭由从妻居到从夫居过渡的情形。彝族等少数民族的抢婚，同样也是上述斗争的反映，只不过表现在男方罢了。南方的一些少数民族家庭，常常是女子担负主要生产劳动，出现男闲女忙的情况，女子在家庭中的地位比汉族女子要高，这或许是母系氏族社会的残余。

少数民族社会生活与生态环境的关系尤为密切，不同的生态环境直接作用于人们的衣食住行，形成不同的生活方式。社会生活受生态环境的制约，社会生产力越不发展，这种制约就越强，清代少数民族社会生产力发展都比汉族慢，对生态环境的依赖性不小。另外，少数民族基本上分散在祖国的边远地区，生态环境的差异很大，遂使他们的社会生活千差万别。蒙古族的草原游牧生活，维吾尔族的戈壁绿洲生活，高山族的山地与海岛生活，都烙上了生态环境的鲜明印迹。就一个民族来说也是如此，如藏族的农区与牧区，高山族的山区与平原，散居南方数省的苗、彝两族，社会生活都有较大的差别。

少数民族的社会生活具有很强的宗教生活特征。回族和维吾尔族信仰伊斯兰教，社会生活同清真寺结下了不解之缘，这两族的节日基本是宗教节日，伊斯兰教影响到他们的婚姻、家庭、丧葬、衣食和娱乐，也影响到回、维吾尔两族的社会结构。伊斯兰教的教派还带来了其他社会问题，回族的不同门宦，维吾尔族的白山宗与黑山宗往往势同水火，群众也被裹进教派的争斗，甚至互相残杀。藏族和蒙古族信仰藏传佛教，由于宗教的原因，两族人口的发展停滞，成为严重的社会问题。僧侣是社会结构中的重要等级，僧侣上层成为民族的统治者，特别是西藏政教合一，更是藏传佛教的天下。藏、蒙古两族的婚丧嫁娶、娱乐节日与家庭社区等都受到藏传佛教的深刻影响，如佛教要求人们布施，舍身是布施的最高境界。萨满教在清代呈衰落状态，但对满、蒙古两族，特别是满族，仍有不小的影响。迷信鬼神、自然崇拜强烈地作用于少数民族社会生活，壮、苗、彝、高山诸族中表现尤为明显，占卜盛行，祭祀繁多，社会活动里充斥着原始宗教色彩。

少数民族社会生活与汉族及其他民族之间的社会生活是互相影响的，特别是少数民族受汉族影响颇深。汉族是中国的主体民族，农业文明发展程度较高，历史上基本是汉族掌握中原政权，汉族的社会制度约束着中国各民族的社会生活。各民族通过和平相处以及战争的形式彼此融合，尤其是融合了汉族的生活方式，回、苗、满等民族在全国大分散、小聚居，与汉族插花居处；满、蒙古、回、维吾尔、藏、壮各族聚居区都有许多汉族居民；少数民族区与汉族居住区的交界地区多杂居，使得民族间，特别是少数民族受到汉族文化的影响。清代少数民族社会生活汉化较为明显，回族已使用汉族的语言文字，满族在清中叶以降汉化迅速，大量使用汉语。苗族基本采用汉族姓氏，满族也有不少改为汉姓的现象。汉族的岁时节日对各民族影响较大，春节、灯节、端午等节，成为不少民族的节日。满、蒙古、回等族有不少改着汉装，不少民族仿造汉族的房屋。汉族婚丧礼仪渗透到很多民族的礼仪中，满族改火葬为土葬。甚至有些民族学习了汉族妇女缠足的坏习惯。各民族间社会生活也相互融合，比如苗、彝等族都有踏月的风俗，其他民族也很相近，以至于清代把西南众多的少数民族混称为“苗”。西北青海等地的蒙、藏两族社会生活融合较多，在服饰、居住、娱乐等方面都有很多相似之处。至于汉族社会生活也受少数民族的影响，汉族妇女喜穿满族旗袍是最明显的特征。

少数民族的社会生活受到了清朝政策的规范。清代社会的重要特点之一是少数民族的满族成了统治者，满族受汉族文明影响很深，清朝政权以其民族的和儒家社会文化的民族政策，对各民族的社会生活进行规范。满族作为统治民族与少数民族的地位在社会生活中表现明显：一方面，满族政治地位高、经济生活优越，清朝强迫汉族等民族学习满族的生活方式，如剃发易衣冠；另一方面，清朝总结历史经验，极为害怕满族被汉族同化，对汉族的生活方式加以防范，要求满族必须遵守“国语骑射”的基本国策，尽量少与汉族接触，不许沾染汉习，戏园、茶馆被列为满族人生活的禁区，以期保持满族淳朴、尚勇的民族性。蒙古族是满族统治者的同盟，保持蒙古族对满族的向心力和勇猛习性同样重要，所以满、蒙主要居住区实行封禁政策，防止汉族的进入。

民族间的婚姻对加强民族联系、社会生活的融合最为直接，带来的社会问题也比较多，清朝有关于民族间通婚问题的政策。为加强满蒙联盟，早在清初就将近支宗室之女嫁与蒙古世族子弟为妻作为定制，允许民间的满蒙男女自由婚配。而对汉族与这两个民族的联姻却有限制，只允许满蒙男子娶汉女，不许满蒙女子嫁汉男。不过汉族与蒙古族为婚的禁令，在乾隆年间解除了。清初曾禁止汉苗通婚，由于“民苗错处”，往来融洽，“结婚以来，数十年相安无事”，乾隆时期取消了汉苗不婚的禁令。①但是咸同间苗民起义之后，清朝又严禁汉族进入苗族地区，不准苗汉通婚。西南少数民族多以唱歌为媒建立婚姻关系，

① 《清高宗实录》卷639，二十六年六月乙未条。

不落夫家是婚姻中的普遍现象。雍正间广西巡抚李绂严禁男女对歌择亲和新娘不落夫家，他用“羞耻之心”“妇道”衡量壮、瑶婚俗，目的是“以维风化”。①赵翼在广西镇安府对苗、彝不落夫家习俗也曾干预，下令凡婚者不许异寝，其结果是“镇民闻之皆笑，以为此事非太守所当与闻也。近城之民颇有遵者，远乡仍复如故”②。

清朝自雍正帝起，大规模地在少数民族地区推行改土归流的政策，影响了少数民族的社会生活。不少民族从领主制转变为地主制，传统的社会组织、社会结构有所改变，清朝的政策比前代更容易规范这些民族的社会生活。

清朝强迫汉族剃发易衣冠之时，也曾向其他民族推行剃发，如乾隆三十一年（1766）令云南沿边少数民族剃发留辫，乾隆四十四年令两金川番众概行剃发。③

清朝干预各民族社会生活的政策不同时期有所变化，总的趋势是日趋松弛，政策也未必能全部实行，但确实程度不同地发生了作用，其效果是多方面的。

通过探讨少数民族的社会生活，我们感到，少数民族社会发展的不平衡性与社会生活的多样性，有着多方面的原因。从进化的角度考察有先进、后进之别，汉族社会文明在许多地方优于少数民族，但绝不能以此束缚了我们对问题的分析。不能把汉族的社会生活和儒家文化作为衡量先进与落后的标准，否则就会以汉

---

① ［清］李绂：《穆堂别稿》卷48。
② ［清］赵翼：《檐曝杂记》，52页。
③ ［清］王先谦：《东华续录》乾隆朝卷63、91。

化作为封建化，把汉族的生活方式放在其他民族生活方式之上。事实证明，各民族的社会生活自有它的文化背景，都有优劣之处，比如用现代的观点来看，火葬比土葬对社会有利，清代彝、满等民族实行火葬，而汉族却用土葬。不少汉人认为少数民族婚姻家庭落后，性生活随便，但少数民族恋爱、离婚、改嫁有很大的自由，少受夫权压迫；而汉族的包办婚姻、夫权、家长制、反对寡妇再嫁等严重束缚了人性，妨碍了汉族独立人格的发展。

清政权用满族及儒家文化的汉族生活方式衡量各民族的社会生活，推行了很多改变风俗的强制行动，历史证明，有的利于其他民族，有的不利于其他民族，且多以失败而告终。社会生活中的移风易俗应该是渐进的、融合的、以优汰劣的，而不是以某个民族的生活方式为标准强制推行。

中华民族的社会生活，千百年来在民族间的互相影响、渗透、融合，到清代表现得更为突出，社会生活的相近性，产生了中华民族的内聚力和整体性。

第十二章
清人社会生活与清代历史的发展

在前面十一章里我们描述了清人社会生活的主要现象，并对这些现象作了一点分析，对某些有内在联系的事情，也作了初步的综合说明。本章的任务是：考察清代社会生活在全部社会历史现象中的地位，即它对清代历史发展的作用，它受其他历史因素的影响，以及它自身的演变规律。

第一节　社会生活表现出的清代历史特点

一、社会生活促使民族矛盾一度成为社会主要矛盾

人们的生活方式，衣食住行的习惯和风尚，影响到社会政治风貌，在一定条件下规定和影响社会矛盾发展变化，这是分析清代社会生活史的现实得出的结论。

清代是以满族为统治民族的统一的中央集权的多民族国家，而汉族是其中的多数，满族要把它的生活方式强加给汉族，从而激发了政治斗争。

清朝在第一次推行剃发易服令时，遭到汉人反对即行停止，在一年的时间里就击垮主要对手李自成大顺军和南京弘光政权，

占有陕甘，兵过长江。在第二次执行剃发易服令时，又遭到汉人强烈反对、誓死抵抗，迨及消灭隆武、永历等政权领有大陆国土，竟用了十六七年的时间。而以剃发登岸作为条件，统一郑氏集团占领的台湾，则距离清朝入关已四十年。第二次剃发易服后统一进程的缓慢与此前一年的神速形成了鲜明的对比，为什么会出现这种状况呢？因素自然很多，但最主要的就是清朝强迫汉人改变生活方式，接受满人的发型、服饰、制度和习惯，引起汉人的反感，使人们不惜以生命为代价，参加抗清的战争。对于这一点，当时在中国南部亲见这场战争的西方传教士卫匡国有非常明确的认识，他在《鞑靼战纪》里写到：清军在钱塘江以南“宣布了剃发令之后，（南明）士兵和老百姓都拿起了武器，为保卫他们的头发拼死斗争，比为皇帝和国家战斗得更英勇，不但把鞑靼人赶出了他们的城市，还把他们打到钱塘江，赶过了江，杀死了很多鞑靼人。……鞑靼远征军就这样被阻挡了整整一年”[①]。

如果把剃发易服令放到当时整个社会中来考察，其作用就可看得更清晰。清军入关之际，中国社会存在着三个方面的势力：一是清朝政府，它以满洲为主体，也得到一部分汉族官僚地主的支持；二是以李自成大顺军、张献忠大西军为主体的农民起义势力，他们继续同明朝的残余势力斗争，更重要的是与清朝战斗，其中李自成集团处于首当其冲的地位；三是以福王弘光政权为代表的明朝残余势力（南明势力），坚持与农民军为敌，对清朝，特别是吴三桂抱有某种幻想。这些势力集团的关系，表现出当时

① 杜文凯编：《清代西人见闻录》，中国人民大学出版社1985年版，36页。

社会矛盾的复杂，既有汉人地主与农民的矛盾，又有农民军与明朝残余势力的矛盾。清朝政府为了防止满汉矛盾的激化，在剃发易服令遇阻后，立即取消，以缓和民族矛盾，而着力于寻求汉人地主的合作，共同对付农民军，以便建立全国政权。它宣称入主中原是为明人报“君国之仇”，它的得天下，“乃得之于闯贼，非取之于明朝也”。[①]这是在宣传上采取以攻为守的策略，以回答汉人对它的指责，也表明清朝与大顺军的矛盾毫无调和的余地。清朝对于弘光政权采取打拉兼施的策略，若能使之在威胁下投降最好，否则临之以兵。弘光政府也幻想同清朝合作消灭大顺军。史可法在给多尔衮的回信中要求：“伏乞坚同仇之谊，全始终之道，合师进讨，问罪秦中，共枭逆贼之头，以泄敷天之愤。”造成史可法错觉的一个因素是清朝对剃发令中止，他在同一封书信中以感谢的口吻说清朝“罢剃发之令，示不忘本朝”[②]，可见停止剃发易衣冠令对南明政权的影响之大。顺治二年（1645）五月清军进占南京，闰六月英亲王阿济格奏报李自成死亡。大顺军和弘光政权的失败，使国内形势发生了巨大变化，清朝认为主要敌人已经消灭，国家基本统一，于是宣布重新实行剃发易衣冠法令。

顺治三年十月的一道谕旨说：“有为剃发、衣冠、圈地、投充、逃人牵连五事具奏者，一概治罪，本不许封进。”[③]清政府坚持这五项政策，是代表满人利益，压迫汉人。这样造成满汉民族

---

① ［清］蒋良骐:《东华录》,中华书局1980年版,66页。

② ［清］蒋良骐:《东华录》,66—69页。

③《清世祖实录》卷28,三年十月乙酉条。

间的矛盾激化。在五事之中，圈地、投充、逃人只实行于近京四五百里地域之内，而且逃人之事对汉人的危害，远不如后来严重。唯独剃发、易衣冠是在全国通行的，涉及每一个汉人，其社会影响之大，远非另三项所能比拟。关于圈地、投充、逃人的法令，也引起过若干反抗，然而其规模、持续性，都无法与反剃发、反易衣冠的斗争相比。毫无疑问，五事之中，最重要的还是剃发、易衣冠二事，民族矛盾也就集中在这两件事情上。

清军入关后实行的剃发、易衣冠、圈地等政策，激化了满汉民族矛盾，停止剃发、易衣冠令的执行，就使民族矛盾得到缓和。而清朝的政策更易，是由于受到阶级矛盾的制约。一是处理阶级矛盾的需要。清军入关前夕，大顺军推翻明朝统治，这时农民与地主的矛盾是社会主要矛盾。清军进关时尚没有力量同时以两个拳头进攻大顺军和弘光政权，便采取先攻李自成后打弘光朝的战略部署，为此就不能加强对汉人的民族压迫，以防增加向陕西进军的阻力，因而不得不取消剃发易衣冠令。这个时期，满汉地主与农民的阶级矛盾规定和制约着满汉间的民族矛盾，因而不能不认为阶级矛盾是社会主要矛盾，民族矛盾则居于次要地位。有的学者认为，清军一入关，满汉民族矛盾即上升为社会主要矛盾，取代了阶级矛盾的地位，我们认为是不合实际的，它夸大了剃发易衣冠法令恢复前一年多的民族矛盾的地位。

顺治二年六月重申剃发易衣冠令之后，迫使部分汉族官僚、士人、平民共同集结在南明的旗帜下，拥立他们散在长江流域及以南的藩王，致使鲁王政权、唐王隆武政权、桂王永历政权、韩王定武政权，以及永宁王、潞安王、瑞昌王、樊山王、遂昌王、蜀王、义阳王、高安王、金华王、贵溪王、郧西王、荣王、南威王、长沙王、翼王等各自拥兵一地，有的还支撑了较长的时间。剃发易服政策的推行，促使大顺军、大西军余部分别同唐王、桂王集团和解，并联合对清朝作战，而李来亨以尊奉明韩王坚持到康熙初年。这个时期，就不是阶级矛盾规定和影响民族矛盾，恰恰相反，满汉民族矛盾起着主导作用，制约着阶级矛盾的消长。

剃发易衣冠法令是顺治间满汉民族矛盾的主要内容，它的推行产生了巨大的社会反响，使得民族矛盾上升为社会主要矛盾之一。通过剃发易衣冠令的执行、停止及实施的结果，可以了解社会各种政治力量的对比及变化，汉满矛盾的内容、消长和影响，清朝统一的进程，汉人不同阶层政治态度的变化、联合或分裂的原因及归宿，进而就可以把顺治朝历史弄清楚。

清朝统一之后，汉人接受了满人的衣冠发式，满汉民族矛盾下降为次要的社会矛盾。但是服制发型仍然是汉满矛盾的一个敏感性内容，汉人对它的反感并未消失，因此而受到的政治迫害时有发生，当汉人势力上升时就又表现出对它深恶痛绝的态度。如到了康雍之际，有的汉人还是看不惯满人服装，卑薄地斥之为“孔雀翎、马蹄袖，衣冠中禽兽”，同时感叹明朝“衣冠文物”。[①]乾隆中，江西抚州金溪县生员刘震宇著《佐理万世治平新策》一书，抒发了“更易衣服制度”的观点，清政府将之处斩，并销毁

① 《大义觉迷录》卷2，载中国社会科学院历史研究所清史研究室编：《清史资料》4辑，67页。

书板。[①]同时期，福建邵武发生“剪辫案”，“所在骚然”。[②]对于满式发型和衣冠，百余年来汉人并没有完全承认，特别是在思想意识方面。[③]有些汉人始终怀念明朝的衣冠制度。这种情绪是潜在的，一有机会就表现出来，所以在太平天国运动时，起义以者蓄长发为反对清朝的标志。这与顺治朝的反剃发虽已间隔二百年，却是一脉相承的。清季留学生出洋为表示文明或反清，亦剪去辫子。及至辛亥革命推翻清朝，临时大总统孙中山即下令剪辫子，也是以此为革命的标志。因此剃发梳辫子、剪辫子蓄发，始终是政治态度的表现。总之，在整个清朝历史上，剃发易衣冠斗争的存在，说明汉人和满人的民族矛盾一直存在着，并且随着其他条件的变化，时而激烈，时而缓和。

冠服、发型似乎是生活小事，无关历史发展的宏旨，而清代，尤其是清初的历史证明了它在历史进程中的重大作用。这种作用在其他历史时期也有所表现，因为服饰发型的斗争，在清朝以前也时有出现，孔子讲：“微管仲，吾其披发左衽矣。”[④]这是说春秋以前，有过披发左衽的民族进入中华，强迫华夏人遵从它的发型和服制，即披发（或说剪发），衣襟开在左边，代替华夏人的发式和服装。孔子说这话，表示反对这种民族压迫，后世汉人引用此话，借以说明被少数民族同化的危险与可怕。魏孝文帝改革，内容之一即是变异冠服制度为汉式，他还担心把鲜卑发

---

①《清代文字狱档》1册《刘震宇治平新策案》1上—3上。

② 嘉庆《扬州府志》卷48《沈之本传》。

③《清代文字狱档》1册《刘震宇治平新策案》1上—3上。

④《论语·宪问》。

式、衣冠带到中原，同化了汉人。女真族建立的金朝的衣冠制度，屡经变化，海陵王完颜亮“见江南衣冠文物朝仪位著而慕之”[①]，迁都燕京，从汉人衣制，金世宗继位后恢复女真衣冠制度，强硬阻止女真人生活方式上的汉化。总的来看，历史上存在着统治民族与被统治民族关于发型、衣冠的斗争，但论及强制推行的程度，清朝则是最甚者。

社会生活影响社会政治面貌的，不仅在生活方式方面，也表现在社会结构、社会人口问题上。移民、流民、灾民都是社会上不安定的因素，清朝政府对他们很头疼，千方百计严加约束。他们形成的社会问题，得不到适当解决，就会激化与政府的矛盾，发动武装暴动，乃至大规模的起义。嘉庆初白莲教起义发生在川、楚、陕的移民区就不是偶然的，知府严如煜深知问题的严重性，他说该地土著居民十无一二，从外乡迁徙来的人又“无族姓之连缀，无礼教之防维，呼朋引类，动称盟兄，姻娅之外，别有干亲，往来住宿，内外无分，奸拐之事，无日不有，人理既灭，事变所以频仍也”[②]。

事实说明，社会生活与政治生活融为一体，共同起作用，既体现历史的面貌，又是历史演变的动因。

二、清代社会结构及其稳定性阻碍社会政治经济发展

家庭、宗族、等级、社团等所形成的清代社会结构与社会发展的关系，在第一至四章虽已作了一些说明，这里再稍作勾勒。

---

① 《大金国志》卷13《海陵易王纪》。

② ［清］严如煜:《三省山内风土杂识》。

家族组织治理族人，家长管理家庭成员，两者与国家统治臣民相结合，对民人形成一个严密的统治网，与国家从中央到州县都图保甲系统的统辖的结合，使民人处在“保甲为经，宗法为纬”的网络之中，无法逃脱封建制的控制。所以宗族制度起着稳定父家长制家庭的作用，并且它们共同起着维护地方封建秩序，稳定封建政权的作用。

宗族一方面保护地主土地所有制和封建剥削关系，另一方面以救济形式出现的小恩小惠模糊族人阶级界限，掩盖宗族内部的阶级分化。面对贫富对立、等级差异，宗族经济调节社会矛盾，也起着稳定封建秩序的作用。

清朝宗室贵族处于异姓贵族和品官无法比拟的显赫地位，在社会结构中的地位及其参政活动，巩固和强化了清朝政权。

平民等级中，包括剥削者及与其对立阶级的成员，但国家以法律的一视同仁——在法律上的平等地位，冲淡或抹杀他们间的差别，以此调和阶级矛盾，减少社会冲突。

清代的社会结构也在发生局部变化，如多数雇佣劳动者跻身于良人行列，提高了地位，乐户、堕民、丐户、疍户、世仆、伴当等贱民，从法令上得到了解放。雇工人和贱民的变化，趋势是社会下层的人向高处走，是一种社会进步。乐户、堕民等阶层的解放，经历了清朝及以前的数百年的过程，这个变革来之不易。社会结构虽有微弱变动，但总的情形却是稳定的，从皇帝到贱民的传统等级结构依然如故。

清代社会结构的稳定性，有利于政权的巩固。其一在于，被压迫的社会力量难于成功地反抗统治者，新的社会力量难于产生；其二，许多社会组织与政治结合，强化了对人民的管理，起着模糊阶级界限，稳定封建的农村经济结构的作用，有利于维持清代社会的稳定状态，而阻碍了社会的向前发展。

三、社会生活促成清人愚昧保守，缺乏改造社会的精神面貌

清人的社会生活，在自然经济的条件下，与封建主义专制政治，封建的个体经济相结合，所塑造出来的人缺乏个性和创造性。

人们处理人际关系要按照政治上、伦理上的礼仪要求来进行。家庭中要晨昏定省，宗祠中依时祭祖，官员相见以礼，官民之间更有必须遵行的礼节。时令节日，家庆日，亲友要互相祝庆，依例送礼。送往迎来也要尽礼。一切依礼办事，人们害怕失礼。礼既然是封建的政治、法律、思想、道德的总规范，君臣、上下、父子、兄弟、夫妻、主仆的礼节，自然违错不得。一旦错了礼法，或者被政府处分，或者被人议论耻笑，就难以做人，难以在社会上正常生活，渗透于各个领域的繁文缛礼，令人缩手缩脚，谨小慎微。

清人在生活中处处考虑自己观念中的鬼神的意志，不敢违背，做事要合乎神意，不能冲犯鬼魅。国有大事，皇帝要祭告天地祖先，民间也是这样，订婚要合八字，娶妻要庙见。清人迷信风水，因选吉壤而停丧不葬，办稍微大一点的事，如盖房、迎亲、出丧，以至出行，都要占卜问神，挑选黄道吉期。更离奇的是国家出师征讨、军队更换驻地，往往不按前线战况来定，而要遵依皇帝选的吉日行动。建房开门、造坟方位、出门先往

哪个方向走，也要请阴阳家来帮助决定。人们信的神不知有多少，除了佛祖、老君，还有各种自然神，如日、月、风、雷神等；各种物件也有神，城市有城隍庙，乡村有土地庙，读书人信纸神，连灯火也有灯神，熄灯要有一定方式，怕得罪了灯神，遭回禄之灾。

清代读书人迂腐的多，抱着功名不放是表现之一，年过花甲犹是童生，古稀秀才尚进考场，并且被视为美事，再一种表现是行事迂拙，泥古不化，除读诗书外缺少新知识，但对于忠孝节义往往身体力行，宣扬不遗余力。

清人生活中种种愚昧和迂拙的表现，除了科学不发展，思想上迷信神鬼外，更由于家庭、宗族和社会上各种等级制度和观念的约束。等级制要求人们各安本分，遵守规约。而本分、规约是反映共性的事物，是要求人与他相同身份地位的人行事一致，具有共同的品行、性格，也即要求人们认同、求同，所以人们在审美观上要求认同，奇装异服、爱情戏曲被视为洪水猛兽。读书人要迈方步，不苟言笑，否则就是轻佻。女子要贞静娴淑，羞怯就合乎女教，大方豁达反倒成了弊病。人们只有身份性的共性，不能有人的个性，不能在共性之外按照自身的愿望行事。同时在社会群体、社会结构中，每一个组织中都有有权者和无权者，什么人能干什么，什么人不能干什么，衣食住行、婚嫁丧葬、文化娱乐，都显示出特权者与普通人的不同，要求各依身份行事，既约束自身，也防止自身队伍以外社会成员的逾越，实质是保护特权等级。等级制下不允许个性发展，而等级特权更是破坏个性的发展。个性发展，必然求异求新，不安于现状，而清代的政治制度和生活规则恰恰是扼杀人的个性和创造性，只允许人们安于现状，老老实实地生活。

清代社会生活中表现出笃信神鬼、礼尚往来、谨小慎微、愚迂处世的社会风气，反映出人们的思想受到禁锢，手脚是被束缚的，做人行事处处小心，不敢越雷池一步，不敢标新立异。可以想见，缺乏个性的社会生活，缺乏个性的社会，很难出现改天换地的社会风貌，故清代社会只能缓慢地向前发展。

四、生活上的浪费和奢侈追求，破坏生产力的发展

清人在物质消费上，不同时期有一些变化，大体上讲清初比较简约，少挥霍浪费，乾隆以降崇尚奢华，政府原来的一些规定被冲破，失去约束力。清初是汉人满族化，无论是被迫还是自愿，汉人吸取了满洲人的某些生活方式，而后是满族人汉化明显，乃至失去很多本民族的特色。西方文明的影响到清末有所显露，但能享受西方物质文明的还是社会上层。

清人在生活上有许多讲形式的东西，铺张浪费，婚姻讲求财礼和陪嫁，乃至借贷娶亲、破产嫁女；丧葬装殓棺椁要丰厚，也要请客送礼；求神祈雨、禳灾去祟，找和尚道士念经，大作法场，极贫之家也要供奉几升米、几文钱；亲朋家庆和应时节日要送礼送钱，你来我往，“人情债”还不完；衣食住行的水准总向高水平看齐，钟鸣鼎食之家锦衣玉食尚不满足，寒素之人也要荤素兼陈。人们在日常生活中和办理人生大事时，不是根据本身的经济力量来做，而是按照社会上形成的风气来办，你比我攀，这样节节升高，就浪费惊人了。封建主义的等级制度既禁止人民生

活上的僭越，可是它的制度规定，高等级的富贵者要显示出他们身份，要讲究生活上的华丽，他们的本性也要追逐生活上的享受，所以高等级讲排场、讲阔气是必然的。同时等级制的形式主义，又使低等级羡慕高等级，要仿效它、学习它，尽其可能追赶它，而不顾政府的禁令。所有低层级的人都在向高层级看齐，必然会形成摆阔气铺张浪费的社会风气。人们的追求当然也有迫于社会压力的因素，不那样做不合潮流，舆论的压力使人难以承受，似乎不能立足于人世。

生活上的奢侈耗费，影响社会生产的发展。扩大再生产需要积累资金，需要扩大投资，即使维持简单再生产也需要必要的投资。可是清代贵胄、官僚追求享乐，大批金钱除了收买土地，聚集珍宝外，主要用于生活上的挥霍，而清代大商人也极少把资金收入到生产部门，他们在建造华丽住宅、讲究吃穿、喜好狭促之游方面一点不让于贵族官僚。所以清代缺少发展生产的社会力量，而以铺张浪费为能的社会集团倒不少，他们把社会上有限的资金无益地消耗掉，这是事情的一面；另一面则是社会生产上缺少资金，无法得到迅速的发展。

第二节　影响社会生活的诸因素

一、清朝政府法令对社会生活起着规范性的作用

清朝政府关于等级的法令和礼制，包括设立族正、给予宗族部分司法权的法令，旌表孝义节烈的政策，给义庄、善堂创建人的优免权与财产稳定权的法令，存留养亲法，丧制中体现父尊子

卑、男尊女卑的规定，以及肯定家长的不完全的杀子权，都是支持与稳定等级、宗族、家庭结构的。本来，父家长制是封建专制的基础，皇权是家长权力的扩延。皇权为了自身的存在与巩固，不能不极力支持宗族、家长的权力。所以，只要有君主制，宗族权力、家长权力就不会衰落，封建的宗族、家庭就会维持下去。

清朝皇帝的专制统治政策，在中央政府内尚严格限制监察官员的言论，对民间更是禁止结社，所以清人社团生活极其缺乏。读书人和文官本来好交游，明朝结社风气很盛，到清朝士人再没有这种生活了。光绪间修纂的《嘉定县志》总结明清两代缙绅的风气，说明朝人有门户，但是“以文章气节相砥砺，引掖后进，为功桑梓”，清朝人“尚著述，微言绪论，尤足沾丐后学焉”。[1]明朝士人讲气节，清朝士人重著述，一尚联络好活动，一尚慎独好安静，风气确实不同。清人的状况，就是因为政府不允许结社交游造成的。清人缺少合法的社团生活，因而出现秘密宗教和秘密结社禁而不绝的状况。

清朝政府关于生活方式方面的法令，规定和改变了民间衣食住行的习俗和文化娱乐的趋向，如剃发也成了汉人男子的习惯，剃发成了中国人的一种标志，成了民族象征。清朝要求汉人满族化的同时，不准许满族人的汉化，清朝的这种政策延缓了满人生活汉化的进程。在戏曲方面，统治者欣赏雅部戏剧，反对民间富有地方色彩的花部戏曲，从而使它不能登大雅之堂，使民众难于欣赏到本地区之外的花部戏曲。清朝政府的一些社

① 光绪《嘉定县志》卷8《风俗》。

会政策，如旌表好善乐施，使一些人把它当作“捐纳”而趋之若鹜。造成女子的守寡、守贞、慕清的原因很多，政府的提倡不能不说是成因之一。

社会生活影响政治，同样受着政治的制约，政府的规章制度、政策法令，臣民是必须遵守的，它在人们的生活领域留下痕迹，是不可避免的。

二、社会上层的风尚对社会下层的生活起着导向的作用

社会上层有经济条件和精力去追求生活上的享乐，局部改变生活方式和习惯，新鲜的高档的物品总是他们先开始受用的。如西洋货进口，首先使用的是皇室、贵胄、官僚，乾隆时大学士傅恒家“所在有钟表，甚至傔从无不各悬一表于身”[①]。上层的趋向，很快影响到下层，特别是有经济条件的人。暴发户的各项用度、待客的豪华，往往比达官贵人高出许多，他们要以此显示自己的富有。衣着上也是这样，上层人士争奇斗艳，下层人士跟着学习，所谓“商贾贱役亦曳缟履丝，以夸耀于闾里”，就是讲的这种情形。雍正帝赐给大学士张廷玉一副春联，词为“天恩春灏荡，文治日光华”，张家年年用其词作门联，后为官民袭用[②]，希望能达到张家的荣耀地位。下层人士如果不愿学习社会上层的享受，坚持原来的生活方式，疏衣素食，倒会被人指为吝啬、守旧，遭到讥讽。清初政府推行剃发易服政策时也有汉人主动效法满族装束，如北京妇女梳满式头，东北的汉族女子学习满人盘头

① ［清］赵翼：《檐曝杂记》，36页。

② ［清］阮葵生：《茶余客话》，中华书局1959年版，346页。

发，穿窄袖衣，不缠足。不仅在物质享受方面是上行下效，社会风气也如此，据震钧在《天咫偶闻》里讲，咸丰以降京城官风、士习的演变，直接受执政者的影响：咸丰中重臣肃顺“尚骄侈”，士大夫也“以奢华倨傲相尚”，而恭亲王奕䜣“性谦恭”，大学士官文、倭仁“性俭朴，士大夫遂易而谨饬，且多以布素相尚”；光绪九年（1883）署理副都御史张佩纶知贡举，重清议，后生初学争以“清流自励”，几年后军机大臣翁同龢重视文字学，于是《说文》及段玉裁文集为人所重视。戊戌变法之际，西学盛行，而徐桐秉政重理学，《说文》遂被人束之高阁；义和团运动后，又尚翻译西方著作，古籍无人问津。作者因此说：“京师风气改变之速，至于如是。”①

下层社会学习上层社会的生活方式有着深刻的社会原因。首先是等级制的因素：上层人士地位高，与其生活方式相同，表示自身的社会地位也高，可以傲视同类身份的人；下层社会的人以仿效上层社会的生活方式为手段向其靠拢，以便跻身其间。其次是美学的因素：上层社会的人有条件而且也会享乐，他们的衣食好尚恶嗜及挥霍之外，也有美的成分，足以引起人们发自内心的学习愿望。最后是满族为统治民族，趋炎附势的汉人会主动学习满族人的生活方式。

清代不少人感慨于世风日下，奢侈享乐日趋严重，希望改变风俗，但是他们往往不注意变化的原因，不懂得上层社会的生活方式对下层社会的影响，所以也只是空自嗟叹。上面兴起“风”，

① ［清］震钧:《天咫偶闻》,177—188页。

下面把它演变成“俗”，风俗就是这样形成的，在生活方式方面，上行下效，几乎可以说是一种规律。要想改变风俗，必须遵循它的形成规则，从社会上层改起，社会下层又会随而效仿，这就是风移俗易了。

三、社会生产影响社会组织和人们的生活方式

社会生产规定和影响人们的社会组织和社会地位。人们的生产一旦同社会联系起来，即使不是社会化的生产，生产者之间也发生联系，以维持和发展其生产。在清代自然经济为主的情况下，农民进行一家一户的个体生产时，为了对付自然灾害，邻里之间也要组织会社，需要的时候祈神求雨，尽管迷信，却是曲折反映生产的需要。手工业也建立自己的团体——行会。商人行商到外地，就要和在那里做官的、有功名的同乡结合起来，出资设立同乡会馆，以谋求其商业的和同乡的利益。读书不是一种职业，但又与谋生有关，书生为共同利益组织读书社，同年、师生也有集会。凡此种种，社会生产与职业，使得人们组织在一定的团体里，以谋求共同的利益和维持生活。生产和职业还是决定人们的社会地位的主要依据：职官和士是特权阶层；农、工、商都是平民；各种贱民职业下贱，身份也卑微。生产状况还决定个人在家庭、宗族中的地位，在农业生产的条件下，人基本上离不开家族的范围，只能听命于宗族、家长的治理。一家一户的小农经济，包含笨重的体力劳动，男子既是主要劳动者，又是家长，女子没有生产资料所有权、生产劳动权，只能依附于男子。

社会生产，特别是生产力的水平及变化制约人们的物质生

活，从而规定、影响人们的生活方式、崇尚及其演变。清代农业生产力水平低，手工业产品极不丰富，商业在各个地区发展不平衡。但是康熙中期以后，特别是乾嘉道时期，工商业又有所发展。人们就在这种物质基础上进行消费，并随着生产情况的改变追求新产品，改变与丰富娱乐生活。同时，某些生活方式的变化，也是适应经济发展的要求，如苏州祀神的热潮，与商人去五通神庙许愿，祈求保佑发财不无关系。北京广宁门外财神庙“报赛最盛”，也是商贾求愿许愿多的表现，反映了工商业发展的要求。茶馆业的兴旺，固然是适应了人们消遣的愿望，同时茶馆成了洽谈商业、交流情报，商人打官司、排解纠纷的场所，它的兴起有必然性。又如东北宁古塔地区，随着农业生产的发展和商业的活跃，人们改变狩猎生活，服饰的质料、形式都有变化，乃至于同北京的差不多。

四、西方资本主义文明的传入与清人社会生活的变化

明朝以来，西方物质文明与精神文明不断传入中国，鸦片战争以后其传播速度加快，使清人的社会生活发生了一些变化。

基督教的传入，使信奉者由明代的极少数人，发展到清代的成千上万的人，中国穷乡僻壤的无知民众，在传教士所到之处也信起上帝来，并把它加以改造，与拜祖宗结合起来。洪秀全更根据它的某些教义和形式，组织起拜上帝会，领导了一场声势浩大的太平天国运动，在一个时期内改变了人们的社会生活。近代天主教徒增加，其中一部分人在传教士支持下为非作歹，引起教民与非教民的冲突，反映了西方资本主义侵略势力与中国人民的矛

盾，以至发生义和团反帝爱国运动。

清代慈善与教养事业的发展也受西方的一定影响。西方资本主义的社会福利思想传到中国，个别士大夫，如冯桂芬把它同儒家的大同思想结合起来，主张学习西方慈善机构，在中国兴办养济院、教养院、义庄。西方殖民者在其势力所及的地方，企图利用“慈善”事业加深对中国的侵略，中国的有识之士，也希望占领这个阵地，与侵略势力对抗。如同治间苏松太道沈瑹“以华人子女被洋人收养为虑”，下令所属各府州县兴办育婴堂，[①]这就使该地区的育婴堂建设从单纯的保护婴儿慈善性质，转为具有与西方殖民势力作斗争的性质。北京、苏州等地出现的习艺所，在救济之外，又带有劳动教养性质，就是仿照西方国家的办法操办的。

西方的生活方式也给清朝人以一定的影响，特别是到清朝后期。人们到礼堂举行婚礼，给死者开追悼会，穿西服，吃西餐，都是向西方学习的表现。西洋一些用品传到中国，如钟表、洋灯、眼镜，以及药材如奎宁、西洋膏药，成为时髦的东西，为社会上层人士所追求。此外，鸦片的大量输入，使得吸食鸦片成为中国当时一大社会问题。

五、社会生活自身的传统因素

对人类来讲，习惯势力是最可怕的，传统的因素既是人类宝贵的财富，也是沉重的负担，既是前进的基点，又是前进的障

① 光绪《吴江县志》卷2《营建》。

碍，人们的社会生活在很大程度上受其自身传统因素的约束，清人的社会生活则受着前人习俗的制约。

清人的社会生活有许多方面，无论是形式还是内容，都是历史上遗留下来的。如岁时节日，有的是自先秦递相传承的，国家的三大节日中的圣诞节，以当朝皇帝的生日为日期，作为国家大庆日的制度则由来已久；从全部节日看，除了宁波的太阳生日节暗含纪念明崇祯帝外，几乎没有新节日，都是继承前人的。婚姻的仪式和内容，在总的方面也是承继周秦以来传统，如具六礼、拜家庙，特殊婚姻的转房婚、抢亲，莫不是古老风习的遗传。安葬方面人们重视土葬、厚葬，停丧不葬，都是千百年的传统。此外，衣食住行、文体娱乐、社会救济、人口移徙的方式，妇女儿童的社会问题，各民族的生活方式，多能在明朝以前找到源流。

清人社会生活的传统性特别表现在地区性上。移民、行商认老乡，同乡成为人们集聚的一种因素，两晋南北朝时北方人南迁，靠的是宗族和同乡的力量，南朝侨置州郡是承认和利用这种力量，所以移徙之民重乡情，其风久矣。“百里不同风”，一地有一地的民众生活习尚，北方妇女多缠足，南方女子多天足和参加一部分农业生产劳动。苏松人好建善堂、义仓、义庄，为它处所不及。人们重科第和旌表节孝，福建人尤其嗜好，希望族女殉夫，把墓碑建在通衢要道上，异于他处的风俗。广东人有六好：好官爵，好货财，好祈祷，好蓄妾，好多男，好械斗。械斗在广东、福建最剧烈，是出了名的。可见各地有其风俗的传承性。地方风俗的不同，还表现在城镇与乡村的差异上，扬州的城里人与乡下生活习惯便不同，乡间女子自小下田劳作，而城中女子白日清闲，晚间有饮食听曲之乐，真是“如何扬州人，百里共此乡，风俗迥然异”①。俗语说的扬州城里人早上是“皮包水”，晚上是“水包皮”，是说晨起进茶馆，喝了满肚子的茶水，是为皮包水，晚上去浴池洗澡，是为水包皮，这种生活只有都市人能有，农村人自然做不到。

社会生活中传统的因素，不发生巨大的社会变革是很难破坏的，它会牢固地在下一个时代生存。比如缠足，至清代已有六七百年的历史，乃至清初统治者下令改变而未能成功，可见传统因素力量之大。尊祖敬宗、男尊女卑、主仆名分等传统习惯和意识，被视为天经地义，紧紧地束缚人们的思想而难于改变。只有通过社会革命，铲除维持传统生活方式的社会条件，人们的社会生活才会起巨大的变化。

---

① ［清］张应昌编:《清诗铎》,946页。

后　记

本书最初由天津人民出版社出版于1990年，是改革开放新时期尝试社会生活史研究之作，颇受学术界关注。十多年后，2002年沈阳出版社重梓，配上黑白插图，图文结合。今又隔了二十年，天津人民出版社希望能有新版，加入彩图，有所修订。我们欣然接受这一邀约，决定增加一些清朝刑科题本资料，更全面呈现清人社会生活的全貌。冯尔康老师身处国外，年事已高，嘱我修订。

我们的增订工作如下：首先修订了原作一些用语与错字，特别是在第三章、第四章、第六章有关宗族、家庭、婚姻的论述中，减少了有关“封建”的评述，从伦理道德的角度看待传统文化，使得对宗族、家庭、婚姻的认识更加客观。同时也减少了个别“地主阶级”的词汇。关于第六章的婚俗问题，删掉了一些认为“迷信”的用语，表达从心理需求、民俗的角度看待婚俗的态度。第八章对于“娱乐政策的社会效果”的论述多有批判之处，新版采取历史主义的态度而有所调整，“封建伦理”也代之以“儒家伦理”。第九章第一节“五、移民的性质”中，删掉了“封建的剥削制度”“封建农民”“封建式”的表述；第二节“一、女子的缠足与生产劳动”中，以“清代社会”代替“封建社会”，删去了“为掩盖这种赤裸裸的压迫”“所以这是封建制度的腐朽，统治阶级道德沦丧的表现”的语句。

其次，增写了有关内容，以使论述更加完整。主要有第四章第三节论述家庭的“二、生育和传承功能”中，新增山西赡养老人的事例。第五章第一节“二、清人服饰的变化”中，增加河南布铺事例，并较多增加了平民服饰的论述；第二节“三、茶馆、酒楼”中，加入京师宛平茶馆的事例、南方酒腐店事例；第三节“二、居室与园林的建设”中，新增河南、奉天住房问题的事例；第三节“四、舆轿制度和交通方式”中，补充了驴子作为交通工具以及出行歇店的论述。第八章第一节“四、游艺与赌博”中，增加掷骰、押宝赌博的两个事例；第二节“一、艺人的种类”中，新增嘉庆时期的民间戏曲演出活动与戏班；第三节“三、赌禁”中，增加一个赌博案惩处的事例。第九章第一节“二、居民移动及其方向”中，增加了乾嘉之际民众出入山海关政策有关变化的论述。第十一章第一节，增加了清廷将京师闲散幼丁充为天津水师、闲散宗室移居盛京管理的论述。新增内容约四千字。

再次，纠正了原书史实性之误。如第十章第二节“一、常平仓、社仓和义仓”中广西镇安府常平仓出借仓谷的资料引用有遗漏，利率计算亦有误，于是补遗纠误。

最后，删掉了部分藏族葬俗，约有四百字。

本书封面背附的彩图均出自《北京民间风俗百图》，图像的扫描请朱亦灵博士帮助完成，在此表示谢意！

常建华

2023年6月5日

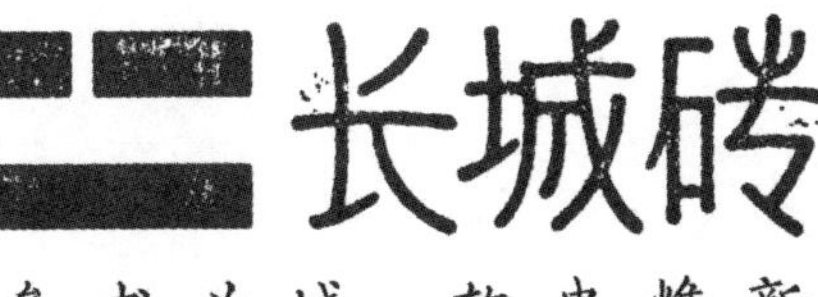

编辑团队 | 沈海涛 金晓芸 燕文青 郭聪颖

装帧设计 | 图文游击工作室 汤 磊

发行统筹 | 乔 悦

营销专员 | 秦 臻

新媒体营销 | 高 颖